● 北京教育学院卓越教师培训项目——北京市中学化学市级骨干教师高级研修班团队研究成果

● 中国教育学会 2021 年度教育科研规划课题（课题编号：202100310804B）研究成果

学科大概念

统摄下的化学微项目教学设计

王春　编著

山东科学技术出版社

·济南·

图书在版编目（CIP）数据

学科大概念统摄下的化学微项目教学设计 / 王春编著 . -- 济南：山东科学技术出版社，2023.6
ISBN 978-7-5723-1607-4

Ⅰ . ①学…　Ⅱ . ①王…　Ⅲ . ①中学化学课—教学设计—高中　Ⅳ . ① G633.82

中国国家版本馆 CIP 数据核字(2023)第 053059 号

学科大概念统摄下的化学微项目教学设计

XUEKE DA GAINIAN TONGSHE XIA DE HUAXUE WEI XIANGMU JIAOXUE SHEJI

责任编辑：曲丕丞　林翠丽　屈　毅
装帧设计：李晨溪

主管单位：山东出版传媒股份有限公司
出 版 者：山东科学技术出版社
地址：济南市市中区舜耕路 517 号
邮编：250003　电话：（0531）82098088
网址：www.lkj.com.cn
电子邮件：sdkj@sdcbcm.com
发 行 者：山东科学技术出版社
地址：济南市市中区舜耕路 517 号
邮编：250003　电话：（0531）82098067
印 刷 者：临沂日报社印刷厂
地址：临沂市沂河新区沈阳路 22 号
邮编：276000　电话：（0539）6013900

规格：16 开（184 mm × 260 mm）
印张：19.25　字数：330 千
版次：2023 年 6 月第 1 版　印次：2023 年 6 月第 1 次印刷
定价：78.00 元

前言

教育部印发的《普通高中课程方案（2017年版2020年修订）》明确指出，重视以学科大概念为核心，使课程内容结构化，以主题为引领，使课程内容情境化，促进学科核心素养的落实。核心素养体系是深化改革、落实立德树人目标的基础，也是学生未来发展不可或缺的因素。研究学生发展核心素养是适应世界教育改革趋势，提升我国教育国际竞争力的迫切需要。培养学生的核心素养是指引导学生通过学习，树立正确的价值观念，具备必备品格和关键能力，以适应终身发展和社会发展的需求。

《普通高中化学课程标准（2017年版2020年修订）》最大的创新点就是提出了化学学科核心素养。所谓化学学科核心素养，是指学生在面对真实的、陌生的和不确定的问题任务时所需要的必备品格、关键能力和正确的价值观念。化学学科核心素养只有在完成分析和解决真实问题任务的过程中才能得到培养和发展。目前，基于学科大概念统摄下的项目式教学被认为是最具有核心素养融合发展效力的教学方式。

学科大概念是课程内容的核心概念，是经学生内化后即使忘掉所有知识细节仍能保留于头脑中的核心认识，是基于基础知识之上的意义总结或结论推断。学科大概念需要学生从探究、讨论、验证等学习体验中总结而得，有利于学生掌握透过表面现象发现本质的认知能力及发展核心素养。

项目式教学强调真实情境、复杂问题、超越学科、专业设计、合作完成、成果导向及评价跟进，要求学生在解决真实问题情境中发展理解和运用知识的能力，利用学科认知视角来识别、分析、解决与学科有关的社会生活问题和学术前沿问题，培养必备品格、关键能力和正确价值观念，因此项目式教学是培养创新型、复合型、能解决未来问题的人才的重要教学方式。高质量的项目专注于学科核心概念，反映学科核心内容与外部世界的关联，是开展真实性、应用性、逻辑性学习的重要载体。

为了探索基于学科大概念统摄下的化学项目式教学及其课堂教学实施问题，我们以中国教育学会2021年度教育科研规划课题（课题编号：202100310804B）为依托，结合北京教育学院卓越教师培养计划——北京市中学化学市级骨干教师高级研修培训项目，成立了以高校化学教学论教授、北京市教研员、市级化学骨干教师为成员的研究团队。研究团队基于大量扎实的理论研究，于2021年9月至2022年12月，在北京市部分区县的多所学校进行了基于学科大概念统摄下的项目式化学课堂教学实践探索。研究团队认真整理和提炼了研究成果，形成了由北京教育学院王春老师为主编的《学科大概念统摄下的化学微项目教学设计》一书。

本书根据项目团队研发的学科大概念统摄下的化学微项目教学设计基本框架，主要围绕山东科学技术出版社出版的《普通高中教科书·化学》中的15个微项目，分别从学科大概念统摄下的微项目设计概述、学科大概念统摄下的微项目知识结构、学科大概念统摄下的微项目学习目标、学科大概念统摄下的微项目活动规划、学科大概念统摄下的微项目活动导引、学科大概念统摄下的微项目活动实施、学科大概念统摄下的微项目内容梳理、学科大概念统摄下的微项目学习评价八个方面进行深度设计，力求对有关学科大概念统摄下的化学微项目教学进行全面诠释。

本书是以中学化学核心素养培养为导向，以学科大概念理念以及建构主义学习理论等多种理论为指导，融多种学习方式于一体，整合国内外先进的化学教学理念，结合学科教学实践编写而成的，力求突出可读性、实用性和借鉴性，通过展现项目团队的教学研究成果为广大读者提供化学微项目教学参考。

在编撰此书的过程中，著者参考了国内外众多最新研究成果和学术专著，引用了新课程教科书及网站资源信息，在此向有关作者表示感谢。北京教育学院、北京教育学院科研处、北京教育学院数学与科学教育学院及山东科学技术出版社对本书的出版给予了大力支持，厦门市教育科学研究院化学教研员江合佩老师对本书的编写提出了中肯的建议，在此一并表示感谢。

当然，大概念统摄下的微项目教学研究与实践还处于不断探索阶段，许多问题也在探讨之中，本书不可避免地会存在这样或那样的不足之处，恳请教育界的同仁在使用本书的过程中提出意见和建议，以便使其不断完善。

王 春

2023年5月

目录 CONTENTS

必修　第一册

必修　第二册

选择性必修 1　化学反应原理

选择性必修3　有机化学基础

必修 第一册

微项目 1　探秘膨松剂

——体会研究物质性质的方法和程序的实用价值

微项目 2　科学使用含氯消毒剂

——运用氧化还原反应原理解决实际问题

微项目 3　论证重污染天气“汽车限行”的合理性

——探讨社会性科学议题

扫码查阅教材微项目原文

微项目 1 探秘膨松剂

——体会研究物质性质的方法和程序的实用价值

任务 1：认识膨松剂的作用原理

任务 2：设计并使用复合膨松剂

一、学科大概念统摄下的微项目设计概述

1. 设计意图

本项目是以“物质的性质决定用途，依据物质的性质实现其利用价值”这一大概念为统领，以真实情境下的“物质的性质与应用——碳酸盐”（初中）、“常见的无机物及其应用”（高中）两个一级主题下的初、高中化学知识融合探索与实践为基础，依托情境认知理论、项目式教学理论和建构主义学习理论，以“探秘膨松剂”为主驱动任务，以“蒸制馒头”为实践任务，引导学生初识身边的膨松剂，了解膨松剂种类的多样性，解决项目任务完成过程中遇到的问题，聚焦于“碳酸钠和碳酸氢钠作为膨

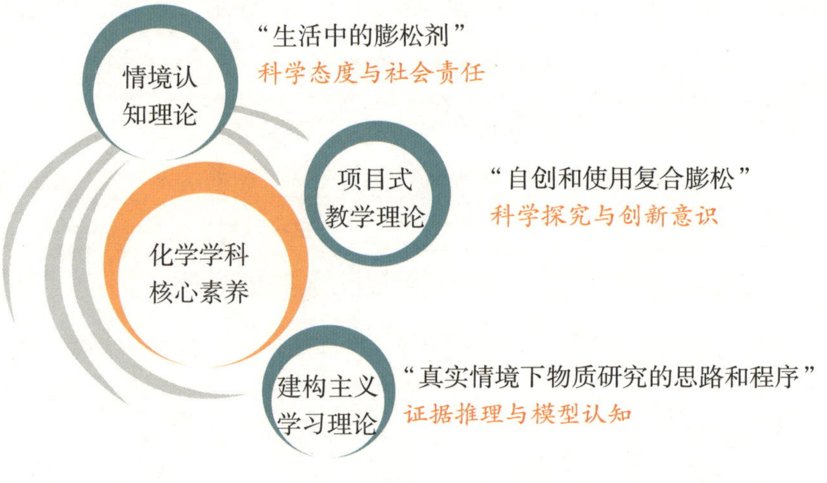

图 1–1　微项目“探秘膨松剂”中涉及的教育理论、项目任务与化学学科核心素养培养示意图

松剂的作用原理”探究和“自己改进和使用复合膨松剂蒸制馒头”实践。本项目的教学中，学生在教师提出的驱动式问题的引导下，以小组合作学习方式完成项目拆解、问题提出、猜想与假设、信息提取和分析、方案设计和优化、项目实施、拓展探究以及综合评价等任务，培养与发展信息获取、分析论证、逻辑推理、合作交流和科学探究等能力；同时，在解决实际问题的过程中，认识、体会、建构研究物质性质的基本方法和基本程序（图 1-2），学会从化学的视角去认识生活、认识自然世界，提升运用化学知识探究陌生物质性质的能力以及分析和解决实际问题的能力。

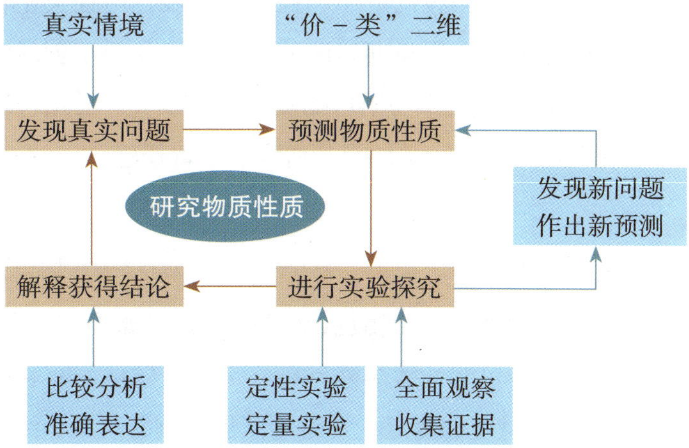

图 1-2　研究物质性质的基本程序

2. 功能价值

（1）体会研究物质性质的基本方法和基本程序在化学学习与研究中的中心作用，促进“证据推理与模型认知”化学学科核心素养的发展。

本项目第 1 课时从化学视角分析碳酸氢钠做膨松剂的作用原理，通过观察、实验、分类、比较等方法，结合研究物质性质的基本程序，以碳酸氢钠作为膨松剂的代表，对膨松剂的作用原理进行科学探究，引导学生体验由经验到科学、由单一到复杂的实践探索过程，由浅入深地认识研究物质性质的基本方法和基本程序，通过对多个问题的解决，体会该方法在化学学习与研究中的中心作用；通过实验探究，引导学生巩固和发展设计实验、动手操作、收集证据、分析论证、反思评价等实验探究能力。在讨论交流的过程中，引导学生培养合作实践、质疑创新的科学品质。

（2）提升在真实情境中分析、解决问题的能力，促进“科学探究与创新意识”化学学科核心素养的发展。

本项目采用的是“探索—交流—解释”教学模式。在教学过程中，引导学生利用真实情境形成问题和假设、设计实验、观察现象、产生数据、形成证据、诠释结论、评价交流。在整个教学过程中，学生经历批判、质疑、关联、对比、应用、分析、论证、反思、评价、解释等过程，强化“科学探究与创新意识”化学学科核心素养的培养，提升在真实情境中分析、解决问题的能力。

（3）强化合理使用化学药品的安全意识，促进“科学态度与社会责任”化学学科核心素养的发展。

本项目第 2 课时，引导学生通过阅读“膨松剂的发展史”，了解从生物膨松剂到化学膨松剂的衍变与发展，体会科技的进步、社会的发展，增强文化自信和民族自豪感；结合自己的实践，体会劳动人民长期实践的艰辛历程和勇于创新的探索精神；通过对比“自主设计的复合膨松剂与市场销售的复合膨松剂”，强化合理使用化学药品的安全意识，做到正确识别膨松剂、添加剂，增强社会责任感。

3. 学情分析

（1）学生已有知识与能力：

学生已经知道碳酸钙、碳酸钠、碳酸氢钠等碳酸盐的部分性质，如都能与酸反应，碳酸钙高温下可以分解，可溶性盐溶液具有一定的酸碱性，能利用酸碱指示剂或 pH 试纸进行溶液酸碱性或酸碱度的测定；知道可以从物质的组成、结构、性质、用途等多角度研究物质，可以从物质的分类角度预测同类陌生物质的性质并通过实验进行验证或探究；能完成相关实验，初步具备设计简单实验方案、观察实验现象和归纳实验结论的基本能力，了解研究物质的一些方法和基本程序。

（2）学生学习障碍点：

在面对陌生情境、真实情境下的问题时，学生获取及分析信息的能力较差，以至于真实情境下解决复杂问题的能力不足、评价交流意识较薄弱。这主要体现在：有效信息的获取、对实验的观察不全面；虽然能建立已有知识和方法的关联，但关联不精准；能进行说明论证，但对于难点、关键点不能精准说明或论证；不能结合真实的情境和实际问题进行连贯思考，缺乏迁移创新能力以及准确应用研究物质的方法和基本程序对问题进行有序探究、系统分析和严密推理的能力，没有形成从定性转向定量的学习方法。

（3）学生学习发展点：

引导学生从理解研究物质的方法与程序开始，将平时学习中形成的有关物质性质的研究思路迁移到真实情境的问题解决中，在解决问题的过程中发展应用对比方法归纳总结知识的能力、设计实验方案和评价方案的能力，在陌生情境中基于“分析推理逻辑”提高灵活应用知识分析、解决实际问题的能力。

二、学科大概念统摄下的微项目知识结构

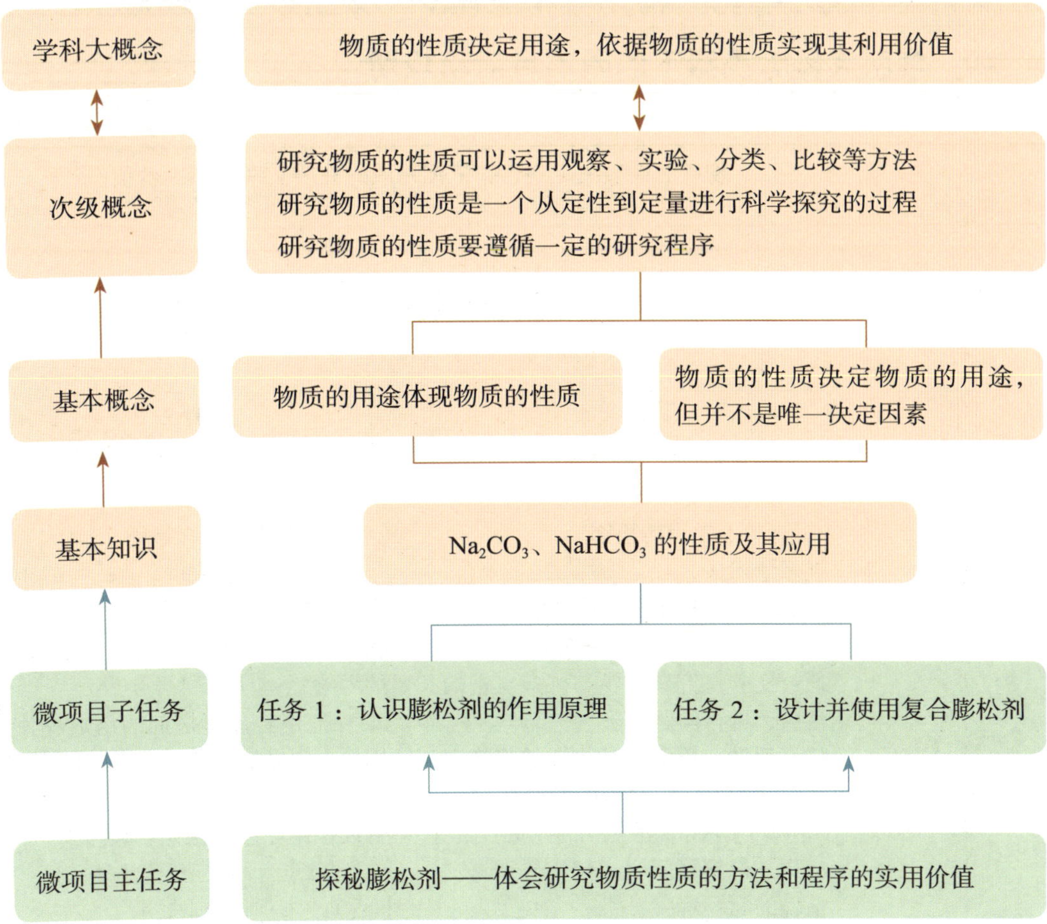

图 1–3 微项目“探秘膨松剂”知识结构示意图

三、学科大概念统摄下的微项目学习目标

（1）通过真实情境下解决实际问题的过程，探究碳酸氢钠用作膨松剂的作用原理，掌握碳酸钠和碳酸氢钠的性质，形成“性质决定用途”的学科观念，体会研究物质性质的方法和程序的使用价值，发展证据推理、模型认知、迁移应用的综合能力，提升解决陌生、复杂情境问题的系统思维能力。

（2）从问题和假设出发，设计探究性实验，认识控制变量思想在实验中的重要作用，并能基于实验事实得出结论，提升设计实验、动手实验、分析论证、批判质疑、

反思评价、得出结论的能力，发展“科学探究与创新意识”化学学科核心素养。

（3）通过对复合膨松剂的组成、作用原理，以及影响馒头品质的因素的认识，感受科学的实验方法在解决实际问题中的应用价值以及化学在满足人们日益增长的美好生活需求中的重大贡献，激发学习化学的兴趣和热情，增强社会责任意识。

四、学科大概念统摄下的微项目活动规划

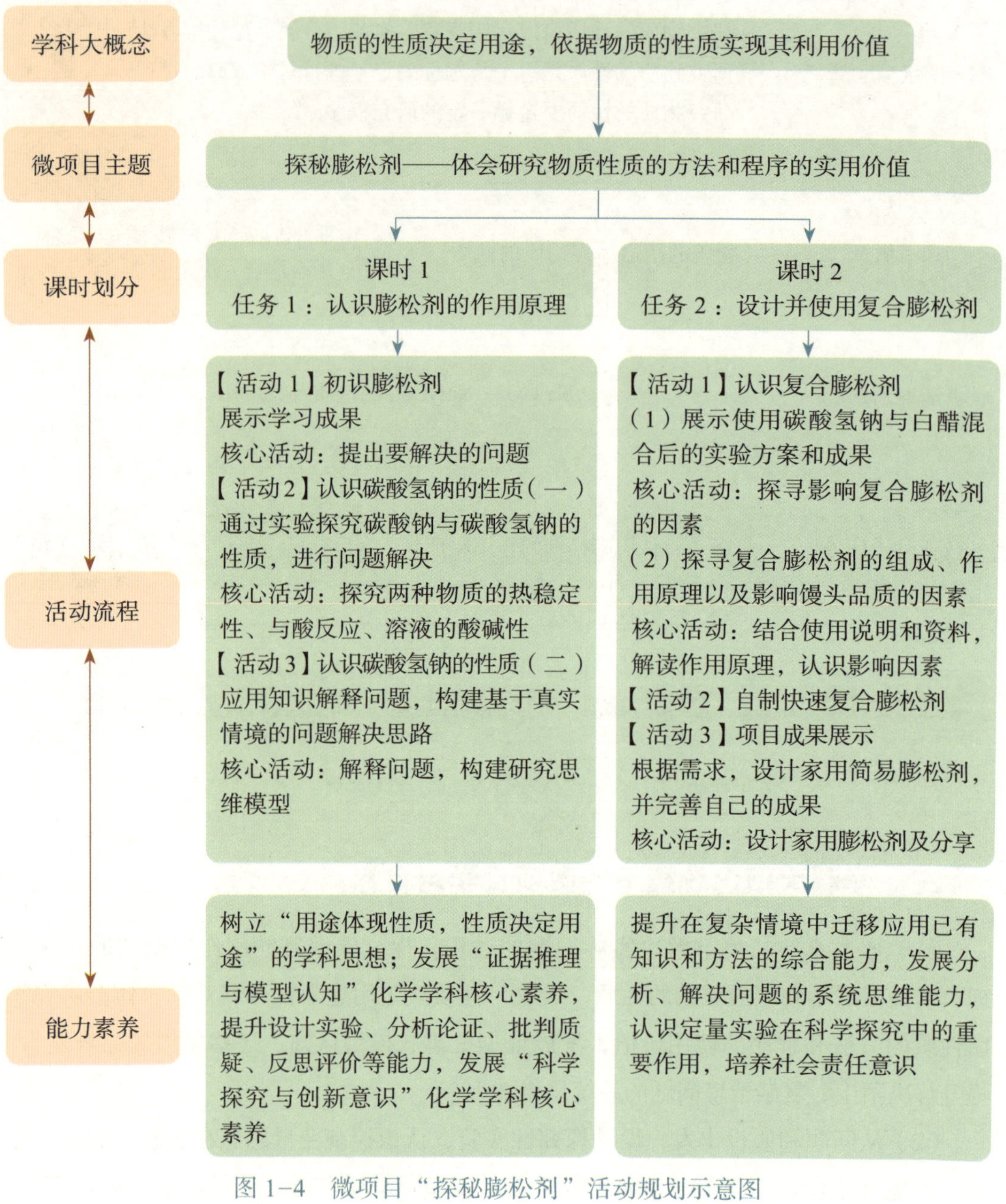

图 1–4　微项目“探秘膨松剂”活动规划示意图

五、学科大概念统摄下的微项目活动导引

松软的面包和蛋糕、酥脆的饼干（图 1–5）深受人们的喜爱。它们之所以那么松软或酥脆，是因为在制作过程中使用了膨松剂。膨松剂主要应用于焙烤食品的生产，在食品加工过程中能使食品内部形成均匀、致密的孔性组织，增大食品的体积，从而使食品具有松软或酥脆的特点。膨松剂不仅可提高食品的感官质量，而且有利于食品的消化吸收，这在大力发展方便食品并增强其营养作用等方面具有非常重要的作用。

图 1–5　松软的面包和蛋糕、酥脆的饼干

本项目的目的是通过实验探究解决蒸制馒头过程中产生的实际问题，习得碳酸钠与碳酸氢钠的性质。同时，在解决问题的过程中，应用研究物质性质的基本方法和基本程序系统有序地分析问题、解决问题，发展设计实验、证据推理、模型认知、迁移应用的综合能力，提升解决陌生、复杂情境问题的系统思维能力；同时，感悟化学知识在实际生产生活中的应用以及化学对促进人类社会发展、创造人类幸福生活所发挥的巨大推动作用。那么，膨松剂为什么可以使食品变得松软或酥脆？如何利用自主设计的复合膨松剂蒸制出品相和口味俱佳的馒头呢？让我们一起开始研究吧！

六、学科大概念统摄下的微项目活动实施

任务 1　认识膨松剂的作用原理

活动 1　初识膨松剂

探索实践

阅读资料，请结合资料中的情境，和小鲁一起尝试用不同方法蒸制馒头，自主设计实验报告，并用照片记录成果。

资料：用不同方法蒸制馒头

小鲁妈妈经常为家人蒸馒头。她一般用酵头发面，然后加入碳酸钠调节酸性。一天，小鲁妈妈准备蒸馒头时，发现面团发得不太好，于是没有像往常那样加入碳酸钠，而是添加了一些碳酸氢钠（小苏打），结果蒸好的馒头色泽发黄并略带碱味。这件事激发了小鲁的兴趣。查阅资料后，小鲁了解到碳酸氢钠可单独用作蒸馒头的膨松剂，但效果并不太好；如果在使用碳酸氢钠的同时加入一定量的白醋，效果就理想多了。在妈妈的帮助下，小鲁在和面时添加了碳酸氢钠和白醋，重新蒸了一锅馒头，证实资料中所说方法是有效的。

分享展示

请同学们结合自己的实验报告，阐述制作过程。

成果展示 1：

表 1–1　探秘膨松剂（一）

实验名称：探秘膨松剂　　实验人：孟凡紫玉　王诗语					
实验方案	面团发酵良好	面团发得不好	面团发得不好 + 碳酸氢钠	面粉 + 碳酸氢钠	面粉 + 碳酸氢钠 + 白醋
实验现象	馒头蓬松，有气孔，几乎没有碱味	馒头略硬，有轻微的酸味	馒头发黄，有碱味	馒头较蓬松，发黄，有碱味，切开后有气孔	馒头蓬松，几乎没有碱味
实验照片	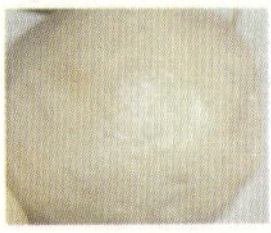				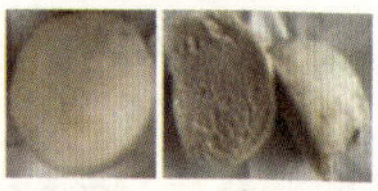
实验结论	用向面粉中加入碳酸氢钠与白醋的方式蒸出的馒头与面团发酵良好时蒸出的馒头基本一样，蓬松，几乎没有碱味，切开后能看到气孔。加入碳酸氢钠蒸出的馒头发黄，有碱味，切开后也能看到气孔				
原理推测及其依据	1. 结合发酵的原理，我们认为小鲁妈妈每次用碳酸钠调节酸性，是因为碳酸钠能与酸反应 2. 面粉中加入碳酸氢钠蒸馒头也能使馒头蓬松有气孔，我们推测是蒸馒头的过程中温度高，碳酸氢钠受热分解产生气体，发黄、有碱味可能是生成了碳酸钠（根据课本中的“资料卡片”）的缘故，碳酸钠溶液呈碱性 3. 面粉中加入碳酸氢钠与白醋蒸出的馒头与面团发酵良好的时候大致一样，我们推测是碳酸氢钠与碳酸钠中都含有碳酸根，都能与酸反应				

成果展示 2：

表 1–2 探秘膨松剂（二）

实验名称：探秘膨松剂　　实验人：刘铠铭　童君成　刘子瑜　王润芝		
实验方案	实验现象	实验照片
面粉	馒头是实心的，发白发硬	
面粉 + 碳酸钠	馒头是实心的，发白发硬，有较大碱味	
面粉 + 碳酸氢钠	馒头较蓬松，有气孔，略黄，有轻微碱味	
面粉 + 碳酸钠 + 白醋	馒头较蓬松，有气孔，几乎没有碱味	
面粉 + 碳酸氢钠 + 白醋	馒头蓬松，有气孔，几乎没有碱味	
面粉 + 泡打粉	馒头最蓬松，有气孔，几乎没有碱味	

成果展示 3：

表 1–3 探秘膨松剂（三）

实验名称：探秘膨松剂　　实验人：陈安欣　黄未尧　崔畅					
实验目的	实验 1 对照组	实验 2 探究小苏打的蓬松效果	实验 3 探究小苏打与白醋的蓬松效果	实验 4 探究苏打的蓬松效果	实验 5 探究苏打与白醋的蓬松效果
实验用品	面粉 + 水	面粉 + 水 + 小苏打	面粉 + 水 + 小苏打 + 白醋	面粉 + 水 + 苏打	面粉 + 水 + 苏打 + 白醋
实验步骤	放入 2 大勺面粉，放入 2 小盖水，和面并醒发后放到锅里蒸	放入 2 大勺面粉，放入 2 小盖水，放入 1 小勺小苏打，和面并醒发后放到锅里蒸	放入 2 大勺面粉，放入 2 小盖水，放入 1 小勺小苏打和白醋，和面并醒发后放到锅里蒸	放入 2 大勺面粉，放入 2 小盖水，放入 1 小勺苏打，和面并醒发后放到锅里蒸	放入 2 大勺面粉，放入 2 小盖水，放入 1 小勺苏打和白醋，和面并醒发后放到锅里蒸
实验现象	内部很密，呈白色，较硬	呈棕色，比较疏松，能看到内部的小孔，有碱味	呈棕色，发酵效果最好，能明显看到内部有小孔，有碱味	呈棕色，发酵效果不明显，较硬，有碱味	呈棕色，发酵效果不明显，较硬，孔比较密，有碱味
实验照片					

（续表）

实验名称：探秘膨松剂　实验人：陈安欣　黄未尧　崔畅	
实验结论	蓬松效果：小苏打 + 白醋 > 小苏打 > 白醋 + 苏打 > 苏打 = 面粉
推测原理	1. 蒸出的馒头除了对照组以外，都发黄，我们推测加入的碳酸钠、碳酸氢钠过多，因为碳酸钠过多，蒸出的馒头会发黄、发硬 2. 根据实验 2 的操作和现象，我们推测碳酸氢钠受热时会分解产生气体，蒸出的馒头发黄是生成了碳酸钠或者碳酸氢钠过多的缘故。如果碳酸氢钠有剩余，那么说明碳酸氢钠也呈碱性 3. 初中阶段我们学过碳酸盐与酸能反应产生二氧化碳，所以添加碳酸钠与白醋或碳酸氢钠与白醋蒸出的馒头都有气孔

观察思考

汇总同学们的实践成果，发现方案主要有表 1–4 中的几种，请对比观察，列出自己发现的问题。

表 1–4　探秘膨松剂

实验名称：探究膨松剂									
实验序号	实验 1	实验 2	实验 3	实验 4	实验 5	实验 6	实验 7	实验 8	实验 9
	面粉（对照组）	面团发得不好	面团发得不好 + 碳酸氢钠	面团发酵良好 + 碳酸钠	面粉 + 碳酸氢钠	面粉 + 碳酸氢钠 + 白醋	面粉 + 碳酸钠	面粉 + 碳酸钠 + 白醋	面粉 + 发酵粉
实验现象	馒头是实心的，比较硬	馒头略硬	馒头发黄，有碱味，切开后有少量气孔	馒头蓬松，切开后有气孔，几乎没有碱味	馒头较蓬松，发黄，有碱味，切开后有气孔	馒头蓬松，几乎没有碱味，切开后有气孔	馒头发黄、发硬，有碱味	馒头发黄，有碱味，切开后有气孔	馒头蓬松，几乎没有碱味
实验照片						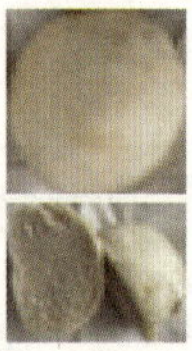			

通过对比观察，我们会发现：

（1）利用实验 1、实验 7 蒸出的馒头是实心的，其他组蒸制的馒头有气孔，较软，甚至蓬松。

（2）实验 6 比实验 5、实验 7 蒸出的馒头效果更好。

（3）实验 4 和实验 7 蒸制馒头都用了碳酸钠，但蒸出的效果却完全不一样。

（4）实验 3、5、7、8 蒸出的馒头都有碱味且发黄。

交流研讨

请结合下面的资料和实践过程，对以上发现作出推测，并简述推测的依据。

资料：酵头

用酵头发酵是我国传统的馒头制作方法。酵头是前一次发面蒸馒头时留下的一小团面，由于里面有很多酵母菌等微生物，再次发面时可用来使面团发酵。酵头的发酵原理是面团在酵母菌以及一定种类和数量的其他微生物的共同作用下发生反应，生成二氧化碳、醋酸、乙醇等物质，其中二氧化碳能使面团内部形成海绵状结构，变得疏松。为减轻酸味，改善口感，常在面团中加入碱性物质（如碳酸钠溶液，俗称碱水）中和乳酸、醋酸等。这个过程也会产生二氧化碳，使面团变得更加松软。不过，碳酸钠加入的量过多，会使蒸出的馒头发黄、带有碱味。酵头属于膨松剂中的生物膨松剂。

通过阅读资料，我们知道，馒头松软的原因是在发酵与蒸制的过程中产生了气体，从而使其内部形成了海绵状结构。馒头发黄、带有碱味的原因是有碱性物质存在。结合已有的化学知识和方法，可推测出以下结论：

（1）实验 1、实验 7 中的馒头发硬，是因为没有气体产生，而其他组中都有气体产生。由此推断，碳酸钠具有热稳定性，加热时不易分解；碳酸氢钠受热易分解产生气体；碳酸钠与酸反应可以产生气体。

（2）实验 6 比实验 5 效果好，是因为碳酸氢钠分解能产生气体，与酸反应也能产生气体，产生的气体相较于实验 5 更多。由此推断，实验 6 比实验 8 蒸出的馒头好，应该是等量的碳酸钠与碳酸氢钠在与酸反应时，碳酸氢钠产生的气体量更多。

（3）实验 4、实验 7 虽然都用了碳酸钠，但实验 4 是发酵好的面团里加入碳酸钠。根据资料可知，发酵好的面团里有产生的醋酸、乳酸等，碳酸钠可以中和酸性物质同时产生气体。但是，实验 7 中的面团没有发酵且碳酸钠受热不易分解，故没有气体产生，因此蒸出的馒头硬。

（4）碳酸钠与碳酸氢钠可能都属于碱性物质，因此，在实验 3、5、7、8 中，若两者有残留或生成了碱性物质，都会使馒头略带碱味且发黄。由此可推知，碱性越大，碱味越浓，蒸出的馒头颜色越深。

方法梳理

基于真实情境提炼化学问题并作出预测的方法如图 1-6 所示。

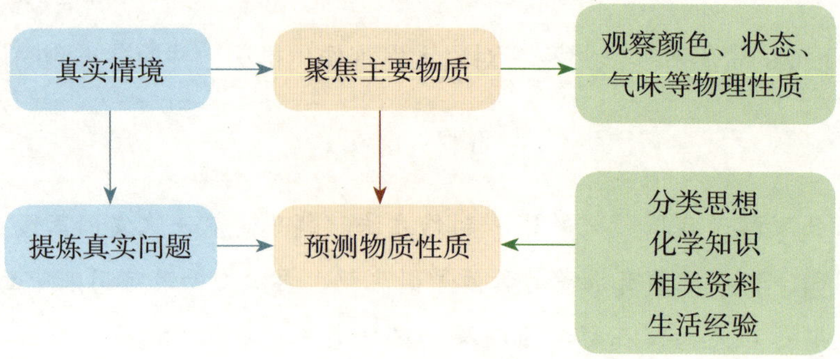

图 1-6　基于真实情境预测物质性质

活动❷　认识碳酸氢钠的性质（一）

设计方案

设计实验证明活动 1 中的推测。

提供的实验用品如下：

药品：碳酸氢钠、碳酸钠、盐酸、澄清石灰水、酚酞、洗手液等。

仪器及用品：试管、酒精灯、铁架台（带铁夹）、试管夹、带导管的单孔橡皮塞、分液漏斗、药匙、胶头滴管、火柴、气球等。

表 1-5　认识碳酸氢钠的性质实验报告

实验目的	实验装置及步骤	实验现象	实验结论

方法导引

实验设计思维模型如图 1-7 所示。

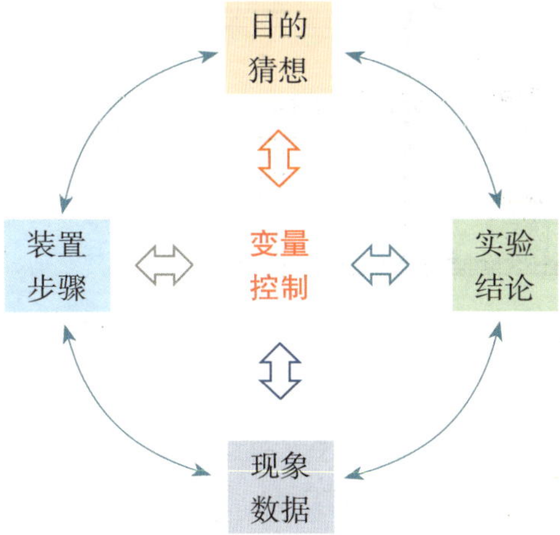

图 1-7 实验设计思维模型

交流研讨

不通过计算，如何比较等质量的碳酸钠与碳酸氢钠谁产生的气体多？

可以利用洗手液产生泡沫的多少或者气球体积变大的情况来进行判断。

表 1-6 通过猜想设计的实验方案及实验结果

实验目的	实验方案	实验现象	实验结论
探究碳酸钠与碳酸氢钠溶液的酸碱性，并比较强弱	滴加 2 滴酚酞溶液 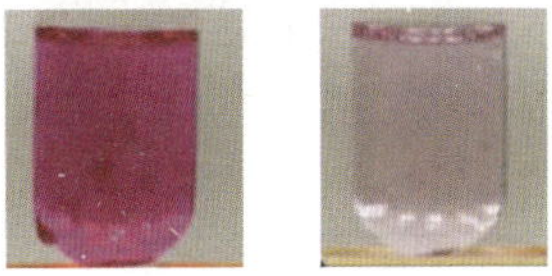 Na_2CO_3 溶液 $NaHCO_3$ 溶液 （等体积、等物质的量浓度）	Na_2CO_3 溶液变红 $NaHCO_3$ 溶液变浅红	碳酸钠、碳酸氢钠的溶液呈碱性，Na_2CO_3 溶液的碱性强于 $NaHCO_3$ 溶液
探究碳酸钠和碳酸氢钠与酸的反应，并比较产生气体的多少	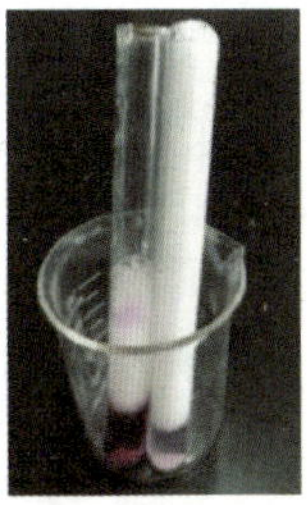	盛有碳酸钠的试管中产生气体慢且少，盛有碳酸氢钠的试管中产生气体快且多	碳酸钠与碳酸氢钠都能与酸反应，但碳酸氢钠与酸反应产生气体的速度快

（续表）

实验目的	实验方案	实验现象	实验结论
探究碳酸钠与碳酸氢钠的热稳定性	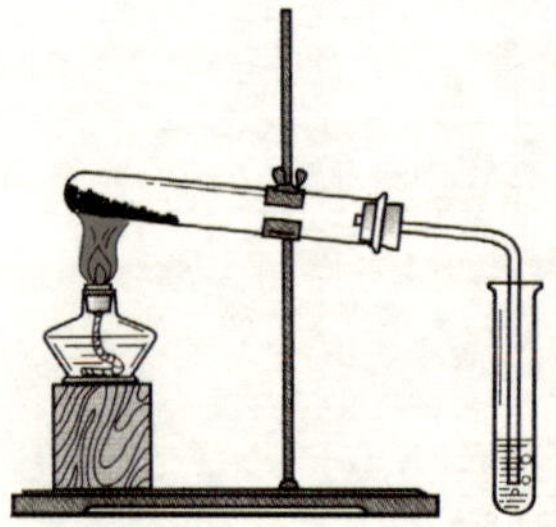	碳酸氢钠受热时，试管壁有水滴产生、澄清的石灰水变浑浊，试管最终有白色固体残留；碳酸钠受热不分解	碳酸氢钠受热分解

继续探究

（1）碳酸氢钠分解后产生的白色固体是什么？如何验证？

（2）为什么向 Na_2CO_3 溶液中滴加稀盐酸，刚开始没有气泡产生？碳酸钠与盐酸反应为什么速度慢？

请结合已有知识和所给资料进行分析判断，并完成实验验证。

资料：$NaHCO_3$ 溶液和 Na_2CO_3 溶液与盐酸反应的 pH 变化

向等体积、等物质的量浓度的 $NaHCO_3$ 溶液和 Na_2CO_3 溶液中，分别逐滴加入一定浓度的盐酸，测得 pH 变化与时间的关系如图 1–8 所示。将图 1–8 中的左图与右图的阴影部分进行叠加，发现两者基本重合。

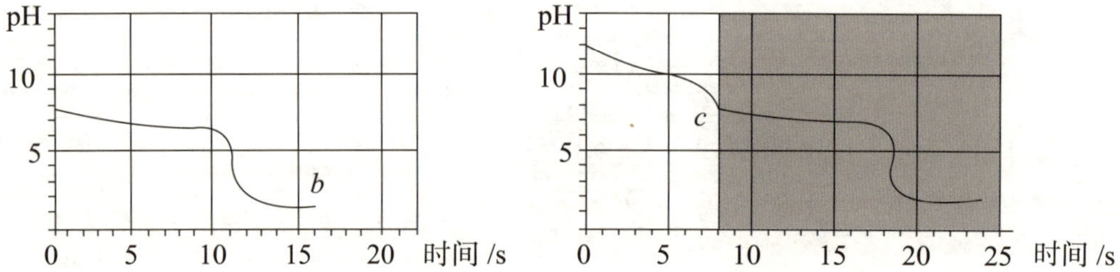

$NaHCO_3$ 溶液中滴加盐酸　　　　Na_2CO_3 溶液中滴加盐酸

图 1–8　滴加盐酸时 $NaHCO_3$ 溶液和 Na_2CO_3 溶液 pH 变化与时间的关系

依据元素守恒思想和实验现象，推测碳酸氢钠受热分解后的白色固体为碳酸钠或氧化钠；可取反应后的白色固体，向其中滴加稀盐酸，并将产生的气体通入澄清石灰水中进行验证。实验装置如图 1–9 所示。

图 1-9 检验二氧化碳气体的实验

通过实验反应，滴加盐酸后，固体溶解，产生的气体能使澄清石灰水变浑浊，最终确认该白色固体为碳酸钠。碳酸氢钠受热分解生成碳酸钠、水和二氧化碳，该反应的化学方程式为：

$$2NaHCO_3 \overset{\triangle}{=\!=\!=} Na_2CO_3 + H_2O + CO_2\uparrow$$

从资料的数据分析看，碳酸氢钠与盐酸的反应过程中 pH 变化和碳酸钠与盐酸反应的阴影部分重叠，说明碳酸钠在与酸反应的过程中有碳酸氢钠生成。由此可推测碳酸钠与酸反应分两步进行：先生成了碳酸氢钠，碳酸氢钠再与盐酸反应生成二氧化碳，其分步反应的化学方程式为：

$$Na_2CO_3 + HCl =\!=\!= NaHCO_3 + NaCl$$

$$NaHCO_3 + HCl =\!=\!= NaCl + H_2O + CO_2\uparrow$$

总反应的化学方程式为：

$$Na_2CO_3 + 2HCl =\!=\!= 2NaCl + H_2O + CO_2\uparrow$$

活动❸ 认识碳酸氢钠的性质（二）

解释与结论

请结合所学的知识，解释以下问题：

（1）碳酸钠与碳酸氢钠中，哪种物质可以直接用作膨松剂？

（2）小鲁妈妈在利用酵头发面的过程中，发酵良好的情况下，用碳酸钠的作用是什么？发酵不好时，为什么加入碳酸氢钠？

碳酸氢钠受热分解会产生二氧化碳气体，因此可直接用作化学膨松剂。碳酸钠受热难以分解，加之其碱性较强，因此不宜直接用作膨松剂。

酵头发酵后会产生少量二氧化碳和酸性物质。发酵良好的情况下产生的酸性物质较多，用碳酸钠就可以调节酸性，同时产生较多的二氧化碳。发酵不好时，小鲁妈妈改用碳酸氢钠主要有两个目的：一是碳酸氢钠受热分解可以产生二氧化碳；二是利用碳酸氢钠的碱性也可以调节面团的酸性，同时等量的碳酸氢钠与酸反应产生的二氧化碳比碳酸钠更多，从而使馒头更易蓬松。蒸出的馒头发黄，有碱味，是因为碳酸氢钠受热分解后产生碳酸钠或残留有碳酸氢钠。

方法梳理

回顾本节课的学习过程，总结你获得碳酸氢钠化学性质的方法。

任务 2　设计并使用复合膨松剂

活动❶　认识复合膨松剂

交流研讨

碳酸氢钠可直接用作膨松剂，但用它蒸出的馒头容易发黄且带有碱味。如果和面时添加碳酸氢钠和白醋的话，效果就比较好。你能利用所学知识对此进行解释吗？

表 1–7　碳酸氢钠与碳酸氢钠和白醋蓬松效果实验比较

实验方案	实验现象	实验照片
面粉 + 碳酸氢钠	馒头蓬松，发黄，有碱味，切开后有气孔	
面粉 + 碳酸氢钠 + 白醋	馒头更蓬松，发白，几乎无碱味，切开后气孔多	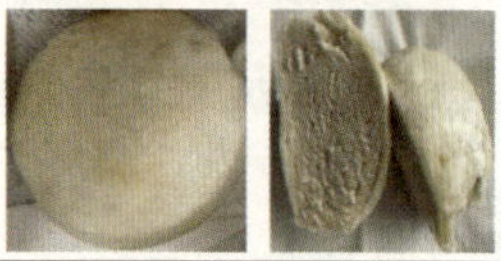

单独使用碳酸氢钠，利用的是碳酸氢钠受热分解产生二氧化碳气体的性质，可使蒸出的馒头蓬松。我们将这种膨松剂称为单一成分膨松剂，又称碱性膨松剂；但是由于其分解的残留物中有碳酸钠，且碳酸钠能够在高温下与油脂发生皂化反应，使蒸出的馒头口味不纯、pH 升高、颜色加深，故品相不佳。

当使用碳酸氢钠与白醋进行发酵时，若使用的量合适，馒头会变白且蓬松，碱味也变淡了。其原因是在和面过程中，遇水后白醋能与碳酸氢钠反应释放二氧化碳气体；加热时碳酸氢钠又能分解产生二氧化碳，且白醋还能与其分解产物碳酸钠反应减少碱性物质，产生更多二氧化碳。可见，白醋在这里起到了调整食品酸碱度、去除异味、产生更多二氧化碳的作用。因此，在蒸制面食时常会在单一膨松剂中加入酸性物质制成复合膨松剂，以获得更好的蒸制效果。

碳酸氢铵也是一种常用的碱性膨松剂，它分解可生成氨气、水和二氧化碳。生成的氨气溶于水形成氨水，会使制品存有臭味、pH 升高，对维生素有严重的破坏性。碳酸氢铵通常只用于制品中水分含量少的产品。

资料：复合膨松剂

现在人们广泛使用的复合膨松剂一般是由三部分组成的。

碳酸盐 通常用量为膨松剂质量的 30% ~ 50%，其作用是通过与酸性物质反应产生二氧化碳。常用的碳酸盐是碳酸氢钠和碳酸氢铵。

酸性剂 通常用量为膨松剂质量的 30% ~ 40%，其作用是与碳酸氢钠、碳酸氢铵等反应产生二氧化碳，提升膨松剂的作用效果并降低食品的碱性。常用的酸性物质有柠檬酸、磷酸二氢钙、葡萄糖 – δ – 内酯（GDL）、酒石酸氢钾、焦磷酸二氢二钠等。

助剂 通常用量为膨松剂质量的 10% ~ 30%，其作用是防止膨松剂吸潮结块而失效，延长膨松剂的保存性，也具有调节气体产生速率或使气体均匀产生等作用。常用的有淀粉、食盐等。

探索发现

图 1–10 所示为市场上销售的一种复合膨松剂的说明书，请对其成分进行分类，简述各成分的作用。

【名　称】复合膨松剂
【保质期】24 个月
【净含量】1 kg
【配　料】碳酸氢钠、玉米淀粉、碳酸钙、柠檬酸、葡萄糖 – δ – 内酯、磷酸二氢钠、苹果酸
【适用范围】适用于各类馒头、包子等发酵面制品的制作
【储存方法】阴凉干燥处储存

图 1–10　某膨松剂产品说明

表 1-8　膨松剂成分分类

成分	物质名称
碳酸盐	
酸性剂	
助剂	

柠檬酸是一种重要的有机酸，为无色晶体，无臭，易溶于水，在食品工业、化妆品制造业等工业领域具有广泛的用途。

思考：复合膨松剂为什么要放在阴凉干燥的地方储存呢？为什么有一定量的配比？

通过观察分析我们发现，市场上销售的复合膨松剂为固态。这主要是便于保存和使用，避免碳酸盐类物质与液态酸性物质直接发生反应，因此在储存时要放在阴凉干燥处；另外，酸性物质多为复配，且各组分间具有一定的配比。

阅读探讨

在实践活动中我们发现，有些同学虽然使用了碳酸氢钠与白醋或市场销售的复合膨松剂等，但是在短时间内的醒发效果并不理想，蒸出的馒头不太蓬松；若使用的量控制得不好，蒸出的馒头色泽依然暗淡发黄，表面不光滑并出现回缩等现象。馒头的品质没有达到预期效果，这与哪些因素有关呢？

请阅读下列资料，思考以下三个问题：

（1）为什么市场销售的复合膨松剂都是由多种酸式盐与碳酸氢钠制成的？

（2）影响馒头品质的因素有哪些？

（3）如何选用合适的膨松剂？

资料：影响馒头品质因素的探究（部分）

为探究膨松剂及其简单组合对馒头品质的影响，可进行相关的实验研究。下面是探究碳酸氢钠与酸性剂单独组合时对馒头品质影响的实验过程及数据。

馒头的制作过程：称取 200 g 面粉，膨松剂根据定量比（恰好反应时的质量比）确定的添加组合量添加。制作过程中，将碳酸氢钠与酸性剂分别溶解，先把碳酸盐溶液加入和面机中，1 min 后加酸性剂的溶液，在和面机中搅拌混合 10 min 后，在压面机中将已经成型的表面光滑的面团反复压延 5 次。取出压延后的面带，在案板上完成成型，得到的圆形馒头坯，质量为 90 ~ 100 g。将馒头坯置于室内环境中静置 10 min，用沸水蒸 30 min，出锅后静置 1 h，然后测定其比容（蓬松度）、感官指标（标准：比容至少要达到 1.7 mL/g，最好能达到 2.3 mL/g；色泽为乳白色；无异味）。测得的数据见表 1–9。

表 1–9 影响馒头品质因素探究实验

实验组	碳酸氢钠	碳酸氢钠 + 柠檬酸	碳酸氢钠 + 磷酸二氢钙	碳酸氢钠 +GDL	碳酸氢钠 + 酒石酸氢钾
数据	组合数 碳酸氢钠 /% 1 0.2 2 0.4 3 0.6 4 0.8 5 1.0 6 1.2 7 1.4 8 1.6	组合数 碳酸氢钠 /% 柠檬酸 /% 1 0.3 0.2 2 0.6 0.4 3 0.9 0.6 4 1.2 0.8 5 1.5 1.0 6 1.8 1.2 7 2.1 1.4	组合数 碳酸氢钠 /% 磷酸二氢钙 /% 1 0.07 0.1 2 0.14 0.2 3 0.21 0.3 4 0.28 0.4 5 0.35 0.5	组合数 碳酸氢钠 /% GDL/% 1 0.2 0.4 2 0.4 0.8 3 0.6 1.2 4 0.8 1.6 5 1.0 2.0 6 1.2 2.4 7 1.4 2.8	组合数 碳酸氢钠 /% 酒石酸氢钾 /% 1 0.2 0.4 2 0.4 0.8 3 0.6 1.2 4 0.8 1.6 5 1.0 2.0 6 1.2 2.4 7 1.4 2.8
测定结果	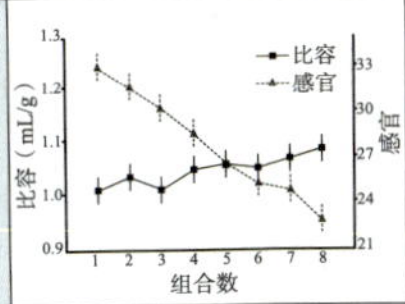	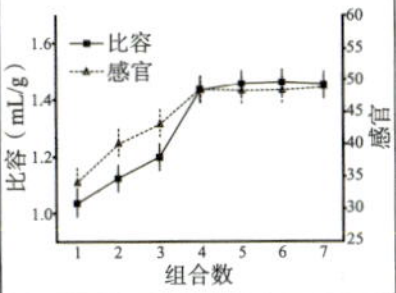	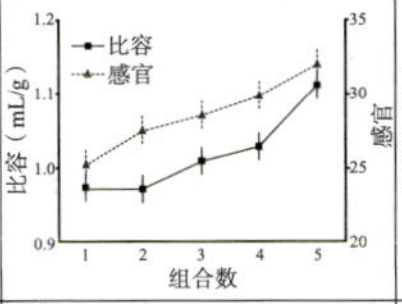	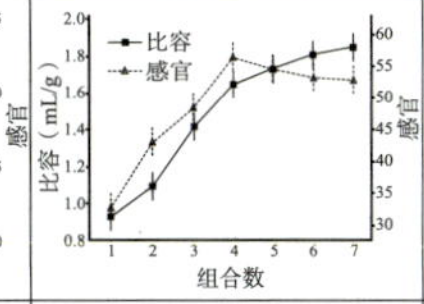	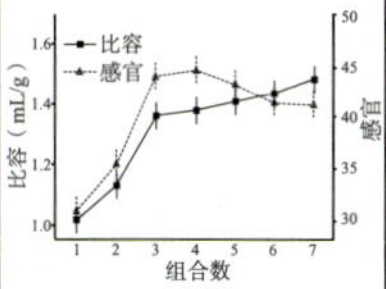
产气速率	加热时产气	速度较快	速度适中	速度较慢	速度较快
独特作用	——	提升风味，防腐，抗氧化能力增强	保持水分，维持pH，使口感、色泽好，抗菌，补钙	防腐与抗氧化能力增强，保质期增长	有助于提高产气量

依据以上数据进行对比分析可以看到，使用复合膨松剂可以提升馒头的蓬松度、口感、色泽等，但单一的酸性物质与碳酸氢钠搭配起来不足以达到馒头的基本标准，因此常采用多种不同酸性物质与碳酸氢钠复配。

影响馒头品质的因素有很多，如所用面粉的种类、膨松剂的使用量、加水的质量、和面时间、压面次数、蒸制时间等。通过实验研究得知，最佳的生产加工工艺条件是加水量 48%，和面时间为 10 min，压面次数为 7 次，蒸制时间为 21 min。

选出合适的快速、中速、慢速反应酸性物质与碳酸氢钠进行复配，使得馒头的生产过程中持续不断地有气体产生，最终使馒头能够膨胀起来。通过单因素及正交试验确定的最优配方是碳酸氢钠添加量为 1.3%，GDL 添加量为 1.3%，柠檬酸添加量为 0.3%，磷酸二氢钙添加量为 0.3%。此外，将碳酸氢钠与酸性物质分开存放更有利于膨松剂产气效果的保持；将自制膨松剂与 0.4% 的酵母混合使用，能够使蒸出的馒头品相更佳。

活动❷ 自制快速复合膨松剂

请选择生活中的用品，借助互联网查找所需资料，自主设计膨松剂并阐述设计意图。

铝易损伤人体的脑部神经，使脑细胞产生病变，从而引发脑部疾病；成人、儿童常吃加了明矾的油条会产生缺钙、贫血、注意力不集中等症状；老人常吃加了明矾的油条易导致记忆力低下，严重者可得阿尔茨海默病等。

表 1-10　快速复合膨松剂设计

成分	所占比重	设计意图

活动③　项目成果展示

请利用自主设计的复合膨松剂，制作色香味俱佳的发酵面食，为自己设计的膨松剂写一份产品说明书并进行成果展示交流。

交流研讨

展示自主设计的复合膨松剂配方及配比等。

表 1-11　自制复合膨松剂配方及配比

成分	配比	设计依据	使用说明	成果照片

展示评比

将成果制作成展板，进行展示评比。

图 1-11　用自制复合膨松剂蒸制的面食

表 1-12 馒头感官评价表

评价项目		评分细则
外观	色泽	乳白（8 ~ 10 分） 洁白或微黄（6 ~ 8 分） 灰暗或棕色（0 ~ 5 分）
	形态	表面光滑挺立（8 ~ 10 分） 轻微塌陷（6 ~ 8 分） 萎缩严重，不成型（0 ~ 3 分） 有创意（2 分）
结构	结构	气孔小且均匀（6 ~ 8 分） 气孔中等（4 ~ 6 分） 气孔大而不均（0 ~ 3 分）
风味	气味	气味令人愉悦（8 ~ 12 分） 无异味（4 ~ 8 分） 有异味（0 ~ 4 分）
	味道	有发酵的香味（8 ~ 12 分） 略带甜味（4 ~ 8 分） 略带咸味（0 ~ 4 分）
	酸碱	酸碱适中（8 ~ 12 分） 略带碱味（4 ~ 8 分） 略带酸味（0 ~ 4 分）
口感	咀嚼	易于咀嚼（8 ~ 12 分） 软硬适中（4 ~ 8 分） 咀嚼干硬（0 ~ 4 分）
	弹性	易于下压，回弹快（8 ~ 12 分） 能下压，回弹略差（4 ~ 8 分） 不回弹（0 ~ 4 分）
	黏性	不黏牙（8 ~ 12 分） 略黏牙（4 ~ 8 分） 明显黏牙（0 ~ 4 分）

方法梳理

回顾本节课的学习过程，总结你获得碳酸氢钠化学性质的方法。

七、学科大概念统摄下的微项目内容梳理

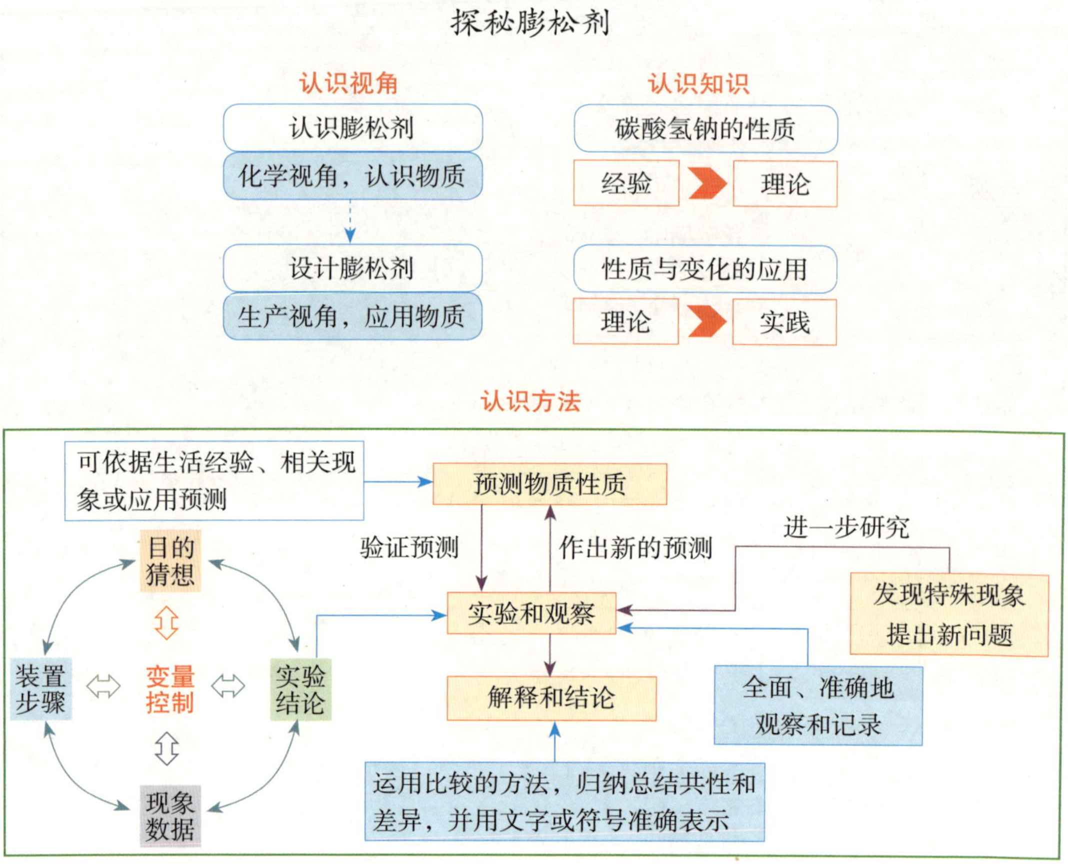

图 1-12　微项目“探秘膨松剂”内容梳理示意图

八、学科大概念统摄下的微项目学习评价

表 1-13　微项目“探秘膨松剂”整体学习评价量表

评价内容		评价指标	评分		
			自评	互评	师评
表现性评价	课堂综合	上课专注、积极思考、积极参与活动			
		能独立思考，具有创造性思维，能提出不同的方法解决问题			

（续表）

评价内容		评价指标	评分		
			自评	互评	师评
表现性评价	研究学习	能有效提取资料中的关键信息			
		能依据资料进行有逻辑的推理、分析			
		能设计科学、合理的实验			
		能基于收集到的证据进行分析解释			
		能得出科学、合理的实验结果			
		能对实验现象、结果进行精准表述			
	表达交流	勇于表达自己的观点，条理清晰			
		擅于与他人合作，能虚心听取别人意见			
		能对项目成果进行生动展示			
结果性评价	成果完成	完成馒头蒸制的第一次成果制作			
		完成复合膨松剂的自主设计			
		完成馒头蒸制的第二次成果制作			
	知识生成	知道碳酸钠和碳酸氢钠的性质			
		能应用研究物质性质的基本方法和基本程序解决实际问题			
		会设计实验研究物质的性质			
		能准确完成单元项目检测			
赋值方法		完全能做到：3 分　部分能做到：2 分 偶尔能做到：1 分　完全做不到：0 分			
		自评 30%　互评 30%　师评 40%			
总成绩					

【北京市陈经纶中学　庞艳丽】

扫码查阅教材
微项目原文

微项目 2 科学使用含氯消毒剂

——运用氧化还原反应原理解决实际问题

任务 1：解读 84 消毒液的产品说明

任务 2：探究消毒液的使用问题

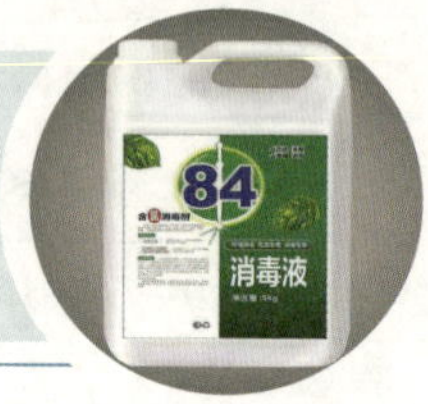

一、学科大概念统摄下的微项目设计概述

1. 设计意图

《普通高中化学课程标准（2017 年版 2020 年修订）》明确指出，发展核心素养是党的教育方针的具体化、细致化。为建立核心素养与课程教学的内在联系，教学中要进一步精选学科内容，重视以学科大概念为核心，使课程内容结构化；以主题为引领，使课程内容情境化，促进学科核心素养的落实。学科大概念能使现在过于“臃肿”的课程“瘦”下来，教师只需要教给学生相对较少的大概念，就可以使学生对学习内容有一个很好的理解。学生依据大概念可以有序地组织其在学习期间遇到的事实、概念、过程和方法等，建立学习单元之间的联系，使学生感觉到自己所做的一切都与学科大概念这个中心有关。

本单元的教学设计是基于“世界是物质的、物质是运动的”的哲学观点，细化出“结构决定性质、性质决定用途”的化学学科大概念（图 2-1）。

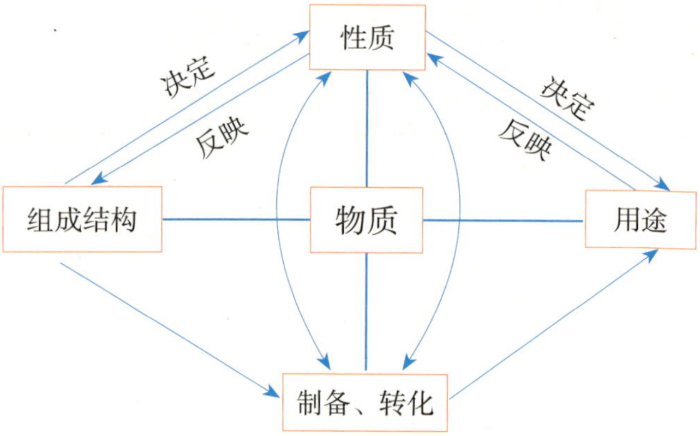

图 2-1　多角度认识物质示意图

含氯消毒剂是高中化学教学中的经典素材，氯元素价态的丰富性使其成为氧化还原反

应学习的良好载体。含氯消毒剂是生活中常见的、用途广泛的消毒剂，特别是 84 消毒液又是很多家庭的常备消毒剂，但是因使用不当而引发的伤害事件屡见不鲜。

本项目引导学生通过对 84 消毒液的分析和探究，发展基于氧化还原反应的“宏观辨识与微观探析”化学学科核心素养，提升探究陌生物质性质的实验探究能力；通过实验探究活动，了解 84 消毒液的性质，理解其消毒原理；通过对 84 消毒液产品说明的解读，形成合理使用含氯消毒剂的意识和能力；通过探究 84 消毒液产品过程中出现的问题，培养不盲从、肯探究的科学态度和科学使用化学品的社会责任。

2. 功能价值

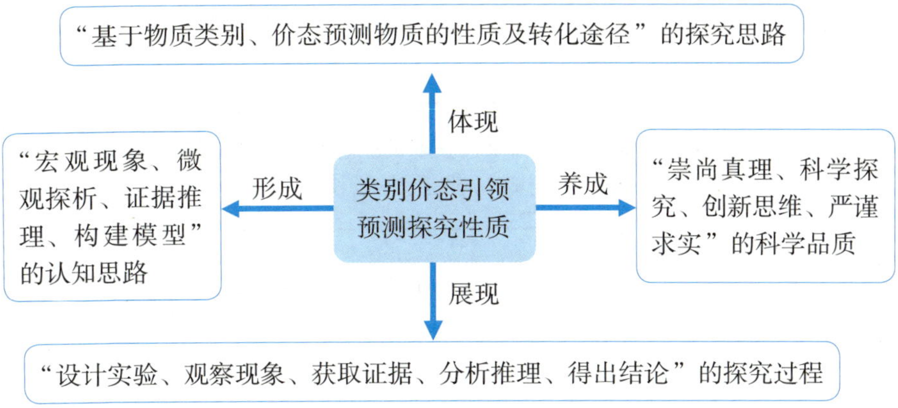

图 2-2　微项目“科学使用含氯消毒剂”功能价值

在“结构决定性质、性质决定用途”的学科大概念的统摄下，引导学生借助项目任务 1“解读 84 消毒液的产品说明”，任务 2“探究消毒液的使用问题”，发展思维，提高能力，培养化学学科核心素养。

3. 学情分析

（1）学生已有知识与能力：

学生已经完成了“元素与物质分类”“电解质”“氧化还原反应”“探究物质性质的一般方法”等内容的学习；在每一节内容的学习中，分别利用物质类别、所含离子或核心元素化合价预测物质的性质；能够认识到含氯消毒剂是生活中常见的、用途广泛的消毒剂，特别是 84 消毒液是很多家庭的常备消毒剂。

（2）学生学习障碍点：

据调查，大多数学生见过 84 消毒液，但只有较少的学生使用过 84 消毒液，几乎没有学生仔细阅读过 84 消毒液的产品说明。多数学生没有通过阅读产品说明来合理使用化学品的意识，没有通过关注化学品的主要成分来推断产品性质的习惯，没有应用化学知识解释日用化学品功能、使用方法的能力，欠缺利用化学知识分析解释生活中问题的科学态度和社会责任。

（3）学生学习发展点：

通过对 84 消毒液的分析和探究，引导学生深化对氧化还原反应的理解，提高运用氧化还原反应原理分析、解决实际问题的能力，构建学习元素化合物知识的认知模型，发展相应的化学学科核心素养。

二、学科大概念统摄下的微项目知识结构

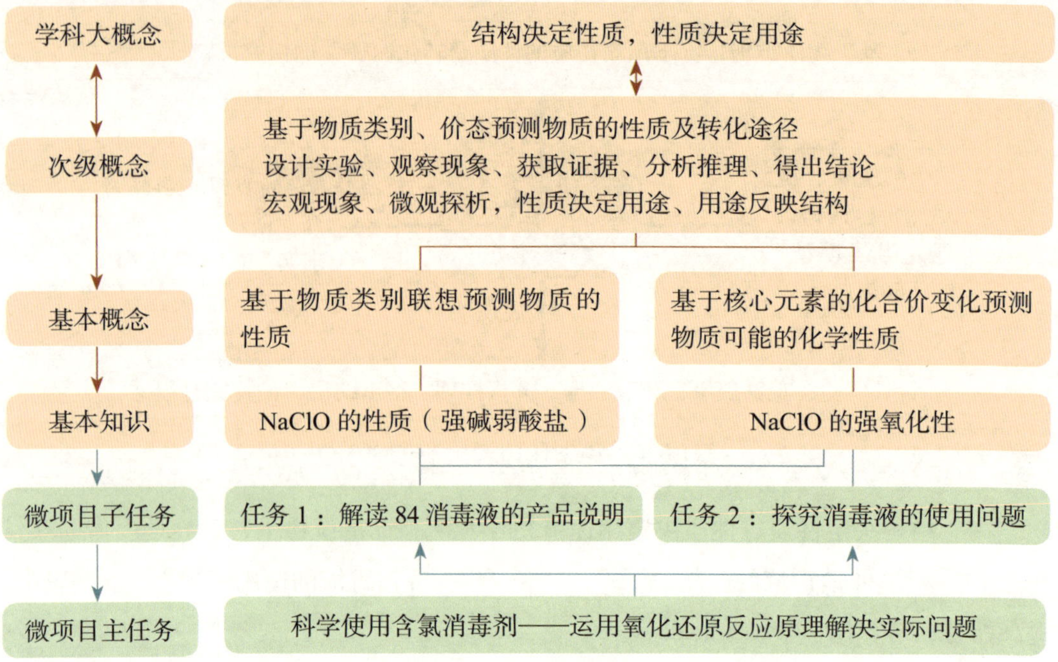

图 2-3　微项目“科学使用含氯消毒剂”知识结构示意图

三、学科大概念统摄下的微项目学习目标

（1）通过“解读 84 消毒液的产品说明”，从物质类别、元素化合价的视角预测含氯消毒剂有效成分的性质，设计方案、选择合适的试剂进行实验获取证据，得出相应结论；感受科学探究的一般过程，提升设计实验、动手实验、分析论证、批判质疑、反思评价、得出结论的能力，发展“科学探究与创新意识”化学学科核心素养；学会从多角度研究物质，构建研究具体物质性质的认知模型，发展“宏观辨识与微观探析”化学学科核心素养。

（2）通过“分析巴西奥运会绿色游泳池事件发生的可能原因”，学会从化学视角去分析常见事物或现象背后的化学原理，感受化学的实用价值；培养基于问题设计探究方案、基于证据推理得出结论的能力；用化学知识解决实际问题，发展证据推理、模型认知、迁移应用的综合能力，提升解决陌生复杂情境问题的系统思维能力，发展“科学探究与创新意识”化学学科核心素养。

（3）通过“对 84 消毒液使用说明的解读”，形成合理使用含氯消毒剂的意识和能力，增强合理使用化学品的意识，学会科学使用含氯消毒剂。

四、学科大概念统摄下的微项目活动规划

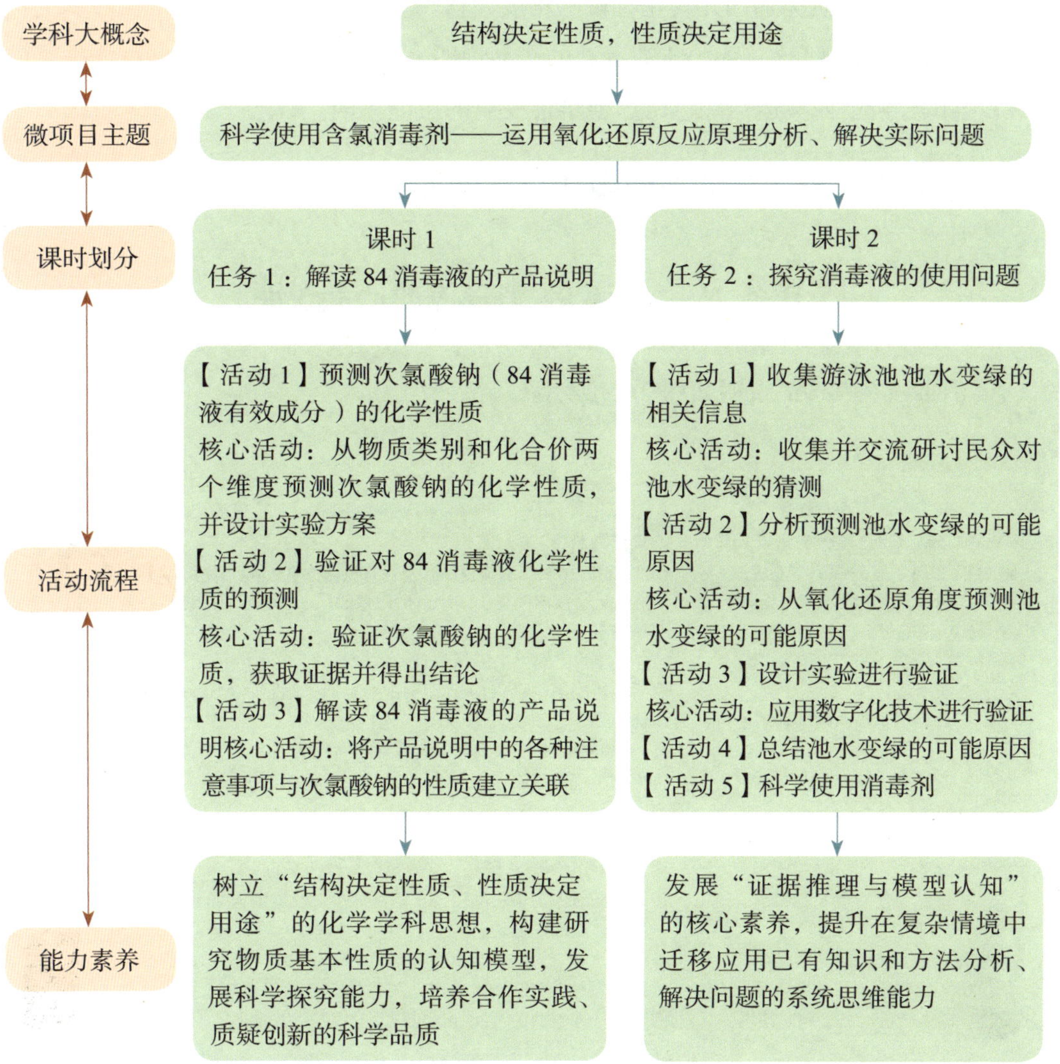

图 2-4　微项目“科学使用含氯消毒剂”活动规划示意图

五、学科大概念统摄下的微项目活动导引

我们生活的环境中难免会有一些致病微生物，如细菌、病毒等。消毒杀菌可以减少致病微生物的数量，甚至杀死致病微生物的繁殖体和休眠体，降低人体的发病率。例如，酒精可以吸收细菌蛋白中的水分，使其脱水变性，达到消毒杀菌的目的；医用双氧水因具有氧化性，可以把脓液、污物中的细菌氧化来杀死细菌，因而常用于皮肤、黏膜伤口的消毒。

84 消毒液是一种以次氯酸钠为主要成分的含氯消毒剂，主要用于物体表面和环境等的消毒，现广泛用于家庭、宾馆、医院、食品加工行业的消毒。

本项目将从物质类别和元素化合价的角度，认识 84 消毒液有效成分次氯酸钠的化学性质；从化学的视角，解读 84 消毒液的产品说明、认识随意混用消毒剂可能带来的危害，尝试分析巴西奥运会绿色游泳池事件发生的可能原因。

六、学科大概念统摄下的微项目活动实施

任务 1 解读 84 消毒液的产品说明

84 消毒液及其产品说明如图 2-5 所示。

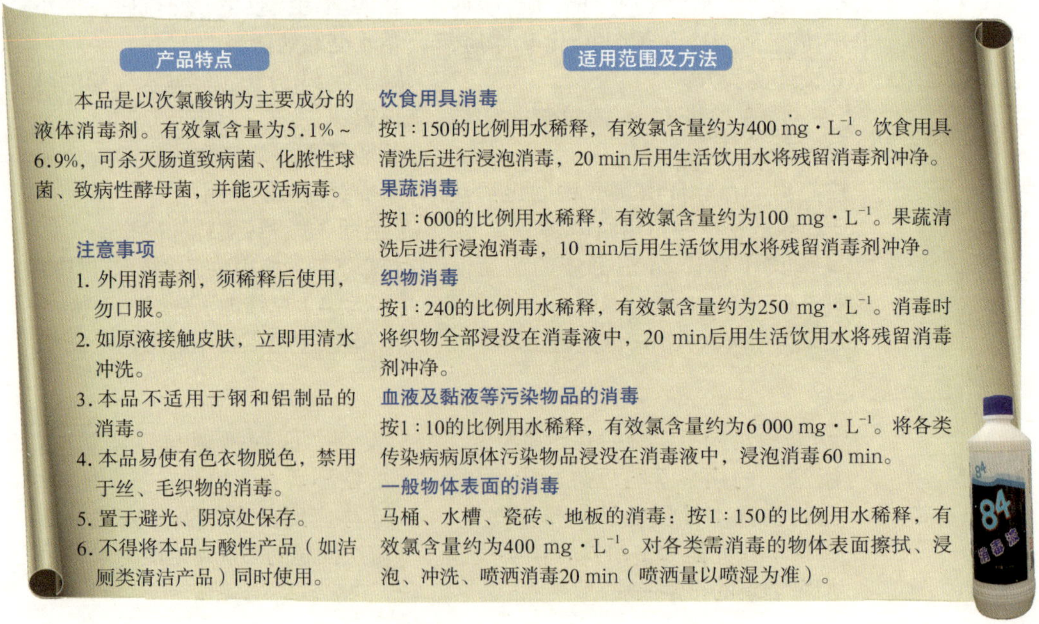

产品特点

本品是以次氯酸钠为主要成分的液体消毒剂。有效氯含量为5.1%~6.9%，可杀灭肠道致病菌、化脓性球菌、致病性酵母菌，并能灭活病毒。

注意事项

1. 外用消毒剂，须稀释后使用，勿口服。
2. 如原液接触皮肤，立即用清水冲洗。
3. 本品不适用于钢和铝制品的消毒。
4. 本品易使有色衣物脱色，禁用于丝、毛织物的消毒。
5. 置于避光、阴凉处保存。
6. 不得将本品与酸性产品（如洁厕类清洁产品）同时使用。

适用范围及方法

饮食用具消毒

按1∶150的比例用水稀释，有效氯含量约为400 mg · L^{-1}。饮食用具清洗后进行浸泡消毒，20 min后用生活饮用水将残留消毒剂冲净。

果蔬消毒

按1∶600的比例用水稀释，有效氯含量约为100 mg · L^{-1}。果蔬清洗后进行浸泡消毒，10 min后用生活饮用水将残留消毒剂冲净。

织物消毒

按1∶240的比例用水稀释，有效氯含量约为250 mg · L^{-1}。消毒时将织物全部浸没在消毒液中，20 min后用生活饮用水将残留消毒剂冲净。

血液及黏液等污染物品的消毒

按1∶10的比例用水稀释，有效氯含量约为6 000 mg · L^{-1}。将各类传染病病原体污染物品浸没在消毒液中，浸泡消毒60 min。

一般物体表面的消毒

马桶、水槽、瓷砖、地板的消毒：按1∶150的比例用水稀释，有效氯含量约为400 mg · L^{-1}。对各类需消毒的物体表面擦拭、浸泡、冲洗、喷洒消毒20 min（喷洒量以喷湿为准）。

图 2-5　84 消毒液及其产品说明

活动❶ 预测次氯酸钠（84 消毒液有效成分）的化学性质

小明的白色 T 恤不小心沾上了红墨水，他用洗衣液洗了两次，没有洗干净；后来改用肥皂，对红墨水处反复揉搓，还是没有清洗干净。妈妈说可以涂抹些 84 消毒液试试，结果效果还挺好，红墨水真的清洗干净啦！

84 消毒液具有漂白的性质，其有效成分为次氯酸钠（NaClO）。

交流研讨

84 消毒液的有效成分是次氯酸钠。从物质类别的角度看，次氯酸钠属于盐，可能具有什么性质？从元素化合价的角度看，次氯酸钠中的氯元素为 +1 价，化合价既可以升高又可以降低，可能具有什么性质？

请从化合价升降和类别的角度来预测次氯酸钠具有什么化学性质，从所提供的试剂中选择所需试剂设计实验并预测可能的实验现象。

自主学习

资料 1：硫

硫俗称硫黄，淡黄色晶体，质脆，易研成粉末；难溶于水、微溶于酒精、易溶于 CS_2；密度比水大。

资料 2：碘

单质碘为紫黑色晶体，易升华，有毒性和腐蚀性。碘单质遇淀粉会变蓝色，常用此性质来检验碘单质的存在。碘主要用于制造药物、染料、碘酒、试纸和碘化合物等。碘是人体必需的微量元素之一。

资料 3：次氯酸

次氯酸的化学式为 HClO。次氯酸仅存在于溶液中；浓溶液呈黄色，稀溶液无色。次氯酸有非常刺鼻的气味，极不稳定，是很弱的酸，酸性比碳酸弱；有很强的氧化性和漂白作用。它的盐类可用作漂白剂和消毒剂。在使用过程中，次氯酸钠与水和空气中的二氧化碳反应生成次氯酸，从而发挥消毒功能。

分享评价

通过“价－类”二维图（图 2-6）分析、预测 NaClO 可能的化学性质。

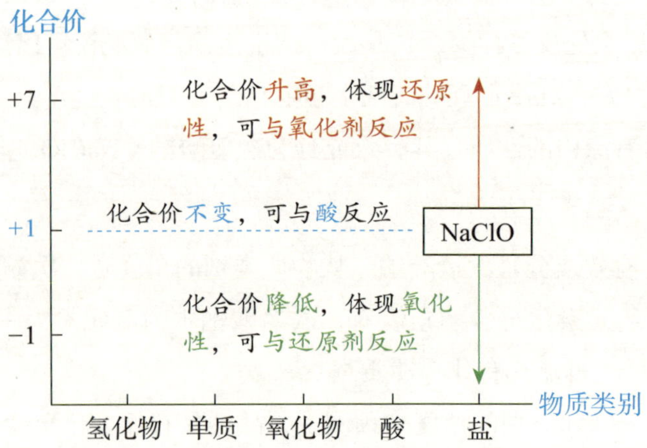

图 2-6　氯元素的“价－类”二维图

实验用品：稀释的 84 消毒液、NaClO 溶液、1 mol · L^{-1} 盐酸、0.5 mol · L^{-1} 硫酸、$KMnO_4$ 溶液、淀粉－KI 溶液、Na_2S 溶液、红墨水（或品红溶液）、蒸馏水、pH 试纸、镊子、玻璃片、玻璃棒、胶头滴管、点滴板。

深度思考、小组交流后，汇报成果，与全体同学分享。

表 2-1　预测 NaClO 可能的化学性质

预测 NaClO 性质	预测依据	验证试剂	预测现象
还原性	氯元素化合价可能会升高	$KMnO_4$ 溶液	紫红色褪去
氧化性	氯元素化合价可能会降低	淀粉－KI 溶液	溶液变蓝
		Na_2S 溶液	有黄色沉淀生成
碱性	Na_2CO_3 显碱性	pH 试纸	pH > 7
漂白性	清除衣物上的墨水	品红溶液	褪色
与酸反应	Na_2CO_3 可与酸反应	稀硫酸、稀盐酸	——

活动❷　验证对 84 消毒液化学性质的预测

探究发现

交流方案，进行实验，观察并记录实验现象，验证预测。

表 2-2　验证对 84 消毒液化学性质的预测

<table>
<tr><th>实验内容</th><th>实验现象</th><th>结论及相关解释</th></tr>
<tr><td rowspan="3">1. 在点滴板 A、B、C 中分别滴加 5 滴 $KMnO_4$ 溶液、Na_2S 溶液、淀粉-KI 溶液，再各滴加 1 mL 84 消毒液，观察现象
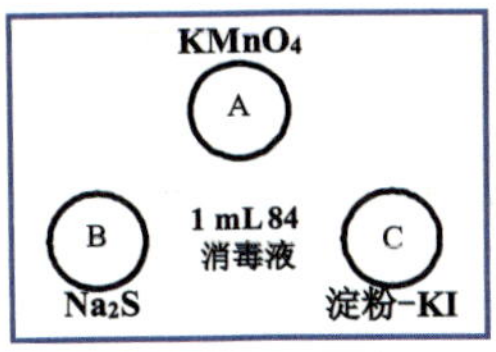
</td><td>A 中 $KMnO_4$ 溶液不褪色</td><td>84 消毒液基本无还原性</td></tr>
<tr><td>B 中 Na_2S 溶液有黄色浑浊出现</td><td>S^{2-} 被氧化成 S</td></tr>
<tr><td>C 中淀粉 -KI 溶液变蓝</td><td>I^- 被氧化成 I_2
84 消毒液有氧化性</td></tr>
<tr><td>2. 测定 84 消毒液的 pH</td><td>pH 约为 11</td><td>84 消毒液显碱性</td></tr>
<tr><td>3. 在点滴板 D、E 中各加入 1 mL NaClO 溶液，并在 E 中滴加 1 滴稀硫酸；同时向 D、E 中滴加 4 滴红墨水，观察褪色所需时间
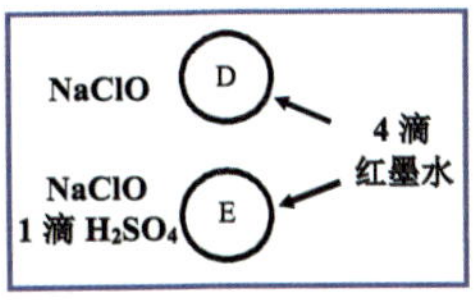
</td><td>E 中红墨水褪色用时短</td><td>E 中 NaClO 与稀硫酸反应生成了次氯酸，漂白能力增强</td></tr>
<tr><td>4. 在点滴板 F、G 中各加入 1 mL NaClO 溶液，在 H 中加入 1 mL NaOH 溶液。向 F、G 中滴加 5 滴稀硫酸、稀盐酸，迅速盖上表面皿观察现象
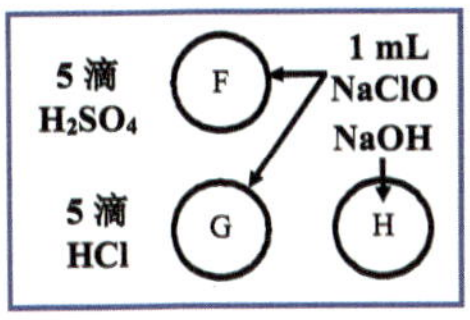
</td><td>F 中无现象
G 中产生黄绿色气体</td><td>NaClO 与盐酸反应生成氯气，H 中的 NaOH 溶液用于吸收产生的氯气</td></tr>
</table>

交流研讨

发现问题：为什么同样向 1 mL NaClO 溶液中滴加稀硫酸时无现象，而滴加稀盐酸时则出现黄绿色气体——氯气呢？

从化合价角度分析，稀硫酸中无还原性微粒，稀盐酸中有还原性微粒——氯离子，可能将 NaClO 还原产生氯气。84 消毒液中的主要成分是 NaClO 和 NaCl。预测：向 84 消毒液中分别滴加稀硫酸、稀盐酸，都应产生氯气。

探究发现

表 2-3　向 84 消毒液滴加稀硫酸和稀盐酸实验

实验内容	实验现象	结论及相关解释
5. 在点滴板 K、M 中各加入 1 mL 84 消毒液，N 中加入 1 mL NaOH 溶液。向 K、M 中分别滴加 5 滴稀硫酸、稀盐酸，迅速盖上表面皿观察现象 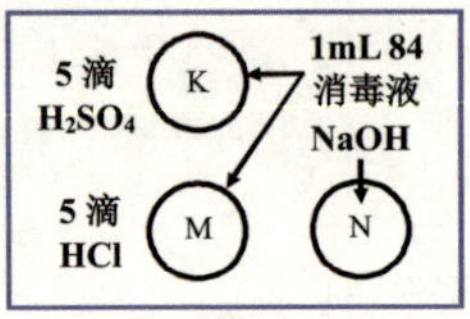	K、M 中均产生黄绿色气体	84 消毒液与硫酸或盐酸（在酸性条件下）混合产生氯气

活动❸　解读 84 消毒液的产品说明

交流研讨

应用所学知识解读 84 消毒液的注意事项：

（1）外用消毒剂，须稀释后使用，勿口服。

（2）如原液接触皮肤，立即用清水冲洗。

（3）本品不适用于钢和铝制品的消毒。

（4）本品易使有色衣物脱色，禁用于丝、毛织物的消毒。

（5）置于避光、阴凉处保存。

（6）不得将本品与酸性产品（如洁厕类清洁产品）同时使用。

分享评价

（1）84 消毒液的主要成分是次氯酸钠，具有强腐蚀性和强氧化性。

①会对皮肤有强烈的腐蚀作用，取用时应戴好实验室专用手套，并戴上护目镜。若不慎将 84 消毒液沾到皮肤上，应立即用大量清水冲洗。

②金属是典型的还原剂，会发生氧化还原反应。不适用于钢、铝制品的消毒。

③会使丝、毛织物等蛋白质制品发生变性，不能用于丝、毛织物的消毒。

④消毒液中的次氯酸钠与氯化钠在酸性条件下迅速发生氧化还原反应生成有毒气体氯气，会让使用者中毒，严重的还会危及生命。

（2）次氯酸酸性比碳酸还弱。

84 消毒液中的次氯酸钠与水和空气中的二氧化碳反应生成次氯酸（“强酸”制

“弱酸”），利用此性质发挥消毒功能。但是，次氯酸在光照条件下会分解，反应的化学方程式为 $2HClO \xlongequal{光照} 2HCl + O_2\uparrow$。因此，84 消毒液须置于避光、阴凉处且密封保存。

方法梳理

探究实验思路如图 2-7 所示。

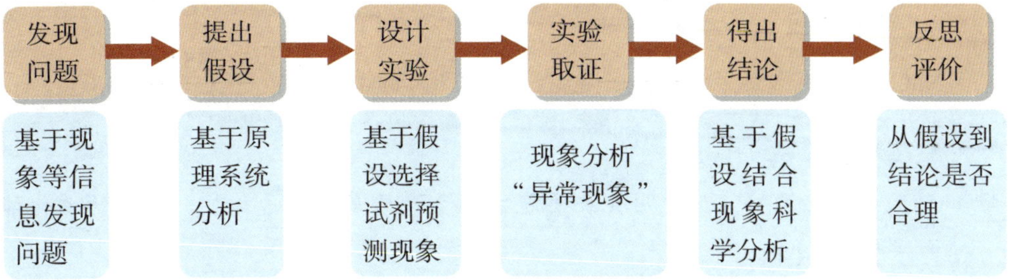

图 2-7　探究实验思路示意图

探索实践

（1）查阅资料，制作“84 消毒液”资料卡片。

（2）设计“84 消毒液”产品使用说明书。

（3）向家庭、社区派发消毒液使用手册，现场展示消毒液使用不当的后果；设计活动或创意形式，说明科学使用化学品的重要性和正确的使用方法。

拓展学习

资料 1：有效氯

有效氯指与含氯化合物氧化能力相当的氯气的质量，可以定量地表示消毒效果。

（1）定性地说，有效氯就是指含氯化合物中所含有的氧化态氯。化合价为 0、+1、+3、+4、+5、+7 的氧化态氯，在氧化还原反应中都能释放其氧化性而被还原成化合价为 −1 的还原态氯（自然稳定态）。这一反应过程正好可被人类所利用，如用于漂白、消毒等，所以这些氧化态氯就是能够发挥效用的氯，顾名思义，称其为“有效氯”。

（2）定量地说，有效氯含量原本是指含氯化合物中氧化态氯的质量分数，但是，由于氯的氧化态不止一种（如同氮肥不止一种），所以必须规定一个统一的量化标准才能相互比较实际效能（如同规定标准氮肥一样）。这个量化标准就是化合价为 0 的纯净氯气，即纯净氯的有效氯为 1。有效氯的实质就是指相同质量的含氯化合物中所含氯元素的氧化能力相当于纯净氯气的氧化能力的倍数。

资料 2：用电子转移方法来计算有效氯

$$有效氯=\frac{1\ \text{mol}\ 含氯化合物中氯元素化合价降低总数\ \times 35.5}{含氯化合物的相对分子质量}$$

$NaClO$ 的有效氯：$\frac{2\times 35.5}{74.5}=0.953$　　$Ca(ClO)_2$ 的有效氯：$\frac{4\times 35.5}{143}=0.993$

$NaClO_2$ 的有效氯：$\frac{4\times 35.5}{90.5}=1.57$　　ClO_2 的有效氯：$\frac{5\times 35.5}{67.5}=2.63$

氯气的有效氯为 1。

ClO_2 的有效氯 > 1，说明其氧化能力强于等质量的氯气。1 g ClO_2 的氧化能力相当于 2.63 g Cl_2。

资料 3：有效氯含量

单位质量消毒剂中有效氯的质量分数。有效氯含量一般用百分数表示。例如，以次氯酸钠为主要成分的液体消毒剂，有效氯含量为 5.1% ~ 6.9%，就是说 100 g 这种消毒剂完全反应时的氧化能力相当于 5.1 ~ 6.9 g 氯气的氧化能力。有效氯是衡量靠氧化氯来实现消毒的消毒剂质量的标准之一。有效氯越高，消毒能力越好，反之亦然。

有时为了计量方便，稀释液常用 mg/L 或 g/100 mL（浓度）表示。

例如，有效氯含量为 6% 的液体消毒剂按 1∶150 的比例加水稀释后，有效氯含量约为 400 mg/L。

任务 2　探究消毒液的使用问题

活动❶　收集游泳池池水变绿的相关信息

时间：2016 年 8 月 9 日

地点：巴西里约奥运会水上运动中心

事件：游泳池池水一夜之间变绿

2016 年巴西里约热内卢奥运会期间，室外游泳池中的水一夜之间变绿（图 2-8）成为当时的一大新闻，引发多方关注。

图 2-8　游泳池池水变绿

关于池水变绿有以下推测：

（1）没有加入正确的化学物质。

（2）高温、大风天气，pH 下降（户外其他游泳池没有出现水质变化）。

（3）余氯不足。

交流研讨

小组合作，交流研讨收集的信息。

活动❷ 分析预测池水变绿的可能原因

对比附近和旁边的其他游泳池没有出现变绿的现象，说明可能是某种试剂用量不合理，也可能是错加某种试剂产生了利于藻类生长的物质（如 O_2），使得藻类大量繁殖，造成池水变绿。

回想初中用过氧化氢（双氧水 H_2O_2）制取氧气，双氧水也是常用的消毒剂，很有可能是工作人员使用双氧水对游泳池进行消毒。池水一夜之间迅速变绿，一定是快速生成氧气。但双氧水快速分解制氧气需要催化剂，很可能是双氧水与其他物质发生反应快速生成氧气。之前对游泳池消毒使用了次氯酸钠，预测是双氧水与次氯酸钠快速反应生成氧气。

表 2-4 H_2O_2 与 NaClO 的反应

反应物	氧化 - 还原性	可能发生的反应
H_2O_2	氧元素为 −1 价，化合价可升高，生成 O_2；化合价降低，可生成 H_2O	双氧水体现还原性 $ClO^- + H_2O_2 = O_2\uparrow + Cl^- + 2H^+$
NaClO	由上节课所学，体现强氧化性，被还原可得 Cl^-	
若两种消毒剂反应后，氧气被藻类消耗，则失去了杀菌消毒功能		

探究发现

总结池水变绿的可能原因。预测反应后的体系中：①有 H^+ 生成，pH 会下降；②有 O_2 生成。

活动❸ 设计实验进行验证

设计实验用数字化传感器测定体系内溶液 pH 变化和溶解氧的量的变化。记录实验现象并进行合理的解释。

（1）测定体系反应前后的 pH 变化。

表 2–5 体系反应前后的 pH 变化实验

实验内容	实验现象	结论及相关解释
1. 向烧杯中加入 200 mL 蒸馏水，连接 pH 传感器。向烧杯中滴加 2 滴 84 消毒液，测定溶液的 pH（实验由始至终用磁力搅拌器搅拌）	pH 约为 9.05	——
2. 向 1 的烧杯中滴加 3 滴 pH = 1 的稀硫酸，测定溶液的 pH	pH 约为 7.98	——
3. 向 2 的烧杯中，滴加 1 滴 30% 的 H_2O_2 溶液，测定溶液的 pH，观察溶液 pH 的变化	pH 约为 7.22	次氯酸钠与双氧水反应后，有 H^+ 生成

（2）测定体系溶液中溶解氧的量的变化。

表 2–6 测定体系溶液中溶解氧的量的变化实验

实验内容	实验现象	结论及相关解释
1. 向烧杯中加入 200 mL 蒸馏水，连接溶解氧传感器。向烧杯中滴加 3 滴 pH = 1 的稀硫酸，再滴加 2 滴 84 消毒液（实验由始至终用磁力搅拌器搅拌）	——	——
2. 向 1 的烧杯中滴加 1 滴水，测定溶液的溶解氧的量	溶解氧的量没有变化	对照实验
3. 重复实验 1。向烧杯中滴加 1 滴 30% 的 H_2O_2 溶液，测定溶液的溶解氧的量，观察溶解氧的量数值变化	溶解氧的量明显增加	次氯酸钠与双氧水反应产生氧气

现象：溶液的 pH 下降，溶解氧的量明显增加。

结论：次氯酸钠与双氧水两种消毒剂混合使用会发生反应产生氧气。

活动❹ 总结池水变绿的可能原因

基于实验获得证据后，分析池水变绿的可能原因之一：误加入游泳池中的过氧化氢与池中的含氯消毒剂发生化学反应。

（1）含氯消毒剂被消耗，导致余氯不足，促进藻类生长。

（2）生成的氧气也可能促进某些藻类生长，导致池内藻类增加，池水变绿。

活动❺ 科学使用消毒剂

消毒剂种类繁多，如厨具消毒产品、衣物消毒产品、医用消毒产品等。不同种类的消毒剂消毒原理不同、功能不同、使用范围、使用方法不同，需要认真区分、合理选用。使用化学品时要认真阅读产品说明，关注化学品的主要成分以推断产品可能具有的性质，科学使用化学试剂。为此，要注意：①酸性物质与碱性物质不能混合使用，如洁厕灵不能与生石灰、烧碱等碱性物质混合使用；②氧化性物质与还原性物质不能混合使用，如 84 消毒液与双氧水、洁厕灵不能混合使用。

不同种类、不同杀菌原理的消毒剂要交替使用，才不会使病原微生物产生抗药性，才能保证消毒剂在比较低的使用浓度下达到需要的消毒杀菌效果。使用一种消毒剂消毒后，残余的病菌经过一段时间的适应又繁殖起来；第二次又用该消毒剂消毒，要达到同样的消毒效果，必须要提高浓度才行，这就叫作适应性或抗药性。若第三次仍用该消毒剂消毒，使用浓度还要更高才能达到同样的效果。若改用不同种类、不同杀菌原理的消毒剂来消毒，病菌还无适应性，也可视为无防避，在低浓度下就可达到同样的杀灭效果。所以，消毒剂应该交替使用，这样才能确保杀菌消毒效果。

方法梳理

研究陌生物质化学性质的思维流程如图 2-9 所示。

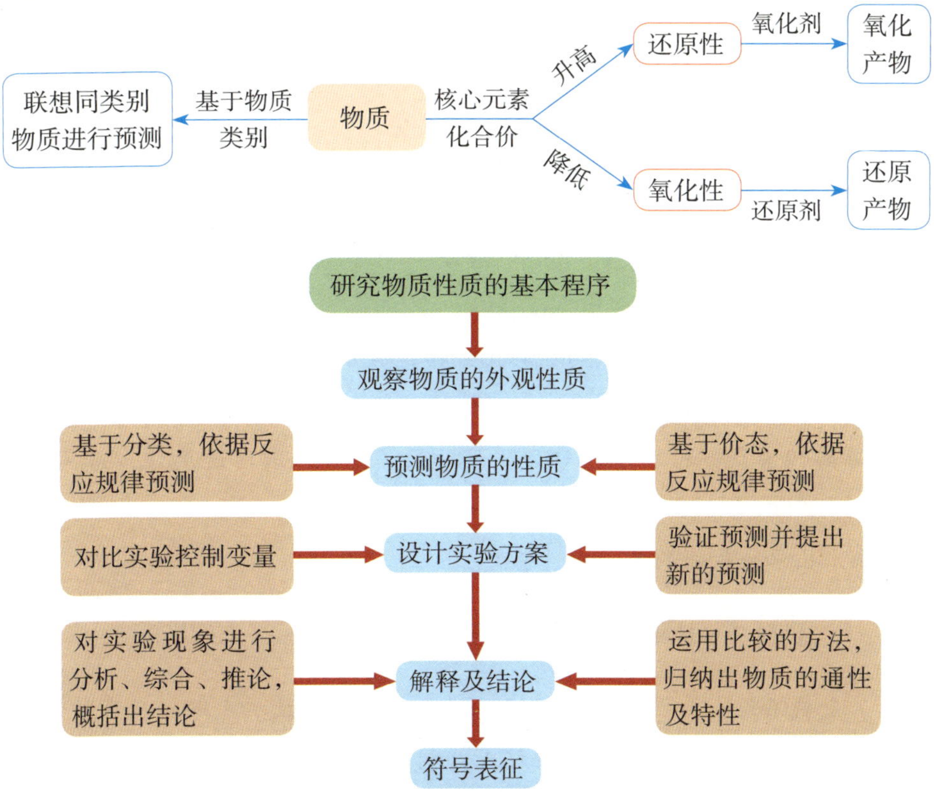

图 2-9　研究陌生物质化学性质的思维流程

探索实践

对池水变绿的原因进行再探究。

NaClO、H_2O_2 都是氧化剂，均可用于杀菌消毒，可能会抑制藻类的生长。现以 NaClO、H_2O_2、小球藻为主要原料，设计实验探究 NaClO、H_2O_2 单独使用以及混合使用时对藻类生长的影响。记录实验现象、完成实验报告，在班内进行交流。

拓展学习

资料 1：泳池中部分常用化学试剂

（1）消毒剂：臭氧、过氧化氢、NaClO、二氯异氰尿酸钠（优氯净）、三氯异氰尿酸（强氯精）。

化学消毒剂不仅能够杀菌，也可直接对水体中的藻类本身作伤害性的致死接触，如氯、臭氧、双氧水等对藻类细胞内蛋白质结构进行破坏而导致藻类死亡。

（2）pH 调节剂：盐酸、碳酸钠、碳酸氢钠。

例如，次氯酸钠会增加池水的 pH，需要加适量的酸调节；三氯异氰尿酸 pH 较低，也需要加适量的碱调节。

资料 2：余氯

（1）概念：氯投入水中后，除了与水中细菌、微生物、有机物、无机物等作用消耗一部分氯外，还剩下了一部分氯，这部分氯就叫作余氯。

（2）分类：

①化合性余氯：指水中氯与氨的化合物，有 NH_2Cl、$NHCl_2$ 及 NCl_3 三种（其中 $NHCl_2$ 较稳定，杀菌效果好），又叫作结合性余氯。

②游离性余氯：指水中的 ClO^-、HClO、Cl_2 等，杀菌速度快，杀菌力强，但消失快。

自来水出水余氯指的是游离性余氯。

资料 3：泳池池水水质常规检验项目不达标带来的影响

（1）余氯不足：会引起细菌超标，藻类繁殖，导致水变绿。在有效的消毒杀菌条件下，足以把藻类孢子给破坏或抑制。游泳池内若有藻类大量繁殖，那代表消毒杀菌不完全，或消毒杀菌过程有瑕疵。

（2）水温升高：会加速池水中细菌、藻类的繁殖。

（3）pH 超出或低于有效范围：由于大多数消毒剂的杀菌作用取决于 pH，因此必须使 pH 保持在一种消毒剂的有效范围内。若超出或低于相应的范围，会降低消毒剂的杀菌效果，也会对人体的皮肤、眼睛产生刺激，导致皮肤过敏等问题。

七、学科大概念统摄下的微项目内容梳理

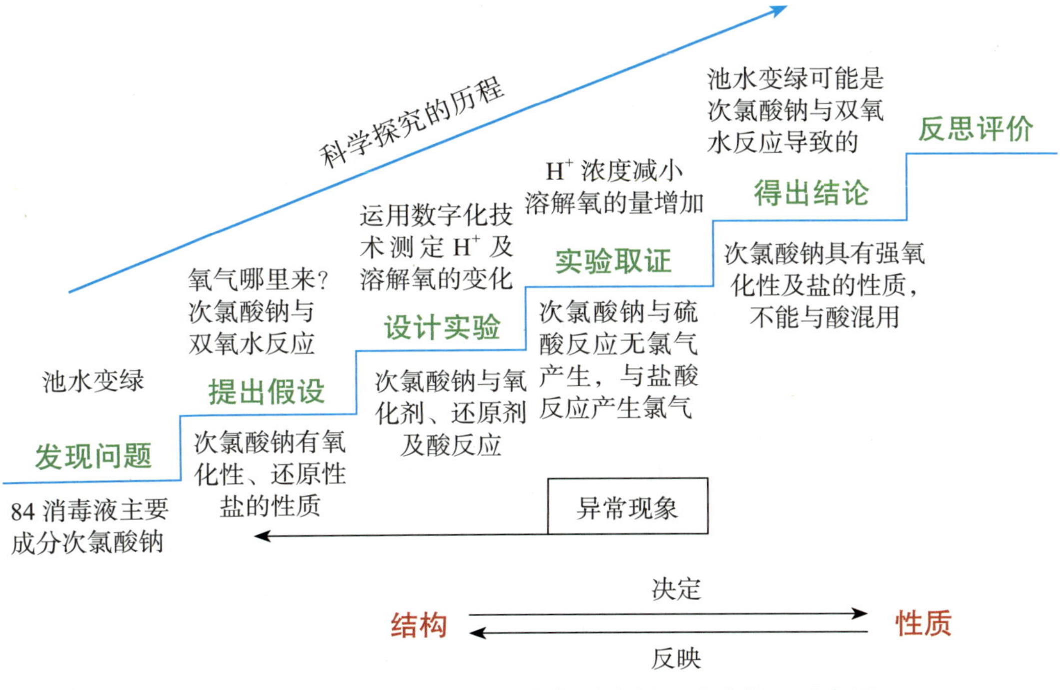

图 2-10　微项目“科学使用含氯消毒剂”内容梳理示意图

八、学科大概念统摄下的微项目学习评价

表 2-7　微项目“科学使用含氯消毒剂”整体学习评价量表

评价内容		评价指标	评分		
			自评	互评	师评
表现性评价	课堂综合	上课专注、积极思考、积极参与活动			
		能独立思考，具有创造性思维，能提出不同的方法解决问题			

（续表）

评价内容		评价指标	评分		
			自评	互评	师评
表现性评价	研究学习	能有效提取资料中的关键信息			
		能依据资料进行有逻辑的推理、分析			
		能设计科学、合理的对比实验			
		能得出科学、合理的实验结果			
		能对实验现象、结果进行精准表述			
	表达交流	勇于表达自己的观点，条理清晰			
		擅于与他人合作，能虚心听取别人意见			
		能对项目成果进行生动展示			
结果性评价	成果完成	能制作“84 消毒液”的资料卡片			
		能设计“84 消毒液”产品使用说明书			
		能向家庭或社区派发使用手册，并宣传科学使用消毒液			
	知识生成	知道如何正确使用“84 消毒液”			
		会从物质类别和化合价角度来预测物质的性质			
		会根据预测性质设计实验进行验证			
		能准确完成单元项目检测			
赋值方法		完全能做到：3 分　部分能做到：2 分 偶尔能做到：1 分　完全做不到：0 分			
		自评 30%　互评 30%　师评 40%			
总成绩					

【北京实验学校　安金利；北京市第二中学通州校区　郭三仙】

扫码查阅教材
微项目原文

微项目3 论证重污染天气“汽车限行”的合理性

——探讨社会性科学议题

任务1：科学认识议题，寻找利与弊

任务2：寻找证据，科学论证利与弊

任务3：权衡利弊，作出决策

一、学科大概念统摄下的微项目设计概述

1. 设计意图

本项目设计是以“从学科、自然、社会等视角科学、客观、综合认识与评价化学反应”这一大概念为统领，基于真实情境的“论证重污染天气‘汽车限行’的合理性”的探索与实践。该项目承载的化学知识丰富，包括元素化合物、氧化还原反应、催化等学科核心内容，以氮氧化物为核心，关联了氨气、氮气、氮氧化物、硝酸盐、铵盐等含氮物质的相关性质及转化关系。在论证过程中，引导学生学习含氮物质的性质，既有静态寻找物质，又有动态寻找物质之间转化的路径，完善学生含氮物质的知识结构。该项目内容贴近学生真实生活，可以充分调动学生参与的积极性，引导他们通过运用“价－类”二维认识模型，分析物质的转化路径，科学论证汽车尾气与重污染天气的关联，形成认识化学反应的学科、自然、社会视角；通过从科学、环境、经济、社会等多方面论证重污染天气“汽车限行”的合理性，权衡利弊，作出决策，培养根据实际情况、依据绿色化学思想和可持续发展理念对社会性科学议题进行综合分析的能力。

2. 功能价值

（1）有利于促进学生形成“从学科、自然、社会等视角科学、客观、综合认识与评价化学反应”学科大概念。

本项目通过探讨“汽车尾气”成分及反应，对自然界的影响以及对社会的影响，逐步建立从学科本体、自然、社会三个角度去认识化学反应；在面对与化学相关复杂的、真实的和不确定的问题时，能确立认识角度、形成认识思路，提高分析问题、解决问题的能力。

（2）有利于促进学生化学学科核心素养的发展。

在分析汽车尾气成分时，应用“价－类”二维认识模型分析氮及其化合物的性质及转化关系，以及综合运用查找文献、问卷调查、访谈、实验等多种方法获得必要证据，并依据观点、证据和结论之间的逻辑关系进行有条理的阐述，可以发展学生“宏观辨识与微观探析”“证据推理与模型认知”化学学科核心素养。通过探究 NO_2 水溶液成分，可以提升学生的“科学探究与创新意识”化学学科核心素养。通过从科学、环境、经济、社会等多个方面，权衡不同观点的利与弊，有依据地作出决策，可以培养“科学态度与社会责任”化学学科核心素养。

（3）有利于实现“教、学、评”一体化。

本项目主要采用科学论证方法，面对议题要有自己的主张，需要证据，运用化学知识、理论去推理，对自己的主张进行辩护和解释，对不同的观点进行质疑和反驳。在辩论过程中，推理过程会外显思维过程，暴露知识与方法中存在的问题，有利于学生了解化学知识的结构化程度，提高对化学知识的理解与应用水平，客观评价目前学习状态与学习目标之间的差距；结合教师指导、学生反驳，不断反思、评价和修正自己的学习过程。

3. 学情分析

（1）学生已有知识与能力：

学生已经学习氨气、氮气、氮氧化物、硝酸盐、铵盐等含氮物质的相关性质；能应用“价－类”二维认识模型，利用氧化还原反应规律、物质类别通性分析、设计物质之间转化路径；能基于证据结合化学知识进行简单推理。

（2）学生学习障碍点：

学生对科学论证比较陌生，缺乏科学论证相关知识，不清楚论证的视角、逻辑、基本方法；面对诸多利与弊，缺乏综合科学、自然、社会等多方面权衡能力，难以分清主次，作出合理决策；探讨与化学相关的社会性科学议题时，缺乏主动应用所学化学知识对议题进行理性、深入分析的能力，无法厘清相关的化学问题和所需的化学背景知识，习惯于从社会、经济、自我感觉等视角进行感性、肤浅论证。

（3）学生学习发展点：

引导学生形成“从学科、自然、社会等视角科学、客观、综合认识与评价化学反应”学科大概念；掌握科学论证方法，提升应用物质性质与转化分析和解决问题的能力、论证能力以及综合考虑作出决策的能力。

二、学科大概念统摄下的微项目知识结构

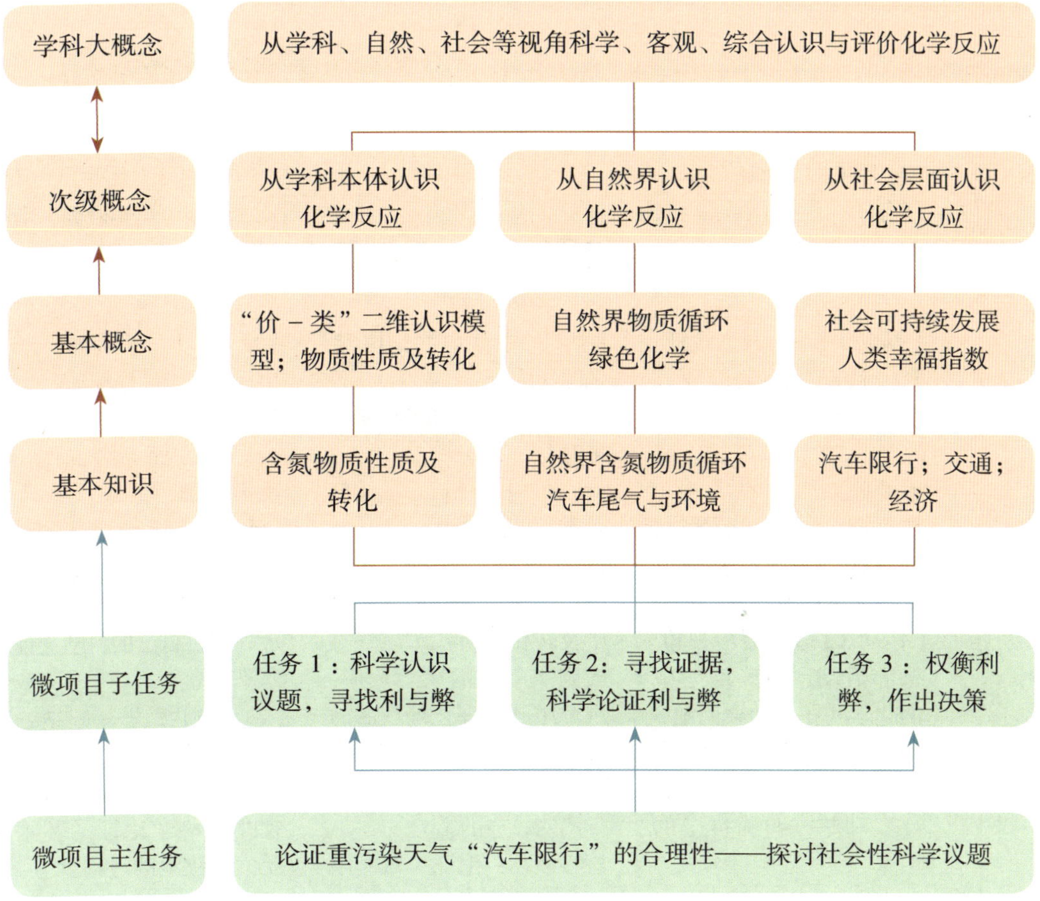

图 3-1　微项目“论证重污染天气‘汽车限行’的合理性”知识结构示意图

三、学科大概念统摄下的微项目学习目标

（1）能应用“价－类”二维认识模型分析含氮物质性质及转化关系，探讨相关的社会性科学议题。

（2）知道科学论证的基本要素及主要环节。在支持主张的过程中，能综合运用实验、文献、问卷调查、访谈等多种方法获得必要证据；能对证据进行加工分析，依据

主张、证据和结论之间的逻辑关系进行有条理的推理。

（3）能从科学、环境、经济、社会等多个方面，综合权衡不同观点的利与弊，理性作出决策。

四、学科大概念统摄下的微项目活动规划

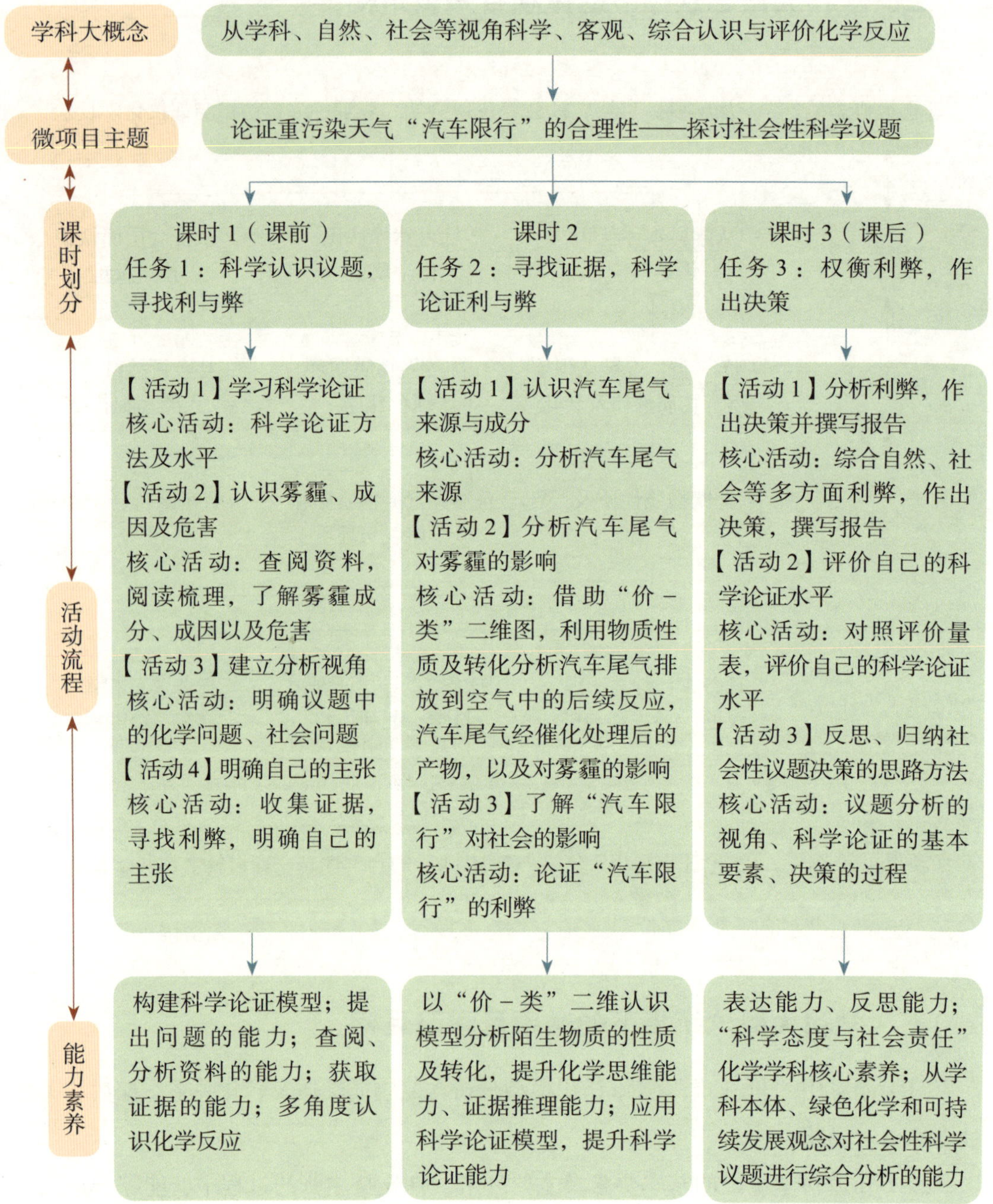

图3-2 微项目“论证重污染天气‘汽车限行’的合理性”活动规划示意图

五、学科大概念统摄下的微项目活动导引

为了改善空气质量，减少重污染天气，全国许多城市采取了汽车限行措施，以期降低机动车尾气排放量，把空气污染指数控制在合理范围内。有些人对汽车限行的举措不理解，认为汽车尾气的主要成分是汽油燃烧的产物二氧化碳和水，而且随着汽油质量的提升以及汽车尾气处理技术的完善，汽车尾气不是导致城市空气质量问题的主要原因；也有人认为，这样的措施给人们的出行带来了诸多不便，影响社会、经济的发展。由此，引发了关于“汽车限行”的争议。

图 3-3　为应对重污染天气是否应采取“汽车限行”措施

论证重污染天气“汽车限行”是否合理，作为化学学科大概念统摄下的微项目，首先需要明确该议题中的化学学科大概念、化学问题和化学知识，科学认识汽车尾气与雾霾之间的关系；然后从环境、科学、经济、社会等视角综合寻找议题涉及的利与弊，论证这些利与弊是否成立；最后结合各种情况综合考虑，权衡利弊，分清主次，作出决策。本项目可以帮助学生形成并应用化学学科大概念“从学科、自然、社会等视角科学、客观、综合认识与评价化学反应”，使学生在面对真实、复杂问题时能确立认识角度、形成认识思路、发展认知能力，提升学生应用物质性质与转化分析和解决问题的能力、论证能力以及综合考虑作出决策的能力。

六、学科大概念统摄下的微项目活动实施

任务 1　科学认识议题，寻找利与弊

活动❶　学习科学论证

科学论证是以事实资料为基础，借助证据或理论依据支持自己的主张、反驳他人的观点，通过逻辑推理形成最终结论的科学活动。科学论证活动环节包括“提出主

张”“寻找证据”“建构理由”“提出反驳与再反驳”等过程。为了论证自己的主张，需要依据主张充分收集相关资料，并对资料进行推理分析，使资料成为支持或者否定某种主张的证据，并且考虑是否存在对资料或者推理过程的反驳。主张、证据、推理、反驳是科学论证的基本要素。资料的翔实程度、推理过程的合理性以及是否考虑了反驳，决定着科学论证的水平。

表 3-1　科学论证水平

水平	评价要点
1	有主张，缺少必要的资料
2	有主张和资料，缺少从资料到主张的推理过程或者推理过程不合理，或者资料不充分
3	有主张、资料以及从资料到主张的推理过程；资料充分，推理过程合理
4	有主张、资料以及从资料到主张的推理过程；资料充分，推理过程合理；考虑了可能的反驳及其证据

交流研讨

科学论证的基本要素主要包括哪些？高水平的科学论证主要体现在哪些方面？

活动❷　认识雾霾、成因及危害

重污染天气实际上即为“重雾霾天气”。雾霾是特定气候条件与人类活动相互作用的结果。高密度人口的经济及社会活动必然会排放大量的细颗粒物（$PM_{2.5}$）。细颗粒物指环境空气中空气动力学当量直径小于等于 2.5 微米的颗粒物，它能较长时间悬浮于空气中；其在空气中含量浓度越高，就代表空气污染越严重。与较粗的大气颗粒物相比，$PM_{2.5}$ 粒径小，面积大，活性强，易附带有毒、有害物质（如重金属、微生物等），且在大气中的停留时间长、输送距离远，因而对人体健康和大气环境质量的影响更大；一旦排放超过大气循环能力和承载程度，细颗粒物浓度将持续积聚，如果此时属于静稳天气，极易出现大范围的雾霾。细颗粒物的组成极其复杂，涉及多种无机物（包括硫酸盐、硝酸盐、铵盐等）和有机物。细颗粒物直接排放得少，以排放源一次排放的气体通过物理和光化学过程生成的二次粒子为主。

自主学习

资料 1：雾霾期间硫酸盐形成的原因

已有研究表明，硫酸盐是北京及华北地区雾霾重污染形成的主要驱动因素。在绝对贡献上，重污染期间硫酸盐在大气细颗粒物 $PM_{2.5}$ 中的质量占比可达 20%，是占比最高的成分；在相对趋势上，随着 $PM_{2.5}$ 污染程度上升，硫酸盐是 $PM_{2.5}$ 中相对比重上升最快的成分。

清华大学研究人员与德国研究人员合作破解了北京及华北地区雾霾主要组分硫酸盐的形成之谜，发现在大气细颗粒物吸附的水分中二氧化氮与二氧化硫的化学反应是雾霾期间硫酸盐的主要生成路径。研究人员运用外场观测、模型模拟及理论计算等手段发现，硫酸盐主要是由二氧化硫和二氧化氮溶于空气中的“颗粒物结合水”，在我国北方地区特有的偏中性环境下迅速反应生成。“颗粒物结合水”是指 $PM_{2.5}$ 在相对湿度较高的环境下潮解所吸附的水分。

该结论与通常认为的硫酸盐形成机制有较大不同。经典大气化学理论认为，硫酸盐主要是在云水环境中形成。由于云中的液态水含量远高于“颗粒物结合水”，通常高出 1 000 到 10 万倍，所以与云水中的硫酸盐生成反应相比，“颗粒物结合水”中的反应可以忽略。理论计算还显示，在云水反应路径中，二氧化氮氧化二氧化硫生成硫酸盐这一路径的贡献也可忽略不计。而在北京及华北地区雾霾期间，一方面，由于颗粒物浓度大幅上升及静稳气象条件下相对湿度较高等原因，“颗粒物结合水”含量远高于经典情景，“颗粒物结合水”中的反应总量大大提升；另一方面，重度雾霾期间二氧化氮浓度为经典云水情景下的 50 倍以上，这直接改变了二氧化氮氧化路径的相对重要性。此外，北京及华北地区大量存在的氨、矿物粉尘等碱性物质使得当地“颗粒物结合水”的 pH 较高，呈现出特有的偏中性环境，而二氧化氮氧化机制的反应速率会随 pH 上升而大幅提高。

科研人员指出高二氧化硫主要来自燃煤电厂，高二氧化氮主要来自电厂和机动车等，而起到中和作用的碱性物质氨、矿物粉尘等则来自农业与工业污染、扬尘等。这些不同的污染源同时以高强度排放，导致硫酸盐以特有的化学生成路径迅速生成，这也是重度雾霾期间颗粒物浓度迅速增大的主要原因之一。

资料 2：$PM_{2.5}$ 污染来源分析

据研究人员称，大量的观测分析和模式研究都表明，京津冀大气重污染主要是本地积累加上外地传输导致的。其中，京津冀三地自身的排放量大是最主要的因素，对 $PM_{2.5}$ 污染的贡献约为 70% 左右。北京本地污染源贡献中，机动车排放占比为 31.1%，燃煤占 22.4%，工业生产占 18.1%，扬尘占 14.3%。因此，北京市重点控制机动车污染是十分必要的。

研究表明，$PM_{2.5}$的来源非常复杂，可以分为一次来源与二次来源。一次来源又可分为人为源与自然源。人为源是指人类生活和生产活动形成的污染源，包括工业、农业、交通运输、生活；自然源包括火山爆发、森林火灾、土壤和岩石的风化等。二次来源是指各污染源排出的气态污染物，如二氧化硫、氮氧化物、挥发性有机物和氨等，经过反应而生成的二次细颗粒物。

2018 年 5 月 14 日，北京市发布了新一轮的细颗粒物（$PM_{2.5}$）来源解析研究成果。此次研究的主要结论表明，北京市全年$PM_{2.5}$主要来源中本地排放占三分之二；现阶段本地排放贡献中，移动源、扬尘源、工业源、生活面源和燃煤源分别占 45%、16%、12%、12% 和 3%，农业及自然源等其他约占 12%。移动源中，在京行驶的柴油车贡献最大。

2021 年 9 月 6 日，北京市发布了第三轮细颗粒物（$PM_{2.5}$）来源解析研究成果。研究主要结论表明，现阶段北京市$PM_{2.5}$主要来源中本地排放占近六成，其中移动源、生活源、扬尘源、工业源和燃煤源分担率分别为 46%、16%、11%、10% 和 3%，农业及自然等其他源约为 14%。其中，移动源占比（46%）依然最高，因排放基数大，移动源在全年不同时段和空间范围内均是本地大气$PM_{2.5}$第一大来源。移动源中，柴油车与汽油车占比较大。

资料 3：排放标准

2020 年开始实施的国六排放标准的各项要求指标要比国五排放标准更苛刻，其中要求机动车一氧化碳限值降低 50%，总碳氢化合物和非甲烷总烃限值降低 50%，氮氧化物排放也要降低 42%，汽车尾气排放中的固体悬浮颗粒数量，也是国六标准重要考核的指标之一。

交流研讨

根据上述材料，总结北京及华北地区雾霾主要成分及成因。

活动❸ 建立分析视角

“社会性科学议题”指由利用当代科学技术研究开发所引起的一系列与社会伦理道德、经济发展及自然生态环境等紧密相关的社会性问题。“论证重污染天气‘汽车限行’的合理性”这一社会性科学议题，首先需要明确该议题中的化学问题和社会问题。

化学问题：

（1）雾霾的主要成分、成因是什么？

（2）汽油的成分是什么？汽车的尾气主要成分是什么？

（3）汽车尾气经过三元催化器发生的反应是什么？

（4）汽车尾气与重污染天气有什么关系？

……

自然问题：

（1）从自然界物质循环视角看，汽车限行的利与弊各是什么？

（2）从环境视角看，汽车限行的利与弊各是什么？

（3）自然界中，氮是如何循环的？

……

社会问题：

（1）从社会可持续性发展视角看，汽车限行的利与弊各是什么？

（2）从人类生活便利视角看，汽车限行的利与弊各是什么？

（3）从经济视角看，汽车限行的利与弊各是什么？

……

活动4 明确自己的主张

查阅资料，从自然、社会视角寻找、梳理汽车限行的利与弊。

表 3-2 汽车限行的利与弊

视角	利	弊
自然		
社会		

结合以上分析，形成自己的主张，并收集充分、确凿的证据以及利用合理的分析与综合、比较与分类、抽象与概括、归纳与演绎等推理过程作为支撑，同时应考虑可能存在的反驳，使自己的主张更加令人信服。

表 3-3　关于重污染天气汽车限行的主张

主张：	
证据	合理推理、建构理由
1.	
2.	
3.	

任务 2　寻找证据，科学论证利与弊

活动❶　认识汽车尾气来源与成分

汽油是从石油里分馏、裂解出来的具有挥发性、可燃性的烃类混合物液体，主要成分为 $C_5 \sim C_{12}$ 脂肪烃和环烷烃以及一定量芳香烃。

交流研讨

汽油燃烧会产生哪些产物？

汽油完全燃烧，主要产生二氧化碳和水；不完全燃烧，会产生二氧化碳、一氧化碳、炭黑及碳氢化合物等。同时，空气中的氮气和氧气在发动机高温高压条件下，会反应产生氮氧化物。

活动❷　分析汽车尾气对雾霾的影响

交流研讨

汽车尾气直接排放会有什么影响？

二氧化碳、碳氢化合物等温室气体排放，会增加温室效应；一氧化碳、氮氧化物等有毒气体排放，会造成空气污染。

汽车尾气对雾霾有什么影响？

生甲：汽车尾气主要是气体，对雾霾影响不大。证据：网络上的视频显示，某测试者在北京雾霾天，将空气检测仪伸到一辆小汽车尾气排放管口，$PM_{2.5}$ 读数从 300 多降到 40 多。该测试者最后得出结论：汽车将 $PM_{2.5}$ 值为 300 的大气吸进发动机，排出 $PM_{2.5}$ 值为 40 的废气，说明汽车尾气对改善雾霾天是有益的。汽车行驶中，还可以参与自然界中的氮循环。

生乙：汽车尾气对 $PM_{2.5}$ 的大部分贡献是后续反应，间接产生的。尾气中含有的氮氧化物、挥发性有机物（VOCs）等物质都是气体，不会反映在测量 $PM_{2.5}$ 的空气质量测试数据中。资料表明，这些气体既是产生 $PM_{2.5}$ 的“原材料”，同时也是“催化剂”。在北京本地污染源中，机动车排放的污染物对 $PM_{2.5}$ 的贡献率是 31.1%，在非采暖季要占到 40%。二次转化生成的有机物、硝酸盐、硫酸盐和铵盐，累计占 $PM_{2.5}$ 的 70%。

汽车尾气在空气中会产生哪些物质？借助“价 - 类”二维图（图 3-4）分析，并写出相应化学方程式。

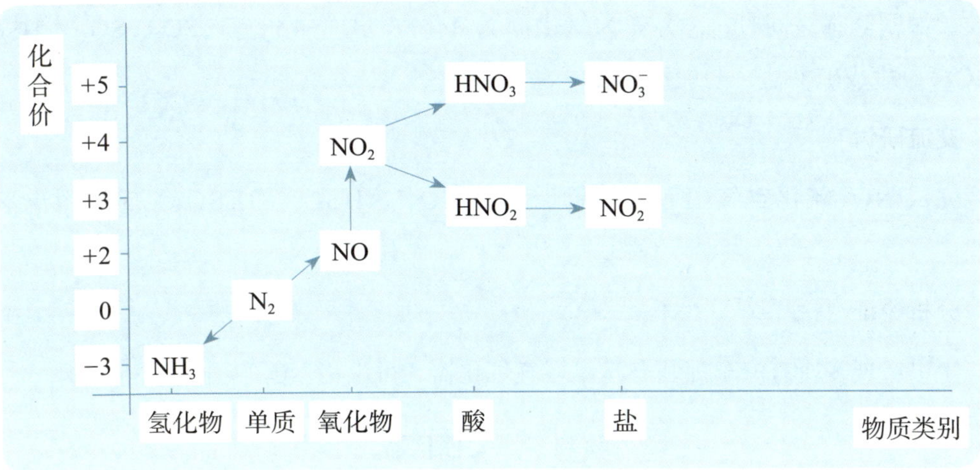

图 3-4 氮元素“价 - 类”二维图及有关物质转化（一）

探究发现

如何检验 NO_2 水溶液成分？

预测：依据 $3NO_2 + H_2O \xlongequal{} 2HNO_3 + NO$，$NO_2$ 水溶液成分主要是硝酸。

实验设计：根据硝酸的强氧化性，可用淀粉 - KI 试纸检验。

实验验证：用注射器收集 NO_2，吸入水，振荡，注射器内气体由红棕色变为无色。将注射器内的溶液滴到淀粉 - KI 试纸上，发现试纸迅速变蓝。

为了进一步验证，可以用同浓度的硝酸滴到淀粉－KI 试纸上做对比实验。

实验：将同浓度的硝酸滴到淀粉－KI 试纸上，发现试纸变蓝。

新发现：试纸变蓝的快慢不一样，NO_2 水溶液变化快；试纸蓝色深浅不一样，NO_2 水溶液蓝色深。

结论：NO_2 水溶液成分中除硝酸外，还应有比硝酸氧化性更强的物质。

借助“价－类”二维图分析，NO_2 水溶液成分中除硝酸外，还可能存在什么物质？

推测：$NO_2 \rightarrow HNO_3$，N 的化合价上升，所以另一种含 N 物质的化合价低于 +4，可能是 HNO_2，其他价态对应的物质都是气体。这从反应 $NO_2 + 2NaOH = NaNO_3 + NaNO_2 + H_2O$ 也可以得到证明。

实验设计：将同浓度的 $NaNO_3$、$NaNO_2$ 溶液，分别滴到淀粉－KI 试纸上，再加硫酸酸化，观察试纸变化。

实验现象：酸化的 $NaNO_2$ 溶液试纸变蓝的速度快、颜色深。

结论：NO_2 水溶液成分中除硝酸外，还存在亚硝酸。亚硝酸的氧化性强于硝酸。

硝酸、亚硝酸与空气中的氨、矿物质进一步反应生成硝酸盐、亚硝酸盐等固体小颗粒，加剧雾霾。同时，NO_2 作为氧化剂能氧化空气中 +4 价硫（SO_2、SO_3^{2-}、HSO_3^-、H_2SO_3），生成硫酸盐，会加重雾霾。

交流研讨

完成 NO_2 氧化空气中 +4 价硫（SO_2、SO_3^{2-}、HSO_3^-、H_2SO_3）反应的化学方程式。

分析论证

生甲：现在所有汽车都装有汽车尾气催化器，可以将 NO_x 转化为无毒的 N_2。

资料：三元催化器

三元催化器是安装在汽车排气系统中最重要的机外净化装置。当高温的汽车尾气通过净化装置时，净化剂将增强一氧化碳、碳氢化合物和氮氧化物（NO_x）三种气体的活性，促使其发生氧化还原反应，其中一氧化碳在高温下氧化成无色、无毒的二氧化碳；碳氢化合物在高温下氧化成水和二氧化碳；氮氧化物（NO_x）还原成氮气。三种有害气体变成无害气体，使汽车尾气得以净化（图 3-5）。

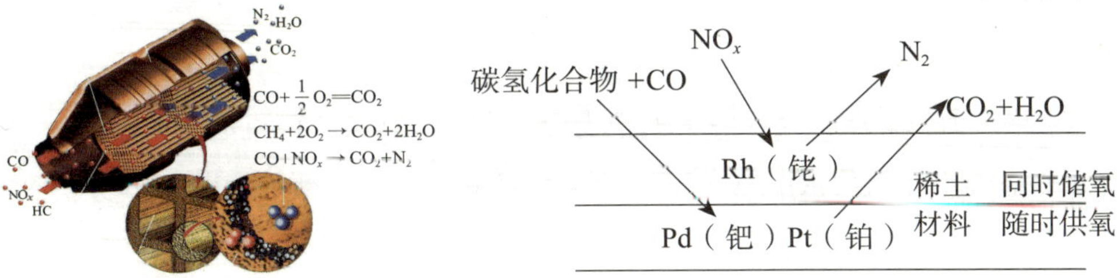

图 3-5　三元催化器及其工作原理示意图

生乙：三元催化器工作温度是 400 ~ 800℃。在汽车刚启动的前几分钟，由于三元催化器未达到工作温度，特别是在气温低的冬天，达到催化器工作温度的时间会更长，大量尾气会未经净化直接排放。另外，在汽车怠速、加速时，三元催化器工作效率较低，也会导致大量的汽车尾气直接排放。

汽油中含有硫和铅，润滑油中含有磷和锌。催化剂对硫、铅、磷、锌等元素非常敏感。这四种物质及它们在发动机中燃烧后形成的氧化物颗粒易被吸附在催化剂的表面，使催化剂无法与废气接触，从而失去催化作用，即发生所谓的“中毒”现象。此外，发动机排出的炭烟会附着在催化剂的表面，造成无法与尾气接触，积碳越来越多；长期下来，便使催化器载体的孔隙堵塞，影响其转化效能。

值得注意的是，随着三元催化器的广泛使用，机动车尾气中 NH_3 的排放显著增加。NH_3 可直接参与到 NO_x、SO_2 与 H_2O 的反应中，生成 NH_4NO_3、NH_4HSO_4 及 $(NH_4)_2SO_4$。这些盐类物质是 $PM_{2.5}$ 的重要组成，会加剧雾霾。

生丙：我认为重污染天气“汽车限行”，应该限行柴油车等污染大的机动车。对于达到国家排放标准的家用汽车，不应该限行。根据资料，北京重污染天气，京外来源占六成以上，本地来源中机动车尾气主要来自柴油车。相对于其他污染源，如工厂尾气、矿山开采扬尘，机动车尾气产生的污染较小，而且机动车尾气污染主要是柴油车造成的。随着国家对机动车污染物排放技术标准越来越严格以及汽油质量的提高，轻型汽油车排放的污染物越来越少，所以家用小汽车限行，意义不大。

生乙：虽然单辆小汽车尾气排放标准提高，尾气排放污染较小，但小汽车数量庞大，对雾霾的贡献不可忽视。据统计，截至 2020 年底，北京市机动车保有量达到 657.0 万辆，其中私人小微型客车保有量达到 473.0 万辆。北京区域内小汽车尾气排放总量巨大，污染影响显著。北京市发布的第三轮细颗粒物（$PM_{2.5}$）来源解析研究成果明确指出，移动源中柴油车与汽油车占比较大。

交流研讨

（1）请对以上的论证情况进行分析评价，并完善这一论证过程。

（2）诸多研究表明：大气中 NH_3 主要排放源是农业源，但机动车尾气排放更接近于人群聚集区，可能是城市地区 NH_3 的重要排放源之一。请结合图 3-6 分析 NH_3 产生的可能途径。

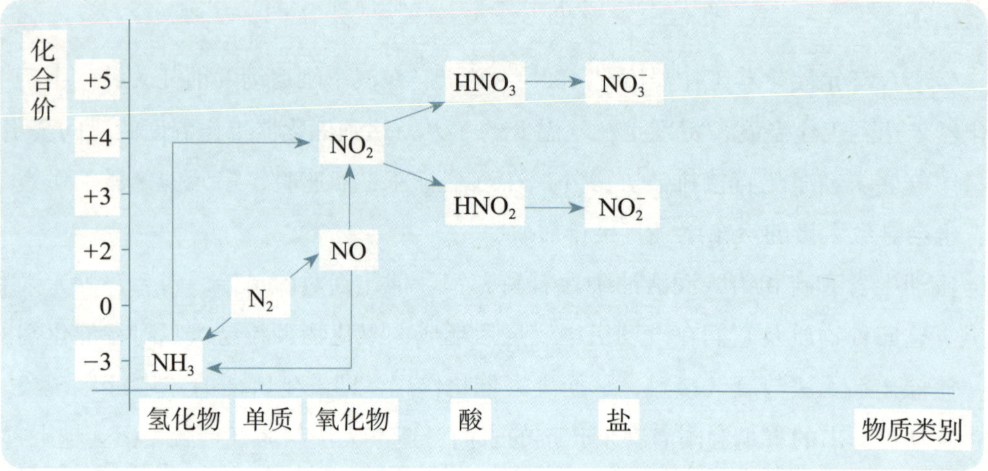

图 3-6　氮元素的“价－类”二维图及有关物质转化（二）

从氮源分析，需要氮氧化物（NO_x）参与反应。从氢源看，含氢物质有水、碳氢化合物以及 H_2。因为 NO_x 到 NH_3 需要加入还原剂，所以含氢物质中碳氢化合物、H_2 可作为反应物。

以 NO_x 与 H_2 为例，写出可能反应的化学方程式。

$CO + H_2O \xlongequal{} CO_2 + H_2$

$2NO_x + (2x+3)H_2 \xlongequal{} 2NH_3 + 2xH_2O$

活动❸　了解“汽车限行”对社会的影响

从化学的角度分析，重污染天气“汽车限行”，可以减少汽车尾气排放，减轻雾霾。但是，社会性科学议题往往比较复杂，需要放在一定的社会背景中，从多个视角综合分析议题涉及的利与弊，其中自然（生态、环境等）、社会（经济、生活、生产等）等是基本分析视角。

交流研讨

请从自然（生态、环境等）、社会（经济、生活、生产等）等视角寻找重污染天气“汽车限行”的利与弊。

表 3–4 重污染天气“汽车限行”的利与弊

序号	利	弊
1	缓解交通压力	出行不便
2	减少二氧化碳的排放量	导致汽车保有量增加
3	减轻空气污染	增加公共交通压力
4	参与自然界氮循环，给植物生长提供必需的氮肥	牺牲有车公民的合法权益
5	促进新能源汽车行业的发展，带动汽车相关钢铁、化工等产业的发展	增加企业成本、降低生产率
6	促进汽车相关新技术的发展	——

生丁：我支持重污染天气“汽车限行”。从环保角度看，根据 2018、2021 年北京市发布的细颗粒物（$PM_{2.5}$）来源解析研究成果来看，机动车在全年不同时段和空间范围内均是本地大气 $PM_{2.5}$ 第一大来源，而且占比有增加的趋势。对主要来源进行控制，有利于改善重污染天气。

生乙：我同意重污染天气“汽车限行”。在影响生活质量的种种要素中，人体健康是第一位的。如果发展造成环境污染，危害人体健康，物质财富还有什么意义呢？

生甲：从交通角度看，“汽车限行”会导致人们出行不便，增加公共交通压力，提高出行成本。

生乙：“汽车限行”会缓解道路交通的压力，提升公共交通运行效率。

生戊：我也不同意“汽车限行”。若在流行病疫情期间限行，人们大量乘坐公共交通工具，会增加感染风险。同时，在流行病疫情期间，公共交通工具会限制乘坐率，有限的公共交通资源更加紧张，会造成出行极其不便。

生己：我也不同意“汽车限行”。“汽车限行”会影响工厂原料输入以及产品的输出，打乱正常的生产节奏，导致生产率下降，对社会发展、国民经济及人们的生活造成影响。

分享评价

结合学习活动评价表，对自己及小组内同学在本节课中学习活动表现进行评价。

表 3-5 学习活动评价要点

评价要素	评价等级			
	A	B	C	D
知识的应用	不仅能充分、科学、合理地应用有关元素及其化合物的知识进行阐述分析，还能应用相关的新知识	能充分、科学、合理地应用有关元素及其化合物的知识进行阐述分析	能比较充分、科学地应用有关元素及其化合物的知识进行阐述分析	应用有关元素及其化合物的知识进行阐述分析时，不够全面或出现错误
科学论证	有针对议题的明确观点，资料充分，从资料到观点的推理过程合理，考虑了反驳及其证据	有针对议题的明确观点，资料充分，从资料到观点的推理过程合理	有针对议题的明确观点，资料比较充分，从资料到观点的推理过程有瑕疵，但基本合理	有针对议题的明确观点，资料基本充分，但缺少从资料到观点的推理过程
科学态度与社会责任素养	能根据实际情况，自主依据绿色化学思想和可持续发展观念对社会性科学议题进行综合分析	能根据实际情况，从科学、环境、经济、社会等视角对社会性科学议题进行具体分析	能分析社会性科学议题可能给环境、社会发展、人类健康等带来的双重影响，但不够充分、具体	仅关注对个体的影响，缺乏对环境、社会发展、人类健康等社会性影响的关注

知识梳理

总结在项目实施的整个过程中对氮及其化合物的认识有了哪些丰富和发展。（提示：从学科、自然、社会等视角）

任务 3　权衡利弊，作出决策

活动❶　分析利弊，作出决策并撰写报告

将经过论证的利与弊进行分析后，分清主次，权衡利弊，作出决策。

汇报展示

撰写应对重污染天气“汽车限行”议题的论证报告。每个小组进行议题论证的汇报展示，其他小组同学进行质疑反驳，并对每个小组的汇报展示进行评价。要求每个小组的汇报能体现合作精神，形式适当，表达清晰流畅，注重与听众的交流，并能应

对其他同学的反驳。

活动❷ 评价自己的科学论证水平

谈谈对科学论证的理解，对照科学论证水平评价表评价自己的科学论证水平，分析自己在论证方面的优势和不足。

分享评价

表 3–6 科学论证水平评价表

评价要素	科学论证水平			
	A	B	C	D
主张	能概括多个证据，并从多个角度思考，提出符合科学、价值观的主张	能关联多个证据，并能综合运用这些证据提出主张	仅凭少量证据、单一视角，主观地对议题提出主张	没有提出主张，或提出与议题不相关、不科学的主张
论证	能从宏观与微观、定性与定量、直接与间接结合上收集证据，证据来源多元、类型多样	能通过多种科学途径，寻找多种类型的相关证据，证据数量充足	能根据主张找出相关的一类证据，证据来源权威可信	没有给出证据，或给出不可靠、与主张不相关、相关但矛盾的证据
推理	能通过定性分析与定量计算结合进行推理	能将得到的科学证据之间建立联系；符合演绎、归纳、类比推理规则	从众多信息中，提炼出相关的、有效的证据；能依据证据从不同视角分析问题；证据与所依据的化学知识匹配	没有推理，或给出不合逻辑的推理
反驳	能针对推理过程的规范性、严谨性进行反驳	能针对证据的真实性、科学性及相关性进行反驳	能从科学、逻辑及价值观角度评价对方主张；有针对性反驳对方主张，有证据及科学依据	没有提出反驳，或提出不相关的反驳

活动❸ 反思、归纳社会性议题决策的思路方法

反思“重污染天气‘汽车限行’”议题的决策过程，归纳社会性议题决策的一般思路方法。

方法梳理

表 3–7　社会性议题反思、归纳要点

任务	环节	主要内容
探讨社会性科学议题	1. 科学认识议题	识别议题中的科学问题、社会问题。利用学科知识正确认识议题中与之相关的科学问题。从自然（生态、环境等）、社会（经济、生活、生产等）等多视角寻找利与弊
	2. 提出主张，寻找证据	在分析议题利与弊的基础上，结合自己已有认识及价值观提出初步主张。通过查阅权威学术文献与官方资料、访谈相关专家、调研利益相关方、实地考察以及动手实验等多种可靠途径，从宏观与微观、定性与定量、直接与间接结合上收集类型多样、数量充足的相关证据、关键证据来支撑自己的主张
	3. 科学论证，完善主张	依据证据从不同视角进行分析推理，论证自己的主张；科学推理时，证据与所依据的科学知识（概念、原理及规律等）匹配。应用演绎、归纳、类比推理规则进行推理，推理过程严谨，符合逻辑。能应对对主张、证据及推理过程的质疑、反驳，完善论证
	4. 权衡利弊，作出决策	列举经过充分论证、达成共识的与议题相关的利与弊，清楚利弊所基于议题的哪一方面。根据与议题相关的问题的重要性，分清主要矛盾和次要矛盾，矛盾的主要方面和次要方面，权衡利弊，对议题作出符合科学态度与社会责任的决策

七、学科大概念统摄下的微项目内容梳理

微项目“论证重污染天气‘汽车限行’的合理性”梳理分析框架见表 3–8，多角度认识化学反应如图 3–7 所示。

表 3–8　与化学相关的社会性议题梳理分析框架

阶段	主要任务	主要内容
1	科学认识议题	明确议题中的化学问题、社会问题
2	明确主张	从自然（生态、环境等）、社会（经济、生活、生产等）等视角寻找利与弊，形成初步主张
3	论证主张	收集证据，进行分析推理，论证自己的主张；接受质疑、反驳，完善主张
4	作出决策	分清主要矛盾和次要矛盾，权衡利弊，作出符合科学态度与社会责任的决策

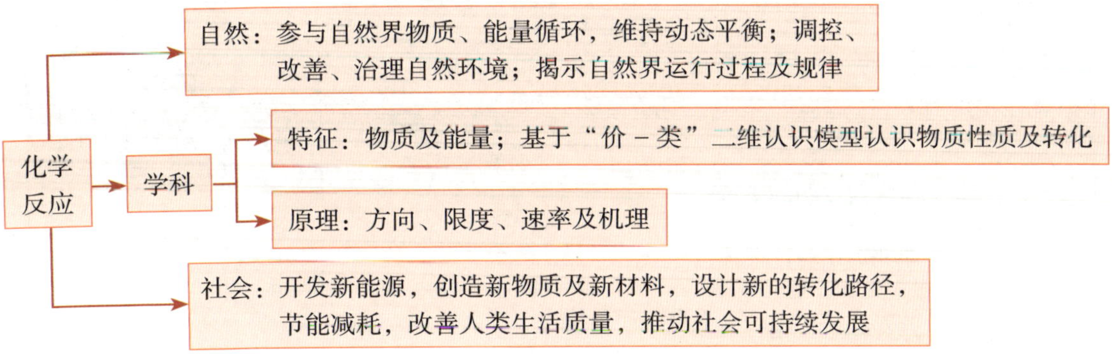

图 3-7　多角度认识化学反应

八、学科大概念统摄下的微项目学习评价

表 3-9　微项目“论证重污染天气‘汽车限行’的合理性”整体学习评价量表

评价内容		评价指标	评分		
			自评	互评	师评
表现性评价	课堂综合	上课专注、积极思考、积极参与活动			
		能独立思考，具有创造性思维，能提出不同的方法解决问题			
	研究学习	能有效提取社会性议题中的化学问题			
		有自己的主张			
		能从学科、自然、社会等视角分析			
		证据充分，关联性强，支撑主张			
		推理依据的证据确凿，与化学理论匹配			
		考虑到可能的反驳及其证据			
		能分清主要矛盾和次要矛盾，权衡利弊，作出符合科学态度与社会责任的决策			
	表达交流	勇于表达自己的观点，条理清晰			
		擅于与他人合作，虚心听取别人意见			
		能对项目成果进行生动展示			

（续表）

<table>
<tr><th colspan="2" rowspan="2">评价内容</th><th rowspan="2">评价指标</th><th colspan="3">评分</th></tr>
<tr><th>自评</th><th>互评</th><th>师评</th></tr>
<tr><td rowspan="8">结果性评价</td><td rowspan="4">成果完成</td><td>能完成议题的决策</td><td></td><td></td><td></td></tr>
<tr><td>能完成议题论证报告</td><td></td><td></td><td></td></tr>
<tr><td>能完成科学论证水平自我评价报告</td><td></td><td></td><td></td></tr>
<tr><td>能完成与议题相关的宣传海报</td><td></td><td></td><td></td></tr>
<tr><td rowspan="4">知识生成</td><td>会用“价－类”二维图分析物质性质及转化</td><td></td><td></td><td></td></tr>
<tr><td>能总结社会科学议题的分析框架</td><td></td><td></td><td></td></tr>
<tr><td>能从化学、自然、社会等视角认识化学反应</td><td></td><td></td><td></td></tr>
<tr><td>能准确完成单元项目检测</td><td></td><td></td><td></td></tr>
<tr><td colspan="2" rowspan="2">赋值方法</td><td colspan="4">完全能做到：3 分　部分能做到：2 分
偶尔能做到：1 分　完全做不到：0 分</td></tr>
<tr><td colspan="4">自评 30%　互评 30%　师评 40%</td></tr>
<tr><td colspan="2">总成绩</td><td colspan="4"></td></tr>
</table>

【北京市大兴区第一中学　周庆华】

必修 第二册

微项目 4　海带提碘与海水提溴

——体验元素性质递变规律的实际应用

微项目 5　研究车用燃料及安全气囊

——利用化学反应解决实际问题

微项目 6　自制米酒

——领略我国传统酿造工艺的魅力

微项目4 海带提碘与海水提溴

——体验元素性质递变规律的实际应用

扫码查阅教材
微项目原文

任务1：海带提碘

任务2：海水提溴

一、学科大概念统摄下的微项目设计概述

1. 设计意图

本项目设计是以“物质结构决定性质、性质决定分离方法”为核心，以“不同物质具有不同的性质，利用性质差异选择不同方法可以实现物质的分离提纯”这一大概念为统领的，基于真实情境下“海洋化学资源的开发利用”为背景的微项目设计。海洋中蕴藏着丰富的化学资源，我国利用海洋资源获取钾、镁、溴、氯、碘等元素已形成规模，开发利用海洋化学资源的核心任务是实现物质的分离、转化和提纯。

本项目研究以“卤族元素性质”为核心，通过元素周期表中卤族元素性质的递变规律，不断深化学生对物质性质、元素周期律（表）的理解；通过工业实际问题的解决，培养学生运用化学知识分析、解决实际问题的能力。海水中的溴元素、海带中的碘元素均存在于一个复杂体系中，“如何提取复杂体系中的微量物质，去除复杂体系中的多种杂质”“如何选取恰当的方法和试剂实现物质转化”是本项目问题解决的关键。

本项目设计将海洋中化学资源的开发利用聚焦在“海带提碘”和“海水提溴”两个任务上，主要有以下三个方面原因。一是单质碘、单质溴的提取过程，涉及氧化还原反应知识，在设计提取过程中的物质转化路径时会面临氧化剂（或还原剂）的选择问题，这就需要从“强弱比较”的视角认识物质性质，体现元素周期律（表）在物质转化、制备中的应用和指导作用。这正是学习元素周期律（表）后对物质性质认识的发展。二是氯、溴、碘是同主族元素，但获取它们单质的方法不同，原因与三种元素性质的递变规律和原子结构不同密切相关。三是海带提碘、海水提溴均是从复杂体系中提取物质，以它们为载体设计微项目，能够进一步发展学生对物质分离、提纯的认识，完善物质分离、提纯类实验问题的解决思路。因此，“海带提碘”与“海水提溴”微项目，是在有关元素化合物性质的基础上，结合元素周期律（表）的相关知识，引导学生设计提取过程的工艺流程图，培养“宏观辨识与微观探析”“变化观念与平衡思想”和“科学探究与创新意识”化学学科核心素养。

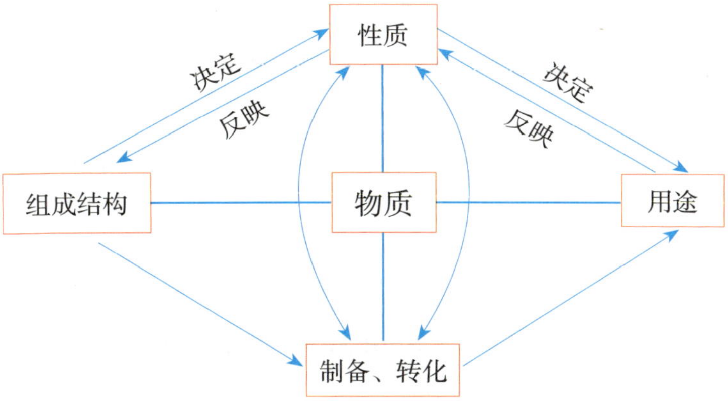

图 4–1　多角度认识物质示意图

2. 功能价值

自然资源的开发利用离不开化学，化学只有不断创新和发展才能满足人类社会可持续发展的需求。“金属矿物的利用和海水资源的开发利用”是中学化学教学的重点，能很好地体现化学学科的应用价值和功能。初中阶段学生了解从海水中可以获取淡水资源、海水晒盐，初步认识海水资源。高中必修阶段的学习，需要学生在了解资源丰富性的基础上，尝试利用物质性质和基本分离手段获得产品。“海水资源的综合利用”主要以元素化合物知识、氧化还原反应、离子反应和常见的除杂、分离、提纯等基本实验方法为基础，在从“海水”到“产品”这一复杂真实任务中提高学生综合运用物质转化、分离提纯、富集等角度分析、解决真实问题的能力，培养学生的“变化观念与平衡思想”“证据推理与模型认知”化学学科核心素养。

海洋约占地球表面积的 71%，海洋资源的深度开发是人类生存和发展必须面对的问题。目前，海水资源的综合利用程度还不高，仅从化学变化角度看，从海水中提取有用元素绝不像在实验室里做实验那样简单，其中的想象和创造空间像海洋一样广阔而深远。海带中的碘元素、海水中的溴元素均存在于一个复杂体系中，其中含有多种杂质，用“除杂”的思路逐一去除杂质获得纯净的单质碘和单质溴是不现实的，只能用“提取”的思路，将其从复杂体系中提取出来。这就需要考虑海带中的碘元素、海水中的溴元素的存在形态以及进行组分中的物质分析，利用 I^-、Br^-不同于其他离子的性质实现转化、提取。此外，海带中的碘元素、海水中的溴元素含量不高，如何将其富集也是完成本项目任务重点考虑的问题。

本项目设计从资源到产品的转化，需要关注初始状态和目标终态中元素的变化，选择反应原理；由于真实资源中碘元素、溴元素含量低且有众多杂质，导致分离提纯有很大的挑战，需要基于物质类别和价态实现转化，转化为更易提纯分离的形式，进一步提高产品的纯度；由于含量低，要通过必要的物理和化学方法进行富集，提高产品的浓度，最终在真实复杂系统中实现从资源到产品的工业流程。

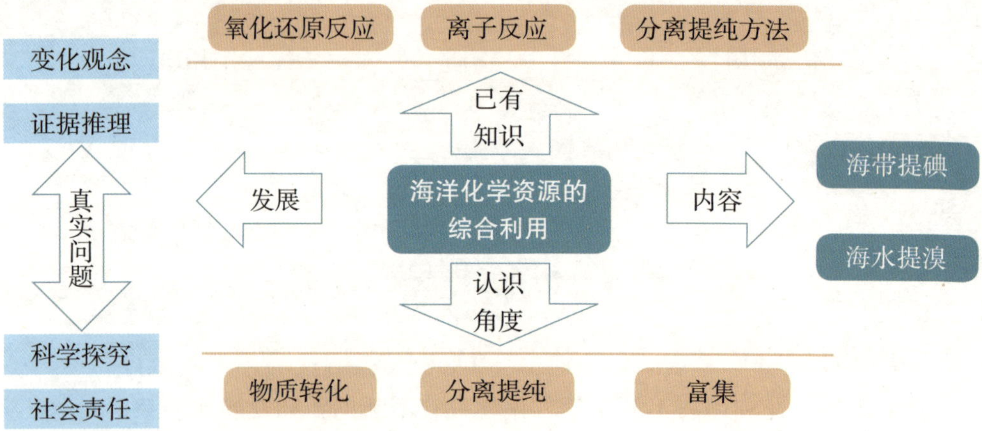

图 4-2　多角度认识“资源综合利用”的思维导图

3. 学情分析

（1）学生已有知识与能力：

学生已具备了一定的化学基础知识和基本实验技能，掌握了元素化合物知识，能从类别和价态两个角度认识物质及实现物质的转化；了解氧化还原反应的基本规律；能运用元素周期律（表）相关知识对物质性质进行分析、预测和解释；知道实验室常用的物质分离提纯手段（蒸发、过滤、蒸馏等）；具备一定的化学学科思想和学习方法，已初步形成从宏观和微观相结合的视角分析与解决实际问题的能力，能基于证据对物质的组成和变化提出可能的假设，能通过分析加以证实，能运用模型解释化学现象的本质和规律。

（2）学生学习障碍点：

学生能从学科方法的角度认识物质的性质及其转化，但对物质转化的价值认识不到位；对资源的复杂性认识不到位，分析问题的角度比较单一，缺乏定量（含量问题）分析思维，缺乏处理资源问题的基本认识角度。

（3）学生学习发展点：

知识水平：学生已经清楚从 I^- → I_2（或 Br^- → Br_2）需要选择合适的氧化剂；需要发展的是在复杂真实任务中综合运用转化和分离提纯的方法，实现工业上分离提纯的需求，尤其是多次富集、分离提纯（物理／化学）手段。

思维能力：学生具备了一定的动手实验能力，初步建立了观察现象的角度，但还不够细致和全面；对于生活中和学科中有趣的问题充满好奇，学习兴趣比较浓厚，逻辑分析、推理、概括能力还需进一步培养和加强，尤其是在真实复杂系统中实现含量较低物质分离的基本思路和方法以及对提取和富集任务的完成有待发展。

二、学科大概念统摄下的微项目知识结构

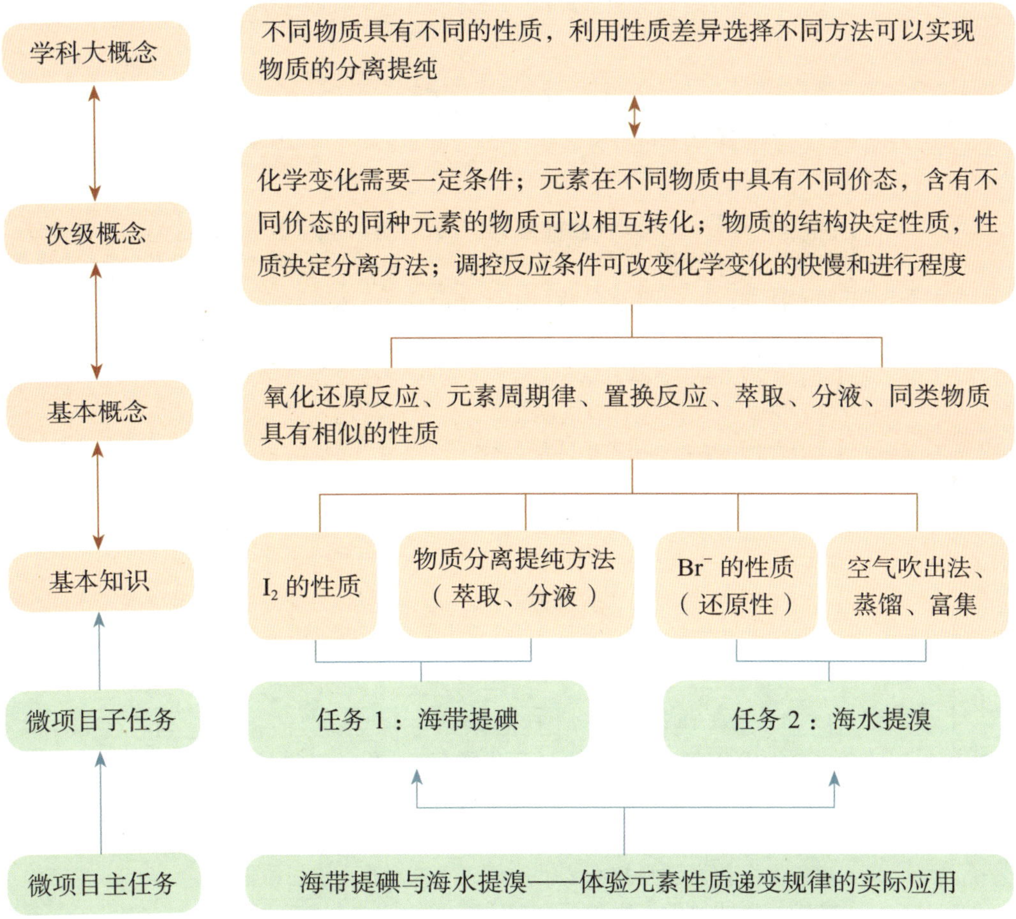

图 4-3　微项目“海带提碘与海水提溴”知识结构示意图

三、学科大概念统摄下的微项目学习目标

（1）以海带提碘和海水提溴生产实际为例，体会元素周期律（表）在分析、解决实际问题中的应用价值。

（2）以海带提碘和海水提溴为例，通过海带提碘活动和海水提溴工艺流程的设计，建立真实复杂系统中物质富集、分离、提取的基本思路。

（3）以海带提碘为例了解萃取与分液，知道萃取与分液的原理，培养动手操作能力和学习兴趣，注重“科学态度与社会责任”化学学科核心素养的落实。

四、学科大概念统摄下的微项目活动规划

	课时1	课时2
学科大概念	不同物质具有不同的性质，利用性质差异选择不同方法可以实现物质的分离提纯	
微项目主题	海带提碘与海水提溴——体验元素性质递变规律的实际应用	
课时划分	课时 1 任务 1：海带提碘	课时 2 任务 2：海水提溴
活动流程	【活动1】从资源开发和能源利用的角度认识海洋资源 核心活动：认识海水资源到工艺产品转化 【活动2】海带提碘方案设计 核心活动：如何将 I^- 转化为 I_2 【活动3】碘离子到碘单质的转化 核心活动：如何选择氧化剂 【活动4】碘单质的检验及提取 核心活动：实验方案设计 【活动5】海带提碘实验探究 核心活动：实验探究	【活动1】初步设计海水提溴方案 核心活动：确定海水提溴的原料和具体方案 【活动2】从苦卤中提取溴单质 核心活动：如何将溴单质与体系分离 【活动3】探析工业海水提溴工艺 核心活动：溴单质的富集 【活动4】归纳工业分离提纯的基本思路和方法 核心活动：建构工业原料提取物质的思维模型
能力素养	树立“结构决定性质”“性质差异决定物质分离方法”“化学变化需要条件”的学科思想；初步培养“宏观辨识与微观探析”和“科学探究与创新意识”化学学科核心素养；渗透可持续发展的科学态度和社会责任感	发展“证据推理与模型认知”化学学科核心素养，建构思维模型，提升在复杂体系下应用已有知识和方法分析、解决实际问题的系统思维能力

图 4–4　微项目“海带提碘与海水提溴”活动规划示意图

五、学科大概念统摄下的微项目活动导引

通过多样化的课程开展，拓展学生的学习空间，引导学生关注人类面临的与化学有关的社会问题，将理论知识转化为工业实践，体现化学学科的应用价值，增强社会责任感和正确的价值观念，深刻认识化学对创造物质财富和精神财富的重大贡献；培养节约资源、保护环境的意识，对化学相关的社会问题能从化学视角作出正确的判断。

本项目研究的目的是通过一些典型生产工艺的分析（如海带提碘、海水提溴），引领学生认识一些化学原理并不复杂的实际问题。在实际生产中，会遇到很多复杂的实际问题，甚至是巨大的挑战。通过本项目，引导学生体验自然界中物质提取的一般流程和方法，形成分离提纯的一般思路和方法，建立解决较为复杂的真实化学问题的思维框架，形成节约成本、循环利用、绿色环保和可持续发展的意识，逐步培养严谨求实的科学态度。

图 4-5　美丽的海洋

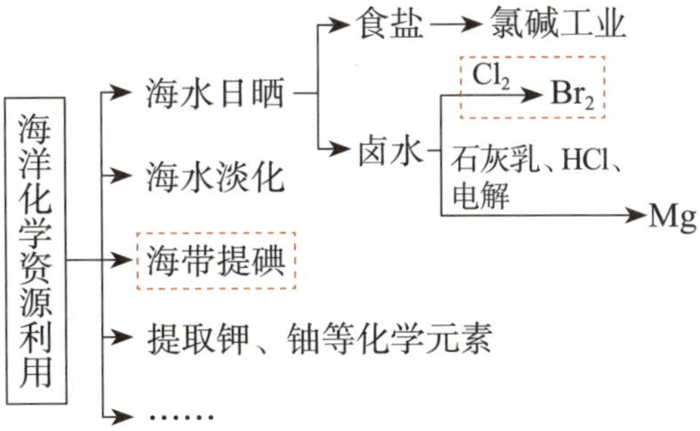

图 4-6　海洋化学资源利用示意图

六、学科大概念统摄下的微项目活动实施

任务 1　海带提碘

活动 1　从资源开发和能源利用的角度认识海洋资源

我国大陆海岸线长达 18 000 多千米，海岛海岸线长达 14 000 多千米。浩瀚的海洋里蕴藏着丰富的化学资源（图 4-7），海水中存在多种元素（表 4-1）。因此，海水资源的综合利用具有重要的价值。

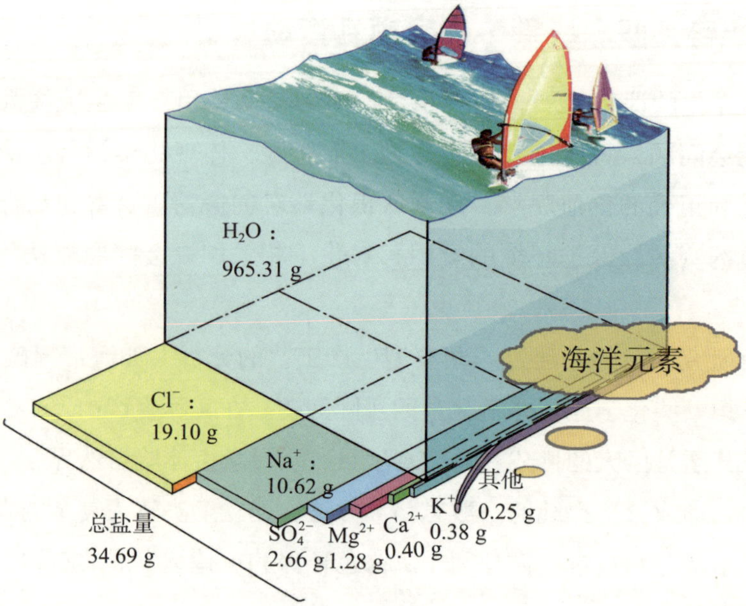

图 4-7　1 000 g 海水的化学组成示意图

表 4-1　海水中主要元素的含量

元素	浓度 /(mg·L^{-1})	元素	浓度 / (mg·L^{-1})	元素	浓度 / (mg·L^{-1})	元素	浓度 /(mg·L^{-1})
锂	0.17	铷	0.12	钾	380	铯	0.000 5
硼	4.6	锶	8	钙	400	钡	0.03
钠	10 770	钼	0.01	钴	0.000 5	金	0.000 004
镁	1 290	银	0.000 04	镍	0.002	汞	0.000 03
硫	885	镉	0.000 11	溴	67	铀	0.003
氯	19 350	碘	0.06				

交流研讨

（1）结合图 4-7 和表 4-1，简要分析从海水中可以获得哪些产品。

（2）从海水中获得产品的过程中，可能会遇到哪些困难？

（3）物质分离提纯的方法有哪些？

分享评价

（1）如果你是工程师，你最想开发哪种产品的工艺？简述理由。

A. 海水晒盐　　B. 海水淡化　　C. 海水提溴　　D. 海水提镁　　E. 其他

（2）你认为最具挑战性的产品生产工艺是哪一种？简述理由。

A. 海水晒盐　　B. 海水淡化　　C. 海水提溴　　D. 海水提镁　　E. 其他

【设计意图】本环节重在诊断学生已有的对“资源到产品”的认知，帮助学生初步梳理“从资源到产品”的认知角度，发展学生“宏观辨识与微观探析”化学学科核心素养，为本项目的学习、开展做铺垫。

海洋中有丰富的海产品。海带、紫菜等藻类植物含有丰富的碘元素（干海带的含碘量比海水提高了约 10 万倍）。同时，海带具有产量高、价格低等特点，因此常用海带替代海水作为提取碘单质的原料。地球上 99% 的溴元素以 Br^- 的形式存在于海水中，因此溴元素也被称为“海洋元素”。基于上述分析，本项目活动实施将海洋中化学资源的开发利用聚焦于“海带提碘”和“海水提溴”两个子任务的完成，引导学生加深对物质分离提纯的认识，实现从理论分析到实践的上升，完善物质分离提纯类实验问题的解决思路。

活动❷ 海带提碘方案设计

观察思考

资料：海带中的碘

碘元素在海带中以碘化物的形式存在。灼烧干海带可以分解除去其中的有机化合物。灼烧后得到的海带灰中，除了存在可溶性碘化物外，还存在多种可溶性无机盐。

图 4-8 海带

问题 1：碘元素在海带中的存在形式是什么？如何将其转化为碘单质？

问题 2：如何将碘单质从混合物体系中提取出来？

依据资料信息，碘元素在海带中以碘化物（I^-）的形式存在。灼烧后的海带灰中，除了存在可溶性碘化物外，还存在多种可溶性无机盐。由于碘元素在海带中以 I^- 的形式存在，在其转化为碘单质的过程中需要选择合适的氧化剂将 I^- 转化为 I_2。

【设计意图】本环节重在引领学生认识海带中碘元素的存在形式，引导学生能从物质分类和氧化还原的角度，分析碘化物（I^-）的性质，并以此为基础实现 I^- 到 I_2 的转化；从已有化学实验视角分析、解决实际问题，初步尝试海带提碘实验方案的设计。

活动3 碘离子到碘单质的转化

思考交流

问题 1：将碘离子（I^-）转化为碘单质（I_2），可以选用哪些化学试剂？选择的依据是什么？

【设计意图】在转化过程中，碘元素的价态从 −1 价升高至 0 价，发生氧化反应，需要选用一种氧化剂来实现转化。引导学生分析从起始核心原料到最终产品的转化路径，关注物质的始态（I^-）到终态（I_2）的过程设计，总结海带提碘的原理。

问题 2：如何选择氧化剂？

【设计意图】在选择具体氧化剂时，从氧化性强弱的角度分析，应选择氧化性强于碘单质的物质（如 Cl_2、$FeCl_3$、$KMnO_4$、H_2O_2 等）。通过元素周期律（表）的学习，学生已知道氯、溴、碘处在同一主族。根据元素性质的递变规律，Cl_2 的氧化性强于 I_2，该过程氧化剂可以选用氯气（或氯水）。

本环节注重引导学生回顾氧化还原反应和物质分类知识，从碘元素化合价变化和物质类别变化角度思考物质转化的思路和方法，回归问题本质的探讨。

活动4 碘单质的检验及提取

实验探究

实验 1：设计实验方案，检验碘单质的存在。

表 4–2 碘单质的检验与提取实验报告

实验步骤	实验现象	实验结论

自主学习

资料：检验溴单质、碘单质的一种方法

溴单质、碘单质在四氯化碳中的溶解度均大于它们在水中的溶解度。利用这一性质，可以向含有溴单质、碘单质的水溶液中加入四氯化碳，分别将它们从水溶液中提取出来。四氯化碳难溶于水，且溴单质和碘单质在四氯化碳中分别呈橙色和紫色，可以利用这一方法，检验水溶液中溴单质或碘单质的存在。

图 4-9　溴和碘在四氯化碳中的颜色

方法导引

萃取与分液

利用某种溶质在两种互不相溶的溶剂里溶解能力的不同，用一种溶剂（萃取剂）将其从原溶剂中提取出来的方法叫作萃取。萃取后，可用分液漏斗将上述两种液体分开，从而达到提取物质的目的，这步操作叫作分液。

【注意事项】萃取剂的选择：

（1）萃取剂与原溶剂不能互溶。

（2）溶质在萃取剂中的溶解度要大于在原溶剂中的溶解度。

图 4-10　萃取、分液操作示意图

分享交流

如何检验碘单质的存在？

方案 1：取少量待测液于试管中，向其中加入淀粉溶液，观察溶液是否变蓝。

方案 2：取少量待测液于试管中，向其中加入四氯化碳，振荡试管后，观察四氯化碳层液体颜色变化。

思考交流

为什么要选择萃取的方法提取碘单质?

从海带灰中提取碘单质，实质上就是要将碘单质与体系中的其他物质分离。由于海带灰中还存在多种可溶性的无机盐，很多问题不清楚。例如，无机盐是什么，具有什么性质?能否通过外加试剂让无机盐沉淀而保留碘单质?

通过分析，发现海带灰中所含可溶性的无机盐种类和性质并不清楚。在解决实际问题时，很难将杂质逐一除去，通过采取“直接提取”的方式，利用产物与杂质的性质差异可以将其提取出来。由于碘单质在四氯化碳中有更好的溶解性，通过萃取不但能实现碘单质的分离，还能达到与杂质分离的目的。

图 4-11　碘单质的提取流程示意图

【设计意图】通过本环节的设计，让学生在已有认知的基础上，从另一个角度重新认识物质分离提纯的思路和方法。

实验探究

实验 2：设计实验方案，将碘单质与四氯化碳分离。

通过前面的活动设计，学生知道了如何将海带灰中的碘离子转化为碘单质，了解了通过萃取的方法可以将碘单质从水溶液中提取出来。那么，如何将碘单质从碘的四氯化碳溶液中提取出来呢?

自主学习

问题：依据沸点差别，分离碘单质与四氯化碳时，蒸馏的方法是否可行?

表 4-3　I_2 和 CCl_4 的沸点

物质	沸点（常温、常压）
I_2	184℃
CCl_4	76.8℃

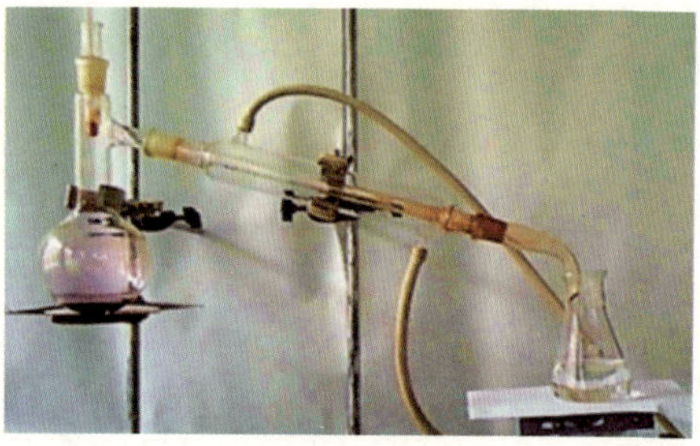

图 4-12　蒸馏 I_2 和 CCl_4 的混合物

分享评价

通过交流、分享，学生知道了碘与四氯化碳的沸点数据，一致认为利用沸点的不同，可以通过蒸馏实现二者的分离。但是，碘单质具有易升华的特性，用蒸馏的方法分离碘单质与四氯化碳时，会受到碘升华的干扰。实验室经常采用“反萃取法”将碘单质从碘的四氯化碳溶液中提取出来。

拓展视野

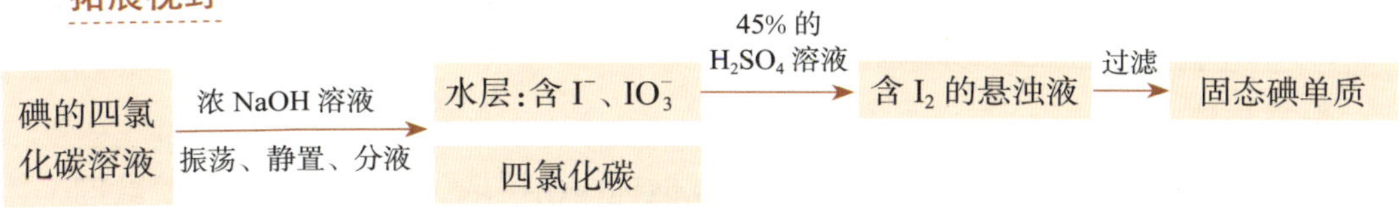

图 4-13　用“反萃取法”从碘的四氯化碳溶液中提取碘单质

（1）$3I_2 + 6OH^- = 5I^- + IO_3^- + 3H_2O$

（2）$5I^- + IO_3^- + 6H^+ = 3I_2 + 3H_2O$

（3）反萃取法：将四氯化碳中的碘单质利用化学转化法重新富集在水中的方法。

活动 5　海带提碘实验探究

实验目的：从海带中提取碘单质。

实验原理：$Cl_2 + 2I^- = 2Cl^- + I_2$。

实验过程：取约 2.0 g 干海带进行实验（图 4-14），完成实验方案设计并用流程图分享成果。

海带灼烧　→　海带灰溶解　→　过滤　→　萃取、分液

图 4-14　海带提碘实验

表 4-4　海带提碘实验报告

实验步骤	实验操作	实验现象	实验结论	注意事项
1. 海带灼烧				

（续表）

实验步骤	实验操作	实验现象	实验结论	注意事项
2. 海带灰溶解				
3. 过滤				
4. 萃取、分液				

分享交流

设计碘单质的提取流程图（要求：用方框标注出浸取、过滤、氧化、萃取四个主要步骤）。

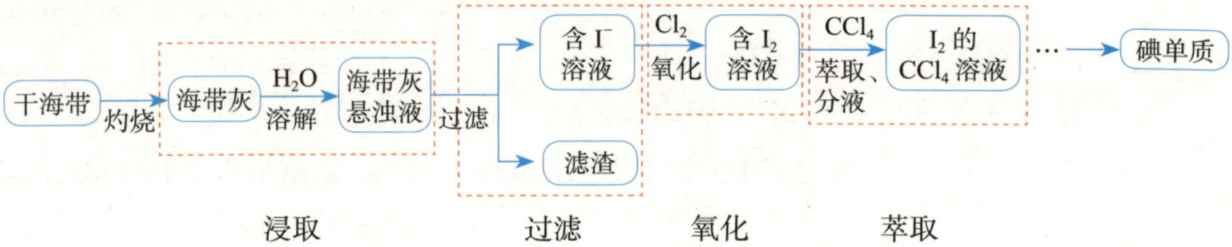

图 4-15　碘单质的提取流程图

思考交流

通过本实验方案的设计，你认为实现物质分离提纯的基本思路是什么？

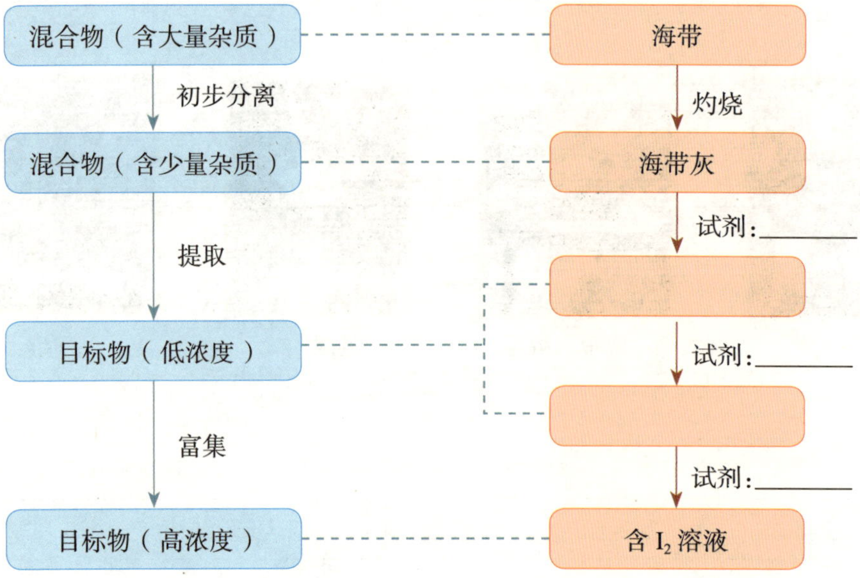

图 4-16　物质（含量较低）分离提纯的基本思路示意图

方法梳理

物质的分离提纯是化学实验、化工生产中的一项重要任务。分离提纯物质比较常用的方法有过滤法、萃取法、升华法、化学转化法等。

利用化学转化法可以直接除去某些物质，也可以实现物质的分离提纯。为了将物质完全除去（或转化），通常需要加入过量的转化试剂；同时，为了保证目标物的纯度，还需要考虑如何将过量的试剂除去以及如何将目标物从体系中提取出来。

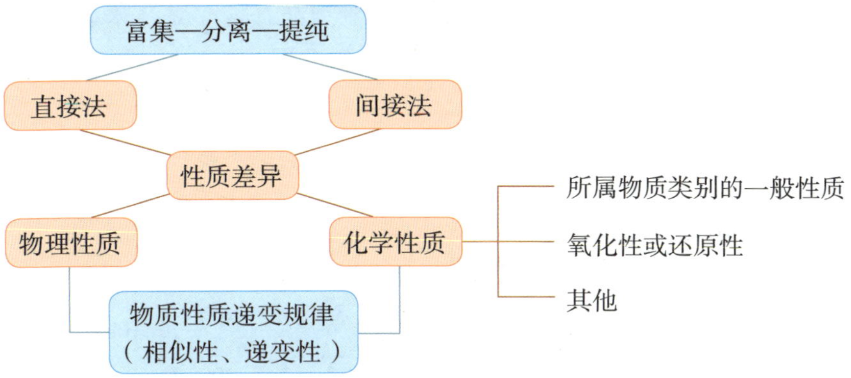

图 4–17　物质分离提纯的基本思路示意图

“海带提碘”微项目教学的设计，主要采取问题驱动的教学模式，以问题为线索，引领学生不断深入思考，注重学科知识的整合。在实施过程中，主要将项目任务拆解成两个问题：一是如何将海带灰中的碘化物转化为碘单质，二是如何将碘单质从混合物体系中提取出来。其中，将碘离子氧化为碘单质是提取的重要环节，提取和富集是任务完成的关键。在策略上，聚焦化学学科核心素养的落实，外显海带提碘的一般思路和方法，为“海水提溴”微项目的实施做好准备。

任务 2　海水提溴

任务目标：从海水中提取溴单质

图 4–18　大海

图 4–19　溴单质

活动❶ 初步设计海水提溴方案

自主学习

资料：海水中的溴

溴是海水中重要的非金属元素。地球上99%的溴元素以Br^-的形式存在于海水中，所以人们也把溴称为“海洋元素”。目前，从海水中提取的溴占世界溴年产量的1/3左右。苦卤（海水晒盐后得到的母液）是海水制盐业的副产物，其中含有高浓度的K^+、Mg^{2+}、Br^-和SO_4^{2-}等，是从海水中提取溴的主要原料。

表4–5 海水中主要元素的含量

元素	浓度/（$mg \cdot L^{-1}$）	元素	浓度/（$mg \cdot L^{-1}$）	元素	浓度/（$mg \cdot L^{-1}$）	元素	浓度/（$mg \cdot L^{-1}$）
锂	0.17	铷	0.12	钾	380	铯	0.000 5
硼	4.6	锶	8	钙	400	钡	0.03
钠	10 770	钼	0.01	钴	0.000 5	金	0.000 004
镁	1 290	银	0.000 04	镍	0.002	汞	0.000 03
硫	885	镉	0.000 11	溴	67	铀	0.003
氯	19 350	碘	0.06				

观察思考

海水中Br^-的浓度（约67 mg/L）很低，直接利用海水提取溴单质，效果不明显，如何改进？

【方案设计】以浓缩的海水（苦卤：Br^-的浓度为2.5 ~ 3 $g \cdot L^{-1}$）为原料，提取溴单质。

【方案评价】诊断并培养学生对海水提溴方案的优化能力，拓展学生的认知角度，提升学生的实践能力（从定性到半定量，从物质的转化到物质的分离提纯，从实验室到工业实际）。

【设计意图】用真实的数据强化学生对海水的资源性、丰富性和复杂性的认识，引导他们进一步认识开发海水资源的必要性，初步建立从海水组成的角度（定性、半定量）分析、解决问题的意识，实现资源到产品的转化。

活动❷ 从苦卤中提取溴单质

交流研讨

设计从苦卤中提取溴单质的方案，并用流程图呈现出来。

【参考样例】

图 4–20 提纯物质流程图

分享评价

小组讨论、设计从苦卤中提取溴单质的方案。

【成果展示】

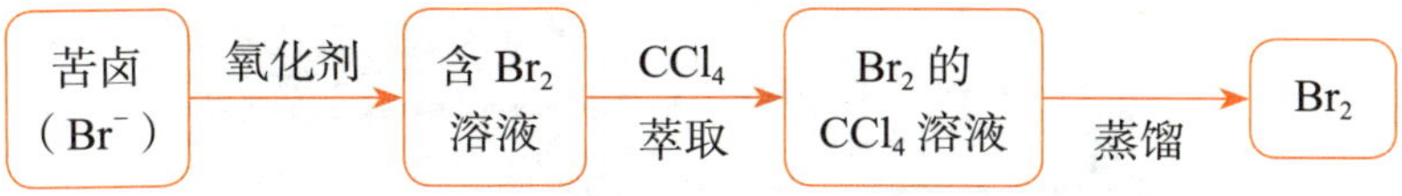

图 4–21 从苦卤中提取溴单质实验流程

问题 1：怎样选择氧化剂（选择哪种氧化剂将苦卤中的 Br^- 氧化为 Br_2）？

多角度综合思考：从氧化还原的角度分析，应选择氧化能力大于溴单质的；从成本上分析，工业选择要兼顾效益；从环保角度考虑，应选择产物对环境影响较小的；等等。

表 4–6 常见氧化剂价格

氧化剂	Cl_2	$KMnO_4$
价格 /（万元 · 吨 $^{-1}$）	20.15	43.40

【设计意图】 选择氧化剂时，理论上要分析考虑试剂的氧化能力；工业生产中，还要考虑经济成本、能源的消耗、环保等诸多因素。本环节主要从经济角度考虑，工业生产中选择的氧化剂是氯气。

问题 2：按照所设计的流程，如何将 Br_2 从 CCl_4 中分离出来呢？

多数学生认为可以通过蒸馏的方法实现分离。

表 4–7 Br_2、CCl_4、H_2O 的沸点

物质	沸点 / ℃
Br_2	58.76
CCl_4	76.8
H_2O	100

【设计意图】利用四氯化碳对溴单质进行萃取可以实现富集溴，但根据表 4-7 提供的信息，四氯化碳与溴的沸点非常接近且四氯化碳有毒，所以通过蒸馏的方法很难实现溴单质与四氯化碳的完全分离。

问题 3：水的沸点是 100℃，与溴的沸点（58.76℃）相差较大，直接蒸馏能否从含 Br_2 的水溶液中分离溴单质呢?

实验探究

实验目的：通过蒸馏溴水提取溴单质。

实验方案：左侧烧瓶里加入苦卤和稍过量氯水，右侧锥形瓶口放置一团滴加浓氢氧化钠溶液的棉花。

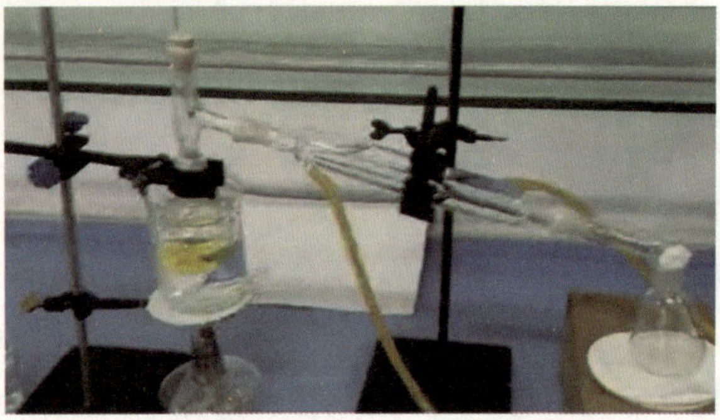

图 4-22　蒸馏溴水装置

实验现象：右侧锥形瓶中没有收集到溴单质。

实验结论：通过蒸馏溴水的方式不易提取、收集溴单质。

【学生活动】分组讨论，分析没有收集到溴单质的原因。

【小结】苦卤中 Br^- 的浓度为 $2.5\sim3\ g\cdot L^{-1}$，相比海水中溴的浓度（约 $0.067\ g\cdot L^{-1}$），已经对溴元素起到了初步富集的作用；但从绝对数量角度分析，1 L 水中只含有 $2.5\sim3$ g 溴元素，这个浓度还是很低，因此通过蒸馏溴水的方式很难获得溴单质。

【设计意图】本环节从实验的角度，引发学生的认知冲突。通过实验验证、寻找证据，发展学生的认识角度和水平，使学生能从定性和半定量角度分析、思考物质分离提纯问题，初步体会富集的重要性，注重培养学生“科学探究与创新意识”“证据推理与模型认知”化学学科核心素养。

活动③　探析工业海水提溴工艺

资料：工业海水提溴流程

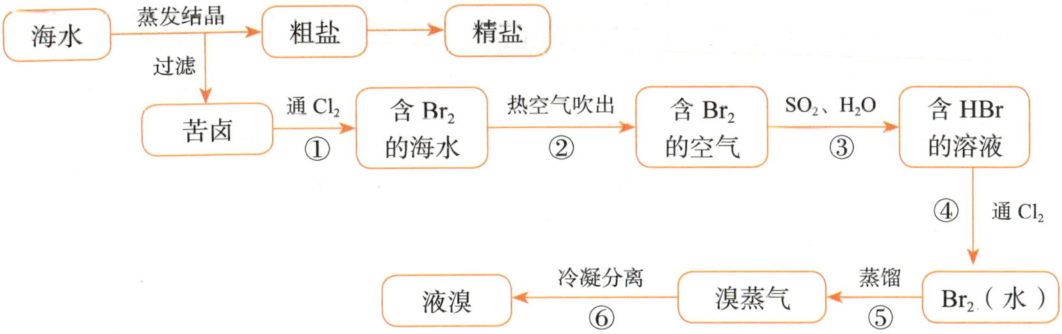

图 4-23　工业海水提溴流程

自主学习

认识“空气吹出法”在工业生产中的意义。

【教学活动】播放视频：模拟“空气吹出法”实验。

图 4-24　“空气吹出法”提溴

方法导引

空气吹出法

空气吹出法是目前用于从天然海水中提取溴的较为成熟的工业方法。将海水酸化后，用氯气将 Br^- 氧化为溴单质；然后，通入空气和水蒸气，将溴单质吹入吸收塔，使溴蒸气与吸收剂 SO_2 和 H_2O 反应，将溴蒸气转化为氢溴酸；最后，用氯气将其氧化得到溴单质。

思考交流

依据“工业海水提溴”的流程，思考并回答下述问题：

（1）工业生产中，每一步操作的目的是什么？

（2）工业生产中，哪几步操作与富集溴元素有关？请在流程图中标出。

（3）结合化学用语简述富集的原理。

【小结】工业生产中，通过氯气氧化、热空气吹出、溴单质的吸收等步骤，溴离子的浓度由原来苦卤中的较低浓度变成了含 HBr 的溶液中的高浓度，实现了溴元素的富集，因此空气吹出是富集的关键一步。在富集溴之后，再次通入氯气，氢溴酸中的溴离子重新转化为溴单质。此时，溴水中溴的浓度较高，再通过蒸馏的方法，可以将溴单质与体系分离，达到海水提溴的目的。

【评价】实际工业生产中的分离提纯更加复杂，不仅需要多次富集，还需要经历多次转化过程，才能最终达成目标。

【设计意图】通过分析、评价海水提溴的工艺流程，引导学生感受化学工业生产的复杂性，初步学会从化学的视角分析资源到产品的转化途径，丰富认识角度，提高认知水平，建立评析工业工艺的基本角度。

分享评价

表 4–8 “空气吹出法”海水提溴

环节	作用	化学方程式（或离子方程式）

通过复习和巩固卤素单质化学性质的递变规律，利用元素化合价的变化建构物质的变化观念，落实理论知识，优化学习高中化学的方法。

活动4 归纳工业分离提纯的基本思路和方法

交流研讨

从实验方案到工业生产，从资源到产品，需要关注哪些问题？

【学生活动】小组讨论，梳理由工业原料到目标产品的一般思路和方法。

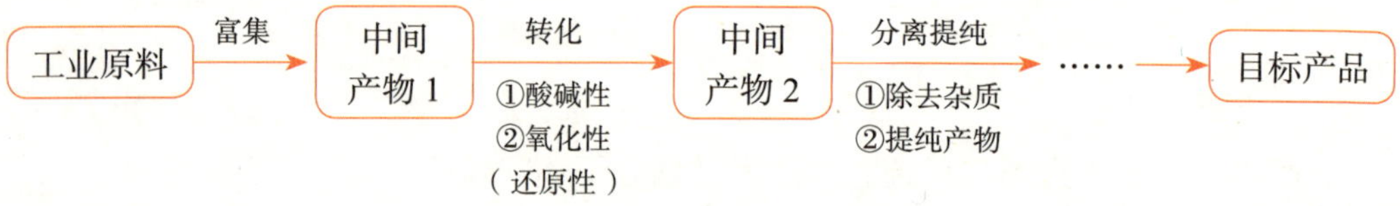

图 4–25 由工业原料到目标产品的一般思路和方法示意图

【设计意图】通过对海水提溴过程的研究，学生已初步认识了工艺流程图，了解了工艺流程的一般结构和特点，初步形成了从海水中提取物质的方法模型；最后，在学生充分讨论的基础上，总结出由工业原料到目标产品的一般思路和方法。引导学生通过个别（海水提溴）到一般（从自然界中提取化学物质），归纳出物质提取的方法模型，实现由具体思维到抽象思维的水平进阶，实现从知识到问题解决再到模型建构的能力提升，为解决复杂化学问题建立思维框架。

教学流程

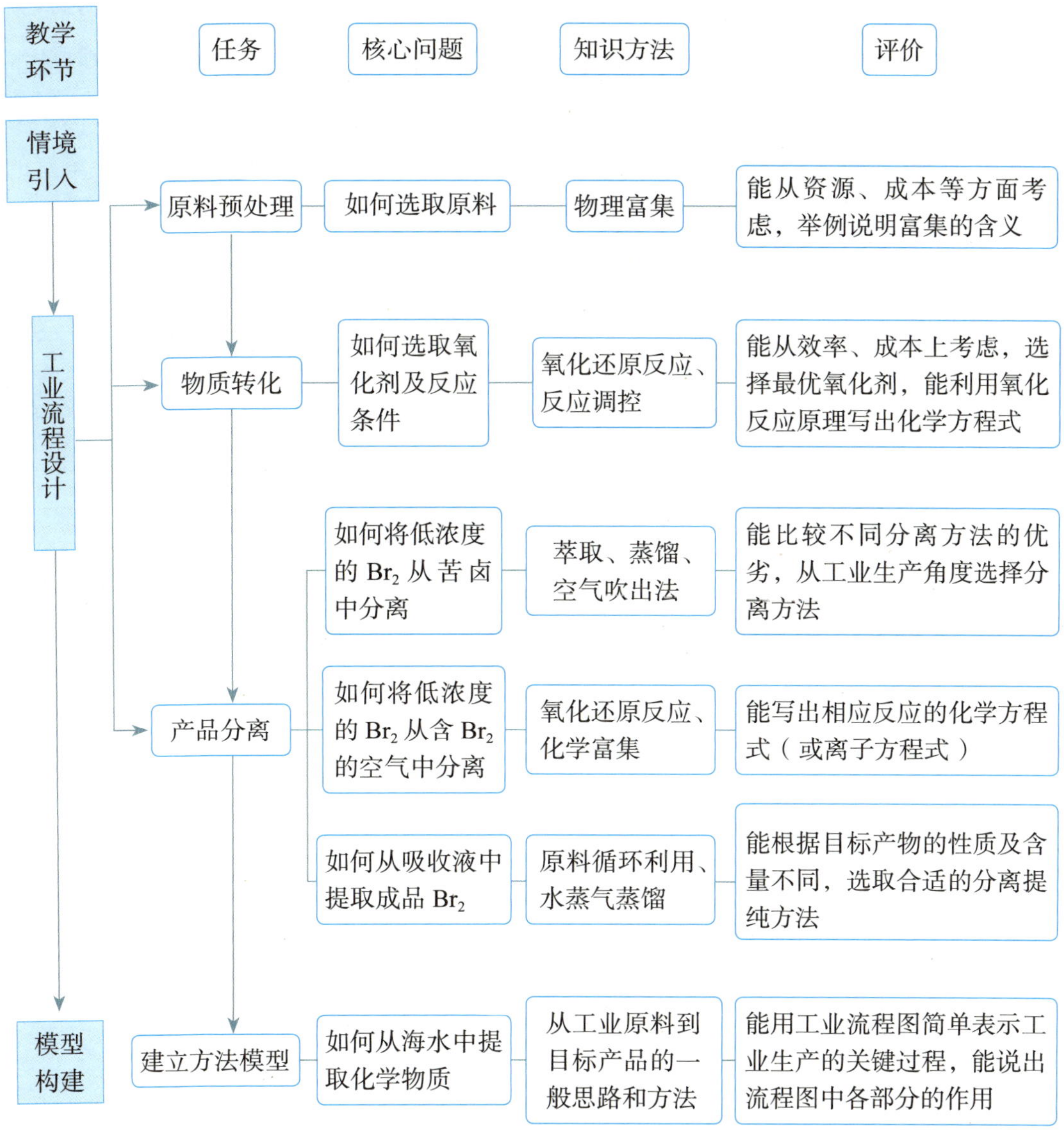

图 4-26 “海水提溴”教学流程

本项目学习从实验室中“海带提碘”活动开始，以“工业生产中海水提溴工艺流程”的探析结束。通过活动设计的层层深入，帮助学生建立思考问题、分析问题的角度和方法，引领学生思考如何从资源得到产品，思考如何从待分离体系中将目标物转化提取出来，实现理论到实践的升华。

工业生产过程比较复杂，无论是“海带提碘”还是“海水提溴”，都是从一个真实、复杂的体系中得到目标产品，都需要重点解决两个问题：一是纯度问题，二是浓度问题。

从复杂的体系中提取目标物，实际就是将目标物与其他物质（或杂质）分离，实质就是解决纯度问题。我们基于物质性质（物理性质、化学性质）差异，可选择合适的分离提纯方法，最后实现目标物质的提取。在实际过程中，若复杂体系中目标物的含量太低，现有的方法无法将其提取，可以采取提高目标物浓度（富集）的方法。对于复杂的体系，在上述两个问题的解决过程中，往往还要进行物质的转化，甚至有的时候要进行多次转化，还有可能进行多次富集。

方法梳理

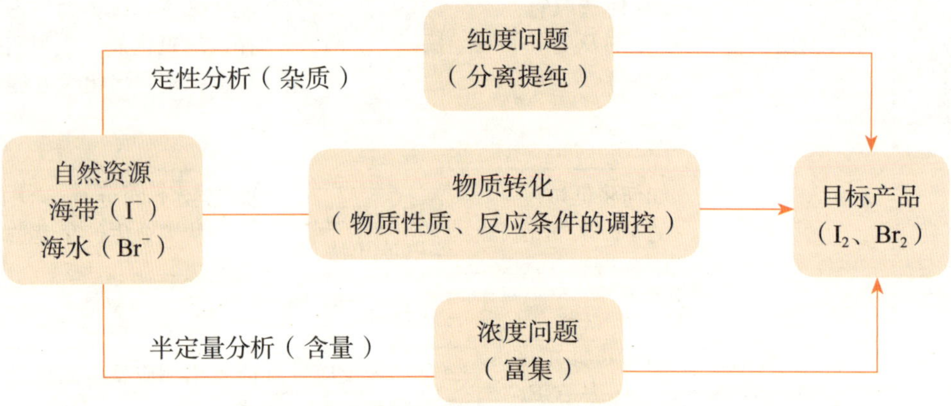

图 4-27　由“自然资源”到“目标产品”基本思路

【设计意图】深化学生对“从资源到产品”的认识，引导他们体会化学在资源开发利用中发挥的重要价值，诊断并发展对化学价值的认知水平（学科价值视角、社会价值视角、学科和社会价值视角）。

七、学科大概念统摄下的微项目内容梳理

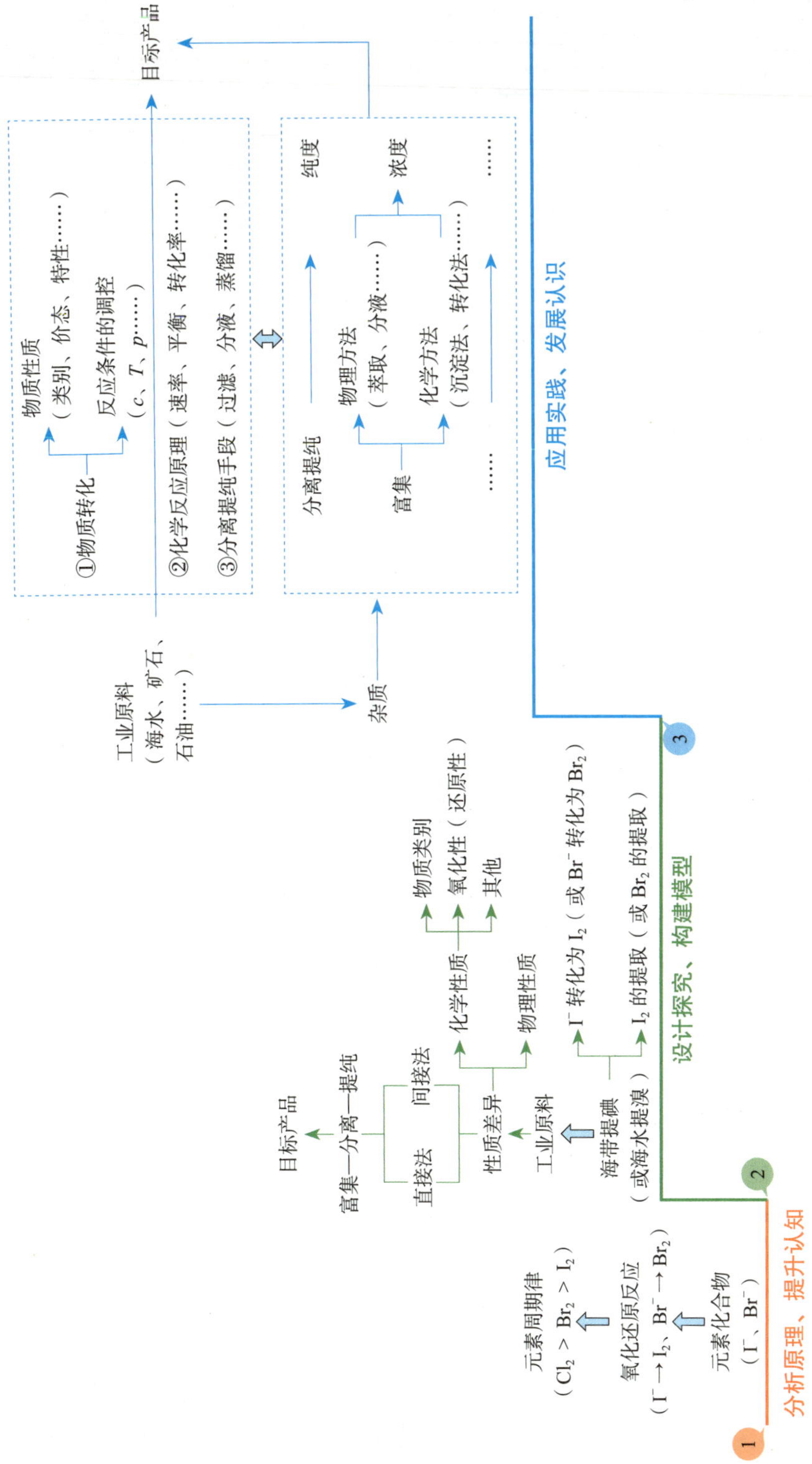

图 4-28 微项目“海带提碘与海水提溴”内容梳理示意图

八、学科大概念统摄下的微项目学习评价

表 4–9　微项目“海带提碘与海水提溴”整体学习评价量表

评价内容		评价指标	评分		
			自评	互评	师评
表现性评价	课堂综合	上课专注、积极思考、积极参与活动			
		能独立思考，具有创造性思维，能提出不同的方法解决问题			
	研究学习	能有效提取资料中的关键信息			
		能依据资料进行有逻辑的推理、分析			
		能设计科学、合理的对比实验			
		能得出科学、合理的实验结果			
		能对实验现象、结果进行精准表述			
	表达交流	勇于表达自己的观点、条理清晰			
		擅于与他人合作，虚心听取别人意见			
		能对项目成果进行生动展示			
结果性评价	成果完成	能独立设计海带提碘的流程			
		能独立设计海水提溴的流程，能评析海水提溴工艺各环节的作用			
		能归纳总结工业原料提取物质的一般思路和方法			
		能多角度认识“资源综合利用”，能运用模型解释、解决工业实际问题			
	知识生成	知道碘化物（溴化物）具有还原性，知道实验室常用的物质分离提纯方法			
		了解萃取、分液等实验操作，认识“富集”在工业生产中的价值			
		能设计实验方案，能结合具体数据、实验现象等作出合理的预测、分析、解释			
		能准确完成单元项目检测			
赋值方法		完全能做到：3 分　部分能做到：2 分 偶尔能做到：1 分　完全做不到：0 分			
		自评 30%　互评 30%　师评 40%			
总成绩					

【北京市大兴区教师进修学校　韩继滨】

扫码查阅教材
微项目原文

微项目 5 研究车用燃料及安全气囊

——利用化学反应解决实际问题

任务 1：选择车用燃料

任务 2：新能源汽车展望

任务 3：设计安全气囊

一、学科大概念统摄下的微项目设计概述

1. 设计意图

鲁科版高中化学必修教材第二册第 2 章的主题是“化学反应与能量”，主要是拓展学生对化学反应的认识：① 丰富化学反应的认识角度——增加能量变化、反应速率与反应限度的认识新角度；② 发展化学反应的认识深度——理解化学反应中物质变化、能量变化的本质原因；③ 建构化学反应的认识模型——应用认识模型解决真实问题。本主题在学生能够从化学键角度认识化学反应中能量变化和物质变化的基础上，引导学生形成化学反应的系统认识模型，并将该模型应用于解决实际问题。

微项目“研究车用燃料及安全气囊”设计以“多角度认识化学反应”这一大概念为统领，从汽车的发展入手，把问题聚焦在“如何选择车用燃料”和“如何设计安全气囊”两个具体的项目任务上。第一个任务选择车用燃料，首先是基于能量变化对车用燃料进行初选，然后综合考虑能量变化和物质变化对燃料进行优选，同时还要考虑如何处理尾气。第二个任务设计安全气囊，则需要综合考虑物质变化、能量变化、反应速率和限度等问题，并探究安全气囊的气体发生剂成分。本项目研究，实现了“多角度认识化学反应”认识模型的构建，解决问题过程中使用的方法、思考问题的角度体现了这一模型的应用价值。

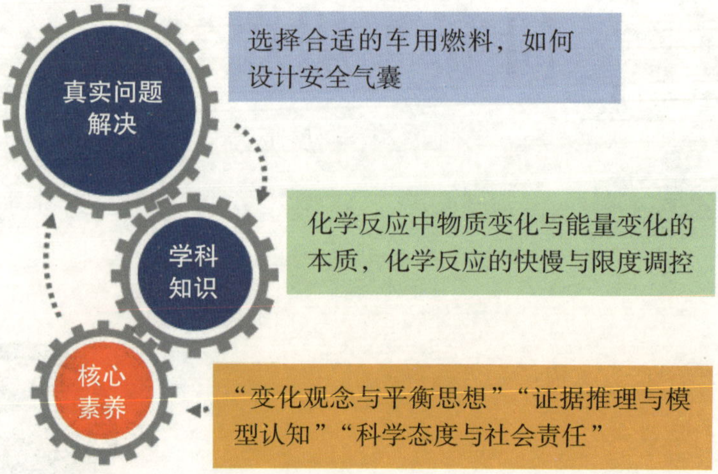

图 5-1　微项目“研究车用燃料及安全气囊”设计思路

2. 功能价值

（1）促进“变化观念与平衡思想”化学学科核心素养的发展。

本项目第 1 课时从燃烧反应的物质变化和能量变化入手，分析能量变化的本质原因，关注燃料燃烧产生的尾气污染以及消除方法；第 2 课时探究从源头上解决汽车尾气问题，展望新能源汽车；第 3 课时从安全气囊的功能出发，考虑选择的反应应该满足“能快速释放大量无毒、无味气体”，需要选择能吸收热量且不产生有害物质的助剂。通过对以上问题的讨论，建立对化学反应“物质观”“变化观”和“守恒观”的认识，促进学生“变化观念与平衡思想”化学学科核心素养的发展。

（2）促进“证据推理与模型认知”化学学科核心素养的发展。

通过能量变化对燃料进行初步筛选，再通过能量变化和物质变化对燃料进行优选。在处理尾气时，需要从反应速率和限度的角度考虑。在设计安全气囊时，则需要综合考虑物质变化、能量变化以及反应的速率和限度等问题。在完成上述任务的过程中，设置了一系列的探究活动，引导学生建立“多角度认识化学反应”的维度，诊断和发展学生在复杂情境中分析问题、解决问题的能力，促进学生对已有知识进行整合并形成对化学反应的系统认知。

（3）促进“科学态度与社会责任”化学学科核心素养的发展。

通过探究不同燃料的尾气成分，分析尾气可能带来的环境问题以及如何消除尾气污染，增强学生关注社会与环境和谐发展的意识，提高学生的社会责任感。在第 3 课时完成设计安全气囊任务时，对于选择叠氮化钠分解反应的优点“受撞击时释放大量的无毒、无味气体——氮气”和缺点“生成活泼金属钠，并释放大量的热”进行讨论交流。在这个过程中，引导学生如何实现趋利避害，培养学生实事求是、严谨务实的科学态度。

3. 学情分析

（1）学生已有知识与能力：

学生已经能够从微观的角度认识构成物质的微粒之间存在强烈的相互作用——化学键，也能够从化学键的断裂和形成的角度理解化学反应中的能量变化；化学能可以转化为电能；认识并体会到化学反应中能量变化具有重要的应用价值；对于化学反应的认识已经从原有的物质变化视角转向能量变化视角，并能选择使用合适的化学反应服务于生产生活。

（2）学生学习障碍点：

车用燃料离学生的生活经验很近，容易找到切入点。学生对安全气囊比较熟悉，但是从化学的角度认识其中的陌生反应，对学生来说是有一定困难的。在项目实施中，学生难以做到对原料优选，难以从反应速率、能量变化、环境污染等多角度综合分析问题。此外，本项目没有演示实验，许多分析仅仅停留在理论分析的层面，学生缺乏亲自参与、动手实践的机会，问题讨论往往深度不足。

（3）学生学习发展点：

本项目把化学反应的物质变化和能量变化相结合，把能源利用与环境保护相结合，把实际问题和技术使用相结合，丰富学生对化学反应的认识，引导学生学会从物质变化和能量变化的角度去调控反应，发展学生“变化观念与平衡思想”化学学科核心素养。通过对车用燃料、安全气囊中化学问题的讨论，学生能进一步体会化学对于社会发展作出的贡献，树立绿色化学思想和可持续发展意识，培养“科学态度与社会责任”化学学科核心素养。

二、学科大概念统摄下的微项目知识结构

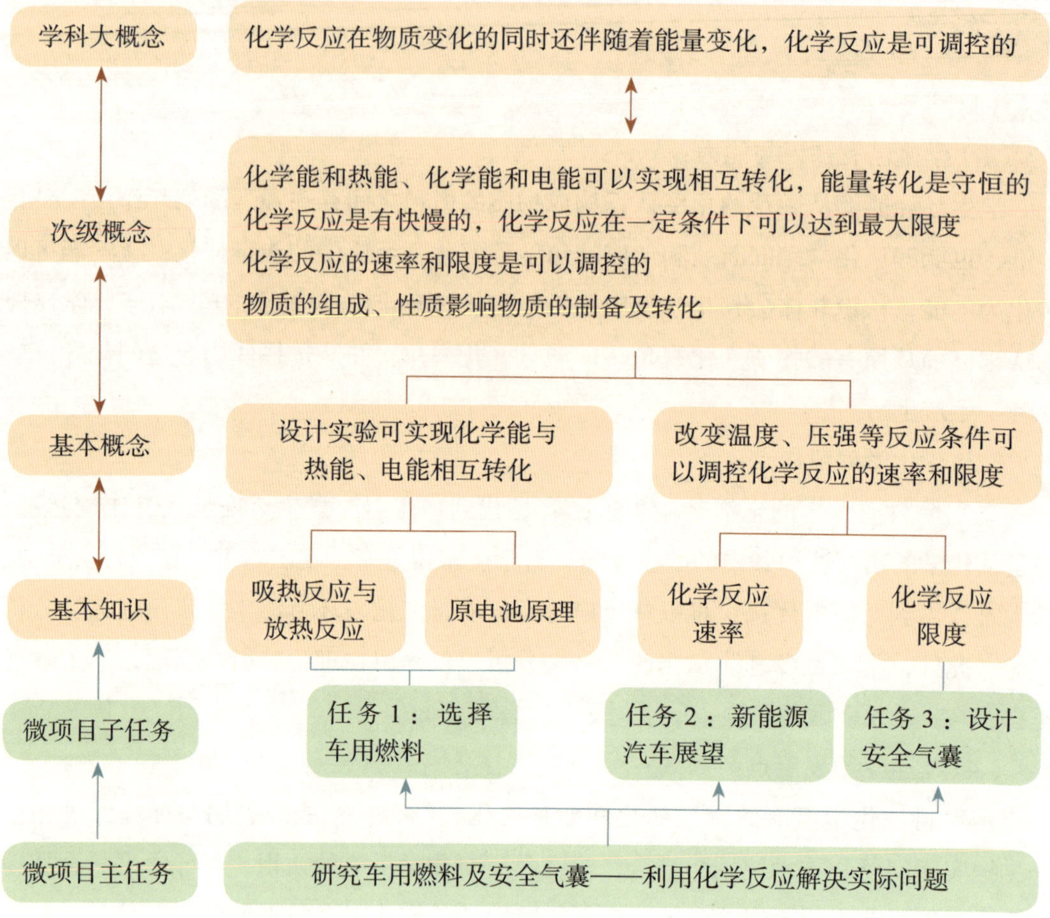

图 5-2　微项目“研究车用燃料及安全气囊”知识结构示意图

三、学科大概念统摄下的微项目学习目标

（1）通过对汽车中可能发生的化学反应的讨论，学会把化学问题和生活实践问题建立联系。从燃烧反应能量变化和物质变化的角度选择燃料，从安全气囊的功能需求出发，选择合适的反应，丰富对化学变化过程中物质变化和能量变化的认识，促进“变化观念与平衡思想”化学学科核心素养的发展。

（2）通过从能量变化和物质变化的角度对燃料进行优选，从反应速率和限度的角度考虑尾气处理的方法，建立多角度认识化学反应的维度，提升分析、解决复杂问题的能力，形成对化学反应的系统认识模型。

（3）完成自主设计安全气囊的任务，对于选择反应的优点和缺点进行交流讨论，

认识化学反应在工业生产中如何趋利避害，建立实事求是、严谨务实的科学态度，关注社会与环境的和谐发展，提高社会责任感。

四、学科大概念统摄下的微项目活动规划

学科大概念	化学反应在物质变化的同时还伴随着能量变化，化学反应是可调控的		
微项目主题	研究车用燃料及安全气囊——利用化学反应解决实际问题		
课时划分	课时 1 任务 1：选择车用燃料	课时 2 任务 2：新能源汽车展望	课时 3 任务 3：设计安全气囊
活动流程	【活动 1】回顾汽车百年发展史 核心活动：了解车用燃料在不断更新 【活动 2】认识车用燃料的选择 核心活动：通过比较几种燃料的优缺点，建立选择车用燃料时关注的角度 【活动 3】了解减少汽车尾气污染物排放的措施 核心活动：从改进燃料、发动机内部控制、转化产物 3 种途径减少汽车污染物排放	【活动 1】从源头上解决汽车尾气问题 核心活动： ①各种燃料会带来哪些环境问题 ②最理想的能源是什么 【活动 2】探究燃料电池在汽车工业中的应用 核心活动：氢燃料电池的工作原理 【拓展实践】针对“碳达峰”“碳中和”目标，制作一份展望新能源汽车的手抄报	【活动 1】了解安全气囊发生器中的物质应具有的性质 核心活动：根据资料，认识为何叠氮化钠能够作为气囊中的反应物 【活动 2】认识安全气囊中的物质及作用 核心活动：从叠氮化钠自身毒性、分解放热、生成物性质等角度理解安全气囊中加入的物质起到的作用 【活动 3】选择安全气囊气体发生剂需要考虑的因素
能力素养	建立从物质变化和能量变化的角度认识化学反应的维度，发展“变化观念与平衡思想”化学学科核心素养，建立化学反应指导生产实践的认识	展望未来汽车能源的新趋势，培养关注社会与环境和谐发展的理念，发展“科学态度与社会责任”化学学科核心素养	发展“证据推理与模型认知”化学学科核心素养，能从反应速率和限度认识反应，培养在复杂情境中迁移应用已有知识解决问题的系统思维能力

图 5-3 微项目“研究车用燃料与安全气囊”活动规划示意图

五、学科大概念统摄下的微项目活动导引

随着社会的不断发展进步，汽车已成为现代社会的重要交通工具。100 多年来，汽车工业的发展不仅凝聚了人类的智慧和匠心，还得益于石油、钢铁、化工、机械设备、电力和电子技术等诸多行业的支持，这使汽车制造业得到了迅猛发展。汽车在给人们的生活带来方便的同时，也产生了一定的环境问题和社会问题。例如，汽车尾气带来的环境污染问题，废旧车载电池回收处理问题，汽车安全及交通事故等越来越成为人们关心的话题。近年来，随着新能源汽车的不断发展，如何开发更环保、性能更优越的新能源汽车也得到了更多人的关注。

图 5-4　汽车改变生活

本微项目的目的是引导学生利用化学反应的物质变化和能量变化，从化学反应的快慢、化学反应的限度多角度认识化学反应；通过如何选择车用燃料、如何设计安全气囊两个任务活动，体会研究人员如何选择合适的化学反应并进行合理调控，如何消除反应带来的不利影响，如何从化学视角关注人与社会的和谐发展，进而建立对化学反应的系统认知。

六、学科大概念统摄下的微项目活动实施

任务 1　选择车用燃料

活动❶　回顾汽车百年发展史

从 1769 年法国人居纽制造出第一辆蒸汽车开始，到 1885 年德国人本茨制造出第一辆汽油三轮车，汽车工业开始起步。历经 100 多年的发展，现在以汽油为主要燃料的汽车已进入寻常百姓家。同时，随着电池工业的不断发展，各种新能源汽车不断涌现。结合图 5-5 回顾这 100 多年来汽车的燃料都有哪些发展和变化。

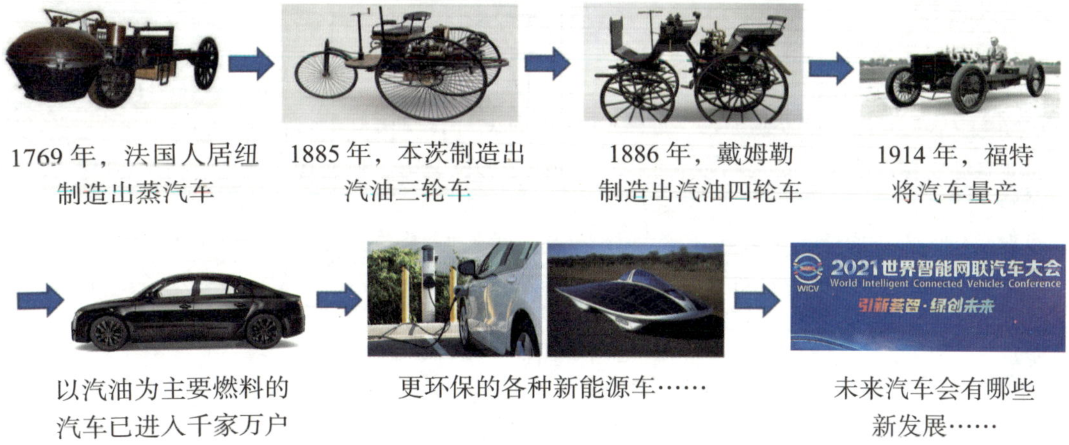

图 5-5 汽车发展历程示意图

知识链接

汽车燃料的演变

自汽车问世以来，它所使用的燃料经历了从煤到汽油的变迁。1769 年，法国人居纽制造了利用煤燃烧产生的蒸汽驱动的三轮汽车，但是这种车的行驶速度仅为 4 km/h，而且每 15 min 就要停车向锅炉中加煤。1885 年，德国工程师本茨制造了一辆装有 0.85 马力（1 马力≈735 W）汽油机的三轮汽车，这是人类历史上第一辆真正以汽油为燃料的汽车。随着化学和科技的发展，汽车的动力来源也不断发生变化，如电能、太阳能、氢能等。时至今日，人们依然在探索、优化车用燃料。

图 5-6 发展中的汽车燃料

汽车燃料不断更新，目前较为成熟、方便、普及的还是以汽油或柴油为主的燃油车。已知庚烷（C_7H_{16}）是汽油的主要成分之一，庚烷在汽缸中会发生以下反应。

$$C_7H_{16}(g) + 11O_2 \xlongequal{点燃} 7CO_2(g) + 8H_2O(g)$$

自主学习

利用图示的方法说明庚烷在燃烧过程中发生能量变化的本质原因。

能量变化的本质原因——宏观反应物、生成物的能量角度：E（反应物）> E（生成物），向外界环境释放能量

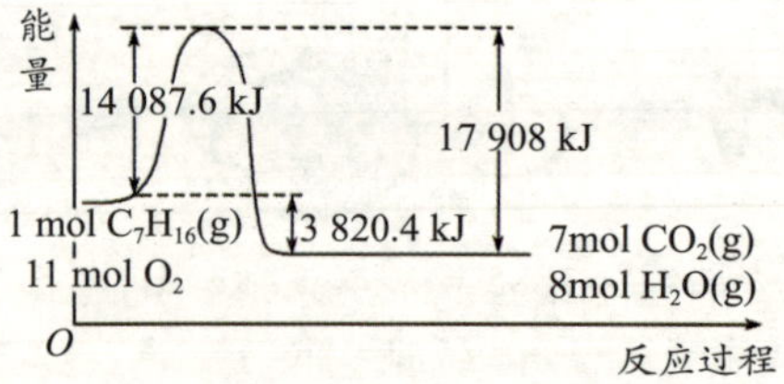

能量变化的本质原因——微观化学键角度：旧键断裂吸收的总能量小于新键形成释放的总能量

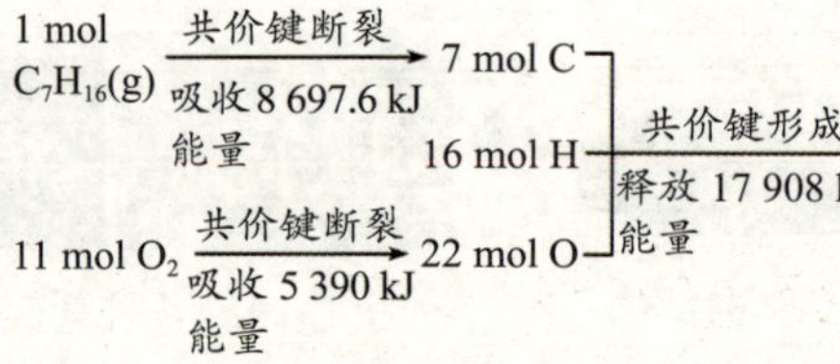

图 5-7　庚烷燃烧过程中能量变化原因分析

分享评价

（1）在汽车发展的 100 多年历程中，车用燃料都发生了哪些变化？

（2）燃油车和新能源汽车的优缺点各是什么？

（3）未来汽车的能源动力来源于什么？

活动❷　认识车用燃料的选择

观察思考

某同学绘制了三种可燃物 A、B、C 在空气中发生燃烧反应的能量变化图，试分析哪种可燃物用作燃料较好。

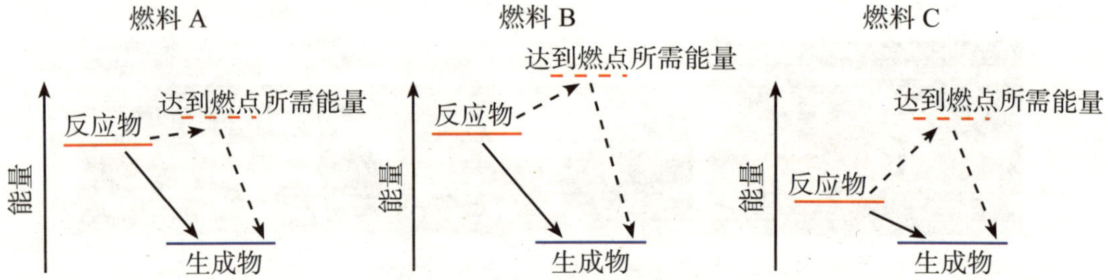

图 5-8　可燃物燃烧反应的能量变化

【提示】观察角度：①反应放出的热量多少；②反应物达到燃点所需要的能量多少。

通过观察我们发现，选用燃料 A 较好，因为 A 达到燃点所需要的能量少并且在相同情况下放出的热量最多。那么，选用汽车燃料是不是只要关注燃料放热多少和燃点高低就可以了呢？

继续观察表 5-1，你倾向于选择哪些燃料作为车用燃料？选择的依据是什么？

表 5-1 燃料特点一览表

序号	1	2	3	4	5	6
物质	乙醇	柴油	汽油	氢气	无烟煤	天然气
热值/(1 000 kJ·kg^{-1})	26.8	42.7	46.1	142.5	33.5	56
简介	来源丰富，环保，油耗大，对汽车中某些材料有腐蚀，热值低	动力足，油耗低，震动大，噪音大，燃烧不充分	易挥发，与空气混合得较均匀，技术成熟，污染大	我国97%的氢气是由化石燃料生产，不易储存，环保，技术不成熟	燃点高，杂质少，主要用于化工生产	我国储量丰富，抗爆性较好，续航差，动力不足

【提示】热值是单位质量或单位体积的燃料所放出的热量。

通过讨论，我们可以发现选择燃料时需要考虑的因素有：热值大小、燃点高低、燃料价格、燃料来源和生成条件、安全问题、环境污染问题、动力、噪音、腐蚀、技术是否成熟、能否再生等。可见，在选择燃料时，除了要考虑燃烧过程中的物质转化和能量变化，还有许多实际问题需要考虑，有些因素甚至受到越来越多的关注，如环境污染问题、能源能否再生问题。

知识链接

汽车尾气

汽车尾气中含有150～200种化合物，其中对环境不利的成分主要为碳氢化合物、氮氧化物、一氧化碳、二氧化碳、二氧化硫、硫化氢，以及微量的醛、酚、过氧化物等；对人体健康造成危害的主要有一氧化碳、碳氢化合物、氮氧化物等。环保部门检测结果表明，大气96%的气态碳氢化合物、86%的一氧化碳、56%的氮氧化物来自机动车的排放。一辆汽车一年排出的有害废气比自身质量大3倍。汽车尾气已经成为一些大中城市雾霾出现的重要原因。

自主学习

结合上述知识链接思考：汽车尾气的主要污染物有哪些？这些污染物是如何产生的？

我们可以发现，汽车尾气中含有大量的污染物，其中的污染性气体及主要来源有：

CO——燃料不完全燃烧

NO_x——高温或放电条件下 N_2 与 O_2 反应

SO_2——含硫化合物的燃烧

C_xH_y——未完全燃烧的燃油、润滑油及其产物汽车污染物会对环境造成直接和长期影响：汽车尾气排放大量气体和固体物质，导致全球变暖；二氧化硫和二氧化氮与雨水混合产生酸雨，对作物、森林和其他植被、建筑物造成损害；发动机噪音和燃油泄漏也会造成污染；一氧化二氮严重消耗臭氧层，从而使地球受到来自太阳的有害紫外线辐射。

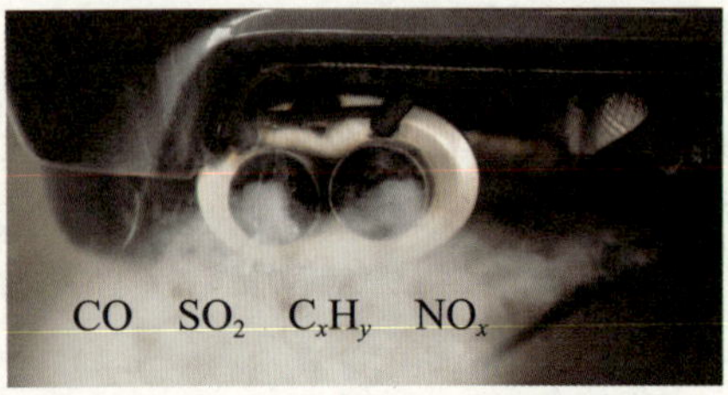

图 5-9　汽车尾气的主要污染物

图 5-10　汽车尾气严重危害大气环境

活动③　了解减少汽车尾气污染物排放的措施

汽车尾气是汽油在汽缸内燃烧产生的。我们发现，有效消除汽车尾气可以从以下三个途径入手。

途径 1——改进燃料成分或者替换燃料，即把好入口。例如，可以使用乙醇汽油，增大燃料中的氢碳比，减少 CO 和 C_xH_y 的排放；同时，含氧燃料能为燃料提供额外的氧，使燃料燃烧更加充分。

交流研讨

乙醇的比例是不是越大越好？为什么？

资料：乙醇的性质

（1）乙醇热值是常规车用汽油的 60%。

（2）乙醇燃烧产生的乙酸对金属和橡胶都有一定的腐蚀性。

（3）乙醇是一种有机溶剂，会稀释汽缸壁上的润滑油膜。

（4）乙醇易吸水，容易发生液相分离。

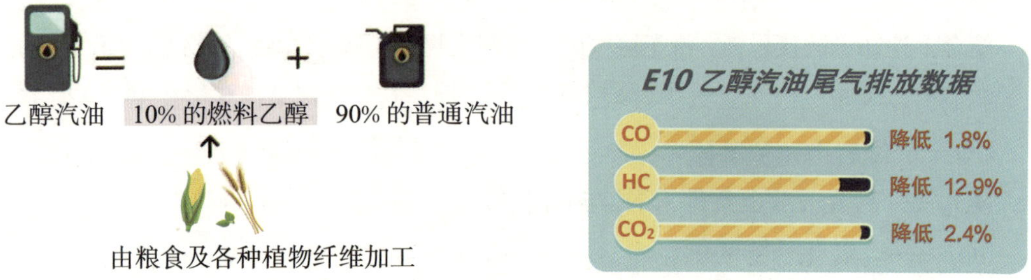

图 5-11　乙醇汽油的成分及污染物减排数据

途径 2——发动机内部反应的控制，即控制过程。合理调控发动机的空燃比，降低污染物排放。

自主学习

阅读资料并观察图 5-12，思考：空燃比对发动机污染气体的排放会产生怎样的影响？

资料：空燃比与理论混合气

可燃混合气中空气与燃料的质量比叫作空燃比。理论上 1 kg 汽油完全燃烧需要的空气质量为 14.7 kg，所以把空燃比为 14.7 ∶ 1 的混合气叫作理论混合气。

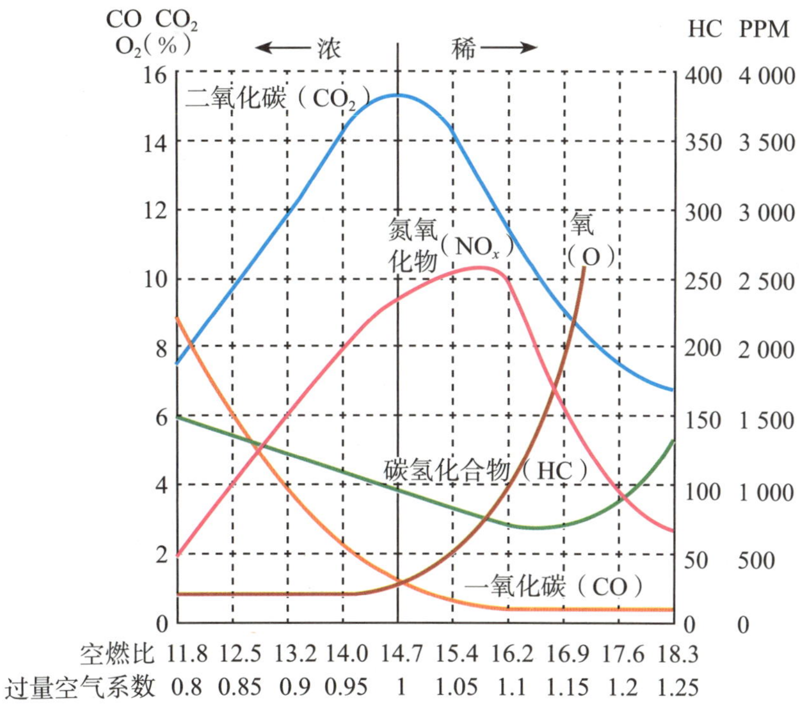

图 5-12 空燃比与污染物的排放关系

图 5-13 汽车发动机工作状态

根据图 5–12 可以看出，空燃比对燃烧效率和污染物的排放都有非常重要的影响。当空燃比小于 14.7 时，混合气变浓。由于空气量不足引起不完全燃烧，一氧化碳的排放量会增加。当空燃比在 16.2∶1 以内时，混合气越浓，碳氢化合物排放量越多。当空燃比大于 16.2∶1 时，由于燃料气过少，通常的点火方式已经不能点着火，产生失火现象，未燃的碳氢化合物大量排出。

氮氧化物（NO_x）是混合气中空气提供的 N_2 和 O_2 在燃烧室内通过高温、高压的火焰生成的。在空燃比 15.5∶1 附近燃烧效率最高，产生的 NO_x 也达到最大。当空燃比大于或者小于该比值时，NO_x 的生成量都会减少。发动机越接近完全燃烧，NO_x 的生成量越多；相反，发动机越接近不完全燃烧，CO 的生成量越多，NO_x 的生成量越少。

途径 3——转化产物，即把好出口。在汽车尾气排放的出口把尾气转化为无污染的气体排放。

污染气体的主要成分有 CO、NO_x、SO_2、HC 等，借助碳、氮元素的“价－类”二维图设计方案，将 CO、NO_x、HC 转化为无毒物质。

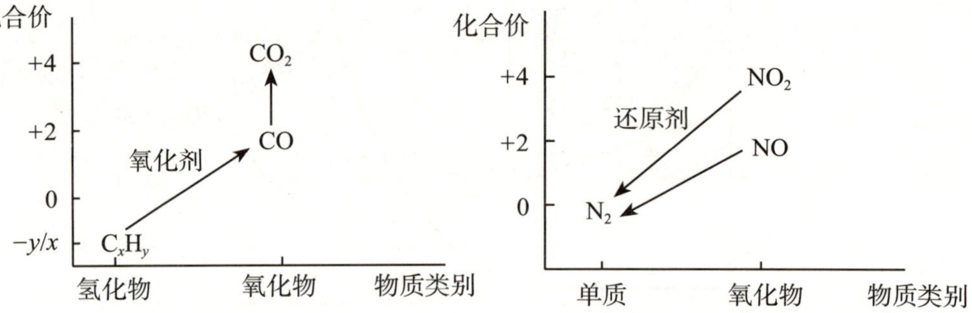

碳元素“价－类”二维图　　氮元素“价－类”二维图

图 5–14　碳、氮元素的“价－类”二维图

交流研讨

根据碳元素、氮元素的“价－类”二维图：

CO、C_xH_y + 氧化剂 → CO_2（无毒）　　NO、NO_2 + 还原剂 → N_2（无毒）

请问：消除汽车尾气的最佳方案是什么？

根据本书第 52 页“三元催化器”资料，以 CO 与 NO 为例，写出二者在催化剂表面发生反应的化学方程式。

知识梳理

选择车用燃料时应该考虑哪些问题?

（1）能量变化：放热反应，热值高。

（2）反应条件：燃料燃烧易控制，能完全燃烧。

（3）物质变化：生成物对环境的影响，环保低碳。

（4）其他因素：燃料来源、价格、安全。

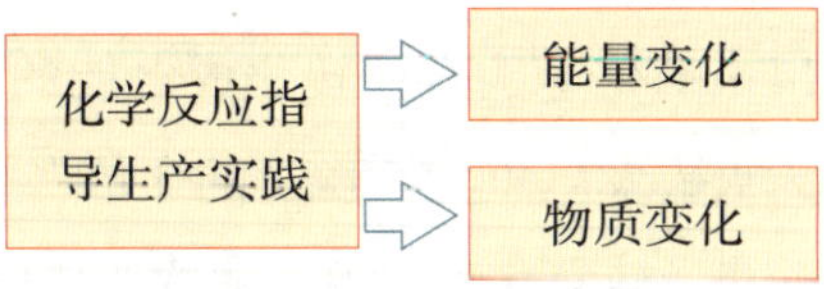

图 5-15　化学反应指导生产实践示意图

任务 2　新能源汽车展望

活动1　从源头上解决汽车尾气问题

阅读探讨

资料 1：汽车尾气的碳排放

按照一般的计算方法，汽车的碳排放量（kg）= 油耗消耗数（L）× 2.7 $kg \cdot L^{-1}$。也就是说，如果一辆汽车百千米油耗在 7 L，其百千米碳排放量就为 18.9 kg。如果每天来回跑 40 km，每月跑 1 200 km，其每月的碳排放量就为 226.8 kg，一年为 2 721.6 kg。一棵树一年光合作用吸收的二氧化碳是 18.3 kg，那么 2 721.6 kg 二氧化碳需要超过 148 棵树来抵消。截至 2020 年 6 月，全国汽车保有量 2.7 亿辆，占机动车比例的 75%，排放的尾气总量可想而知。

资料 2：不同能源的汽车

（1）普通燃油汽车——以汽油为主要燃料。

（2）混合动力电动车——以汽油为主要燃料，同时具有内燃机发电和蓄电池发电。

（3）乙醇汽油燃料——将 90% 的普通汽油与 10% 的燃料乙醇调和成乙醇汽油。

（4）天然气燃料——以甲烷含量 90% 以上的天然气为燃料提供动力。

（5）太阳能汽车——通过太阳能电池将光能转换为电能提供动力。

（6）纯电动汽车——主要有锂离子电池、镍氢电池等。

（7）氢燃料汽车——通过氢氧燃料电池把化学能转化为电能。

阅读资料后，思考以下问题：

（1）分析各种车用燃料可能带来的环境问题。

（2）最理想的新能源车是什么车?

燃料电池是利用氢气、天然气、甲醇等燃料与氧气或空气进行电化学反应时释放出来的化学能直接转化成电能的一类原电池。目前燃料电池的能量转化率接近 80%，为火力发电（约 30%）的 2 倍多。这是因为火力发电中放出的废热太多。燃料电池的噪声及硫氧化物、氮氧化物等废气污染都接近零，被人们誉为“绿色”发电站。

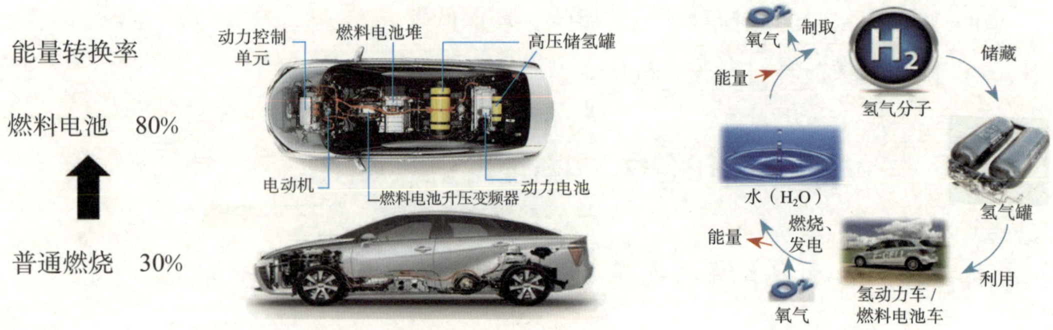

图 5-16　氢动力车 / 燃料电池车构造及氢的循环

活动❷　探究燃料电池在汽车工业中的应用

交流研讨

阅读以下资料，讨论如何通过优化车用燃料从源头上解决尾气问题。

资料 1：不同能源的汽车

2022 年 3 月 2 日，北京市人民政府办公厅印发《北京市深入打好污染防治攻坚战 2022 年行动计划》；其中，就氢能及燃料电池汽车产业发展方向给予明确规划，确定 2022 年度目标并组织实施。文件指出，要积极推广氢燃料电池汽车，加快推动公交车等行业车辆换电站及加氢站建设，年底前，各区政府组织推进新增和更新的商超、快递等轻型物流配送车辆基本为氢燃料电池车或纯电动车；各区属公交车、4.5 吨以下环卫车、具备条件的公务车力争全部为氢燃料电池车或纯电动车。

混合动力电动汽车（HEV）　纯电动汽车（BEV）　燃料电池电动汽车（FCEV）

图 5-17　不同能源动力的汽车

问题：

（1）不同的燃料分别带来哪些环境问题？

（2）最理想的能源是什么？

（3）氢燃料汽车产生动力的原理是什么？

资料2：零碳、环保、高能的氢燃料车

为践行“绿色奥运、科技奥运”的理念，在北京2022年冬奥会和冬残奥会期间，张家口赛区核心区冬奥保障车辆全部采用氢燃料电池客车。

图5-18　氢燃料车助力北京冬奥会

已知氢燃料电池以多层质子交换膜的强酸性导电材料为电解质，根据图5-19，写出该电池的正负极反应和电池总反应。

电极反应——负极是常见的燃料：H_2、NH_3、CO、CH_4、CH_3OH等；正极：空气（O_2）。

电极材料——多孔性镍、铂。

离子导体——电解质溶液：H_2SO_4、KOH等强酸强碱溶液，NaCl等盐溶液。

电子导体——导线、电键等。

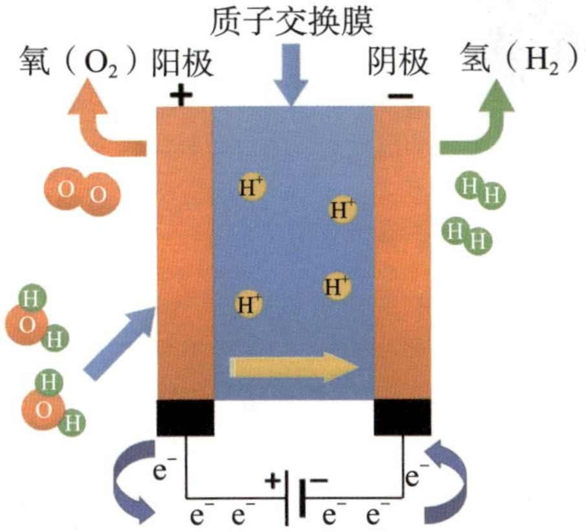

图5-19　氢燃料电池工作示意图

通过研讨，你认为利用化学反应指导生产实践时应该从哪些角度考虑问题？请以燃料电池新能源车为例说明。

方法梳理

（1）工作原理：原电池原理。

（2）能量变化：放热反应，热值高。

（3）反应条件：容易控制，能量转化率高。

（4）物质变化：生成物为水，零碳排放无污染。

（5）其他因素：燃料来源、加氢站建设等。

交流分享

（1）针对“碳达峰”“碳中和”目标，收集资料制作一份展望汽车新能源的手抄报。

（2）概括、提炼在应用化学反应分析和解决实际问题过程中形成的核心思路并交流分享。

任务 3　设计安全气囊

活动❶　了解安全气囊发生器中的物质应具有的性质

安全气囊作为车身被动安全性辅助配置，越来越受到人们的重视。现代安全气囊系统由碰撞传感器、缓冲气囊、气体发生器及其控制系统等组成。

图 5-20　车内安全气囊

汽车安全气囊的原理及工作示意图：

图 5-21　汽车安全气囊的原理及工作示意图

请查阅相关资料，尝试思考解决下列问题：气囊发生器中的物质应具有哪些性质？你能找到哪些符合要求的物质？

资料：部分物质的化学性质

$KMnO_4$——190 ℃分解产生氧气。

NH_4NO_3——受热或撞击快速分解甚至爆炸。

$NaHCO_3$——50 ℃逐渐分解，440 ℃ 分解完全。

NaN_3——在强烈撞击的情况下，快速分解并产生大量氮气。

目前，叠氮化钠（NaN_3）是在汽车安全气囊系统中普遍使用的物质之一。汽车受到猛烈碰撞时，点火器点火引发叠氮化钠迅速分解，产生氮气和金属钠，同时释放大量的热。

活动❷ 认识安全气囊中的物质及作用

探究实践

已知叠氮化钠的分解反应如下，如果你是设计师，你会同时在安全气囊中加入哪些其他物质？你思考问题的角度是什么？

$$2NaN_3 \xlongequal{300^\circ C} 3N_2\uparrow + 2Na$$

（1）叠氮化钠分解产生的钠具有强还原性、易燃。依据氧化还原反应原理，需要选择合适的氧化剂与钠反应。

（2）叠氮化钠分解放出大量的热容易引起二次伤害。

（3）叠氮化钠毒性很大，对眼、鼻、喉以及皮肤都有强烈的刺激作用，但由于安全气囊的密封性好，一般安全。

根据汽车安全气囊的特点：生成物清洁、低腐蚀、有毒组分含量低、产气量大、产气快，安全气囊气体发生器除了叠氮化钠还应该加入哪些物质？

表 5-2　安全气囊气体发生器中应加入的物质推测

方案	选择的化学药品	选择化学试剂的思路	每种化学试剂的作用
1			
2			
3			

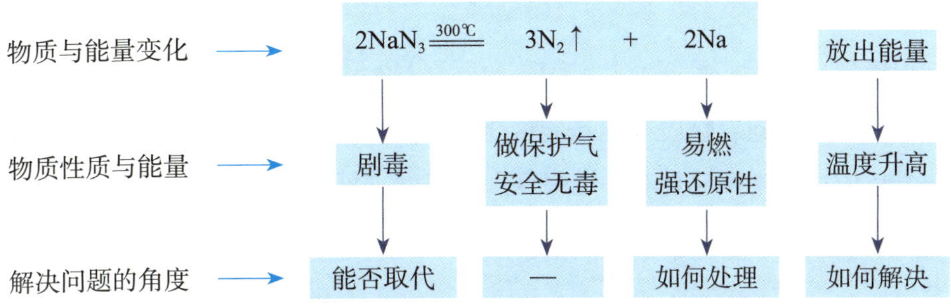

图 5-22　安全气囊发生器中的物质变化与能量变化思维导图

叠氮化钠分解产生的钠具有强还原性、易燃，通常选用固体氧化剂，如 $KMnO_4$、CuO、Fe_2O_3、$KClO_4$ 等与钠反应；叠氮化钠分解放出大量的热容易引起二次伤害，需要在安全气囊中加入易发生分解产生气体且吸热效果好的物质，如 NH_4NO_3、$NaHCO_3$ 等；叠氮化钠毒性很大，目前也有使用 5- 氨基四氮唑作为替代品，但效果最好的还是叠氮化钠。

活动❸ 选择安全气囊气体发生剂需要考虑的因素

交流研讨

安全气囊气体发生器除了加叠氮化钠外一般还加入 Fe_2O_3、NH_4NO_3。根据化学试剂的作用，写出安全气囊中发生的三个主要反应，并从能量变化、反应速率、物质转化的角度体会化学反应在实际生活中的应用。

$2NaN_3 \xlongequal{\triangle} 2Na + 3N_2\uparrow$（分解反应，快速产生大量气体）

$NH_4NO_3 \xlongequal{\triangle} N_2O\uparrow + 2H_2O\uparrow$（吸收产生的热量，同时释放大量气体）

$Fe_2O_3 + 6Na \xlongequal{\triangle} 2Fe + 3Na_2O$（氧化还原反应，把钠氧化为腐蚀性小的 Na_2O）

在选择安全气囊的气体发生剂时，不仅要考虑所选物质的性质，还要关注所发生反应中的物质变化、能量变化和反应速率等，科学、合理地利用化学反应。

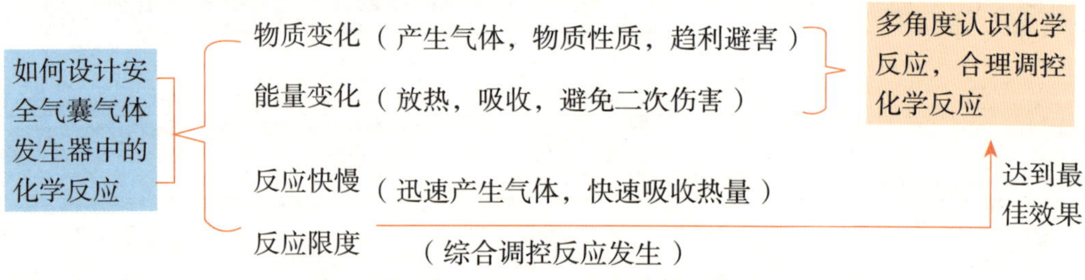

图 5-23 设计安全气囊气体发生器中化学反应的思维导图

知识梳理

化学反应中伴随着物质变化和能量变化，能从物质变化、能量变化等角度利用和调控化学反应。化学反应是有一定限度和速率的，可以通过改变外界条件调控化学反应的限度和快慢。

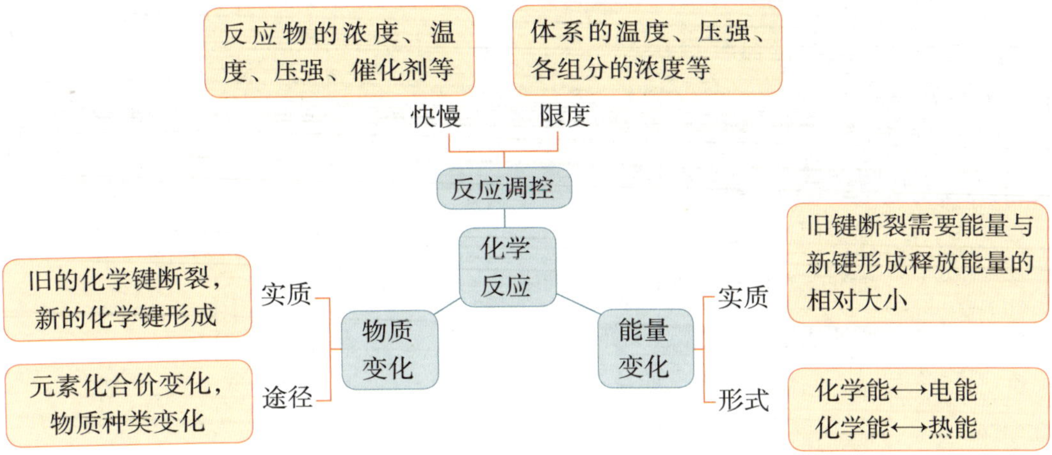

图 5-24　多角度认识化学反应

汇报展示

（1）从材料、燃料、电池、安全等方面制作一份关于汽车中化学知识的手抄报。

（2）概括、提炼在应用化学反应分析和解决实际问题过程中形成的核心思想。

七、学科大概念统摄下的微项目内容梳理

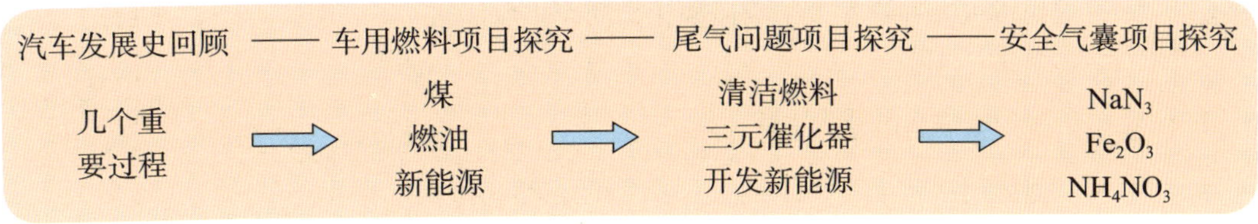

图 5-25　微项目“研究车用燃料与安全气囊”内容梳理示意图

八、学科大概念统摄下的微项目学习评价

表 5-3　微项目“研究车用燃料及安全气囊”整体学习评价量表

评价内容		评价指标	评分		
			自评	互评	师评
表现性评价	课堂综合	上课专注、积极思考、积极参与活动			
		能独立思考，具有创造性思维，能提出不同的方法解决问题			
	研究学习	能有效提取资料中的关键信息			
		能依据资料进行有逻辑的推理、分析			

（续表）

评价内容		评价指标	评分		
			自评	互评	师评
表现性评价	研究学习	能设计科学、合理的对比实验			
		能得出科学、合理的实验结果			
		能对实验现象、结果进行精准表述			
	表达交流	勇于表达自己的观点，条理清晰			
		擅于与他人合作，虚心听取别人意见			
		能对项目成果进行生动展示			
结果性评价	成果完成	能根据“价－类”二维图完成三元催化器中尾气的消除反应			
		能完成氢燃料电池的电极反应和总反应			
		能完成安全气囊气体发生器中加入物质的思路及作用			
		能完成多角度认识化学反应的思维模型			
	知识生成	知道汽油燃烧在发生物质变化的同时也有能量变化			
		了解氢燃料电池的工作原理			
		能运用“价－类”二维图分析尾气消除的反应			
		知道安全气囊中叠氮化钠及加入的助剂发生的反应			
赋值方法		完全能做到：3 分　部分能做到：2 分 偶尔能做到：1 分　完全做不到：0 分			
		自评 30%　互评 30%　师评 40%			
总成绩					

【北京市第一〇一中学怀柔分校　李从林】

微项目 6 自制米酒

——领略我国传统酿造工艺的魅力

扫码查阅教材
微项目原文

任务 1：绘制糖类水解及醇、醛、酸、酯转化的思维导图
任务 2：调研我国古代酿造工艺，梳理米酒酿制流程
任务 3：进行“自制米酒”的实践活动

一、学科大概念统摄下的微项目设计概述

1. 设计意图

《普通高中化学课程标准（2017 年版 2020 年修订）》主张开展“素养为本”的化学教学，要求“教师在教学中重视创设真实且富有价值的问题情境”“积极促进学生化学学习方式的转变”。本项目设计是以“物质的性质决定其用途，物质转化是有条件的”这一大概念为统领，基于真实情境下的“饮食中的有机化合物”的探索与实践。依据情境认知理论和项目式教学理论，本项目以“自制米酒”为主驱动任务，主要设计意图可以归纳为以下四个方面。

图 6-1　微项目“自制米酒”设计思路

（1）我国的酿造工艺历史悠久，有着深厚的文化传统，也是现代酿酒、酿醋等化学工艺的基础。通过“自制米酒”的微项目，引导学生体验酿造工艺，从化学的视角了解我国酿酒传统文化，运用所学知识解读酿造工艺中涉及的有机化合物及其转化，体会传统文化与科学技术的关系，认识发酵酿造在生产、生活中的重要意义及广阔应用前景。

（2）用糯米发酵获得米酒的过程，涉及有机化合物淀粉→葡萄糖→酒精的转化。另外，米酒酿制过程中时间、温度、pH 的变化对酒精度都有一定影响。这些转化和影响，是学生容易理解的过程和因素，同时也承载了必修阶段有机化合物学习的核心内容。米酒酿制过程中物质的转化关系如图 6-2 所示。学生能够从中习得知识，认识反应调控在有机反应中的重要性，探索“自制米酒”中物质转化的一般分析思路。

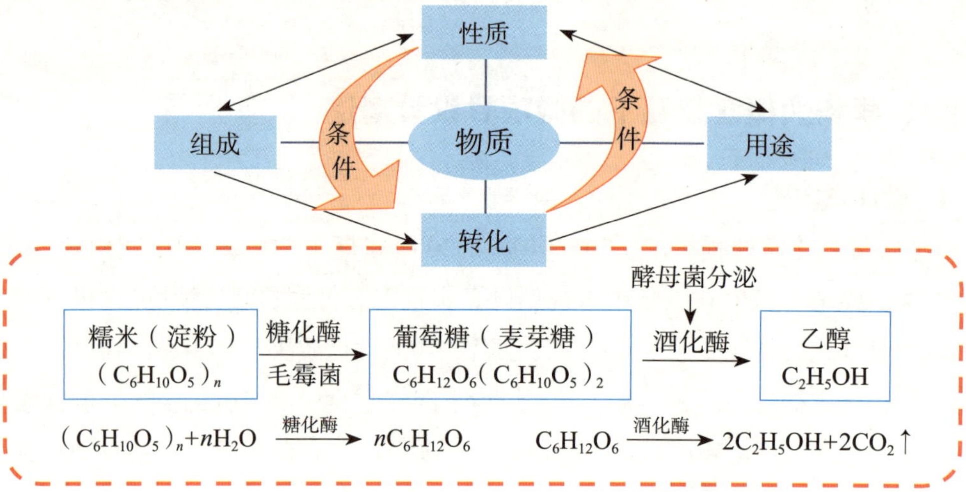

图 6-2　米酒酿制过程中物质的转化关系

（3）通过项目式教学，学生在驱动式问题的引导下，以小组合作的方式自主完成项目拆解、信息提取和分析、方案设计及优化、项目的实施、拓展探究以及综合评价等环节，提升学生获取信息、分析论证、逻辑推理、合作交流和科学探究等能力。

（4）米酒贴近学生生活，自制米酒原料易得，操作简单，条件温和，成功率高，可以充分激发学生的兴趣，调动学生参与的积极性。

总之，“自制米酒”的微项目活动，能促进学生认识、建构物质的组成、性质、用途和转化等知识间的内在关联，形成对物质性质、用途的多角度认识，进而体会化学知识、方法的价值，培养学生“宏观辨识与微观探析”“变化观念与平衡思想”“科学态度与社会责任”化学学科核心素养，使学生感受我国优秀传统文化源远流长、增强民族自豪感。

2. 功能价值

真实、具体的问题情境是学生化学学科核心素养形成和发展的重要平台，为学生化学学科核心素养提供了真实的表现机会。这是基于素养发展角度，对化学学习情境功能的新概括。“自制米酒”情境真实、活动丰富，有利于学生理解化学知识及应用价值，提升合作意识和实践能力，感受我国优秀传统文化和酿造工艺的魅力。

（1）体验米酒酿制过程，提升合作意识和实践能力。

“自制米酒”活动为学生展现实际生活中真实的现象，学生在这个过程中观察现象、测定温度、酒精度、pH 等相关数据。借助这些真实现象和数据，教师可以设计多样化的学习任务，引导学生开展实验探究、分类与概括、证据与推理、模型与解释、符号与表征等具有学科特质的学习活动，并通过小组合作、讨论总结、交流展示等多样化的学习方式，提升学习能力和合作意识。不仅如此，有时还需要学生走出校门，到图书馆、生产车间进行学习与调研。这些构建式、探究式实践活动的开展，能有效促进学生实践能力的提升。

（2）从化学视角分析、解释实际问题，促进知识的理解和对化学应用价值的认识。

化学源于生活和生产实践，又应用于生活和生产实践。“自制米酒”活动贴近学生的生活实际，虽然有机化合物在生活中随处可见，但是对于刚刚打开有机化合物大门的高一学生来说，对身边的有机化合物感受并不深刻。借助“自制米酒”实践活动，学生亲身感受淀粉、葡萄糖（麦芽糖）、乙醇物质的存在及其转化，将知识与知识的形成过程有机结合，从而使知识学习上升到概念建构、研究方法和认识路径的模型化和理性化层面。在“自制米酒”过程中，学生学会从化学视角分析、解释生活和生产中的实际问题，从中体会知识的应用价值，感受化学在社会发展和人类进步中发挥的重要作用。

（3）感受我国优秀传统文化的魅力，促进创新性思维的形成和发展。

传统食品酿造工艺起源于我国，历史悠久的传统酿造工艺为现代酿造工艺的发展作出了杰出贡献。通过自制米酒，引导学生体验传统酿造过程、感受我国优秀传统文化的魅力、增强文化自信。

在微项目实践活动中，学生需要综合运用学科知识，多角度、辩证认识、综合分析米酒酿制过程中的物质变化。为了保证米酒酿制成功，学生需要查阅资料，或到酿造作坊、工厂车间请教技术难题，还需要创造性地解决实践活动中遇到的各种问题，并及时进行成功或失败经验的总结，从而从实践的层面增强学生敢于质疑、勇于创新的意识，同时形成节约资源、物能循环利用的环境意识。

3. 学情分析

（1）学生已有知识与能力：

乙醇是米酒主要成分中的有机化合物，乙酸乙酯是形成酒香的有机化合物之一。在微项目实施以前，学生已经对高中化学必修教材第二册第3章“简单的有机化合物”进行了学习，对常见有机化合物的结构、性质有了初步的了解，能够从宏观物质、微观模型、符号等角度对乙醇、乙酸、乙酸乙酯、葡萄糖等有机化合物进行多种表征。对于有机化合物的转化，学生有一定的认知基础。例如，由淀粉到葡萄糖再到乙醇的过程，学生既可以从化学的视角从多糖水解的角度、葡萄糖氧化的角度认识物质的转化，也可以将生物学科中对无氧呼吸的认识迁移至转化过程中；另外，乙醇→乙醛→乙酸→乙酸乙酯（即乙醇的氧化、乙酸的酯化反应），是学生必修阶段必须掌握的有机化合物性质。通过初三及高中近一年的学习，学生逐渐形成了从化学的视角分析问题、解决问题的能力，这些为学习米酒酿制中物质的转化打下了坚实的基础。

（2）学生学习障碍点：

①有机化合物整体结构不完善，对酿造工艺中复杂物质的转化不能准确解释。淀粉水解、乙醇氧化、乙酸酯化过程中物质的转化相对复杂，并且有机反应常常伴有复杂的副反应发生。例如，具有酒香味的物质除了乙酸乙酯外，还有哪些物质？它们是如何产生的？这些问题对于有机化学初学者来说有一定难度。

②对复杂信息处理、提取能力及分析归纳能力存在不足。在调研我国古代的酿造工艺中，需要学生对众多资料进行分析、归纳总结，提取酿造流程、注意事项等有效信息。

③迁移应用已有知识解决实际问题的能力不足。学生对有机化合物的转化比较熟练，但是如何用已有知识对复杂的实际问题和现象进行解释或推理，需要将已有知识融入情境之中，并在知识与问题、知识与情境中不断切换，将知识准确、熟练地迁移应用。

（3）学生学习发展点：

①通过知识迁移，不断完善有机化合物知识的结构。将熟悉的有机化合物性质和有机反应迁移运用，借助同系物、同分异构体等概念，不断完善有机化合物知识的结构。

②通过对实际问题的分析与解决，促进学生能力的提升。在调研酿制工艺、进行米酒酿制过程中，学生收集信息、处理信息、解决问题的能力可以不断得到提升，合作意识、创新精神可以不断得到发展。

二、学科大概念统摄下的微项目知识结构图

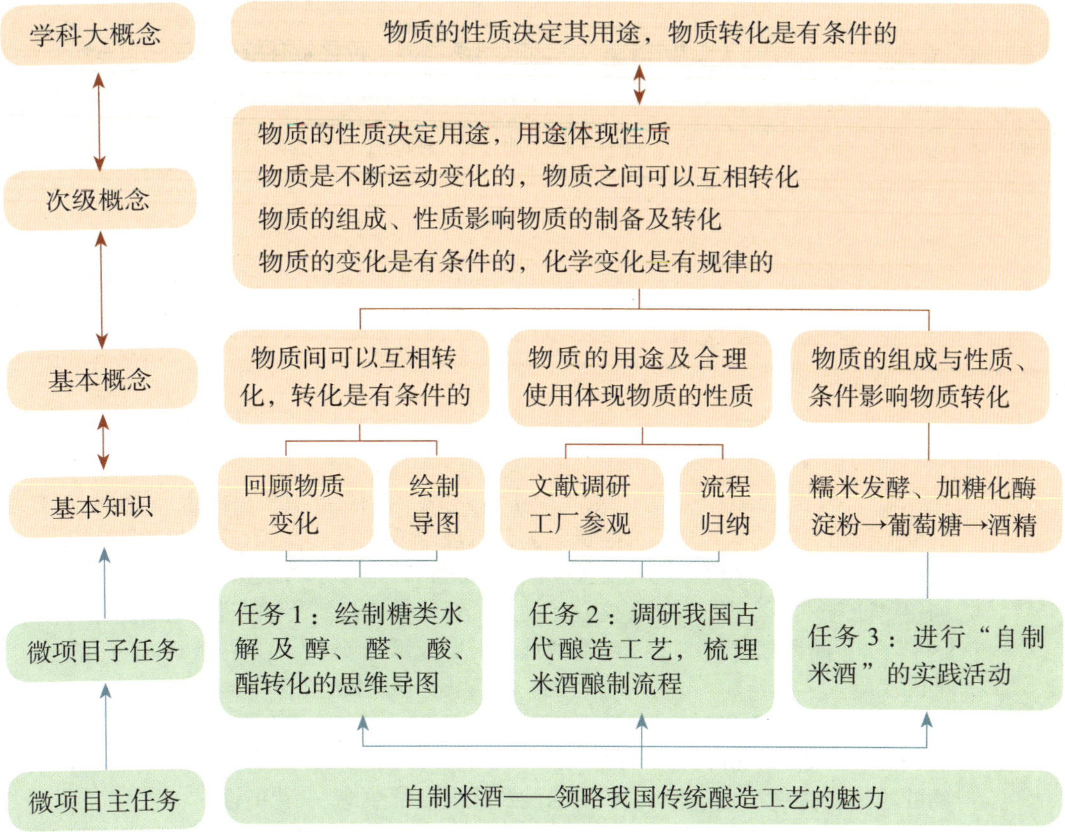

图 6-3　微项目“自制米酒”知识结构示意图

三、学科大概念统摄下的微项目学习目标

（1）通过调研我国古代的酿造工艺、参观酿酒厂等活动，了解我国食品酿造的悠久历史和传统文化，学会从化学视角分析物质现象背后的化学原理，体会优秀传统文化与科学技术的关系，认识发酵酿造在生产、生活中的重要意义及广阔应用前景，领略我国传统酿造工艺的魅力。

（2）通过梳理“米酒酿制”的流程及物质转化过程，了解米酒酿制的一般思路及程序，分析米酒酿制过程中物质的转化。通过资料收集与处理，提升数据采集、归纳总结、迁移应用的能力及解决问题的能力，发展“宏观辨识与微观探析”“证据推理与模型认知”“变化观念与平衡思想”化学学科核心素养。

（3）通过“自制米酒”的实践活动，探寻酿制米酒的最佳条件，体会调控反应条件对生成产物的重要性，提升对变化观念的理解和应用能力，感受科学实践的一般过程，促进设计实验、动手实践、分析论证、批判质疑、反思评价、得出结论能力的提升。

四、学科大概念统摄下的微项目活动规划

学科大概念	物质的性质决定其用途，物质转化是有条件的		
微项目主题	自制米酒——领略我国传统酿造工艺的魅力		
课时划分	课时 1 任务 1：绘制糖类水解及醇、醛、羧酸、酯转化的思维导图	课时 2 任务 2：调研我国古代酿造工艺，梳理米酒酿制流程	课时 3 任务 3：进行“自制米酒”的实践活动
活动流程	【活动 1】了解身边糖类的分类及用途 核心活动：厘清多糖、二糖、单糖之间的关系 【活动 2】回顾乙醇、乙酸的性质 核心活动：理解乙醇、乙酸、乙酸乙酯等有机化合物的转化关系 【活动 3】归纳提升：饮食中的有机化合物之间的转化 核心活动：绘制乙醇、乙酸、乙酸乙酯等有机化合物之间转化关系的思维导图	【活动 1】调研我国古代酿造工艺，梳理米酒酿制流程 核心活动：了解我国食品酿造的悠久历史和优秀传统文化，领略我国传统酿造工艺的魅力 【活动 2】参观酿酒车间 核心活动：认识发酵酿造在生产、生活中的重要意义及广阔应用前景 【活动 3】梳理米酒酿制的一般步骤及物质转化 核心活动：提取、处理信息，总结归纳米酒酿制流程	【活动 1】自主进行“自制米酒”的实践活动 核心活动：根据资料和流程进行酿制米酒的操作，并进行时间、温度、pH、酒精度等检测和记录；通过检测数据，获得有机化合物之间转化的证据 【活动 2】制作米酒的说明书、注意事项、宣传海报或视频 【活动 3】自制果酒、米醋 核心活动：探究自制果酒、米醋的一般方法及注意事项
能力素养	树立“物质变化”的观念，建立“化学变化是有规律的，物质转化是有条件的，物质的组成、性质影响制备”的观念，培养归纳总结、迁移应用的综合能力	树立“用途体现性质，性质决定用途”的学科思想，了解我国食品酿造的悠久历史，弘扬我国优秀传统文化，渗透可持续发展思想	发展“变化观念与平衡思想”“证据推理与模型认知”“科学态度与社会责任”化学学科核心素养，提升在复杂情境中迁移应用已有知识和方法分析、解决问题的能力

图 6-4　微项目“自制米酒”活动规划示意图

五、学科大概念统摄下的微项目活动导引

我国的酿造工艺历史悠久，传承深厚，古人在实际生产中积累了很多经验，并慢慢传到其他国家。早在 5 世纪，北魏贾思勰的著作《齐民要术》中就记载了酿酒方法。《齐民要术》中记载的酿酒方法与近代酿酒法相似，历史悠久的传统酿造工艺为现代酿造工艺的发展作出了杰出贡献。

米酒酿制过程中涉及淀粉到葡萄糖（麦芽糖）、葡萄糖（麦芽糖）到乙醇、乙醇到酯类等有机化合物之间的转化，米酒酿制过程中时间、温度、pH 的变化对酒精度都有一定影响。这些物质转化和条件调控对产物的作用，都是学生必修阶段学习有机化合物的核心内容。

图 6-5　酿制米酒

米酒贴近学生生活，自制米酒原料易得、操作简单、条件温和、成功率高，学生兴趣浓厚。设计实施本项目的目的是引导学生了解传统酿制过程，巩固所学知识并利用所学化学知识解释酿制米酒过程中物质的转化；同时，通过进行米酒酿制的实践活动，体会优秀传统文化与科学技术的关系，提升知识迁移应用和解决实际问题的能力。

那么，在自制米酒过程中需要考虑哪些问题呢？米酒酿制又有哪些成功条件及注意事项呢？让我们一起来进行项目规划，为自制米酒做好准备吧！

六、学科大概念统摄下的微项目活动实施

任务 1　绘制糖类水解及醇、醛、酸、酯转化的思维导图

活动 1　了解身边糖类的分类及用途

糖类是一大类有机化合物，由 C、H、O 三种元素组成，葡萄糖、蔗糖、淀粉和纤维素等都属于糖类。大多数糖的组成可以用通式 $C_n(H_2O)_m$ 表示。

图 6-6　淀粉

图 6-7　葡萄糖固体及葡萄糖注射液

图 6-8　富含纤维素食品

根据糖类是否能水解以及水解产物的不同，糖类的分类及用途如图 6-9 所示。

- 糖类
  - 单糖
    - 特点与举例　不能再水解成更小的糖分子，如葡萄糖、果糖
    - 化学式　$C_6H_{12}O_6$
    - 用途　可用于制造药品、糖果
  - 低聚糖（以双糖为例）
    - 特点与举例　1 mol 双糖能水解成 2 mol 单糖，如蔗糖、麦芽糖
    - 化学式　$C_{12}H_{22}O_{11}$
    - 用途　可用作甜味剂
  - 多糖
    - 特点与举例　1 mol 多糖能水解成 n mol（$n>10$）单糖，如淀粉、纤维素
    - 化学式　$(C_6H_{10}O_5)_n$
    - 用途
      - 淀粉：可用于制造葡萄糖和酒精
      - 纤维素：可用于制造无烟火药、电影胶片的片基

图 6-9　糖类的分类及用途

交流研讨

糖类作为饮食中重要的有机化合物之一，对人类的生命活动有着极其重要的作用。那么，糖类（以淀粉为例）在人体中发生怎样的变化？是如何为人类提供能量呢？请绘制淀粉在人体中的转化图。

分享评价

从准确性、全面性、美观性、逻辑性、创新性角度多方面进行倾听与评价。

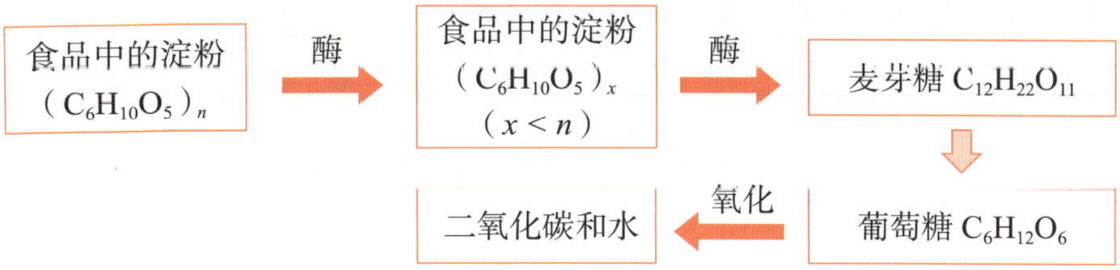

$$C_6H_{12}O_6 + 6O_2 \longrightarrow 6CO_2 + 6H_2O + 能量$$

图 6-10　淀粉在人体中发生的变化

表 6-1　绘制糖类水解及醇、醛、羧酸、酯转化的思维导图学习活动评价要点

指标	评价要素
准确性	准确标注，化学用语等无科学性错误
全面性	完整地体现出所涉及物质的转化途径
美观性	字迹工整，线条流畅，有明确标注
逻辑性	主题突出，逻辑清晰，能体现转化关系
创新性	有原创内容，有学科特色

活动 2　回顾乙醇、乙酸的性质

回顾与思考

观察厨房中的调味品，思考下列问题：

（1）料酒和食醋中，含有的主要有机化合物是什么？它们有怎样的组成、结构、性质和用途呢？

（2）为什么烹饪鱼时加适量白酒和醋味道更鲜美？

（3）饮酒后乙醇在人体内代谢过程中的物质转化是怎样的？

图 6-11　富含有机化合物的食物

乙醇俗称酒精，是酒中主要的有机化合物。酒精是无色透明、具有特殊香味的液体；密度（20℃时的密度 $\rho = 0.789\ g \cdot cm^{-3}$）比水轻，熔点为 −117.3℃，沸点为 78.5℃，易挥发；与水以任意比互溶，是优良的有机溶剂。

表 6–2　几种酒的度数

品名	酒的度数（% vol）
啤酒	3 ~ 5
葡萄酒	8 ~ 15
黄酒	6 ~ 20
白酒	30 ~ 70

酒中都含有一定量的乙醇，乙醇进入人体后，一部分被小肠吸收，通过血液循环进入肝脏，在肝脏中被氧化成乙醛、乙酸，最终被氧化成二氧化碳和水，释放能量，其转化过程如图 6–12 所示。

图 6–12　乙醇在人体内代谢过程的转化

乙酸是食醋中的主要有机化合物，普通食醋中乙酸的质量分数为 3% ~ 5%。乙酸是一种有强烈刺激性气味的无色液体；20℃时的密度 $\rho = 1.05\ g \cdot cm^{-3}$；沸点为 117.9℃，熔点为 16.6℃；当温度低于 16.6℃时，乙酸就凝结成像冰一样的晶体，所以无水乙酸又称冰醋酸。

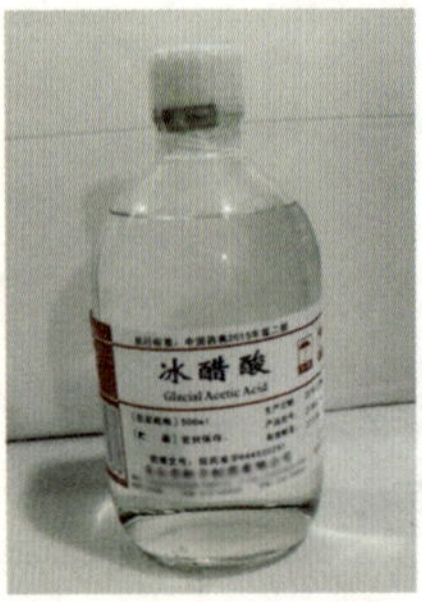

图 6–13　乙酸

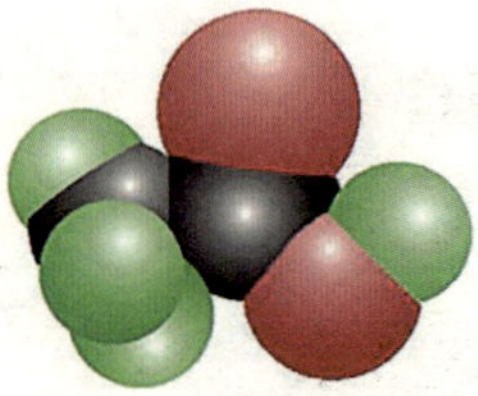

图 6–14　乙酸分子空间填充模型

知识梳理

- **酯化生成乙酸乙酯**
  - **乙酸**
    - 结构简式与官能团
      - 官能团：—COOH
      - 结构简式：CH_3COOH
    - 决定 ↓ ↑ 反映
    - 化学性质
      - 酸的通性：
        $CH_3COOH \rightleftharpoons CH_3COO^- + H^+$
      - 酯化反应：
        $C_2H_5OH + CH_3COOH \underset{\triangle}{\overset{浓硫酸}{\rightleftharpoons}} CH_3COOCH_2CH_3 + H_2O$
    - 决定 ↓ ↑ 反映
    - 重要用途
      - 化学试剂
      - 制药、染料、农药工业的原料
      - 制黏合剂
      - 合成纤维
  - **乙醇**
    - 结构简式与官能团
      - 结构简式：CH_3CH_2OH 或 C_2H_5OH
      - 官能团：—OH
    - 决定 ↓ ↑ 反映
    - 化学性质
      - 氧化（燃烧）：$C_2H_5OH + 3O_2 \xrightarrow{点燃} 3CO_2 + 3H_2O$
      - 催化氧化：$2C_2H_5OH + O_2 \xrightarrow[\triangle]{催化剂} 2CH_3CHO + 2H_2O$
      - 与金属钠：$2C_2H_5OH + 2Na \longrightarrow 2C_2H_5ONa + H_2\uparrow$
      - 酯化反应：$C_2H_5OH + CH_3COOH \underset{\triangle}{\overset{浓硫酸}{\rightleftharpoons}} CH_3COOCH_2CH_3 + H_2O$
    - 决定 ↓ ↑ 反映
    - 重要用途
      - 燃料
      - 制酒原料
      - 有机溶剂
      - 化工原料、医疗

图 6-15　乙酸与乙醇的结构、性质、用途

乙酸乙酯是一种无色透明、有香味的油状液体。做鱼过程中料酒和食醋也可以生成酯类物质，使烹饪的鱼味更鲜美。

自主学习

机动车驾驶员严禁酒后驾车，交警检验驾驶员是否“酒驾”的原理是什么？

方法Ⅰ　传统酒精检测仪工作原理：呼出的气体与检测仪内的酸性重铬酸钾（$K_2Cr_2O_7$橙红色）接触，若呼出的气体中有乙醇蒸气，乙醇被重铬酸钾氧化，同时橙红色的重铬酸钾被还原为绿色的硫酸铬［$Cr_2(SO_4)_3$］。该方法是比较传统的酒精检测法。

方法Ⅱ　燃料电池型酒精检测仪：呼出的气体若有乙醇蒸气，乙醇被催化氧化为二氧化碳（或乙醛）和水的过程中释放化学能，化学能经电化学装置转化为电能，电压表指针偏转，示数越高，则乙醇浓度越大。目前，大多数地区使用燃料电池型酒精检测仪进行“酒驾”检测。

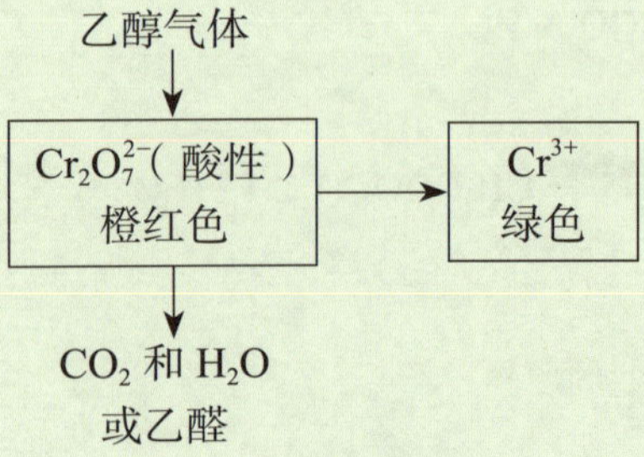

图 6-16　传统的酒精检测原理

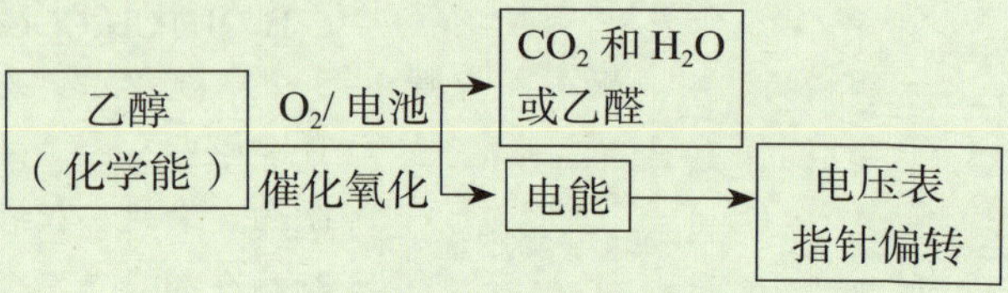

图 6-17　目前常用的酒精检测原理

无论是传统的酒精检测仪，还是目前常用的燃料电池型检测仪，均体现了乙醇能被氧化的性质。

活动3　归纳提升：饮食中的有机化合物之间的转化

淀粉、葡萄糖、乙醇、乙酸等饮食中的有机化合物之间存在一定的转化关系，这些物质转化中有的发生水解反应，有的发生氧化反应或者酯化反应，可以通过这些转化丰富学生对化学反应的认识。

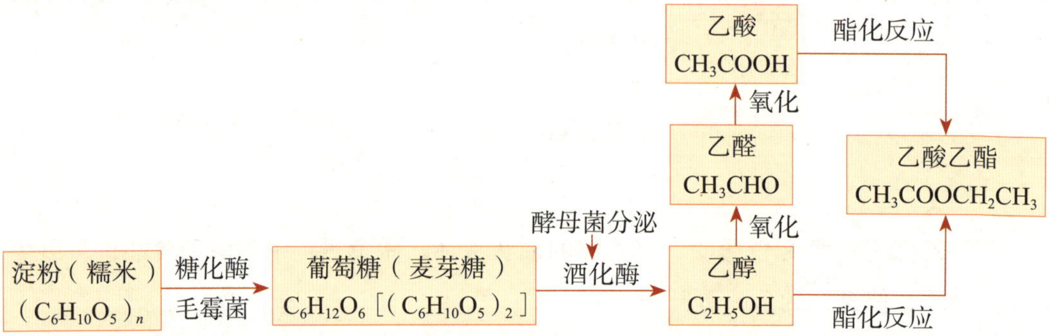

图 6-18　饮食中的有机化合物之间的转化关系

方法导引

有机化合物中氧化还原反应的判断

除了根据核心元素化合价升高或降低进行判断外，有机化合物中的氧化还原反应还可以通过得氧或去氢进行判断：得氧或去氢被氧化，得氢或去氧被还原。

交流研讨

交流讨论下列问题：

（1）在图 6-18 饮食中的有机化合物之间的转化关系中，乙醇和乙酸发生的酯化反应还属于哪种有机反应的类型？

（2）从碳的化合价的角度分析下列反应，与从得氧或去氢角度分析得到的结论是否一致？

① $2C_2H_5OH + O_2 \xrightarrow[\triangle]{催化剂} 2CH_3CHO + 2H_2O$

② $2CH_3CHO + O_2 \longrightarrow 2CH_3COOH$

有机反应中，若得氧或者去氢，碳元素的化合价升高，此时发生氧化反应；反之，若得氢或者去氧，碳元素的化合价降低，此时发生还原反应。与无机反应相比，虽然角度不同，却是异曲同工。

任务 2　调研我国古代酿造工艺，梳理米酒酿制流程

活动 1　调研我国古代酿造工艺

阅读探讨

资料 1：《齐民要术》中酿酒方法记载

5 世纪北魏贾思勰的著作《齐民要术》是世界上最早记录食品酿造的典籍，对我国传统的酿造方法有较详细的叙述，书中记述的酿酒方法与近代酿酒法相似。文中记载“浸曲三日，如鱼眼汤沸，酘米”。这表明当时人们已经发现了酒曲在酿酒中的重要作用，还强调曲要晒干、磨细、浸曲三日，待曲内的酵母菌和霉菌等微生物初步繁殖至液体内不断有鱼眼般大小的气泡冒出时，即可拌入蒸熟后摊凉的米饭中进行发酵。

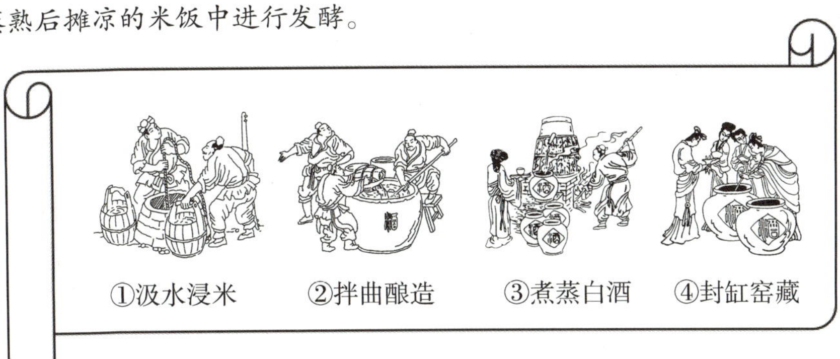

图 6-19　传统酿造工艺

资料 2：酒精发酵

酒精发酵是酿酒的主要阶段，糖质原料如水果、糖蜜等，其本身含有丰富的葡萄糖、果糖、蔗糖、麦芽糖等成分，经酵母菌等微生物的作用可直接转变为酒精。

图 6-20 酒精发酵工艺

酒精发酵过程是一个非常复杂的生化过程，有一系列连续反应并随之产生许多中间产物，其中大约有 30 多种化学反应，需要一系列酶的参加。酒精是发酵过程的主要产物。除酒精之外，被酵母菌等微生物合成的其他物质及糖质原料中的固有成分如芳香化合物、有机酸、单宁、维生素、矿物质、盐、酯类等往往决定了酒的品质和风格。酒精发酵过程中产生的二氧化碳会增加发酵温度，因此必须合理控制发酵的温度。当发酵温度高于 30 ~ 34 ℃时，酵母菌就会被杀死而停止发酵。除糖质原料本身含有的酵母菌之外，还可以使用人工培养的酵母菌发酵。因此，酒的品质因使用酵母菌等微生物的不同而各具风味和特色。

阅读资料后，思考以下问题：

从资料中可找出的影响酒品质的因素有哪些？从化学的视角分析酵母菌等微生物在酿酒过程中的作用。

通过资料可以发现，酿酒受多种因素的影响。首先，曲在酿酒过程中必不可少且需要浸泡，粮食（糯米）需要蒸熟且晾凉，发酵过程中需要一定温度且温度不宜过高（30 ~ 34℃为宜）。其次，由于酿酒过程中还会产生有机酸等影响口感，需要随时检测 pH 数据。

酒精发酵过程是一个非常复杂的生化过程（其中大约有 30 多种化学反应），需要一系列酶（毛霉菌、酵母菌等）参加。从化学的视角分析，这些菌类和酶正是酿酒过程中物质转化的催化剂。

活动2 参观酿酒车间

探索实践

到酿酒车间参观，了解当今酿酒过程，认识发酵酿造在生产、生活中的重要意义及广阔应用前景。

资料：白酒酿造工艺流程

酿酒基本原理和过程主要包括：原料处理、淀粉糖化、制曲、酒精发酵、蒸馏取酒、老熟和陈酿、勾兑调味等。

（1）原料处理：

为了充分利用原料，提高糖化能力和出酒率，并形成特有的酒品风格，酿酒的原料都必须经过一系列特定工艺的处理，主要包括原料的选择配比及其状态的改变等。原料处理主要包括根据成酒的特点选择品种、采摘分类、除去腐烂果品和杂质、破碎果实、榨汁去梗、澄清抗氧、杀菌等。

（2）淀粉糖化：

糖质原料只需使用含酵母菌等微生物的发酵剂便可进行发酵；而采用含淀粉质的谷物酿酒时，由于酵母本身不含糖化酶，还需将淀粉糊化，使之变为糊精、低聚糖和可发酵性糖的糖化剂。曲和麦芽是酿酒常用的糖化剂。

（3）制曲：

酒曲亦称酒母，多以含淀粉的谷类（大麦、小麦、麸皮）、豆类、薯类和含葡萄糖的果类为原料和培养基，经粉碎加水制成块状或饼状，在一定温度下培育而成。酒曲中含有丰富的微生物和培养基成分，如霉菌、细菌、酵母菌、乳酸菌等。曲是提供酿酒用各种酶的载体，有曰“曲为酒之母，曲为酒之骨，曲为酒之魂”。

（4）酒精发酵：

酒精发酵是酿酒的主要阶段，含有丰富的葡萄糖、果糖、蔗糖、麦芽糖等成分的糖质原料经酵母菌等微生物的作用可直接转变为酒精。环境因素的控制在此过程中尤为关键。

（5）蒸馏取酒：

所谓蒸馏取酒就是通过加热，利用沸点的差异使酒精从原有的酒液中浓缩分离，冷却后获得高酒精含量酒品的工艺。在蒸馏的过程中，原汁酒液中的酒精被蒸馏出来予以收集，并控制酒精的浓度。原汁酒中的味素也将一起被蒸馏出来，从而使酒品中带有独特的芳香和口味。

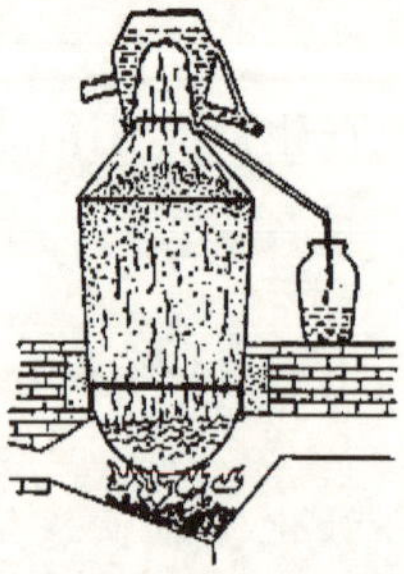

图 6-21　历史上我国民间使用的蒸馏器

图 6-22　现代酒厂中常用的蒸馏设备

（6）老熟和陈酿：

新酿制成的酒品并没有完全完成体现酒品风格的物质转化，酒质粗劣寡淡，酒体欠缺丰满，所以新酒必须经过特定环境的窖藏。经过一段时间的贮存后，醇香和美的酒质才最终形成并得以深化。通常将新酿制成的酒品窖香贮存的过程称为老熟和陈酿。

（7）勾兑调味：

勾兑调味工艺，是将不同种类、陈年和产地的原酒液半成品或选取不同档次的原酒液半成品按照一定的比例，参照成品酒的酒质标准进行混合、调整和校对的工艺。通过勾兑调味能获得均衡协调、质量稳定、风格传统地道的酒品。

探索发现

参观酿酒车间，了解陈酿酒与勾兑酒的差异。思考下列问题：

（1）陈酿酒与勾兑酒口感上有哪些差异？

（2）勾兑酒与陈酿酒制作过程有哪些不同？

（3）饮用勾兑酒与陈酿酒对身体有不同影响吗？

分享评价

表 6-3　“参观酿酒车间”学习活动评价要点

指标	评价要素
合理性	能够完成资料的梳理
可操作性	能对酿酒流程准确描述，原料、辅料用量清晰
创新性	陈酿酒与勾兑酒对比角度清晰，能发现二者独特功能价值

活动③ 梳理米酒酿制的一般步骤及物质转化

米酒酿制的一般步骤见表 6-4，酿制过程中的物质转化如图 6-23 所示。

表 6-4 米酒酿制的一般步骤

步骤 1	用清水冲洗糯米，浸泡一段时间
步骤 2	将泡软的糯米沥干水分，蒸熟
步骤 3	将蒸熟的糯米摊开晾凉
步骤 4	将粉末状的甜酒曲和糯米充分拌匀，装入干净的玻璃容器
步骤 5	将容器盖严，置于恒温环境中发酵
步骤 6	每隔 24 小时测定米酒的酒精度和 pH

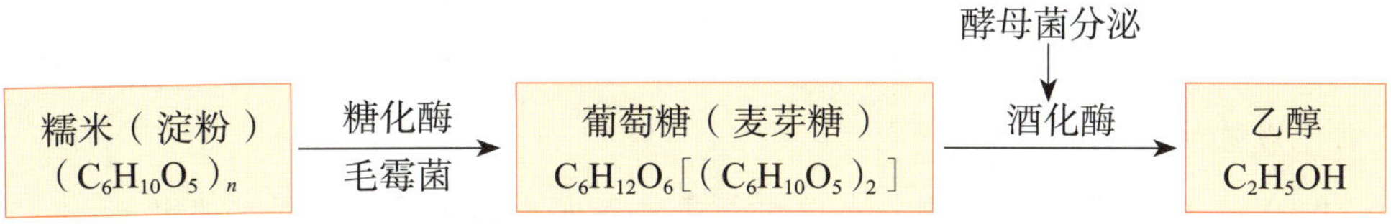

$(C_6H_{10}O_5)_n+nH_2O \xrightarrow{糖化酶} nC_6H_{12}O_6$　　　　$C_6H_{12}O_6 \xrightarrow{酒化酶} 2C_2H_5OH+2CO_2\uparrow$

图 6-23 酿制米酒过程中的物质转化

分享评价

从酿酒过程中的物质转化可以看出，糯米中的淀粉在糖化酶、毛霉菌等作用下转化为麦芽糖、葡萄糖等，拌入酒曲发酵后，糖类转化为乙醇。

表 6-5 “梳理米酒酿制的一般步骤及物质转化”学习活动评价要点

指标	评价要素
合理性	能够针对米酒酿制的一般步骤及其物质转化准确描述
可操作性	能将米酒酿制的过程与影响因素相关联
创新性	能对米酒的品质、对人类的功能价值进行再开发

任务3　进行“自制米酒”的实践活动

活动1　自主进行“自制米酒”的实践活动

探索实践

按照酿制米酒流程，进行蒸米、发酵、加酒曲、装罐等操作，并进行时间、温度、pH、酒精度等检测记录和分析。

资料：与乙醇（酒精）相关的物质转化

（1）在日常生活饮食中，人们在酵母菌的作用下，把糖类等有机化合物进行氧化分解，可以产生乙醇或者二氧化碳和水，同时释放出大量能量。

（2）乙醇燃烧可以生成二氧化碳和水，乙醇在生物酶或其他一定条件下可被氧化成乙醛或乙酸等物质。

（3）乙醇与酸（如乙酸）在催化剂条件下发生酯化反应生成酯类物质。

（4）米酒酿制过程中，酵母菌在缺氧条件下能更好地使葡萄糖转化为二氧化碳和乙醇。

（5）用粮食酿得的米酒中，受酵母菌活力的影响，乙醇的浓度通常较低（体积分数不超过10%）。

图6-24　甜酒曲

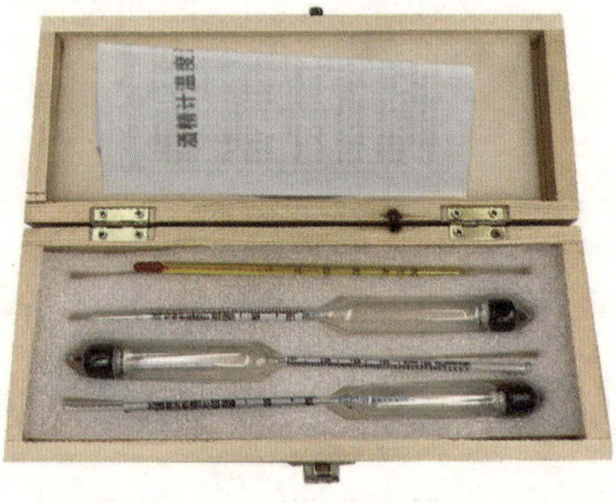
图6-25　酒精计

在酿制米酒过程中，每隔24小时测定米酒的酒精度和pH，连续10天，酒精度和pH随时间的变化如图6-26所示。

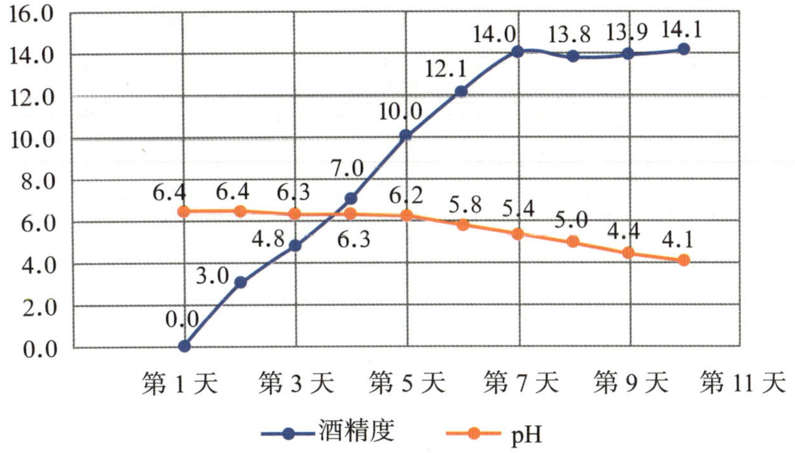

图 6-26 酿制米酒过程中酒精度和 pH 随时间的变化

从化学角度分析，米酒酿制过程中，糯米发酵成酒发生的是特殊微生物参与的复杂化学变化。为了使发酵过程和结果符合人们的预期，需要控制好反应条件。该过程的关键环节是使用酒曲和控制温度。酒曲相当于反应的催化剂，反应的温度不宜过低或过高——过低不利于反应的进行，过高则可能导致酒曲中的酶失活。另外，还要注意保持原料、器皿干净，防止滋生对人体有害的细菌；酿制过程注意密封，以保证酵母菌在缺氧条件下更好地使葡萄糖转化为二氧化碳和乙醇。

粮食酿制的米酒中乙醇的浓度通常较低。这是因为酒中乙醇的体积分数超过 10% 时，会抑制酵母菌的活性，发酵作用也会逐渐停止。用蒸馏的方法可以将发酵而成的低度酒制成白酒等高度酒，所以蒸馏操作在酿酒工艺中意义重大。

思考：

（1）糯米酿酒的关键反应条件是什么？

（2）米酒酿制过程中为什么温度不宜过低或过高？

（3）米酒酿制过程中为什么需要密封酿制？

（4）粮食酿制的米酒为什么乙醇的浓度通常较低？用什么方法得到高度酒？

活动❷ 制作米酒的说明书、注意事项、宣传海报或视频

你已经设计并亲自酿制了米酒，与同学相比，你酿制的米酒有哪些特色呢？反思自制米酒过程，你有哪些感想和建议呢？我们一起来评价自制的米酒，并向同学们介绍你的成功经验和建议吧。

交流研讨

选出三种典型设计，比较优势特色与不足，完成表 6-6。

表 6-6 制作米酒方案设计比较

编号	特色	不足
①		
②		
③		
感想与建议		

汇报展示

请为自制的米酒制作说明书、注意事项、宣传海报或视频，并进行展示交流。

表 6-7 自制米酒说明书、注意事项与宣传海报或视频

说明书及注意事项	宣传海报或视频

活动❸ 自制果酒、米醋

拓展实践

查阅资料，梳理自制果酒、米醋的一般方法及注意事项。

资料：自制火龙果草莓果酒

【食材】草莓 250 g，冰糖一碗（约 200 g），红心火龙果一个，泡果专用酒 400 mL。

①准备所需要的食材。

②草莓洗净，去蒂后放到筐里控干水分。

③火龙果去皮切块，放入干净的瓶子中。

④撒上一层冰糖。

⑤草莓切两半。

⑥放入瓶子中，撒上一层冰糖。

⑦倒入泡果专用酒，密封，放在阴凉处两周。

⑧制成的果酒颜色红亮，味道纯美。

图 6–27　自制果酒流程

七、学科大概念统摄下的微项目内容梳理

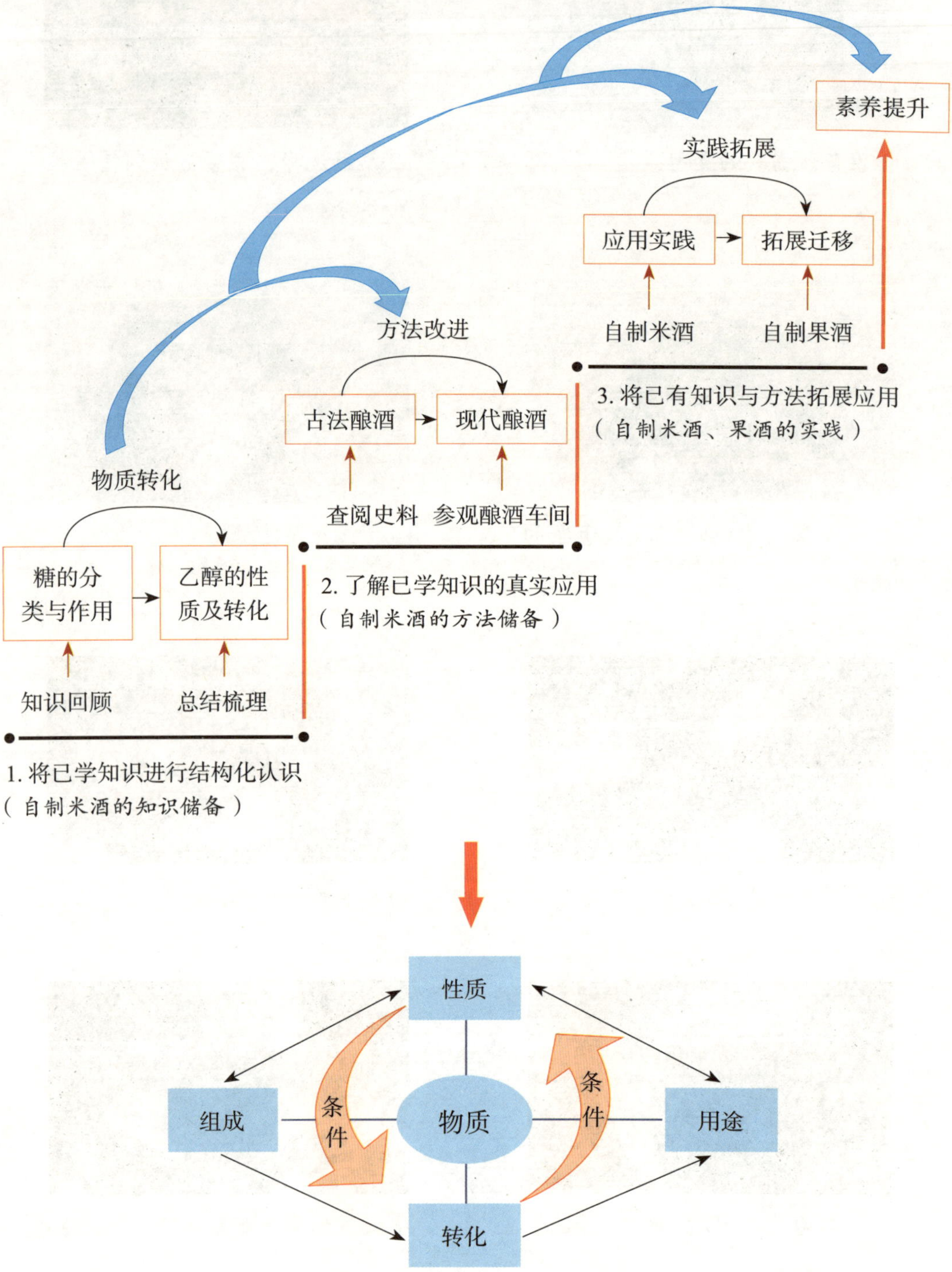

多角度认识物质的性质及转化

图 6-28　微项目“自制米酒”内容梳理示意图

八、学科大概念统摄下的微项目学习评价

表 6–8 微项目“自制米酒”整体学习评价量表

评价内容		评价指标	评分		
			自评	互评	师评
表现性评价	课堂综合	上课专注、积极思考、积极参与活动			
		能独立思考，具有创造性思维，能提出不同的方法解决问题			
	研究学习	能有效提取资料中的关键信息			
		能依据资料进行有逻辑的推理、分析			
表现性评价	研究学习	能设计科学、合理的对比实验			
		能得出科学、合理的实验结果			
		能对实验现象、结果进行精准表述			
	表达交流	勇于表达自己的观点，条理清晰			
		擅于与他人合作，虚心听取别人意见			
		能对项目成果进行生动展示			
结果性评价	成果完成	能完成自制米酒			
		能完成自制米酒的使用说明和注意事项			
		能总结自制米酒的一般步骤及物质转化			
		能总结果酒和米醋的制作步骤及注意事项			
	知识生成	知道淀粉→葡萄糖→酒精的转化			
		理解温度、催化剂等在制作米酒中的作用			
		能用对比实验、控制变量等进行实验设计			
		能准确完成单元项目的检测			
赋值方法		完全能做到：3 分　部分能做到：2 分 偶尔能做到：1 分　完全做不到：0 分			
		自评 30%　互评 30%　师评 40%			
总成绩					

【北京市大兴区教师进修学校　王哲】

选择性必修 1

化学反应原理

微项目 7　设计载人航天器用化学电池与氧气再生方案

——化学反应中能量及物质的转化利用

微项目 8　探讨如何利用工业废气中的二氧化碳合成甲醇

——化学反应选择与反应条件优化

微项目 9　揭秘索尔维制碱法和侯氏制碱法

——化学平衡思想的创造性应用

微项目 7 设计载人航天器用化学电池与氧气再生方案

——化学反应中能量及物质的转化利用

扫码查阅教材微项目原文

任务 1：尝试设计载人航天器用化学电池

任务 2：尝试设计载人航天器的氧气再生方案

一、学科大概念统摄下的微项目设计概述

1. 设计意图

本项目在学生已经学习了“化学反应与能量变化”的基础之上，引导学生在能量与物质稀缺的条件下，解决航天器中化学电源的优化以及氧气再生方案的设计问题。本项目以复杂情境下的真实问题为驱动，激发学生的探究兴趣。通过对航天器中的物质转化与能量转化过程的思考，加深学生对物质变化与能量转化之间的联系的理解，强化学生化学学科思维的系统性，引导学生体会电化学以及热化学知识的实际应用价值。

2. 功能价值

本项目结合具体教学内容，培养与发展学生“宏观辨识与微观探析”“变化观念与平衡思想”“证据推理与模型认知”“科学探究与创新意识”“科学态度与社会责任”5 个方面的化学学科核心素养，如图 7-1 所示。

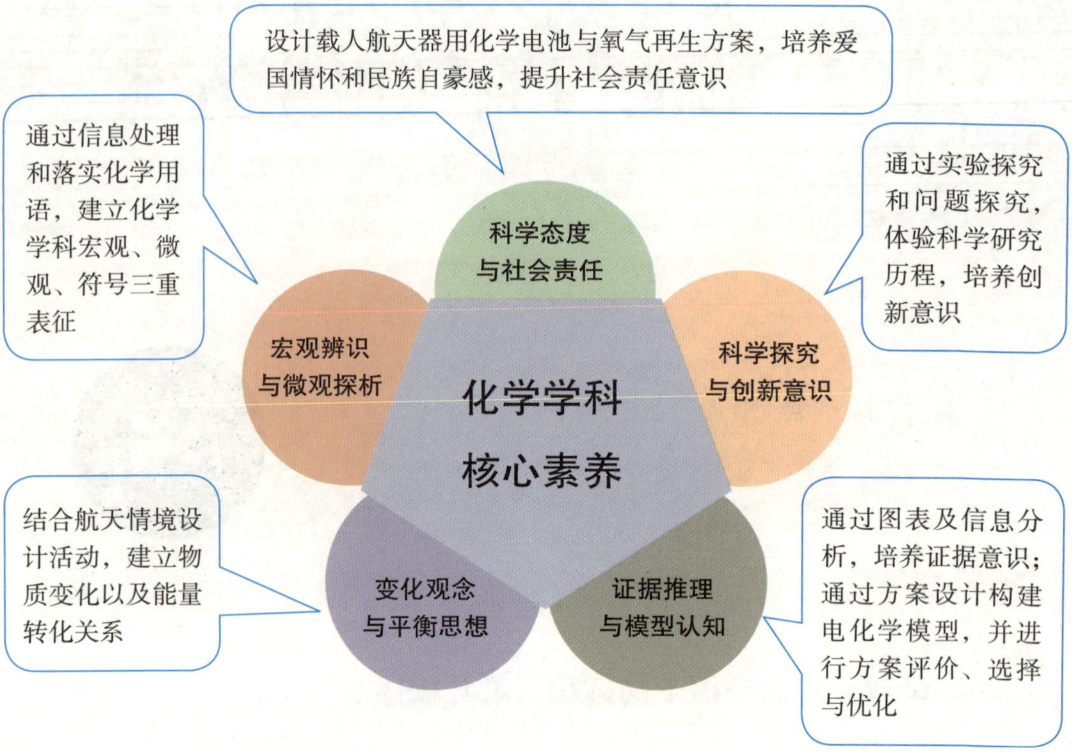

图 7-1　微项目“设计载人航天器用化学电池与氧气再生方案”的功能作用

（1）提升“模型认知”素养。

基于原有电化学认知模型，学生对问题情境中的关键要素进行分析，建构相应的思维模型，指出所建模型的局限性，探寻模型优化的证据，深化对电化学内涵的理解，建立电化学模型要素之间的关联。在本项目活动任务的驱动下，学生需要经历以下过程：①调用已有电化学认识模型解决问题；②在应用过程中发现自身电化学模型的缺陷，对模型加以修正；③调用修正后的电化学模型解决问题。

（2）提升“变化观念”素养。

提升“变化观念”素养，要求学生能从不同视角认识化学变化的多样性，能运用对立统一思想和定性与定量相结合的方式揭示化学变化的本质特征；能运用化学变化的规律分析说明生产、生活中的化学变化。在本项目活动任务的驱动下，学生结合盖斯定律，同时从元素和能量角度评价物质的转化过程，定性与定量相结合地评价不同氧气再生方案的优缺点，并对方案作出合理选择。

3. 学情分析

（1）学生已有知识与能力：

学生学习了《化学反应原理》模块第 1 章第 1 节“化学反应的热效应”，已经认识到通过实验测定方法和理论计算方法来定量描述化学反应的热效应；学习了本章第 2 节“化学能转化为电能——电池”和第 3 节“电能转化为化学能——电解”，已经认识到电能与化学能相互转化，其具体形式为电池和电解；学习了本章第 4 节“金属的腐蚀与防护”，在理解原电池原理和电解原理的基础之上，通过对实际问题的分析与问题解决方案的解读，建立起化学能与电能相互转化的关联，通过研究一次性保暖贴、利用微电解技术处理工业废水等，使学生领略应用化学原理解决实际问题的重要意义，发展学生的创新意识和创新能力。

本项目以载人航天器为情境，开展化学电池与氧气再生方案的探究活动，使学生运用所学知识解决实际问题，实现思维的迁移和进阶，感悟化学学科的功能与价值。

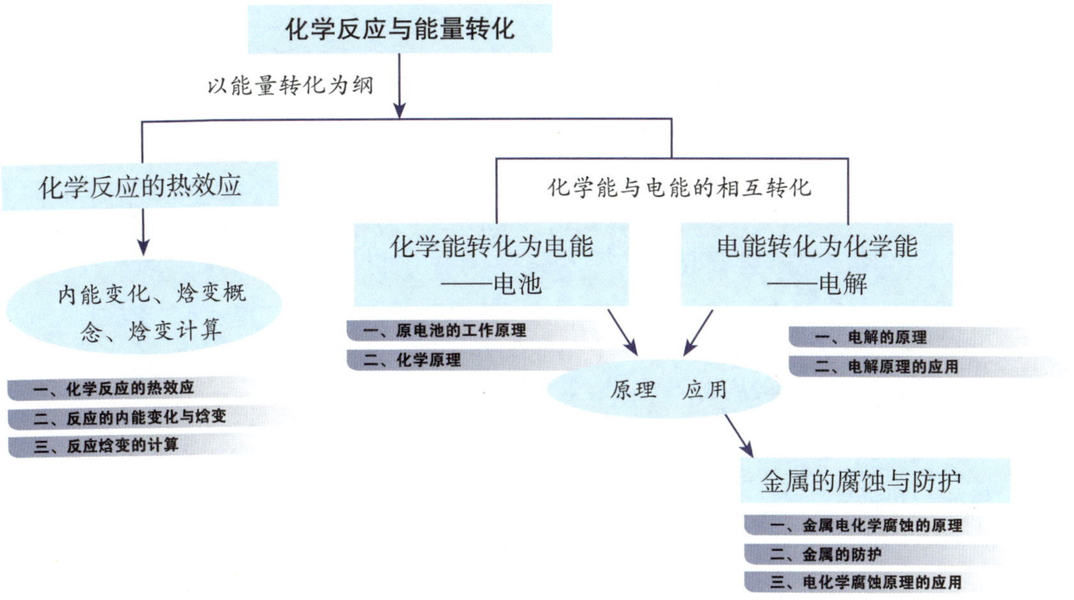

图 7-2　“化学反应与能量转化”　内容体系示意图

（2）学生学习障碍点：

学生在学习过程中存在几点认知困惑：①面对新情境或者新问题，思考问题的角度不够多元化，从不同视角认识化学变化的能力有待加强；②对构成电化学的四个基本核心要素认识不够明确；③对化学变化的本质特征理解不到位，证据推理与模型认知不够系统，导致分析和解决化学问题时思路不够清晰；④化学用语的使用落实不到位。

（3）学生学习发展点：

化学反应与能量变化是化学反应原理的重要组成部分，与生产、生活紧密相关，是培养学生运用学科知识解决实际问题能力的极好切入点。由于相应的概念和原理比较抽象，建构物质性质与能量转化关系、电化学模型是实现问题解决的重要途径。由于相关问题情境比较复杂而陌生，对学生的化学认知是一种挑战，在教学过程中教师要注意激发学生的探究兴趣，培养学生信息处理、实验探究和逻辑推理等关键能力。

通过本项目的设计与实施，学生将进一步认识化学反应的基本概念和基本原理，在解决实际问题的过程中感悟物质变化和能量转化规律，体会化学学科在科学技术和人类社会文明发展进程中的重要作用。

二、学科大概念统摄下的微项目知识结构

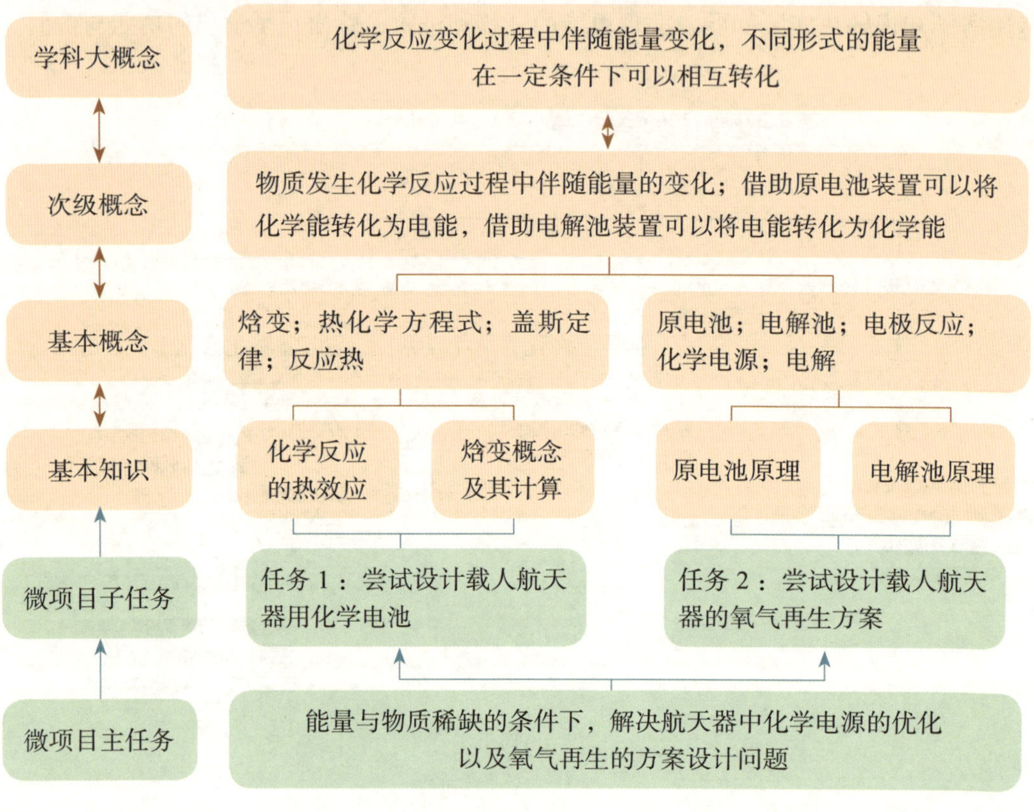

图 7-3　微项目“设计载人航天器用化学电池与氧气再生方案”知识结构示意图

三、学科大概念统摄下的微项目学习目标

（1）能解释原电池和电解池的工作原理，能设计简单的原电池和电解池。

（2）能辨识化学反应中的能量转化形式，能解释化学变化中能量变化的本质。

（3）能进行反应焓变的简单计算，能用热化学方程式表示反应中的能量变化，能运用反应特点选择和利用化学反应。

（4）能举例说明化学在解决能源危机中的重要作用，能分析能源的利用对自然环境和社会的影响，能综合考虑化学变化中的物质变化和能量变化来分析、解决实际问题等。

四、学科大概念统摄下的微项目活动规划

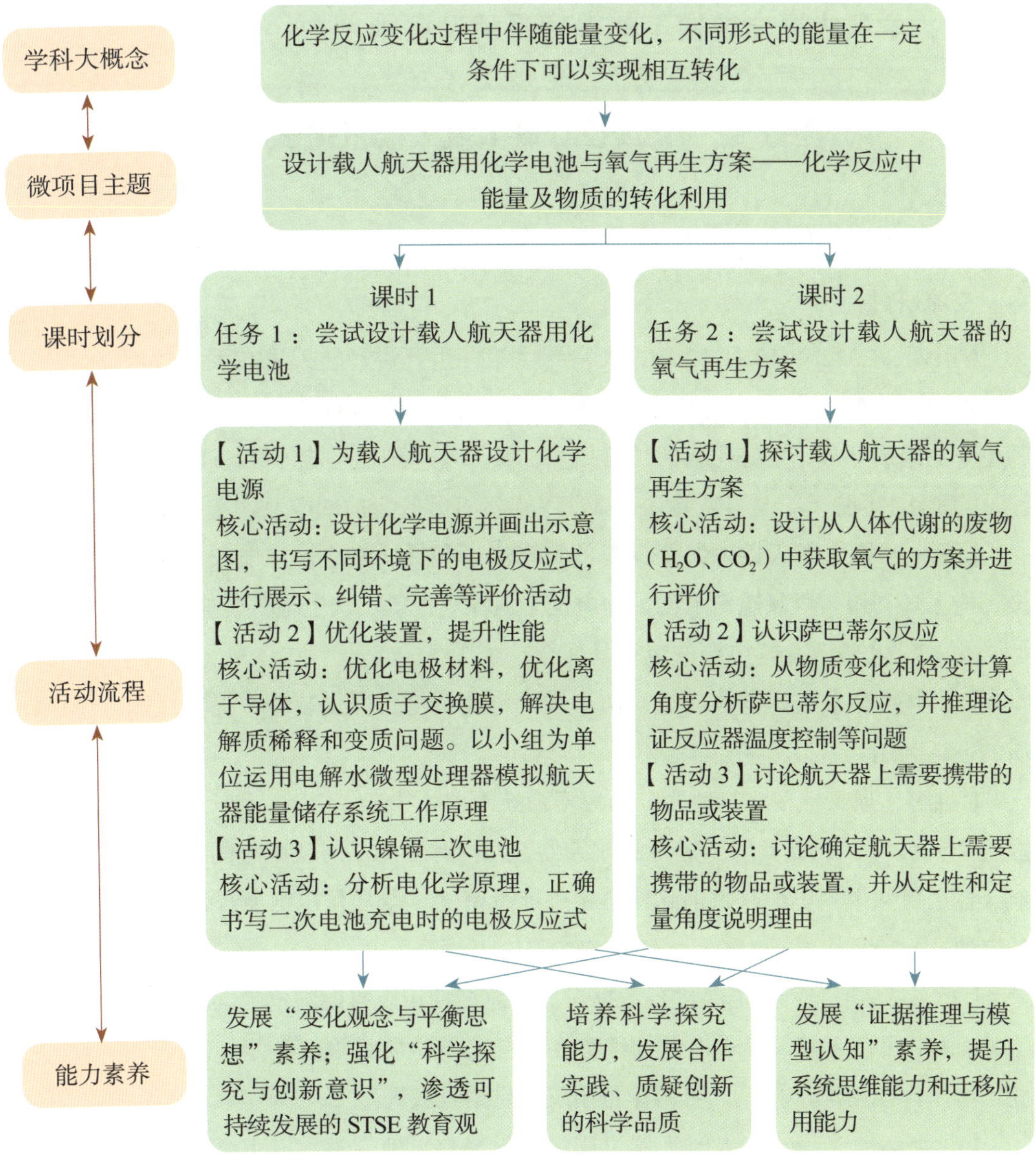

图 7–4　微项目“设计载人航天器用化学电池与氧气再生方案”活动规划示意图

五、学科大概念统摄下的微项目活动导引

微项目“设计载人航天器用化学电池与氧气再生方案”包含载人航天领域的两个真实问题，即化学电池的选择与优化以及氧气再生方案的设计与选择。这两个研究项目都是在运输成本高、物质与能量稀缺的限定条件下进行方案设计并进行选择与优化的，要求学生深刻理解不同能量的转化方法以及转化的实际价值，熟练地应用电化学模型以及热化学知识分析和解决实际问题。

六、学科大概念统摄下的微项目活动实施

任务 1　尝试设计载人航天器用化学电池

活动1　为载人航天器设计化学电源

交流研讨

【引课】2022 年 10 月 12 日，天宫课堂第三讲开讲。航天员在太空舱内通过演示有趣的科学实验和声情并茂的讲解为观众普及科学知识。航天器的电力支持系统是极其重要的组成部分，它好比人的“心脏”，其工作一刻也不能停歇。

【思考 1】航天器电源需要具备哪些特点？有哪些合适的电池之选？

【学生回答】航天器电源要具备的特点主要包括质量小、续航长、便携带、无污染、能循环利用。氢氧燃料电池、锂电池、氢镍电池等二次电池都是合适的电池之选。

【思考 2】设计化学电源的流程是什么？

【学生回答】选择电池反应；初步设计电池结构；优化装置，提升性能；考虑物质的循环利用。

【讲解】航天器按飞行时间分为短寿命航天器（少于 30 天）和长寿命航天器。美国的“阿波罗”飞船就属于短寿命航天器，而国际空间站与我国空间站则属于长寿命航天器。氢氧燃料电池是目前除核电源外能量密度（等质量电池所提供的能量）最高的电池。

【思考 3】按照所给资料进行数据对比，总结使用氢氧燃料电池的优势。

【学生回答】氢氧燃料电池的优势在于：①单位质量输出电能较高；②反应生成的水可用作饮用水；③氧气可用作备用氧源供给呼吸等。

【学生活动】设计载人航天器可用的氢氧燃料电池。学生以小组为单位，画出设计图，并根据设计书写不同介质条件下（H_2SO_4 溶液、KOH 溶液、熔融氧化钠、熔融

碳酸钠）的电极反应式。

分享评价

【评价】展示、纠错、修改、完善。强化原电池画图的必要组成，明确电极反应式书写要求。

【思考 4】根据设计的氢氧燃料电池回顾构成电池的必要结构以及这些结构的性质及作用。

【学生回答】必要结构及性质：电极反应物——得失电子物质，电极材料——得失电子场所，离子导体——传导离子和调节离子浓度，电子导体——传递电子。

【思考 5】如果你是电池设计人员，优化电池性能可以从哪些方面着手？

【学生回答】电池优化角度：①电极材料；②离子导体。

活动❷　优化装置，提升性能

交流研讨

【思考 6】结合资料，分析如何优化电极材料。

【资料】（1）铂、镍等金属对燃料电池反应具有催化活性。

（2）现有的燃料电池中电极材料的选择见表 7–1。

表 7–1　离子导体环境与电极材料

离子导体环境	电极材料
酸性	多孔碳载铂
碱性	多孔碳载镍（镍在酸性环境中不稳定）

【学生回答】电极材料的优化：采用质量轻的多孔结构，可增大接触面积；过渡金属作为电极材料，不仅具有催化活性，而且材料稳定性较好。

【思考 7】结合资料，分析离子导体应具备的特点。

【资料】（1）几种电解质水溶液的电导率曲线如图 7–5 所示。

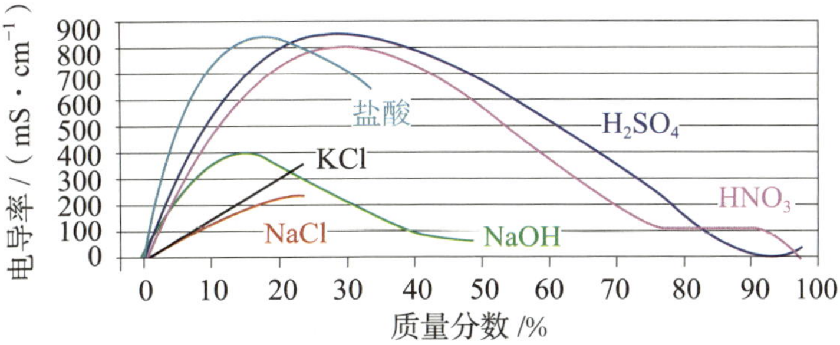

图 7–5　几种电解质水溶液的电导率曲线

（2）在 298 K 时，无限稀释溶液中几种离子的摩尔电导率见表 7-2。

表 7-2　298 K 时几种离子无限稀释摩尔电导率

离子种类	H^+	OH^-	$\frac{1}{2}SO_4^{2-}$	Cl^-	$\frac{1}{2}CO_3^{2-}$	K^+	Na^+
无限稀释摩尔电导率 $\times10^4$/（$S\cdot m^2\cdot mol^{-1}$）	349.82	198.0	79.8	76.34	72.0	73.52	50.11

（3）电池性能与电池内限有关。电导率越大，导电性越好。

【学生回答】离子导体应具备质量轻、电导率大、性质稳定、离子浓度基本恒定不变、所选物质无毒无害等特点。

【追问】依据所给资料，如何为氢氧燃料电池选择离子导体及其工作环境？

【学生回答】可以选择 30% 左右的 H_2SO_4 溶液或 30% 左右的 KOH 溶液，不能选择（有挥发性）盐酸，（电导率小）盐类。工作环境：温度升高，电解质溶液电导率升高。

【小结】“阿波罗”飞船氢氧燃料电池电极材料和离子导体的选择。①电极材料：考虑到催化活性、稳定性、成本等因素，对于酸性环境一般选用碳载铂作为电极材料，碱性环境则一般选用碳载镍作为电极材料；此外，电极材料上留有孔洞，有利于氢气、氧气和溶液接触进行反应。②离子导体：最早投入研究的是以 H_2SO_4 溶液为离子导体的燃料电池，但 H_2SO_4 溶液腐蚀性强，电池无法长时间工作，因此最早投入使用的航天器用燃料电池以 KOH 溶液为离子导体，如图 7-6 所示。

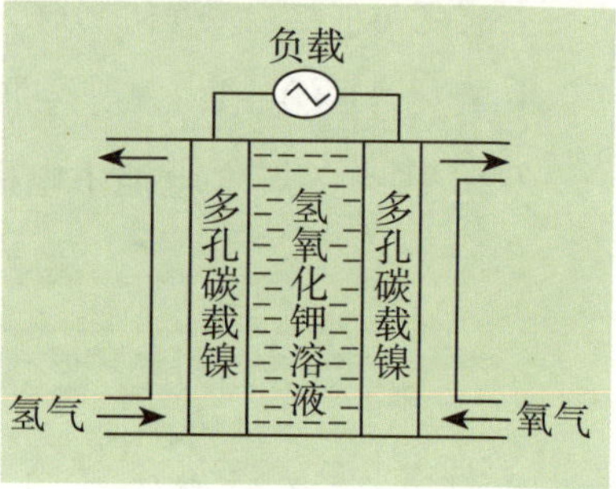

图 7-6　“阿波罗”飞船氢氧燃料电池部分结构示意图

【思考 8】以 KOH 溶液为离子导体，还会存在什么问题？

【学生回答】以电解质溶液作为离子导体的氢氧燃料电池在使用时，生成的水会稀释电解质溶液，碱性电解质溶液还会与二氧化碳反应。这些问题都会导致电池内阻增大，从而降低电池的工作效率。

【思考 9】图 7-7 是一种培根型碱性氢氧燃料电池部分结构示意图（电池工作温度为 200℃），据此谈谈如何解决电解质稀释和变质问题。

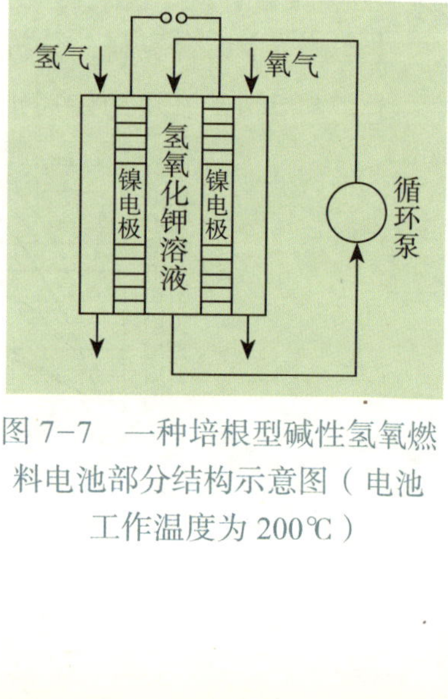

图 7-7　一种培根型碱性氢氧燃料电池部分结构示意图（电池工作温度为 200℃）

【学生回答】培根型碱性氢氧燃料电池主要通过外加循环设备的方式解决电解质稀释和变质的问

题：①电解质溶液浓缩法：利用循环泵将电解液抽出，在外部浓缩，循环使用；②及时更换法：如果电解质已变质，可以很方便地将其抽出并更换新溶液。

【追问】加装水蒸气冷凝装置回收生成的水，应该加装在什么位置?

【学生回答】培根型碱性氢氧燃料电池，水在负极生成。电池工作温度较高，生成的水主要以气态形式存在。在负极一侧的气体出口设置冷凝装置，水蒸气可以由氢气带出并在出口冷凝。

【讲解】在实际使用中，KOH 溶液的离子导体还有一些问题，太空舱内二氧化碳污染使电池寿命降低，使用寿命不超过 5 000 小时。此外，氢氧化钾有毒，对生成水的饮用也会造成影响。这促使人们继续寻找其他的离子导体进行替换并不断改进。

【视频】播放质子交换膜氢氧燃料电池工作原理的视频。

【讲解】质子交换膜是一种固体高分子材料，厚度仅有几十至几百微米，内部含有酸性基团，在水等极性溶剂存在时能电离出 H^+。以 Nafion 膜为例，Nafion 膜泡在水中时，氟代磺酸基 $-SO_2F$ 水解为磺酸基 $-SO_2OH$。该基团具有亲水性，可以使膜溶胀变松，形成微细的通道，如图 7-8 所示。该基团还可电离，带负电荷的基团 $-SO_2O^-$ 留在膜体上，离去的 H^+ 可以在通道中移动；同时，由于磺酸基阴离子的排斥作用，阴离子不能迁移，这样质子交换膜就具有离子选择透过性。以质子交换膜作为离子导体的氢氧燃料电池（图 7-9），工作寿命可高达 57 000 小时，电导率优于或等于电解质溶液型离子导体。

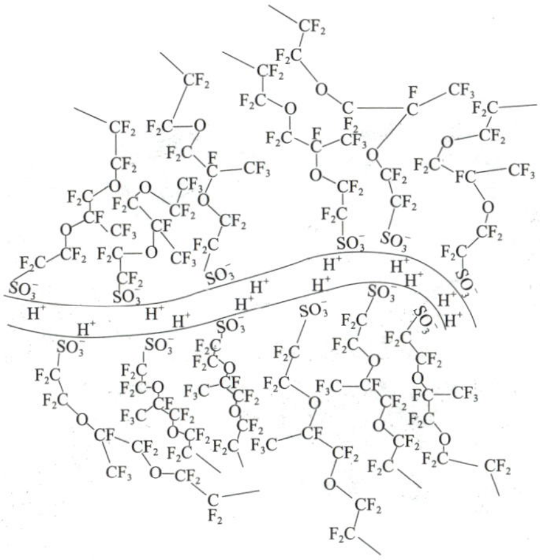

图 7-8　Nafion 膜分子结构

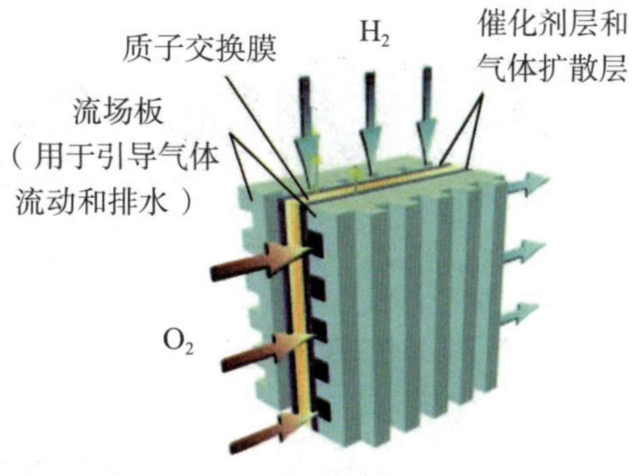

图 7-9　质子交换膜氢氧燃料电池部分结构示意图

【思考 10】质子交换膜的优势有哪些?

【学生回答】质子交换膜的优势：轻薄，内阻小，可以隔绝氢气、氧气，无二氧化碳污染，从根本上解决变质问题。

【思考 11】在使用质子交换膜氢氧燃料电池时，催化剂存在被水淹的问题。在哪极排水？应该如何解决？

【学生回答】质子交换膜氢氧燃料电池是酸性环境，水在正极生成。生成的水从正极一侧排出，可以进行冷凝回收再利用。

【讲解】介绍流场板：流场板结构直接影响反应气体的利用效率以及排水与散热性能，可用于引导气体流动和排水，是质子交换膜燃料电池的核心部件之一。

【思考 12】航天器所携带的氢气和氧气是有限的，若将氢氧燃料电池应用于长寿命航天器，应该如何设计电力系统呢？

【学生回答】可以将其与太阳能电解水装置配合使用，实现充放电循环。

【学生活动】根据航天器能量储存系统原理示意图，简介充放电原理。

【学生回答】太阳能电池在日照区发电，一方面向航天器负载供电，另一方面给燃料电池充电。充电就是把燃料电池的生成物水电解为 H_2 和 O_2，将电能转换为化学能储存在燃料电池中。在夜晚无光照的情况下，燃料电池的燃料进行化学反应，为航天器负载提供电能，同时生成水，并进入日照区，白天太阳能电池供电，水再次被电解，实现充放电循环。

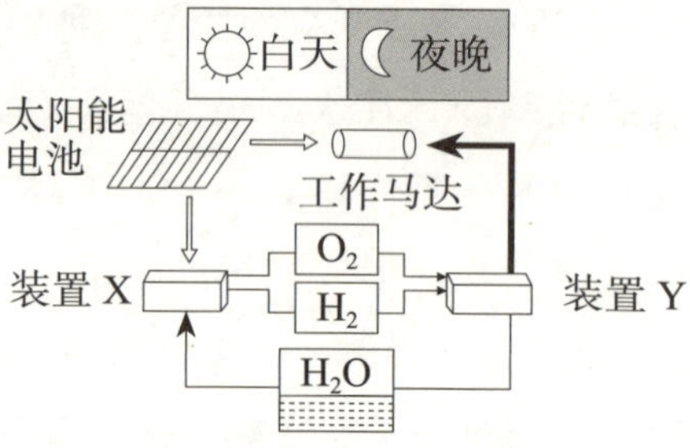

图 7-10　航天器能量储存系统原理示意图

【学生活动】学生分组实验：运用电解水微型处理器模拟航天器能量储存系统工作原理。

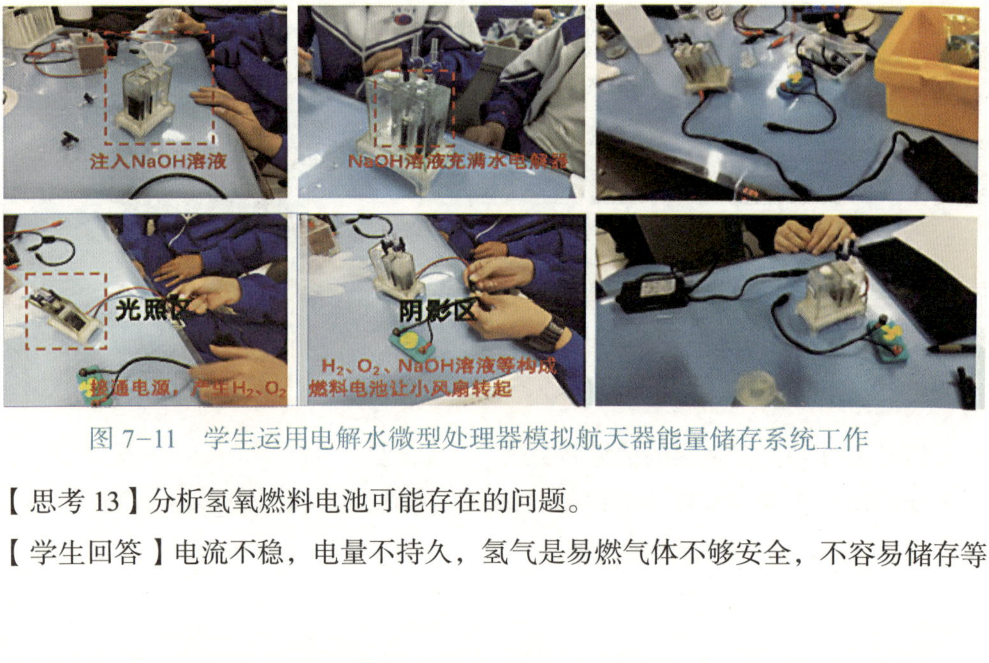

图 7-11　学生运用电解水微型处理器模拟航天器能量储存系统工作

【思考 13】分析氢氧燃料电池可能存在的问题。

【学生回答】电流不稳，电量不持久，氢气是易燃气体不够安全，不容易储存等，还需要进一步优化。

活动❸ 认识镍镉二次电池

【讲解】“神舟”飞船是我国自行研制、具有自主知识产权、达到或优于国际第三代载人飞船技术的飞船。“神舟”飞船由返回舱、轨道舱、推进舱和附加段构成。由于任务不同，轨道舱和推进舱使用的电源系统为太阳能电池阵－镍镉蓄电池组系统，返回舱使用的是银锌蓄电池组。镍镉电池通过放电和充电过程，满足飞船在光照区和阴影区交替飞行时对能量供给和能量储存的需求。

当飞船进入光照区时，太阳能电池为用电设备供电，同时为镍镉电池充电。此时，镍镉电池的电极反应为：

负极　$Cd(OH)_2+2e^- = Cd+2OH^-$

正极　$2Ni(OH)_2+2OH^--2e^- = 2NiOOH+2H_2O$

【学生活动】书写镉镍二次电池充电时的电极反应式。

分享评价

【学生活动】书写电极反应式、展示、纠错、修改、完善。

镍镉电池充电的电极反应为：

阳极　$Cd-2e^-+2OH^- = Cd(OH)_2$

阴极　$2NiOOH+2e^-+2H_2O = 2Ni(OH)_2+2OH^-$

方法梳理

【思考 14】通过本节课的学习，你对设计化学电源有了哪些新的认识？

【学生回答】理解电化学结构四要素，建构电化学模型，并从电极材料和离子导体等方面进行优化和完善。

任务 2　尝试设计载人航天器的氧气再生方案

活动❶ 探讨载人航天器的氧气再生方案

观察思考

【引课】在太空环境中，载人航天器是航天员赖以生存的空间，必须给航天员提供基本的生存条件，其中涉及氧气再生、二氧化碳清除、水处理以及食物供给等。由于航天器运输成本极高，航天器上携带的物质和提供的能量都需要得到充分利用。

航天员每人每天大约需要消耗 0.84 kg 氧气。这其中，84% 的氧气变为二氧化碳排出体外，另外 16% 则主要通过尿液以代谢水的方式排出。由于载人航天器携带的物品有限，利用高压存储氧气、电解携带的水制备氧气等常规方法都难以满足长时间飞行时航天员对持续供氧的需求。

交流研讨

【思考 1】设计氧气再生的思路或方案。

【学生回答】设计从人体代谢的废物（H_2O、CO_2）中获取氧气的方案。

方案 1：利用反应 $2Na_2O_2 + 2CO_2 \xlongequal{} 2Na_2CO_3 + O_2$ 再生氧气。

方案 2：利用反应 $2H_2O \xlongequal{通电} 2H_2\uparrow + O_2\uparrow$ 再生氧气。

方案 3：利用 CO_2 光合作用再生氧气。

【思考 2】对上述氧气再生方案进行评价。

【学生回答】①过氧化钠不能循环，不能完全满足物质稀缺的限定条件；②电解水可以将水中氧元素完全转化，得到的氢气可再利用，但是电解水消耗大量电能；③光合作用效率低，不能满足需求。

【思考 3】为什么选择水和二氧化碳作为回收氧气的原料物质？能否只选择其中一种进行回收？

【学生回答】氧气的转化物质为二氧化碳和水，回收二者才可以保证循环。

【思考 4】载人航天器中的物质和能量资源都十分宝贵。在设计氧气的获取方案时，要尽可能地将人体代谢废物中的氧元素转化为氧气，从而保证氧元素的持续循环。那么，如何在载人航天器长时间飞行时为航天员持续提供氧气？氧元素主要来源于哪里？

【学生回答】水和二氧化碳的富集与转化就是氧气再生需要解决的核心问题。

【思考 5】设计从人体代谢的废物（H_2O、CO_2）中获取氧气的方案，并对其进行评价。

【追问】外加氧化剂的方法是否可行？直接使水或者二氧化碳分解的思路是否可行？

【资料】

$H_2(g) + \frac{1}{2}O_2(g) \xlongequal{} H_2O(g)$　　$\Delta H = -241.8\ kJ \cdot mol^{-1}$

$CH_4(g) + 2O_2(g) \xlongequal{} 2H_2O(g) + CO_2(g)$　　$\Delta H = -802.3\ kJ \cdot mol^{-1}$

$Na(s) + \frac{1}{2}O_2(g) \xlongequal{} \frac{1}{2}Na_2O_2(s)$　　$\Delta H = -255.4\ kJ \cdot mol^{-1}$

$$\mathrm{C(s，石墨)+O_2(g)=\!=\!=CO_2(g)} \qquad \Delta H=-393.5\ \mathrm{kJ\cdot mol^{-1}}$$

$$\mathrm{2Na(s)+C(s，石墨)+\frac{3}{2}O_2(g)=\!=\!=Na_2CO_3(s)} \qquad \Delta H=-1130.7\ \mathrm{kJ\cdot mol^{-1}}$$

分享评价

【学生活动】讨论并设计转化方法。

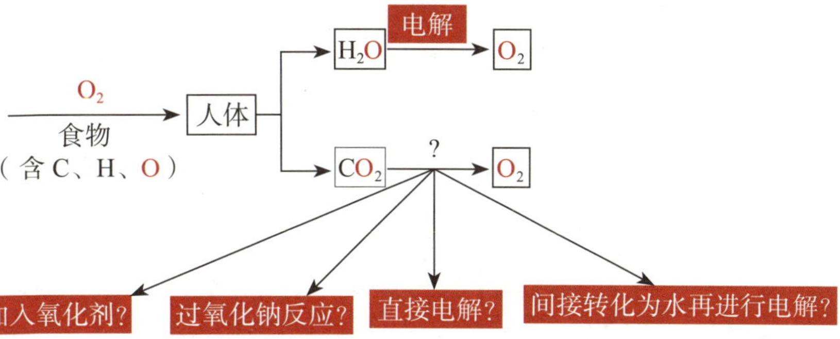

图 7-12　水和二氧化碳的富集与转化思路

【学生回答】找到氧化性比氧气强的物质比较困难；过氧化钠不能循环，不能完全满足物质稀缺的限定条件；电解水可以将水中氧元素完全转化，得到的氢气可再利用，但是电解水消耗大量电能；二氧化碳电解过程需要外界提供能量，不确定二氧化碳能否直接分解为氧气；预测二氧化碳间接转化为水再进行电解也是一种转化方式。

【追问】设计方案，将二氧化碳先转化为水，再电解水间接实现氧气再生，并从能量和物质角度说明设计的理由。[设计反应举例：$\mathrm{H_2(g)+CO_2(g)=\!=\!=CO(g)+H_2O(g)}$　$\Delta H=+41.1\ \mathrm{kJ\cdot mol^{-1}}$]

【学生设计】

反应 1：$\mathrm{H_2(g)+CO_2(g)\xlongequal{高温}CO(g)+H_2O(g)}$　　$\Delta H=+41.1\ \mathrm{kJ\cdot mol^{-1}}$

反应 2：$\mathrm{2H_2(g)+CO_2(g)\xlongequal{高温}C(s)+2H_2O(g)}$　　$\Delta H=-90.1\ \mathrm{kJ\cdot mol^{-1}}$

反应 3：$\mathrm{4H_2(g)+CO_2(g)\xlongequal{高温}CH_4(g)+2H_2O(g)}$　　$\Delta H=-164.9\ \mathrm{kJ\cdot mol^{-1}}$

【思考 6】从物质和能量角度对上述方案进行评价。

【学生回答】从物质角度看，反应 2 最适合，氢元素被完全利用；从能量角度看，反应 3 最适合，放热最多。

【讲解】物质转化时一定会伴随能量变化。通过焓变计算可以预测是否需要提供能量来维持化学反应的进行，或者是否可以利用化学反应释放的能量，从而合理利用航天器中有限的能量。

活动❷ 认识萨巴蒂尔反应

观察思考

【资料】实现萨巴蒂尔反应、电解水装置联合使用是目前一种真实研究的航天器内氧气再生方法。萨巴蒂尔反应将二氧化碳转化为甲烷和水，配合水的电解可以实现氧气的再生，该反应的实现可同时解决二氧化碳的清除问题。

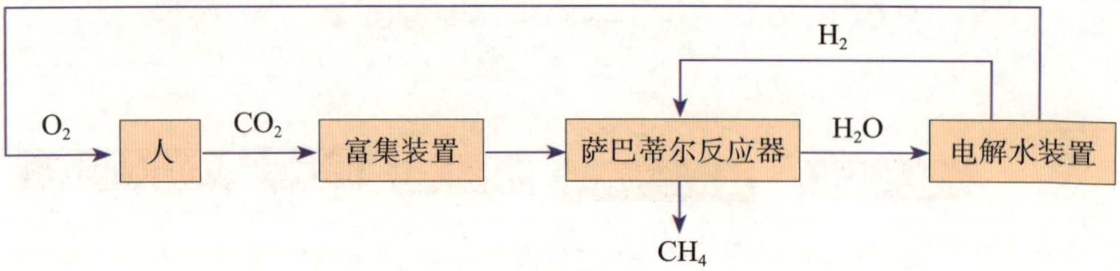

图 7-13　萨巴蒂尔反应器的作用

【讲解】萨巴蒂尔反应在 300 ~ 400℃时转化率较高，还需要催化剂。

萨巴蒂尔反应为：

$$CO_2 + 4H_2 \xrightarrow[\text{催化剂}]{300\sim400℃} CH_4 + 2H_2O$$

【思考 7】根据萨巴蒂尔反应的焓变，考虑如何控制反应器内的温度。

【学生回答】通过理论计算可知，萨巴蒂尔反应是放热反应（$\Delta H<0$）。为保证转化率，要控制反应器内的温度，将进入反应器的气体提前加热至反应温度。同时，反应器配有冷却装置，以便及时将过多的反应热传走。冷却装置传走的热量以及从反应器出来的气体带走的热量，还可以继续利用。

【思考 8】萨巴蒂尔反应有什么缺点？

【学生回答】萨巴蒂尔反应有 50% 的氢元素存在于甲烷中而没有得到利用。

【讲解】为了在利用氧元素的同时充分利用氢元素，人们正在寻找突破方法。

【思考 9】实现萨巴蒂尔反应，富集二氧化碳是重要环节，可以采用电化学方法进行富集，根据电化学方法富集二氧化碳装置（图 7-14）书写正、负极的电极反应式。

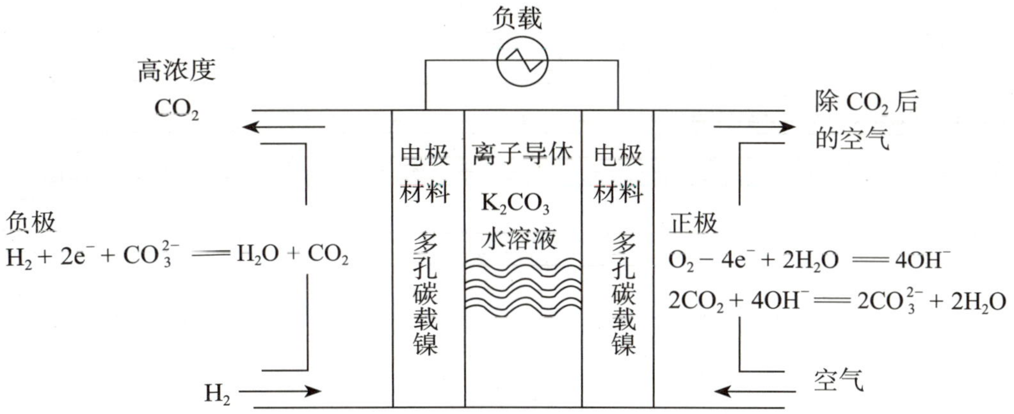

图 7-14　二氧化碳的电化学富集法示意图

分享评价

【学生活动】在正、负极处书写电极反应式，并展示、评价、纠错、完善。

活动③　讨论航天器上需要携带的物品或装置

交流研讨

【思考 10】为了保证萨巴蒂尔反应、电解水联合使用装置持续工作，航天器上需要携带哪些物品或装置？可选物品或装备为食物、水、液氢、液氧、化学电源、电解水装置、萨巴蒂尔反应器。请说明理由。

【学生回答】可选物品或装备为食物、水、液氢、液氧、化学电源、电解水装置、萨巴蒂尔反应器。

（1）物质角度：氢元素在萨巴蒂尔反应过程中有部分没有利用，需要额外携带氢元素，如氢气。食物氧化代谢过程中产生水，可以回收该部分水用于补充损失的氢元素。

（2）能量角度：由于萨巴蒂尔反应放热可用于为反应提供高温，电解水需要消耗电能，电能可以来自太阳能发电或化学电源。

【课后作业】绘制载人航天器循环海报，认识航天器中的能量转化与物质转化方式。

知识梳理

电化学认知模型如图 7-15 所示。

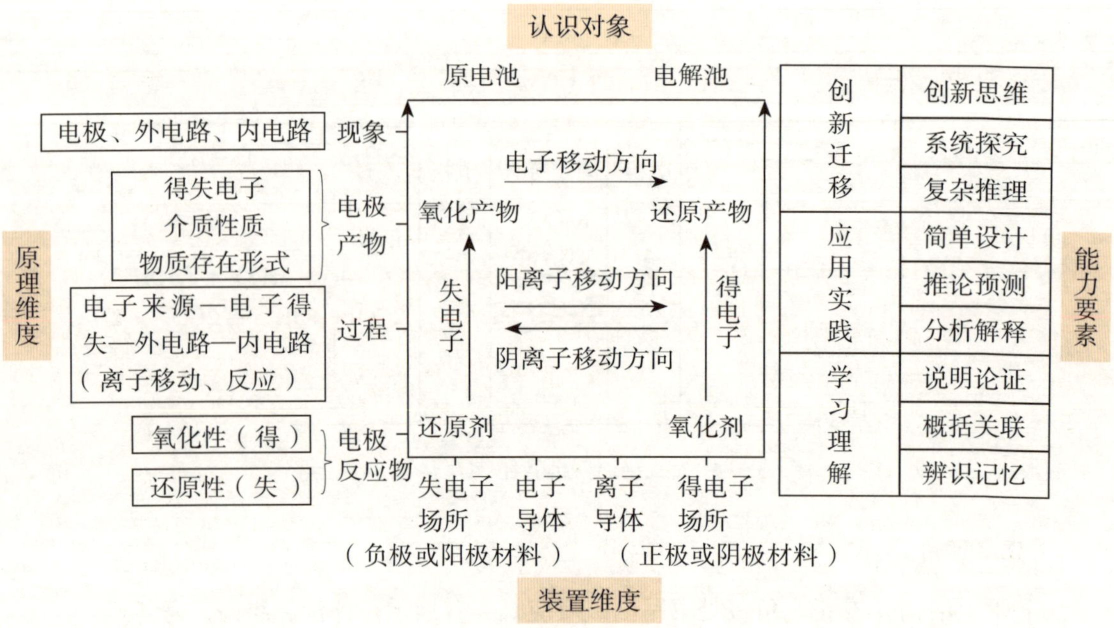

图 7-15　电化学认知模型

探究发现

本项目设计系列活动，引导学生在真实情境的问题解决中理解物质转化和能量转化的内涵。

（1）设计氢氧燃料电池并书写不同介质环境下的电极反应式，通过展示、评价、纠错、完善等环节，进一步认识电化学构成要素及其性质。

（2）根据培根型碱性氢氧燃料电池和质子交换膜氢氧燃料电池的相关资料，分析解决电解质稀释和变质问题。

（3）书写镉镍二次电池充电时的电极反应式，落实电化学基础知识及化学用语的正确表达。

（4）认识萨巴蒂尔反应实现氧气再生的原理，从物质转化和能量转化角度分析反应器内的温度控制问题。

（5）探究萨巴蒂尔反应、电解水联合使用装置持续工作，航天器上需要携带的物品或装置。

探索实践

（1）学生分组实验：运用电解水微型实验了解航天器能量储存系统工作原理。

（2）学生绘制载人航天器循环海报，认识航天器中的能量转化与物质转化方式。

观察思考

除了教材所给资料，本项目还以图表和信息等方式提供丰富素材，引导学生进行观察、分析和思考，培养学习能力和信息处理能力。

（1）展示几种航天器所用电源的性能对比表，学生提炼氢氧燃料电池的优势。

（2）展示培根型碱性氢氧燃料电池和质子交换膜氢氧燃料电池结构示意图，使学生能够分析并说明循环泵、流场板等设备和所选条件的作用。

（3）通过质子交换膜氢氧燃料电池演示实验，使学生认识质子交换膜的作用。

（4）通过氢氧燃料电池 Nafion 膜功能简介，引导学生开拓视野，认识膜在电化学中作为离子导体的基本原理。

（5）提供电化学富集二氧化碳的示意图，学生根据图示正确书写电极反应式。

七、学科大概念统摄下的微项目内容梳理

本项目旨在解决航天器中化学电源的优化以及氧气再生方案的设计问题。通过复杂情境下的真实问题的解决，可以激发学生的兴趣，并使他们体会电化学以及热化学知识的实际应用价值；引导学生形成兼顾物质变化与能量转化，并关注二者之间联系的问题解决思路，构建整体和系统的化学思维。具体实施过程中，首先按照课标要求制订教学目标、梳理知识框架，并基于学科大概念进行知识层级划分，剖析学生认知水平和学习特点，设置具有递进性、探索性、广延性的任务，通过真实情境的问题解决，实现“教、学、评”一体化。

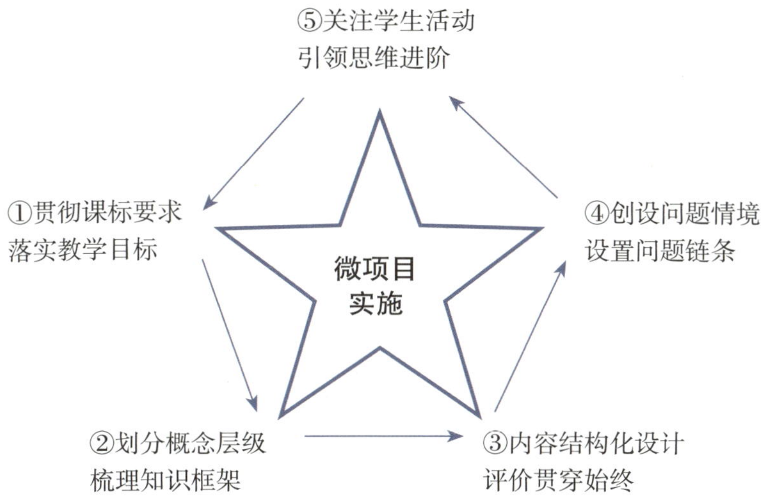

图 7-16　微项目“设计载人航天器用化学电池与氧气再生方案”内容梳理示意图

八、学科大概念统摄下的微项目学习评价

表 7–3 微项目“设计载人航天器用化学电池与氧气再生方案”整体学习评价量表

<table>
<tr><th colspan="2" rowspan="2">评价内容</th><th rowspan="2">评价指标</th><th colspan="3">评分</th></tr>
<tr><th>自评</th><th>互评</th><th>师评</th></tr>
<tr><td rowspan="10">表现性评价</td><td rowspan="2">课堂综合</td><td>上课专注、积极思考、积极参与活动</td><td></td><td></td><td></td></tr>
<tr><td>能独立思考，具有创造性思维，能提出不同的方法解决问题</td><td></td><td></td><td></td></tr>
<tr><td rowspan="5">研究学习</td><td>能有效提取资料中的关键信息</td><td></td><td></td><td></td></tr>
<tr><td>能依据资料进行有逻辑的推理、分析</td><td></td><td></td><td></td></tr>
<tr><td>能设计科学、合理的对比实验</td><td></td><td></td><td></td></tr>
<tr><td>能得出科学、合理的实验结果</td><td></td><td></td><td></td></tr>
<tr><td>能对实验现象、结果进行精准表述</td><td></td><td></td><td></td></tr>
<tr><td rowspan="3">表达交流</td><td>勇于表达自己的观点，条理清晰</td><td></td><td></td><td></td></tr>
<tr><td>擅于与他人合作，虚心听取别人意见</td><td></td><td></td><td></td></tr>
<tr><td>能对项目成果进行生动展示</td><td></td><td></td><td></td></tr>
<tr><td rowspan="8">结果性评价</td><td rowspan="4">成果完成</td><td>能归纳、提炼载人航天器的电源配置与氧气再生的一般思路</td><td></td><td></td><td></td></tr>
<tr><td>能对电池结构的改进完善方法进行推理证明</td><td></td><td></td><td></td></tr>
<tr><td>能归纳、提炼所涉及的能量转化与物质转化方式</td><td></td><td></td><td></td></tr>
<tr><td>能认识化学反应焓变的实际价值</td><td></td><td></td><td></td></tr>
<tr><td rowspan="4">知识生成</td><td>知道原电池和电解池的工作原理</td><td></td><td></td><td></td></tr>
<tr><td>理解氧化还原反应规律在电化学中的作用</td><td></td><td></td><td></td></tr>
<tr><td>认识能量转化与物质转化方式</td><td></td><td></td><td></td></tr>
<tr><td>能准确完成单元项目检测</td><td></td><td></td><td></td></tr>
<tr><td colspan="2" rowspan="2">赋值方法</td><td colspan="4">完全能做到：3 分　部分能做到：2 分
偶尔能做到：1 分　完全做不到：0 分</td></tr>
<tr><td colspan="4">自评 30%　互评 30%　师评 40%</td></tr>
<tr><td colspan="2">总成绩</td><td colspan="4"></td></tr>
</table>

【北京钱学森中学　郭春红】

微项目 8 探讨如何利用工业废气中的二氧化碳合成甲醇

——化学反应选择与反应条件优化

扫码查阅教材微项目原文

任务 1：设计并选择合适的化学反应

任务 2：选择适宜的反应条件

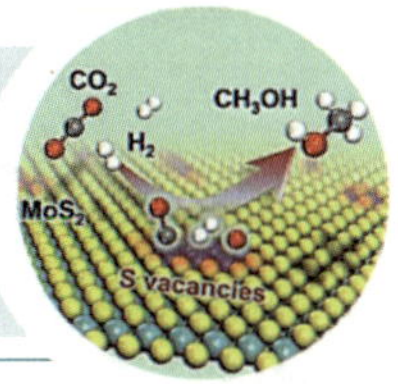

一、学科大概念统摄下的微项目设计概述

1. 设计意图

本项目设计以“化学反应有一定的限度、速率，是可以调控的”这一大概念为统领，解决真实背景下的实际问题。依托认识发展理论和项目式教学理论，本项目以“利用工业废气中的二氧化碳合成甲醇”为主驱动任务，引导学生从了解二氧化碳对环境产生的系列影响入手，结合对“碳达峰”“碳中和”的认识，思考化学学科在“碳中和”中所能发挥的作用，分析、解决二氧化碳转化为甲醇的实际问题。学生通过自主调用速率、平衡的理论知识，分析数据图表，进行解释和论证，最终选择适宜的反应条件。本项目的学习既能引导学生拓展认识化学反应的维度，又能对化学反应条件的选择以及条件之间的相互影响形成结构化、系统化的认识，最终形成设计化学反应解决实际问题和选择反应条件的一般思路。本项目引导学生从学科思想方法层面、创新思维层面，落实“证据推理与模型认知”“变化观念与平衡思想”化学学科核心素养；通过课程思政，发展 学生的“科学态度与社会责任”化学学科核心素养。

图 8-1　微项目“探讨如何利用工业废气中的二氧化碳合成甲醇”设计思路

2. 功能价值

（1）促进“变化观念与平衡思想”化学学科核心素养的发展。

本项目要求学生能从原子、分子水平分析常见物质及其反应，运用化学符号说明物质的组成及其变化，打破对物质转化认识的壁垒；进一步树立“化学变化是有条件的”观念，认识反应条件对化学反应速率和化学平衡的影响。

（2）促进“证据推理与模型认知”化学学科核心素养的发展。

本项目在实施过程中使用大量的数据图表，力图加强学生的证据意识，引导他们运用实验数据、图表论证自己的结论，诊断和发展在复杂情境中分析问题、解决问题的逻辑推理能力；在分析数据图表的关键数据点时，使学生能够关联主副反应、速率与平衡以及反应条件之间的相互影响，培养学生的系统思维能力。

（3）促进“科学态度与社会责任”化学学科核心素养的发展。

“二氧化碳资源化”与“废气、温室气体”的认知冲突，可以进一步激发学生“绿色化学”观念的形成，引导他们运用所学知识探讨该化学过程对社会可持续发展可能带来的影响。完整的项目学习过程能够让学生体验运用学科知识解决问题的过程，加深学生对学科价值的深刻认识，引导他们感知化学学科的魅力、产生学科认同感。

3. 学情分析

（1）学生已有知识与能力：

从物质转化的角度看，学生对物质二氧化碳和氢气的化学性质已有一定认识。从物质转化的条件看，学生已知道化学反应过程中伴有能量变化，在前期学习中能够通过对比热化学反应方程式中的焓变数值筛选合适的化学反应，但认识角度较为单一。通过对“化学反应的方向、限度与速率”的学习，学生能够运用有效碰撞理论、活化分子理论分析影响化学反应速率的外界条件；能够基于 K、Q 的关系，分析改变化学平衡状态的条件。

（2）学生学习障碍点：

从学生心理状态看，由于多数学习内容来源于教科书，学生对于陌生反应有畏难情绪。另外，由于他们并不了解真实的科研过程，课本知识与 STSE 知识割裂，致使学生对于教师选择的陌生问题带有抵触心理，对学习过程缺乏自信。对于陌生反应，学生很难创造性地设计二氧化碳的转化。在反应条件的选择层面，前期的学习主要是基于单一反应体系，学生从未系统分析过含有主副反应的复杂多平衡体系，对实现原料的高转化率和反应的高速率所需要的条件相互矛盾的情况下的反应条件选择不甚清楚。

（3）学生学习发展点：

利用元素守恒的知识书写反应是设计化学反应的第一步，基于化学反应方向和真实情境中气体含量等问题确定研究对象是最具有挑战性的一步。在系统分析数据的过程中，关注主副反应之间的相互影响、化学反应速率和化学反应限度之间的平衡、反应条件如催化剂与温度变化之间的关系等，可以促进学生在化学反应条件选择方面整体认识的发展，使他们形成合理选择反应条件的认识思路。通过完整的项目实施，可以引导学生构建解决同类问题的思路方法。

二、学科大概念统摄下的微项目知识结构

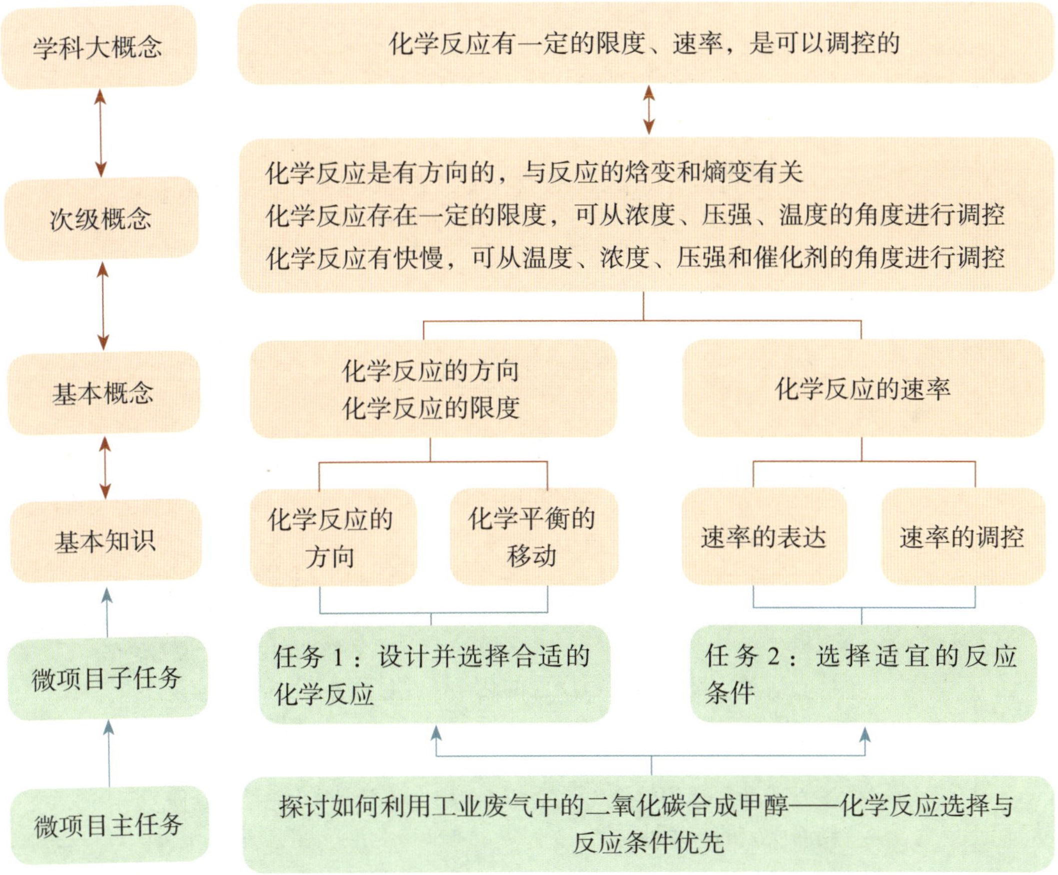

图 8–2　微项目“探讨如何利用工业废气中的二氧化碳合成甲醇”知识结构示意图

三、学科大概念统摄下的微项目学习目标

（1）通过设计转化反应、书写陌生反应，从元素视角关注物质的组成、性质和变化。基于焓变、熵变，判断反应的自发性，意识到化学反应能否自发进行是问题研究

的第一步，了解焓变、熵变是判断反应方向的重要依据，发展“证据推理与模型认知”化学学科核心素养。

（2）通过为反应选择适宜的反应条件，认识“化学反应有一定的限度、速率，是可以调控的”。从能量、速率、限度多角度分析利用二氧化碳合成甲醇的变化，发展“变化观念与平衡思想”“证据推理与模型认知”化学学科核心素养。

（3）通过整个微项目，探讨现代社会亟待解决的“碳排放”真实问题，建构设计和调控化学反应以解决实际问题的思维模型，发展“证据推理与模型认知”“科学态度与社会责任”化学学科核心素养。

四、学科大概念统摄下的微项目活动规划

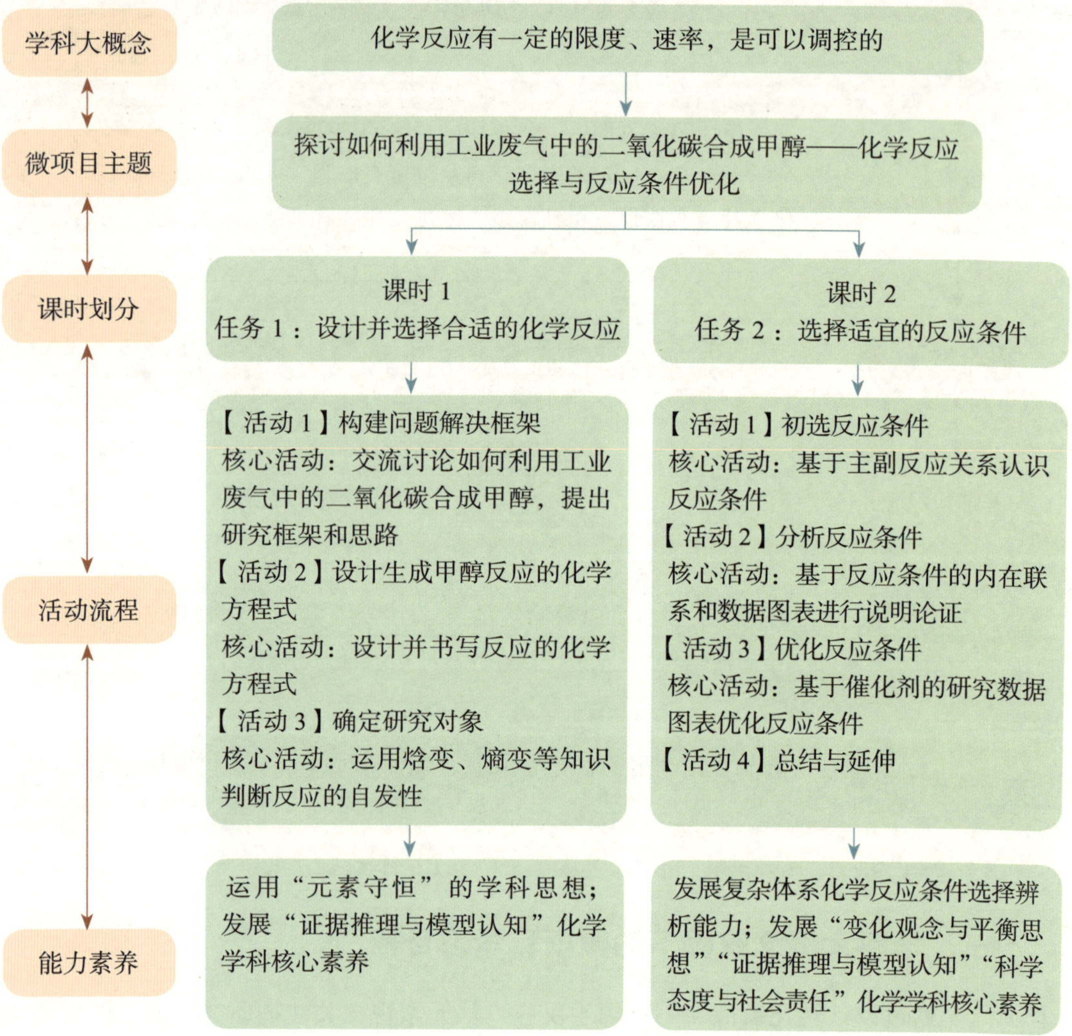

图 8-3　微项目“探讨如何利用工业废气中的二氧化碳合成甲醇”活动规划示意图

五、学科大概念统摄下的微项目活动导引

气候变化是人类面临的全球性问题。随着各国二氧化碳的排放，温室气体猛增，对生命系统形成威胁。在这一背景下，世界各国以全球协约的方式减排温室气体，我国由此提出“碳达峰”和“碳中和”目标。“碳达峰”是指某个地区或行业年度二氧化碳排放量达到历史最高值，然后经历平台期进入持续下降的过程。“碳中和”是指国家、企业、产品、活动或个人在一定时间内直接或间接产生的二氧化碳等温室气体排放量，通过植树造林、节能减排等形式，以抵消自身产生的二氧化碳等温室气体排放量，实现正负抵消，达到相对“零排放”。

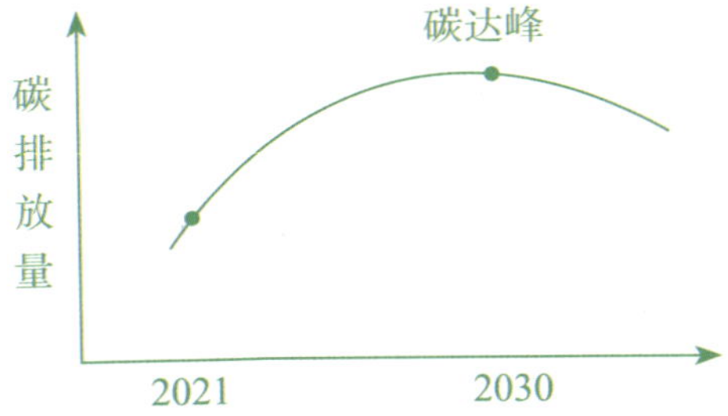

图 8-4　碳达峰

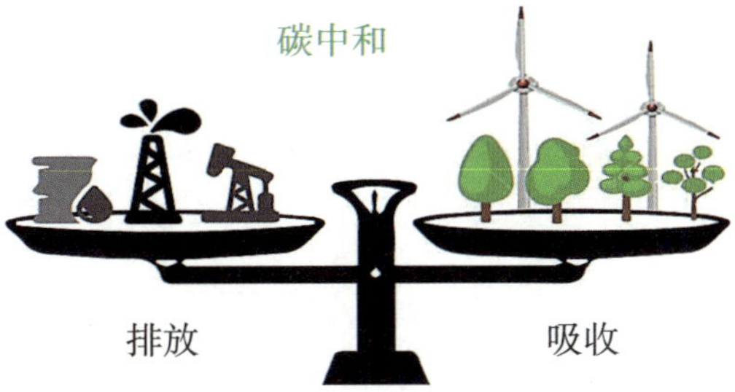

图 8-5　碳中和

化学知识在“碳中和”过程中可以做些什么呢？我们可以利用化学知识在源头上减少碳排放，也可以利用化学知识将二氧化碳气体进行转化。甲醇是基础有机化工原料。在化石能源逐渐枯竭的今天，二氧化碳作为含量丰富的碳源进入科学家的视野。那么，二氧化碳如何转化为甲醇？这种转化的快慢如何，限度怎样，能否大规模实现工业生产？让我们一起来探究如何利用工业废气中的二氧化碳合成甲醇吧！

六、学科大概念统摄下的微项目活动实施

任务 1　设计并选择合适的化学反应

活动❶　构建问题解决框架

自主学习

资料 1：工业废气

工业废气指企业厂区内燃料燃烧和生产工艺过程中产生的各种排入空气的

含有污染物气体的总称。这些废气主要包括二氧化碳、二硫化碳、硫化氢、氮氧化物、一氧化碳等气体以及烟尘与生产性粉尘固体颗粒。这些气体和粉尘排入大气，会污染空气。这些物质会经过呼吸道进入人的体内，有的直接产生危害，有的有蓄积作用，同样给人的身体健康带来危害。

资料 2：工业废气中碳氧化物监测数据

表 8–1　工业废气中碳氧化物的含量

采样点	$\varphi(CO_2)/\%$	$\varphi(CO)/10^{-6}$
1	6.76	45
	8.43	61
	9.83	61
	9.29	59
	9.24	58
2	10.20	68
	10.40	65
	9.70	68
	10.70	142
	10.40	66

阅读以上资料，思考问题：如何利用工业废气中的二氧化碳合成甲醇？请提出研究框架和思路。

我们首先要确定合成甲醇的原料来源，根据甲醇的化学式 CH_3OH，可以推出反应物中必须含有碳元素、氢元素和氧元素。一个反应物是二氧化碳，另一个则可能是氢气或者水，我们要尝试设计出这个反应。设计出的反应是否都能够进行实际生产呢？我们要利用“工具”判断一下反应的自发性问题。当明确研究对象后，则要考虑反应条件的选择问题，即要让产品生产得又“多”又“快”。

图 8–6　利用二氧化碳合成甲醇的研究框架

活动❷ 设计生成甲醇反应的化学方程式

利用工业废气中的二氧化碳合成甲醇，还需要寻找氢源。请以工业废气中的二氧化碳为基本碳源，以氢气或水为基本氢源，设计生成甲醇反应的化学方程式。

（1）$CO_2(g) + 3H_2(g) \xlongequal{\quad} CH_3OH(g) + H_2O(g)$

（2）$CO_2(g) + 2H_2O(g) \xlongequal{\quad} CH_3OH(g) + \frac{3}{2}O_2(g)$

活动❸ 确定研究对象

交流研讨

选择哪个反应作为研究对象呢？请说明选择的依据或理由。

分享评价

从准确性、多样性多角度进行倾听与评价。

表 8-2 学习活动评价要点

指标	评价要素
准确性	方程式书写正确，化学用语等无科学性错误
多样性	水平 1：从原料来源是否易得的角度选择反应
	水平 2：从经验上判断反应是否容易发生的角度选择反应
	水平 3：从反应原理的角度（吉布斯自由能）说明选择反应的依据

有的学生认为氢气较之水价格更昂贵，因此从原料的来源及价格的角度选择了反应（2）；也有的学生认为很多物质燃烧可以得到水和二氧化碳，用水和二氧化碳去合成甲醇是很难实现的，因此选择了反应（1）。判断一个化学反应能否自发进行，我们有一个重要的工具——吉布斯自由能。通过反应的焓变、熵变数值，我们可以大致判断这个反应进行的方向。

表 8-3 反应（1）（2）的焓变和熵变数据

反应	$\Delta H/(kJ \cdot mol^{-1})$	$\Delta S/(J \cdot mol^{-1} \cdot K^{-1})$	T/K
（1）	−48.97	−177.16	298
（2）	+676.48	−43.87	298

［注］①以上均为物质在标准态时的数据。

②标准态：浓度 $1\ mol \cdot L^{-1}$，298 K，各气体分压为 1×10^5 Pa。

③假设反应的焓变和熵变不随温度的改变而变化。

通过表 8-3 的数据，你有结论了吗？分别对两个反应进行计算，可以看出两者的吉布斯自由能变均大于零，但反应（1）的数值明显小于反应（2），反应（1）在较低温度下还是可以自发进行的。所以从反应自发性的角度选择反应（1）更加合适。

知识梳理

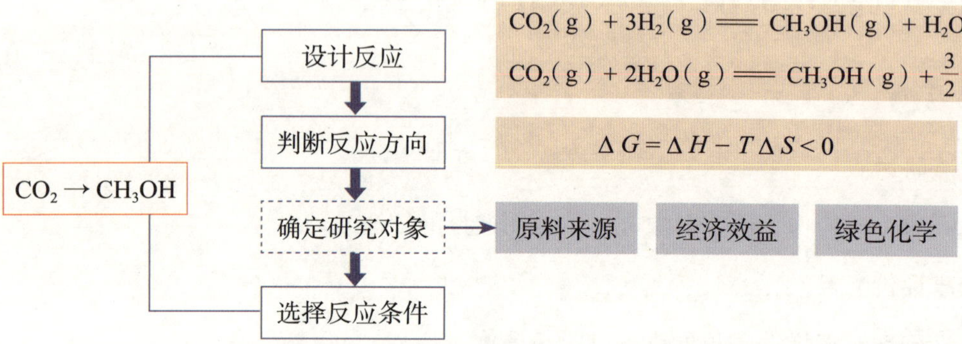

图 8-7　构建二氧化碳制甲醇的问题解决模型

任务 2　选择适宜的反应条件

活动❶　初选反应条件

根据相关文献，二氧化碳加氢制甲醇的过程一般有下列反应：

$$CO_2(g) + 3H_2(g) \rightleftharpoons CH_3OH(g) + H_2O(g) \qquad \Delta H = -49.16\ kJ \cdot mol^{-1}$$

$$CO_2(g) + H_2(g) \rightleftharpoons CO(g) + H_2O(g) \qquad \Delta H = +41.17\ kJ \cdot mol^{-1}$$

思考问题：给二氧化碳加氢制甲醇选择的合适的反应条件是什么？

二氧化碳加氢制甲醇的反应是一个正反应方向放热且气体体积减小的可逆反应。从加快化学反应速率的角度看，可以选择升高反应温度、增大体系压强、增大反应物浓度或者使用催化剂的方法。从反应限度的角度看，为了促进平衡正向移动，产生更多的甲醇，可以采用降低温度、增大体系压强、增大反应物浓度这样的方法。

有的学生会关注到第二个反应，即副反应 $CO_2(g) + H_2(g) \rightleftharpoons CO(g) + H_2O(g)$。这是一个正反应方向吸热且反应前后气体体积不变的可逆反应。从化学反应速率的角度看，升高反应温度、增大体系压强、增大反应物浓度同样可以加快副反应的反应速率。从反应限度的角度看，升高温度会促进该平衡正向移动。因此，升高温度是不利于主反应正向进行的。

此外，还有学生会注意到在第 1 课时选择二氧化碳加氢制甲醇这个反应时，较低温度是有利于该反应自发进行的。

综合上述分析，在选择化学反应条件时，我们要从影响化学反应速率的因素和平衡移动的角度综合分析，还要关注反应的复杂性，即主副反应会同时发生。

$$CO_2(g) + 3H_2(g) \rightleftharpoons CH_3OH(g) + H_2O(g) \qquad \Delta H = -49.16\ kJ \cdot mol^{-1}$$

基于速率　较高氢碳比　增大压强　升高温度　催化剂

基于平衡　较高氢碳比　增大压强　降低温度

图 8-8　温度对产率的影响

活动❷　分析反应条件

交流研讨

在为二氧化碳加氢制甲醇的反应选择适宜的反应条件时，应当考虑哪些因素？请说明选择这些条件的理由。

$$CO_2(g) + 3H_2(g) \rightleftharpoons CH_3OH(g) + H_2O(g) \qquad \Delta H = -49.16\ kJ \cdot mol^{-1}$$

思考问题：

（1）为什么调反应限度的时候要从温度、压强和反应物浓度这三个角度去考虑？

（2）调整反应物浓度时，是只调 CO_2 的浓度还是只调 H_2 的浓度，或者两种物质的浓度均要调整？

（3）为什么在调速率时会选择升高温度、增大压强还有使用催化剂？

化学平衡的移动可以通过 K、Q 的关系进行判断。当 $K = Q$ 时，化学反应处于平衡状态，不发生移动；当 $Q < K$ 时，平衡将正向移动；当 $Q > K$ 时，平衡将逆向移动。如何实现 $K \neq Q$ 呢？第一种方法是改变 K 的大小，化学平衡常数 K 是温度的函数。对于放热反应来说，升高温度，K 会减小；对于吸热反应来说，升高温度，K 会增大。二氧化碳加氢制甲醇的反应是一个放热反应，若令 K 增大，则要相对降低反应温度。第二种方法是调 Q 的大小，Q 与反应物的浓度有关。通过 Q 的表达式：$Q=\frac{c(CH_3OH)\cdot c(H_2O)}{c(CO_2)\cdot c^3(H_2)}$，可以看出若令 $Q<K$，则需令 Q 值减小，即减小生成物的浓度或者增大反应物的浓度。

有的学生认为，可以通过勒夏特列原理来分析平衡的移动方向，如二氧化碳加氢制甲醇的正反应方向气体体积减小，因此可以通过增大压强的方式促进平衡正向移动。增大压强实际上是同等程度地改变各气体的浓度，从本质上来说改变的还是 Q 的大小。

那么，我们究竟调整哪种反应物的浓度呢？有的学生认为，应该调整二氧化碳气体的浓度，因为氢气成本较高；也有的学生认为，应该调整氢气的浓度，因为在该反应的平衡常数的表达式里氢气的浓度是 3 次方，在改变同样倍数的浓度时，调整氢气的浓度会更大程度地改变 Q 值。事实上，工业废气中二氧化碳的浓度几乎是不变的，我们可以从本书第 152 页资料 2 中发现这一特点。结合以上分析，在调整反应物的浓度时，调整氢气的浓度更有价值，工业上则采用调整氢碳比这一方法来实现反应物浓度的改变。

从化学反应速率的角度分析，核心在于改变活化能或改变活化分子数。当温度升高时，单位体积内活化分子数增多，因此化学反应速率会加快；当增大浓度时，同样也是增大了单位体积内的活化分子数；当使用催化剂时，则是改变了反应的活化能，从而加快化学反应速率，同时催化剂的活性也会受到温度的影响。

方法梳理

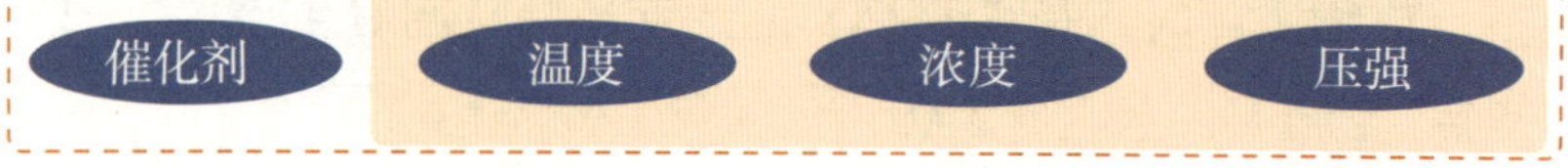

图 8-9　单一反应体系选择化学反应条件的一般思路

观察思考

对下列数据图表进行论证，看一看哪一组数据可以支持刚才的推论。

表 8-4 不同氢碳比对反应的影响

H_2/CO_2	$\alpha(CO_2)$/%	$\varphi(CH_3OH)$/%
2	11.63	3.04
3	13.68	4.12
5	15.93	5.26
7	18.71	6.93

[注] ①α 为转化率，φ 为产率，反应条件为温度 553 K、总压 2 MPa，催化剂为 CuO-ZnO-Al_2O_3。

②在等温条件下，气体的总压不变，各气体的物质的量比值不变，则各气体的浓度就不变。

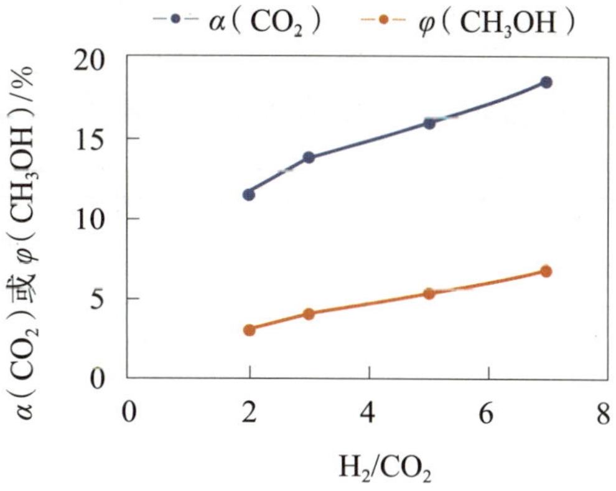

图 8-10 氢碳比对 CO_2 转化率和 CH_3OH 产率的影响

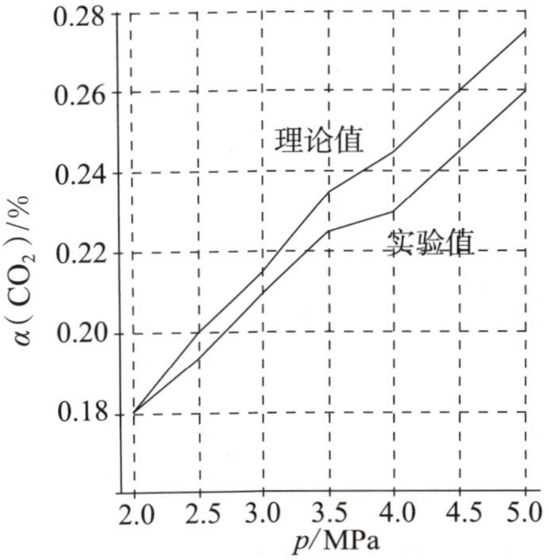

图 8-11 压强对 CO_2 转化率的影响

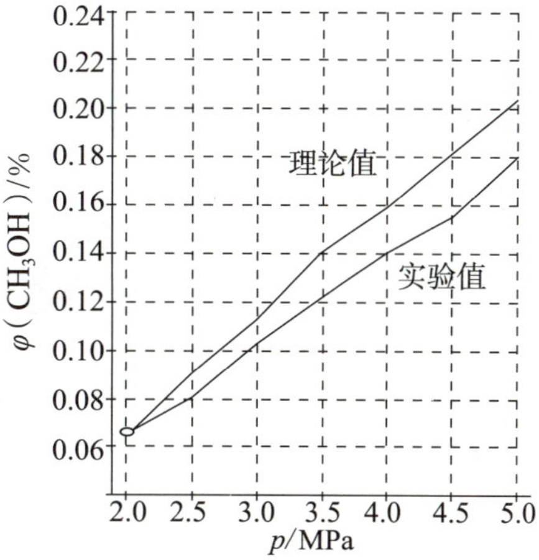

图 8-12 压强对 CH_3OH 产率的影响

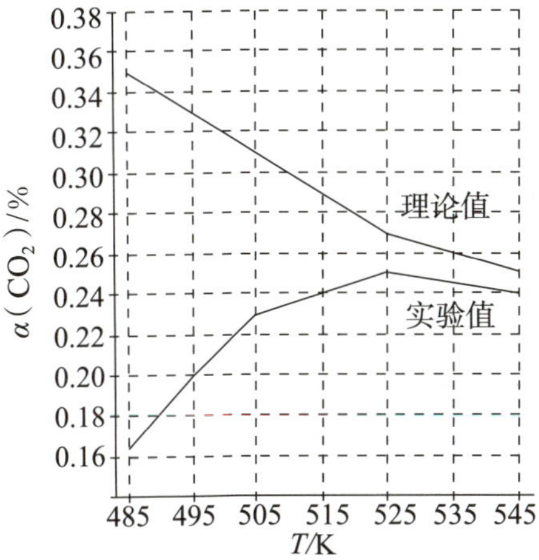

图 8-13 温度对 CO_2 转化率的影响

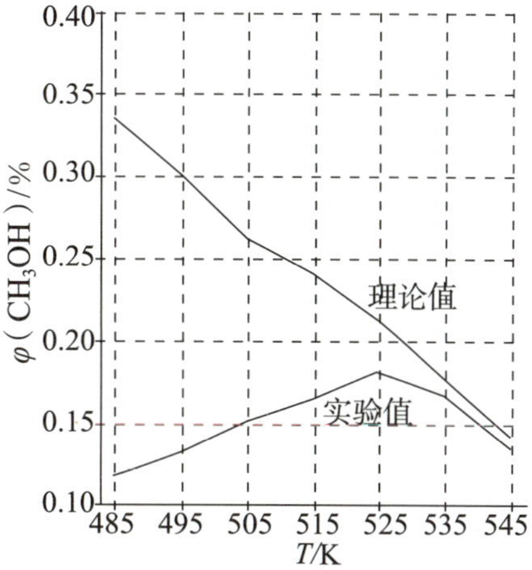

图 8-14 温度对 CH_3OH 产率的影响

思考：为什么甲醇的产率先增大后减小?

从图 8-10、图 8-11、图 8-12 中可以看出，增大氢碳比与增大压强对平衡和速率的影响结果是一致的。在温度这个影响因素上，图 8-13、图 8-14 反映出一些与推测不一致的地方。

主反应：$CO_2(g) + 3H_2(g) \rightleftharpoons CH_3OH(g) + H_2O(g)$ $\Delta H = -49.16\ kJ \cdot mol^{-1}$

副反应：$CO_2(g) + H_2(g) \rightleftharpoons CO(g) + H_2O(g)$ $\Delta H = +41.17\ kJ \cdot mol^{-1}$

从反应热的角度看主反应，温度升高有利于增加反应速率，但不利于平衡正向移动。从主副反应的竞争关系看，主副反应同时发生，副反应是吸热反应，升高温度有利于副反应的发生，导致更多副产物的产生，降低了主反应产物的产率。从催化剂的角度看，催化剂一般有最佳活性温度。当温度升高时，有可能造成催化剂失活，从而导致甲醇产率下降。

方法梳理

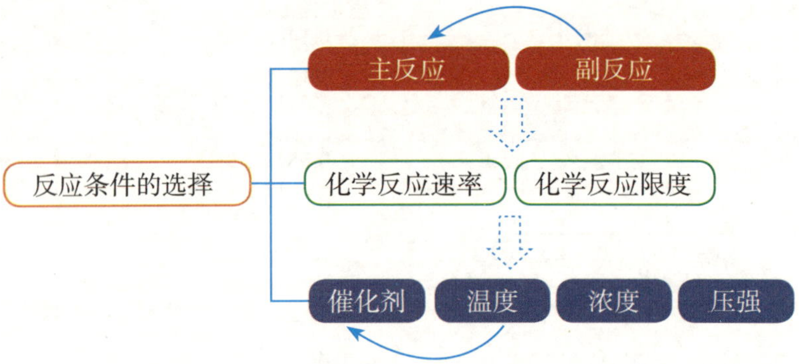

图 8-15 复杂反应体系选择化学反应条件的一般思路

活动3 优化反应条件

观察思考

请根据下列数据图表，为二氧化碳加氢制甲醇选择合适的反应条件。此外，还可以在哪些方面对反应进行优化?

表 8-5　压强对催化活性的影响

压强 /MPa	$\alpha(CO_2)$/%	$\varphi(CH_3OH)$/%
1	11.77	1.79
2	13.68	4.12
3	16.65	6.27

［注］反应条件：温度 240℃，H_2/CO_2=3 : 1，催化剂为 $CuO-ZnO-Al_2O_3$

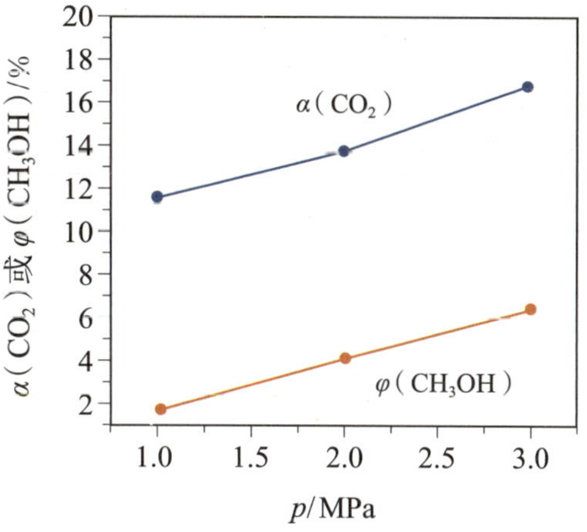

图 8-16　压强对 CO_2 转化率和 CH_3OH 产率的影响

表 8-6　反应温度对催化活性的影响

温度 /℃	$\alpha(CO_2)$/%	$\varphi(CH_3OH)$/%
200	4.93	2.42
220	9.77	3.00
240	14.83	3.67
260	17.75	3.34
280	20.01	2.28
300	22.38	1.43

［注］反应条件：压强 2 MPa，H_2/CO_2=3 : 1，催化剂为 $CuO-ZnO-Al_2O_3$

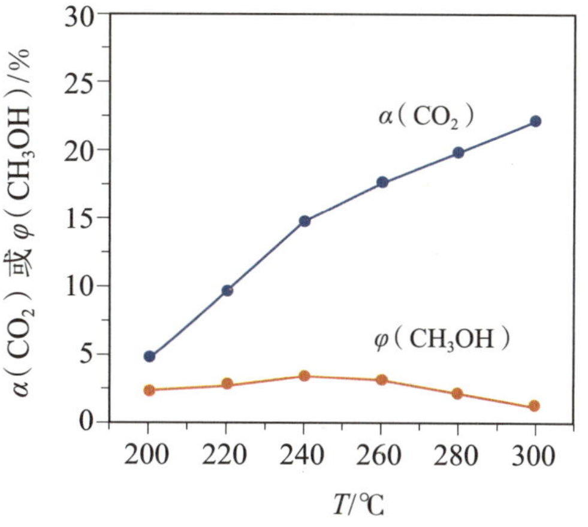

图 8-17　反应温度对催化剂活性的影响

表 8-7　Cu/Zn 比对催化活性的影响

Cu/Zn	$\alpha(CO_2)$/%	$S(CH_3OH)$/%	$S(CO)$/%	$\varphi(CH_3OH)$/%
1/2	13.12	25.00	75.00	3.41
2/3	13.45	28.46	71.54	3.82
1	13.68	30.11	69.89	4.12
3/2	13.52	27.45	72.55	3.71
2	11.73	27.32	72.68	3.24

［注］反应条件：温度 240℃，压强 2 MPa，H_2/CO_2=3 : 1，催化剂为 $CuO-ZnO-Al_2O_3$

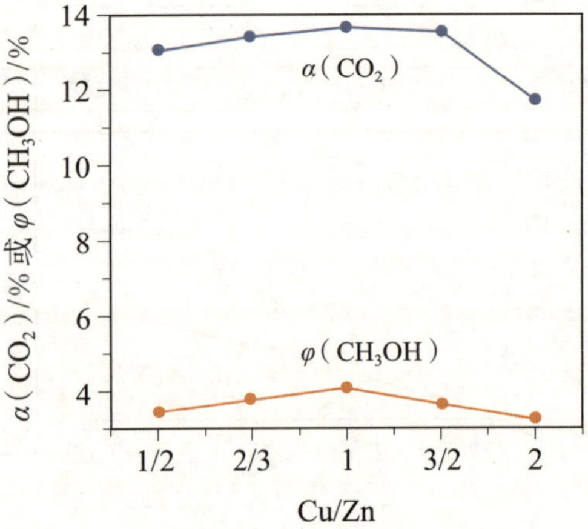

图 8-18　Cu/Zn 比对催化剂性能的影响

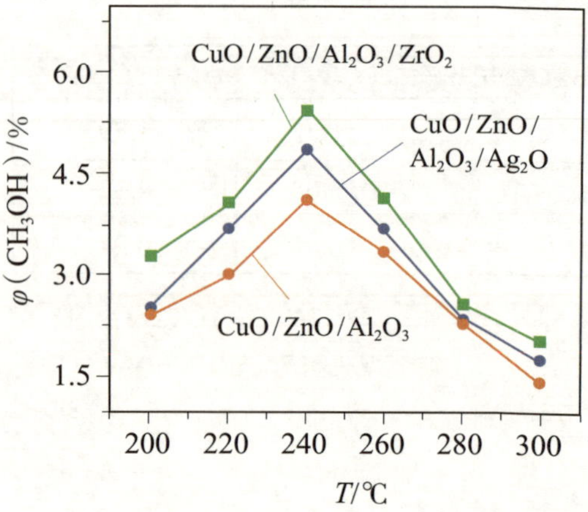

图 8-19　温度对不同催化剂的影响

表 8-8　助剂对 CuO-ZnO-Al_2O_3 催化剂上 CO_2 加氢合成甲醇反应的影响

催化剂	$\alpha(CO_2)$/%	$\varphi(CH_3OH)$/%
$CuO/ZnO/Al_2O_3$	13.68	4.12
$CuO/ZnO/Al_2O_3/CeO_2$	10.61	6.37
$CuO/ZnO/Al_2O_3/Ag_2O$	14.87	4.85
$CuO/ZnO/Al_2O_3/MnO$	11.10	2.81
$CuO/ZnO/Al_2O_3/ZrO_2$	15.66	5.43
$CuO/ZnO/Al_2O_3/La_2O_3$	12.18	3.54
$CuO/ZnO/Al_2O_3/Fe_2O_3$	10.14	3.86

从表 8-5 和图 8-16 数据可以看出，在该实验条件下，当压强为 3 MPa 时，甲醇的产率最大。这与预测的增大压强将促进二氧化碳加氢制甲醇的平衡正移是一致的。表 8-6 和图 8-17 数据是温度对催化剂活性的影响，可以看出在该反应条件下，甲醇的产率在 240℃时达到峰值，而二氧化碳的转化率一直增大，这与之前讨论的副反应平衡正移、反应速率加快有关。本组数据也告诉我们，反应条件中选择的最佳温度可能最终取决于催化剂的最佳活性温度。表 8-7、图 8-18、表 8-8、图 8-19 数据都在描述催化剂的最佳组成配比，帮助我们进一步了解到科学家在研究催化剂时，就像研究数学里的排列组合，有很多种可能性，可以不断地进行优化，最佳的催化剂一定是经过千万次的实验验证和筛选的。

尽管科学家在温度、压强、氢碳比、催化剂等方面进行了诸多研究，但甲醇的产率依然有限。那么，还可以从哪些方面进行优化呢？当然，还有可做的事情，如解决当前氢气工业化生产的瓶颈问题，以及二氧化碳的收集、储存等。

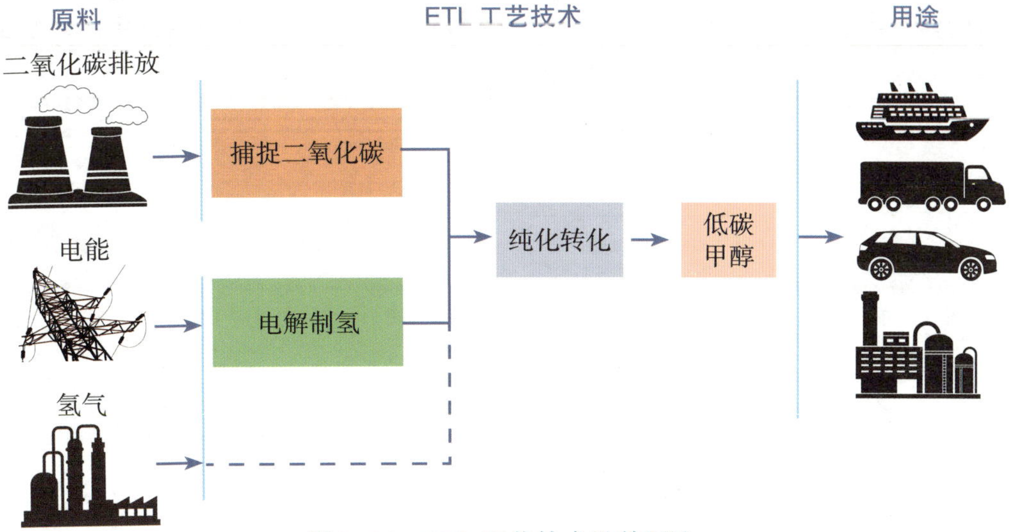

图 8-20　ETL 工艺技术及其用途

活动④ 总结与延伸

观察思考

你对二氧化碳有哪些新的了解？你对“碳中和”有哪些新的认识？

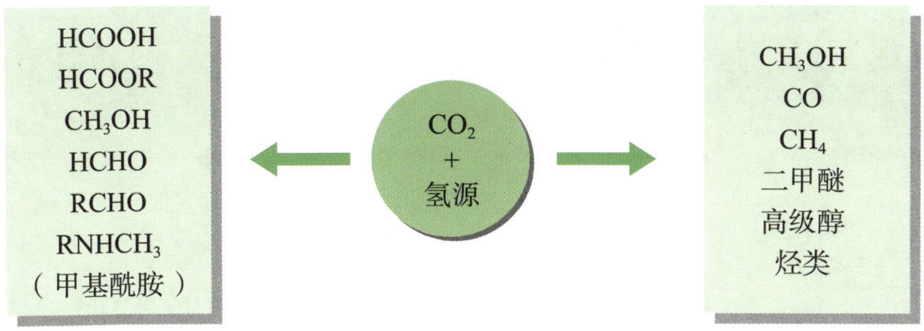

图 8-21　将 CO_2 还原为化学品和燃料

二氧化碳作为自然界物质循环的基本组分之一，也是大气中最广泛的碳源。在自然界碳循环中，二氧化碳能够通过海水、生物质以不同的形式得到吸收和固定，以维持整体的碳平衡。人类活动的增加、化石燃料的消耗等利用碳氢化合物的过程，使二氧化碳在大气中的浓度快速增长。虽然二氧化碳是温室气体的主要成分之一，但二氧化碳也可以作为无毒无害、廉价易得的碳资源，作为绿色原料通过资源化利用合成高附加值的精细化工产品，这种转化也可依据二氧化碳制甲醇的思路方法来进行研究。这其中的过程也许比我们想象的更加复杂，但依然要相信科学的力量，相信化学学科在维护地球环境、构建人与自然生命共同体中所起到的重要作用。

方法梳理

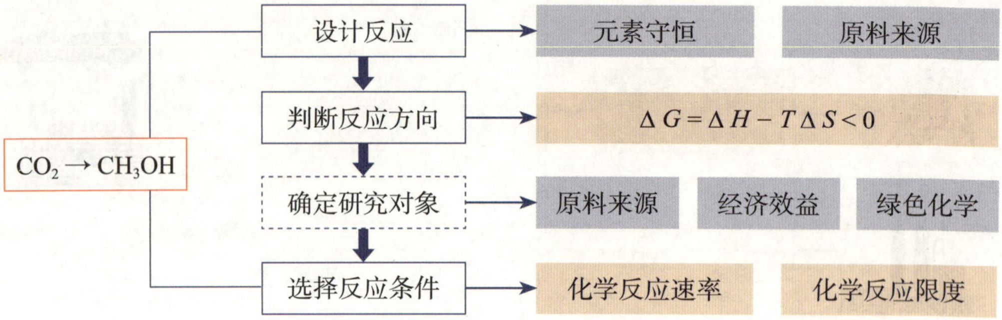

图 8-22　二氧化碳合成甲醇的方法流程

知识梳理

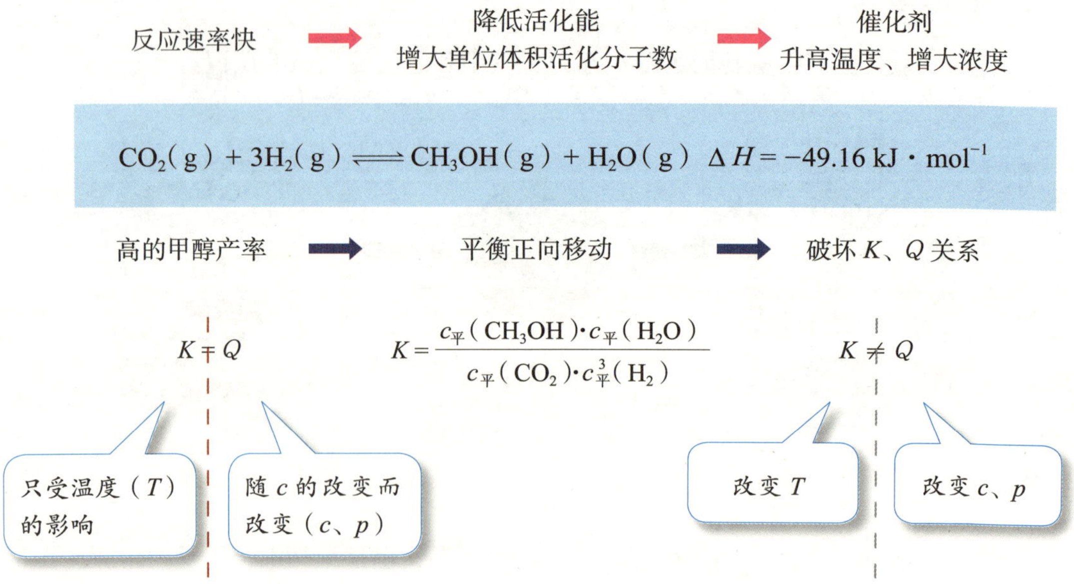

图 8-23　二氧化碳合成甲醇的知识梳理

七、学科大概念统摄下的微项目内容梳理

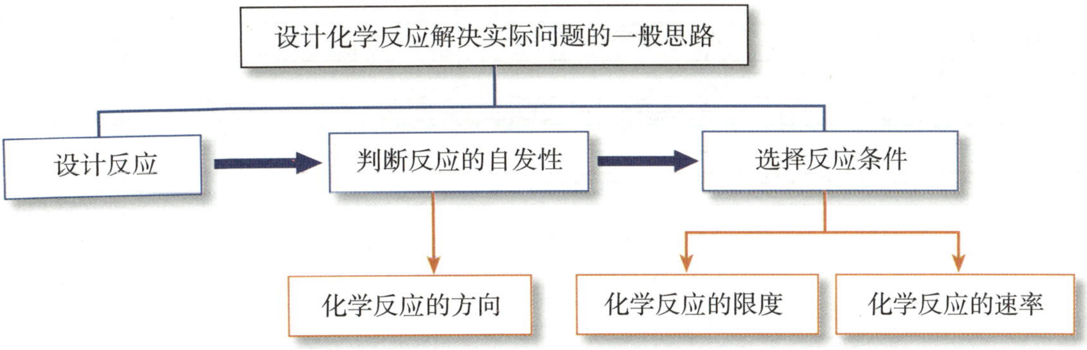

图 8–24 微项目“探讨如何利用工业废气中的二氧化碳合成甲醇”内容梳理示意图

八、学科大概念统摄下的微项目学习评价

表 8–9 微项目“探讨如何利用工业废气中的二氧化碳合成甲醇”整体学习评价量表

<table>
<tr><th colspan="2" rowspan="2">评价内容</th><th rowspan="2">评价指标</th><th colspan="3">评分</th></tr>
<tr><th>自评</th><th>互评</th><th>师评</th></tr>
<tr><td rowspan="10">表现性评价</td><td rowspan="2">课堂综合</td><td>上课专注、积极思考、积极参与活动</td><td></td><td></td><td></td></tr>
<tr><td>能独立思考，具有创造性思维，能提出不同的方法解决问题</td><td></td><td></td><td></td></tr>
<tr><td rowspan="5">研究学习</td><td>能有效提取资料中的关键信息</td><td></td><td></td><td></td></tr>
<tr><td>能依据资料进行有逻辑的推理、分析</td><td></td><td></td><td></td></tr>
<tr><td>能设计科学、合理的对比实验</td><td></td><td></td><td></td></tr>
<tr><td>能得出科学、合理的实验结果</td><td></td><td></td><td></td></tr>
<tr><td>能对实验现象、结果进行精准表述</td><td></td><td></td><td></td></tr>
<tr><td rowspan="3">表达交流</td><td>勇于表达自己的观点，条理清晰</td><td></td><td></td><td></td></tr>
<tr><td>擅于与他人合作，虚心听取别人意见</td><td></td><td></td><td></td></tr>
<tr><td>能对项目成果进行生动展示</td><td></td><td></td><td></td></tr>
</table>

（续表）

评价内容		评价指标	评分		
			自评	互评	师评
结果性评价	成果完成	能形成设计化学反应解决实际问题的一般思路			
		能形成反应条件选择的一般思路			
	知识生成	知道复杂平衡体系反应条件选择的一般思路			
		能运用化学反应方向、速率、限度的知识综合解决问题			
		会用数据图表对问题进行论证			
		能准确完成单元项目检测			
赋值方法		完全能做到：3 分　部分能做到：2 分 偶尔能做到：1 分　完全做不到：0 分			
		自评 30%　互评 30%　师评 40%			
总成绩					

【北京市昌平区第一中学　阎芬】

微项目9 揭秘索尔维制碱法和侯氏制碱法

——化学平衡思想的创造性应用

扫码查阅教材
微项目原文

任务1：解密索尔维制碱法

任务2：探索侯氏制碱法

一、学科大概念统摄下的微项目设计概述

1. 设计意图

工业制纯碱是化学工业的重要领域，是高中化学工业流程教学的经典案例，也经常作为情境素材出现在各类习题中。索尔维制碱法和侯氏制碱法所涉及的反应体系都是复杂的溶液体系，为学生工业流程及化学平衡的学习，尤其是多种平衡共存的溶液体系的学习提供了良好的情境素材。爱国化学家侯德榜在工业制造纯碱领域作出了突出的贡献，其著作《纯碱制造》揭开了索尔维制碱法的秘密，并让世界人民共享了这一科技成果。他发明的联合制碱法至今仍是我国重要的制碱方法。所以，本项目还具有很好的育人价值，既能让学生了解我国民族工业发展的困苦艰辛，又能让学生感受侯德榜的爱国情怀和他的责任意识、担当精神。

项目中的“揭秘”有两层含义：一是侯德榜揭开索尔维制碱法的奥秘，二是学生揭开这两种制碱法的奥秘。通过对两种制碱法的探究、思考和讨论，学生不同程度地通过对真实复杂溶液体系的分析，从微观角度基于平衡观分析溶液体系的能力得以提升，从而培养“宏观辨识与微观探析”“变化观念与平衡思想”化学学科核心素养；面对体系中相互作用的多种可能性，通过模拟实验和严谨的证据推理，合理推测并结合实际需要调控体系中的多个平衡，发展“科学探究与创新意识”“证据推理与模型认知”化学学科核心素养；通过感悟侯德榜面对制碱困境攻坚克难的拼搏精神，感受科学家的爱国情怀和责任担当，发展“科学态度与社会责任”化学学科核心素养。

2. 功能价值

（1）借助复杂溶液体系发展学生的平衡观念。

在“探寻索尔维制碱法的反应原理”活动中，制备纯碱的反应原理对学生而言，其物质之间发生的化学反应是熟悉的，但反应结果是陌生的，即氨气和二氧化碳水溶液的酸碱复分解反应，学生比较容易理解，但学生很难想到，常温可溶的碳酸氢钠，可通过增大钠离子和碳酸氢根离子的浓度使其达到饱和，从而形成沉淀。这一真实情境对发展学生的平衡观念非常有用。在“探究索尔维制碱法工艺流程的改进方法”活动中，分析食盐利用率低的原因时，学生会忽略碳酸氢钠的沉淀溶解平衡，认为碳酸氢钠析出后，溶液中不会再有剩余，同时也会认为母液中高浓度的铵根离子和氯离子对外加食盐固体的继续溶解不会造成影响，以及对后续三步吸氨、冷析、盐析的操作原因感到困惑。在此项活动中，教师可以通过问题引导学生间的讨论交流，让学生理解在溶液体系中沉淀溶解平衡的客观存在。只要体系中的离子浓度足够大，离子浓度的乘积大于该温度下对应物质的 K_{sp}，就会形成沉淀，使学生走出沉淀溶解平衡只存在于难溶物质中的局限思维，让学生理解沉淀溶解平衡观念在溶液中具有普适性。

（2）借助问题分析模型发展学生的系统思维。

工业制备纯碱这一复杂的溶液体系，物质多样，反应错综，帮助学生建立一个问题分析模型至关重要。教学中，如果不加引导，任由学生思维发散，既浪费时间，教学效果也欠佳。学生需要系统性思维模型的支撑。任务 1“解密索尔维制碱法”，引导学生初步建立问题分析模型，即找出反应体系中的宏观物质，拆解成溶液中存在的微观粒子，厘清微观粒子间的相互作用，分析微观粒子间作用的结果，从而形成目标产物。在任务 2“探索侯氏制碱法”解决氯化钠溶液循环利用的问题时，学生将任务 1 建立的问题分析模型学以致用，从而对问题分析模型有更加深刻的理解，同时使思维更加系统化和条理化。

（3）借助制碱素材发展绿色化学与社会责任意识。

侯氏制碱法巧妙地设计了加入物质的顺序和反应条件，促使多个平衡发生移动，同时实现循环使用母液、补充原料和联产有价值副产物氯化铵等多个目标，体现了化学平衡思想的创造性应用和绿色化学理念。工业制纯碱的情境素材具有显著的学科育人价值：一方面，学生了解到爱国工程师侯德榜在制碱工艺技术方面对我国乃至世界作出的巨大贡献；另一方面，学生体会在当时的社会和历史背景下，以范旭东为代表的民族实业家，以侯德榜为代表的杰出科学家为民族的发展和振兴勇于担当的责任感。

3. 学情分析

（1）学生已有知识与能力：

学生已经理解复分解反应的概念，并能通过离子浓度的变化判断复分解反应能否发生，也能书写常规的复分解反应的化学方程式；学生在掌握化学平衡相关知识的基础上，知道水溶液中存在电离平衡、水解平衡及沉淀溶解平衡等多种平衡，并初步拥有随着条件改变平衡会发生移动的分析问题的意识；学生知道工艺流程设计要尽可能节约原料，尽可能提高反应物的利用率，要符合绿色化学理念。

（2）学生学习障碍点：

面对陌生复杂的溶液体系，学生很难将宏观物质拆解成微观粒子并厘清微粒之间的关系及相互作用；学生会将沉淀溶解平衡的适用范围局限于常温下难溶于水的物质；学生意识中循环利用的物质多是生产环节中的副产品，将其与主产品分离，再加以利用。

（3）学生学习发展点：

学生可以构建溶液体系认识模型，即宏观物质进入溶液体系后，先考虑和水分子的作用，将宏观物质拆分成微观粒子，再考虑微观粒子之间的作用，并通过改变条件调控微观粒子之间的作用向着生产、生活需要的方向进行，从而形成调控者期待的新的宏观物质；学生理解沉淀溶解平衡不仅适用常温下难溶的物质，在溶液体系中也是普遍存在的，通过调控离子浓度，也可以使常温下可溶的物质形成沉淀，从溶液中析出；学生了解真实工业生产过程中的循环利用是具有连续性的，尽可能不脱离工艺流程体系，而是直接返回生产源头，才能最大限度提高反应物的利用率。

二、学科大概念统摄下的微项目知识结构

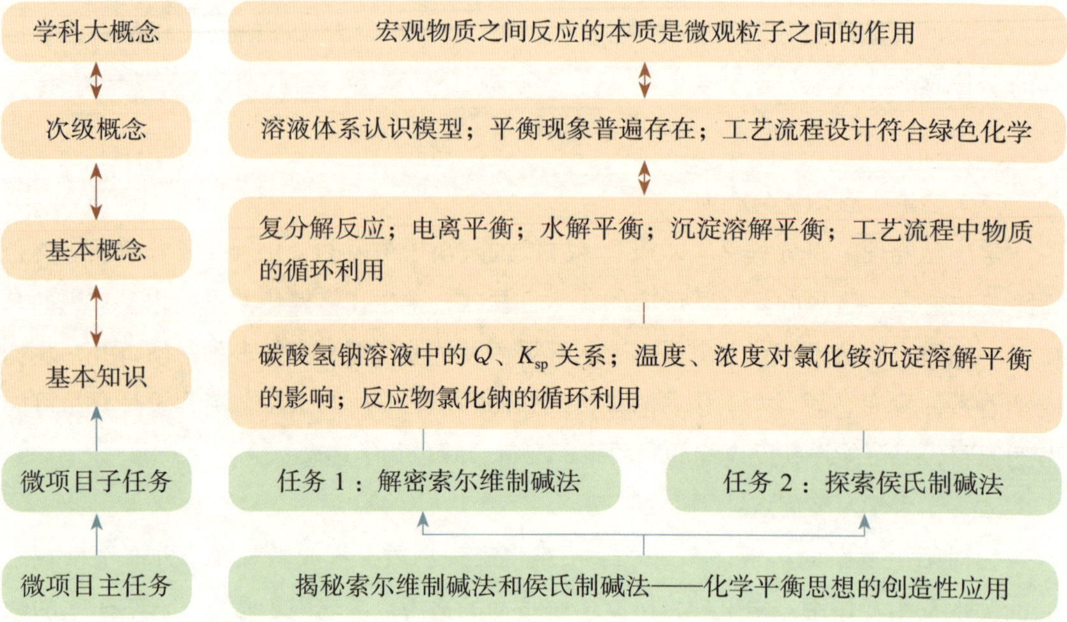

图 9-1　微项目“揭秘索尔维制碱法和侯氏制碱法”知识结构示意图

三、学科大概念统摄下的微项目学习目标

（1）构建溶液体系认识模型。

进行溶液体系问题分析时，先考虑宏观物质和溶剂水的作用，找出溶液中主要存在的微观粒子，分析溶液中微观粒子之间的相互作用，学会通过条件控制，使微粒间作用的结果向着需要的方向进行，最终形成目标产物，发展“宏观辨识与微观探析”“证据推理与模型认知”化学学科核心素养。

（2）理解沉淀溶解平衡的普适性。

通过反应加试剂顺序的调控，增大钠离子和碳酸氢根离子的浓度，使体系的浓度商大于 20℃碳酸氢钠的溶度积，从而使碳酸氢钠形成沉淀从溶液中析出；通过吸氨、冷析和盐析，使氯化铵大量析出，脱离体系，用作氮肥，从而完成氯化钠母液再生，得以循环利用。理解沉淀溶解平衡既适用常温不溶于水的物质，也适用类似碳酸氢钠、氯化铵这些常温下可溶的物质，打破对沉淀溶解平衡的局限认识，使“变化观念与平衡思想”化学学科核心素养得以发展。

（3）了解爱国科学家侯德榜对于制碱工业作出的巨大贡献。

侯德榜冲破垄断，发明了世界制碱的先进技术。他兼善天下，将数十年宝贵经验

无私分享；他奠下基石，托起民族复兴的希望；他奋发图强、百折不挠的品质令学生钦佩，并使学生感悟自己的社会责任。

四、学科大概念统摄下的微项目活动规划

学科大概念：宏观物质之间反应的本质是微观粒子之间的作用

微项目主题：揭秘索尔维制碱法和侯氏制碱法——化学平衡思想的创造性应用

课时划分

	课时 1 任务 1：解密索尔维制碱法	课时 2 任务 2：探索侯氏制碱法
活动流程	【活动 1】探寻索尔维制碱法的反应原理 核心活动：构建溶液体系认识模型；理论推导常温可溶的碳酸氢钠改变条件也可形成沉淀 【活动 2】探究索尔维制碱法反应的加试剂顺序 核心活动：实验探究先通氨气后通二氧化碳可以提高单位时间内碳酸氢钠的产率 【拓展实践】对比二氧化碳和氨气通入顺序对碳酸氢钠单位时间内产率的影响 【活动 3】寻找索尔维制碱法的优缺点 核心活动：分析得出氨气和二氧化碳可循环利用；氯化钠利用率低并产生用途有限的氯化钙	【活动 1】再寻索尔维制碱法可利用的物质 核心活动：分析得出氯化铵可用作氮肥，氯化钠溶液可循环利用 【活动 2】探究索尔维制碱法工艺流程的改进方法 核心活动：应用溶液体系认识模型分析得出制碱母液经过吸氨、冷析及盐析后得以循环利用 【活动 3】重现侯氏制碱法的工艺流程图 核心活动：工艺流程图绘制或模拟实验装置展示
能力素养	通过构建溶液体系认识模型，能从微观粒子间相互作用的角度系统地、动态地认识宏观物质之间的反应，提升分析解释的应用实践能力	运用溶液体系认识模型，通过复杂的推理、系统的思考、创新的思维，解决陌生环境的陌生问题，从而使迁移创新能力得以提升

图 9-2　微项目“揭秘索尔维制碱法和侯氏制碱法”活动规划示意图

五、学科大概念统摄下的微项目活动导引

比利时工程师索尔维以食盐、石灰石和氨为原料制得碳酸钠和氯化钙。1867 年，这种方法被正式命名为索尔维制碱法。20 世纪初，我国纯碱依赖进口。第一次世界大战期间，纯碱的进口价格一度上涨了七八倍，对我国的国计民生造成了很大影响。1921 年，侯德榜回国后出任范旭东创办的永利碱业公司的总工程师。掌握索尔维制碱法的公司为了独享制碱的技术成果，采取了严格的保密措施，使外人对该技术一无所知。部分技术专家想探索此项技术的奥秘，大都以失败告终。索尔维制碱法的原理虽然看起来很简单，但是具体的生产工艺却被外国公司所垄断。侯德榜以探索者的勇气、生产者的细心和科学家的严谨进行摸索，克服了工艺设计、材料选择、设备的挑选和安装等一个又一个困难，终于掌握了索尔维制碱法的各项技术要领。1926 年，永利碱业公司生产的纯碱在美国费城的万国博览会上荣获金质奖章。1933 年，侯德榜出版了巨著《纯碱制造》，打破了技术垄断，对社会的发展作出了巨大的贡献。假如你是侯德榜，面对国家和人民的需求，请尝试破解索尔维制碱法的秘密。

范旭东最初将制碱厂设在天津塘沽。塘沽靠海，原料食盐容易获得。1937 年，卢沟桥事变后不久，制碱厂被迫停产。范旭东、侯德榜等将工厂迁至四川。四川没有廉价的海盐，只能使用从深井中吊上来的低浓度“井水盐”。索尔维制碱法的食盐利用率低，只有 72% ~ 74%，致使生产成本很高，这也导致我国的纯碱工业陷入困境。假如你是侯德榜，再一次面对国家和人民的困境，请尝试创新索尔维制碱法，使其成为适合我国国情的制碱法。

图 9–3　化学工业实业家范旭东

图 9–4　化学工业科学家侯德榜

六、学科大概念统摄下的微项目活动实施

任务 1 解密索尔维制碱法

活动❶ 探寻索尔维制碱法的反应原理

观察思考

索尔维以食盐、石灰石和氨为原料制得碳酸钠和氯化钙。观察表 9-1 并尝试解释索尔维制碱法的反应原理。

表 9-1 几种盐的溶解性数据

几种盐	$NaCl$	NH_4HCO_3	$NaHCO_3$	NH_4Cl	Na_2CO_3	$(NH_4)_2CO_3$
溶解度 /g（20℃，100 g H_2O）	35.9	21.7	9.6	37.2	21.5	100

交流研讨

（1）目标产物是碳酸钠，碳酸钠由钠离子和碳酸根离子构成。食盐形成水溶液可以得到钠离子，以石灰石和氨为原料可否得到碳酸根离子？

（2）石灰石高温分解可以得到二氧化碳和氧化钙，二氧化碳和氨在溶液中反应可以得到碳酸根离子，所得碳酸根离子可否直接和食盐水中的钠离子结合得到碳酸钠？

（3）根据表 9-1，20℃时碳酸氢钠比碳酸钠的溶解度小，如何排除析出碳酸钠固体的同时析出碳酸氢钠固体的干扰，而得到纯净的碳酸钠固体？

方法梳理

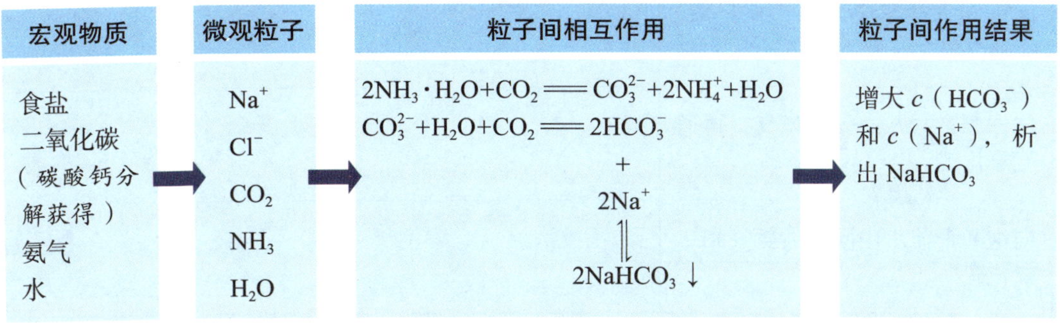

图 9-5 索尔维制碱法原理分析

活动❷ 探究索尔维制碱法反应的加试剂顺序

探究发现

实验目的：根据索尔维制碱法的基本原理，探究将二氧化碳和氨气通入食盐水的顺序不同对单位时间内碳酸氢钠产率的影响。

实验内容：用图 9-6 所示装置模拟索尔维制碱法。

1. 盐酸；2. 碳酸钙；3. 饱和碳酸氢钠溶液；4. 浓氨水；5. 氢氧化钠；6. 饱和食盐水；7. 饱和食盐水；a. 阀门；b. 阀门

图 9-6 碳酸氢钠制取装置

观察记录

表 9-2 碳酸氢钠制取实验记录

实验操作	现象记录
向饱和食盐水中先通二氧化碳，再通氨气	
向饱和食盐水中先通氨气，再通二氧化碳	
向饱和食盐水中同时通氨气和二氧化碳	
实验结论	

交流研讨

（1）向饱和食盐水中先通氨气再通二氧化碳，单位时间内碳酸氢钠的产率最高。除了从气体溶解度角度考虑，还有其他原因吗？请尝试从反应控制的角度进行思考。

（2）请尝试运用平衡的思想解释索尔维制碱法的原理。

方法梳理

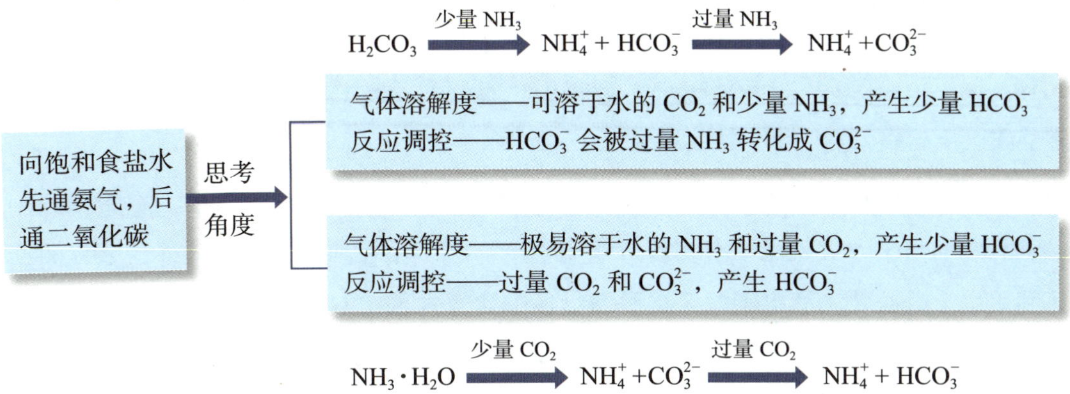

图 9-7 探究索尔维制碱法反应加试剂顺序的思考角度

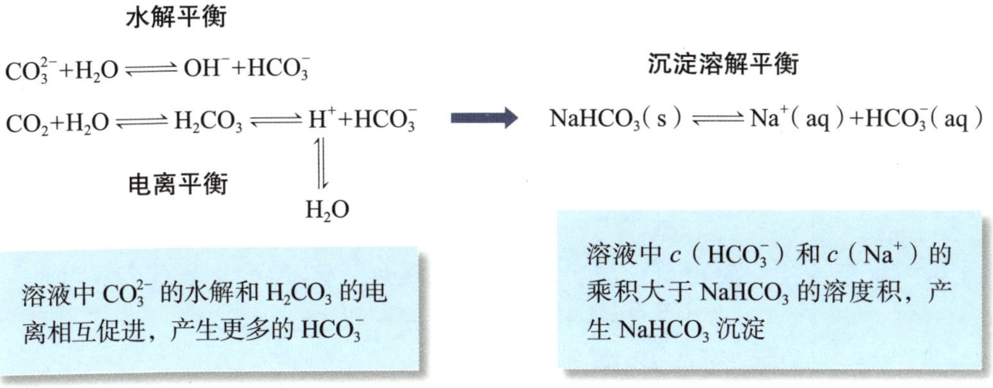

图 9-8 运用平衡思想解释索尔维制碱法的反应原理

活动③ 寻找索尔维制碱法的优缺点

交流研讨

请参考图 9-9“工艺流程图样例”，尝试绘制索尔维制碱法的基本工艺流程图，并用箭头表明工艺流程中的哪些物质在哪个环节可以循环利用。

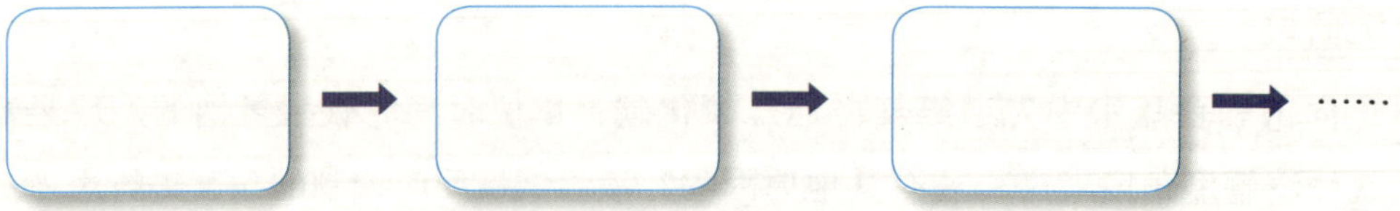

图 9-9　工艺流程图样例

知识梳理

索尔维制碱法的工艺流程是先将氨气通入饱和食盐水制成氨盐水，再向氨盐水中通入二氧化碳以获得碳酸氢钠沉淀，析出的碳酸氢钠经过滤分离出来，再煅烧转化成产品纯碱。“碳酸化”过程所需的二氧化碳，一部分来自煅烧石灰石，另一部分来自碳酸氢钠的受热分解。

工业生产需要降低成本、减少排放，因此物质的循环利用非常重要。在索尔维制碱法时期，由于合成氨还没有实现工业化生产，除了循环利用二氧化碳外，氨气的循环利用也十分必要。滤出碳酸氢钠后的母液中含有大量的 NH_4^+，若加入碱性物质并加热，就可以制得氨气。这通过“灰蒸”来实现：利用煅烧石灰石生成的生石灰，加水得到石灰乳，将其加入母液中，加热液体，回收产生的氨气。

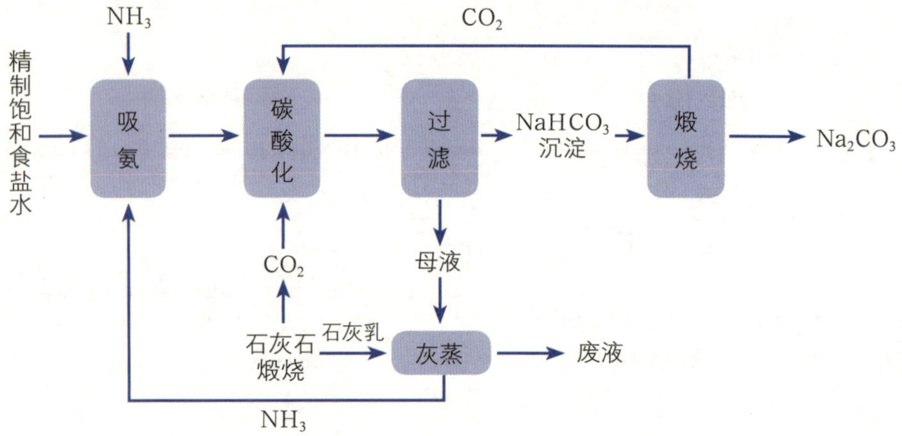

图 9-10　索尔维制碱法的基本工艺流程

探究发现

请根据图 9-11，并结合范旭东、侯德榜将制碱厂由天津迁至四川后遇到的难题，找出索尔维制碱法的不足之处。

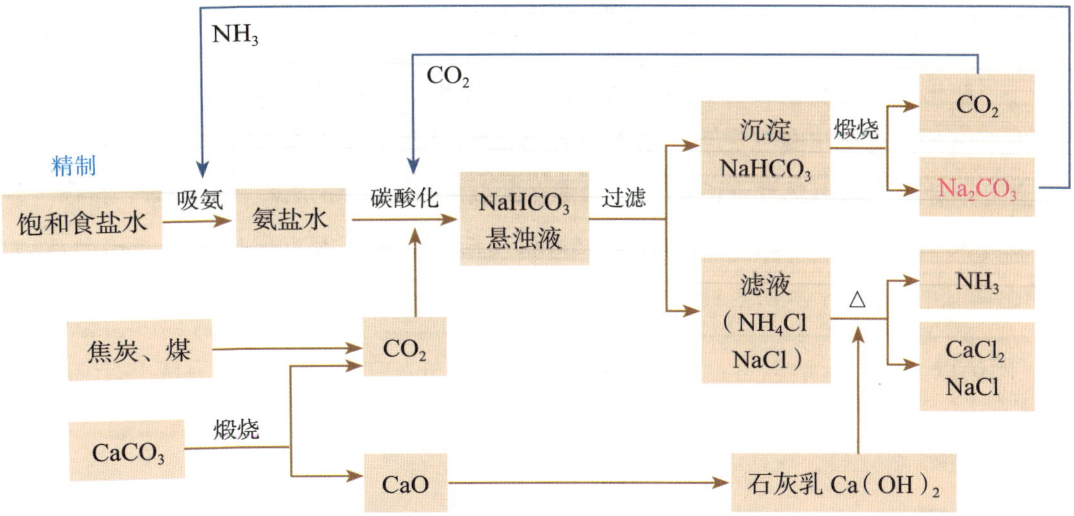

图 9-11　索尔维制碱法的工艺流程

任务 2　探索侯氏制碱法

活动❶　再寻索尔维制碱法可利用的物质

阅读探讨

资料 1：侯氏制碱法的部分工艺流程

1937 年左右，合成氨已经实现工业化生产，侯德榜开创性地提出以食盐、氨及合成氨工业副产品二氧化碳为原料生产纯碱。

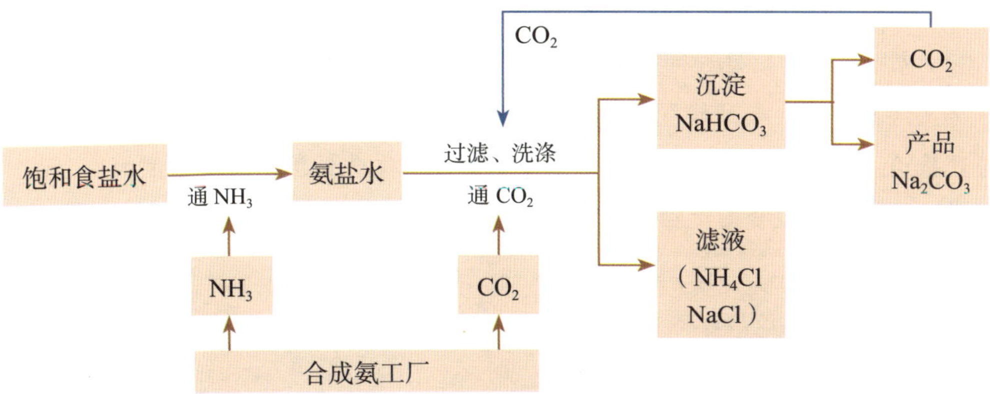

图 9-12　侯氏制碱法的部分工艺流程

资料 2：氯化铵

氯化铵，简称氯铵，化学式为 NH_4Cl。粉状氯化铵较多用作生产复合肥的基础肥料，属生理酸性肥料。因含氯较多而不宜在酸性土和盐碱土上施用，不宜用作种肥、秧田肥或叶面肥，也不宜在氯敏感作物（如烟草、马铃薯、柑橘、茶树等）上施用。氯化铵用于稻田肥效较高而且稳定，因为氯既可抑制稻田硝化作用，又有利于水稻茎秆纤维形成，增加韧性，减少水稻倒伏和病虫侵袭。

阅读以上资料后请思考：除了对原料加以改进外，工艺流程中还有哪些物质可以加以利用？

活动❷ 探究索尔维制碱法工艺流程的改进方法

方法导引

分析真实溶液问题的一般思路

（1）分析溶液的物质组成、微粒和相互作用。

真实溶液的复杂问题归根结底是溶液中的物质及其相互作用的问题。例如，要寻找索尔维制碱法中食盐利用率低的原因，需要分析制碱母液的组成及微粒，母液处理过程中的反应和平衡移动，以及废液的组成及微粒。

（2）根据目标确定待解决的关键问题。

解决真实问题需要明确目标，有目的地调控溶液中的物质组成、微粒和平衡。例如，要提高食盐利用率、避免 Na^+ 的浪费，就需要重新利用索尔维制碱法排放的废液。为此，需要设法增大母液中有用微粒 Na^+ 和 HCO_3^- 的浓度，同时考虑母液中其他微粒是否会影响生产，以及如何处理。

（3）基于信息和数据进行推理。

真实溶液中，物质可能发生多次、多种相互作用。基于信息和数据，可以进行合理推论。例如，基于氯化铵的溶解度数据以及氯化钠溶解度随温度的变化，可以推测“冷析”过程的产物及目的。

知识梳理

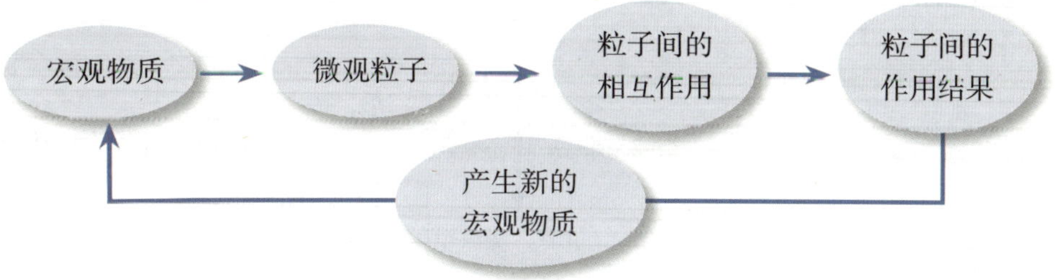

图 9–13　溶液体系认识模型

阅读探讨

表 9–3　氯化钠和氯化铵不同温度下的溶解度

温度 / ℃		0	20	40	60	80	100
溶解度 /g	NaCl	35.7	35.9	36.6	37.3	38.4	39.8
	NH_4Cl	29.4	37.2	45.8	55.2	65.6	77.3

思考：如何利用滤液中的 NH_4Cl 和 NaCl？

方法梳理

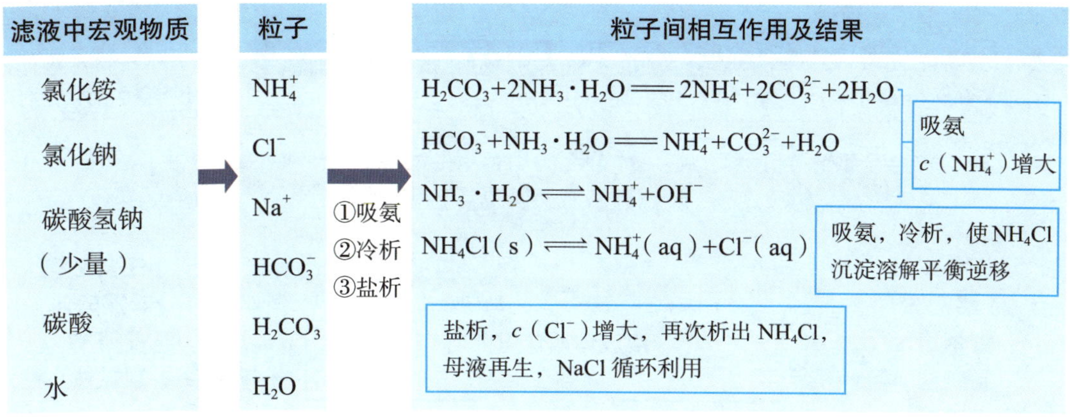

图 9–14　侯氏制碱法原理分析

活动❸　重现侯氏制碱法的工艺流程图

分享评价

请将侯氏制碱法的工艺流程图补充完整。

方法梳理

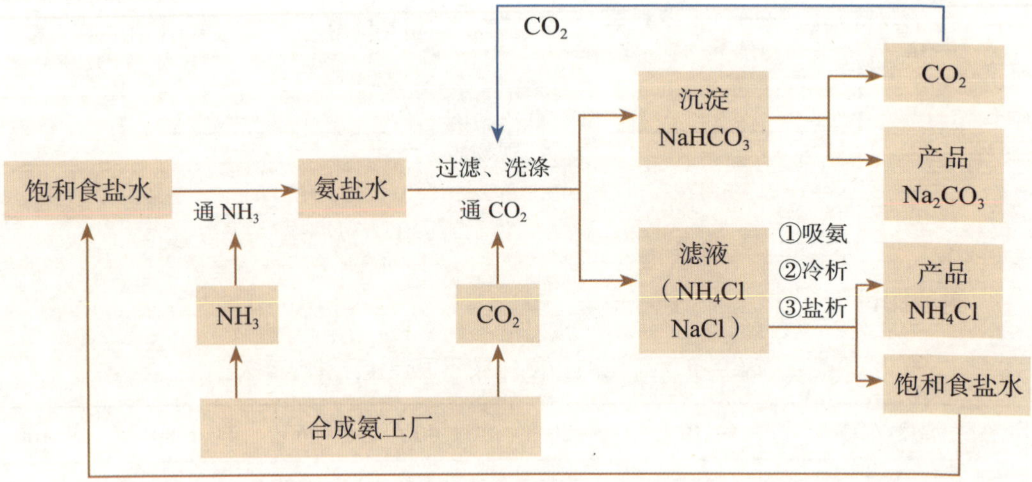

图 9-15　侯氏制碱法工艺流程图

七、学科大概念统摄下的微项目内容梳理

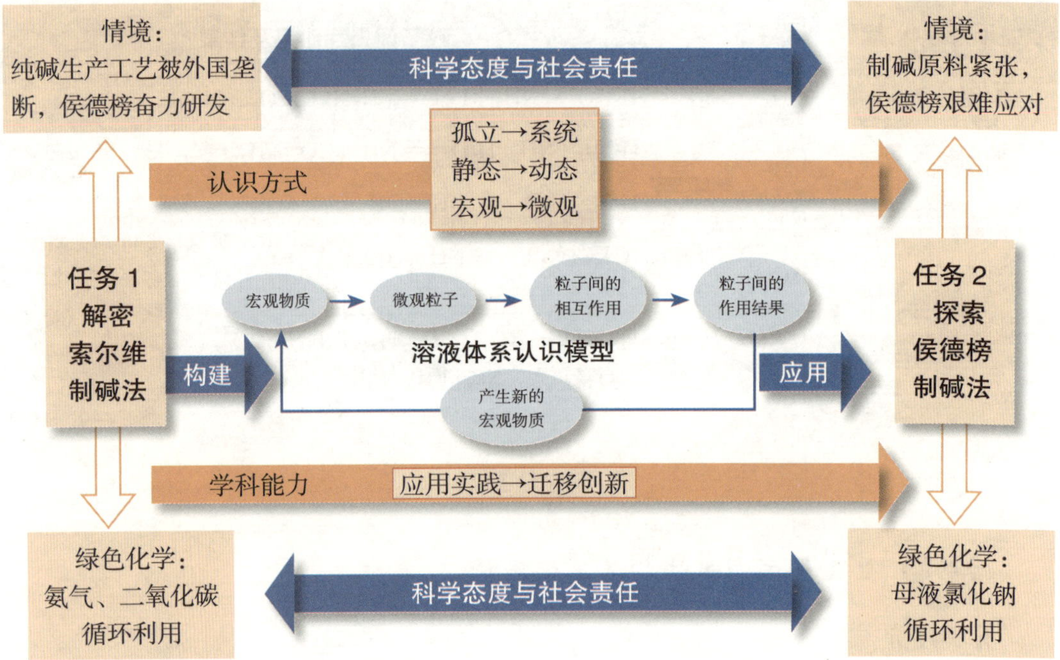

图 9-16　微项目“揭秘索尔维制碱法和侯氏制碱法”内容梳理示意图

八、学科大概念统摄下的微项目学习评价

表 9-4 微项目“揭秘索尔维制碱法和侯氏制碱法”整体学习评价量表

评价内容		评价指标	评分		
			自评	互评	师评
表现性评价	课堂综合	上课专心听讲、积极思考问题、积极参与活动			
		能独立思考，具有创造性思维，能提出不同方法解决问题			
	研究学习	能有效提取资料中的关键信息			
		能依据资料进行符合逻辑的推理、分析			
		能设计科学、合理的对比实验			
		能得出科学、合理的实验结果			
		能对实验现象及结果进行精准表述			
	表达交流	勇于表达自己的观点且条理清晰			
		擅于与他人合作，能虚心听取别人意见			
		能对项目成果进行生动展示			
结果性评价	成果完成	能应用溶液体系认识模型解决实际问题			
		能完成碳酸氢钠沉淀制取探究实验展示			
		能完成侯氏制碱法工艺流程图的绘制			
		能完成侯氏制碱法模拟实验装置展示			
	知识生成	知道沉淀溶解平衡普遍存在			
		能通过 Q 和 K_{sp} 关系调控沉淀溶解平衡进行的方向			
		能通过控制变量设计对比实验			
		能准确辨识工业流程中循环利用的物质			
赋值方法		完全能做到：3 分　部分能做到：2 分 偶尔能做到：1 分　完全做不到：0 分			
		自评 30%　互评 30%　师评 40%			
总成绩					

【北京市广渠门中学　李春红】

选择性必修 2

物质结构与性质

微项目 10　甲醛的危害与去除

——利用电负性分析与预测物质性质

微项目 11　补铁剂中铁元素的检验

——应用配合物进行物质检验

微项目 12　青蒿素分子的结构测定

——晶体在分子结构测定中的应用

微项目 10 甲醛的危害与去除

——利用电负性分析与预测物质性质

扫码查阅教材微项目原文

任务 1：探寻甲醛的中毒原理

任务 2：认识室内空气中甲醛的检测方法

任务 3：探究甲醛的吸收方法

一、学科大概念统摄下的微项目设计概述

1. 设计意图

本项目设计是以“元素性质与物质组成、结构、性质及转化存在相互影响的关系”这一大概念为统领，基于真实情境下的“甲醛的危害与去除”的探索与实践。依托情境认知理论、项目式教学理论和建构主义学习理论，本项目以“探寻甲醛的中毒原理”“认识室内空气中甲醛的检测方法”“探究甲醛的吸收方法”为驱动任务，引导学生认识如何借助电负性分析化学键中电荷的分布，体会借助电负性认识与预测有机化合物某些性质的思路和方法；将“结构决定性质”这一抽象的基本学科思想转化

图 10-1 微项目“甲醛的危害与去除”设计思路

成有机化合物分子结构的常规分析模型，丰富和深化对有机化合物分子结构与性质关系的认识，发展“宏观辨识与微观探析”“证据推理与模型认知”“科学探究与创新意识”“科学态度与社会责任”化学学科核心素养。

通过项目式教学，学生在教师驱动式问题的引导下，以小组合作的学习方式自主完成项目的拆解、信息的提取和分析、方案的设计和优化、项目的实施、拓展探究以及综合评价等环节，锻炼信息获取、分析论证、逻辑推理、合作交流和科学探究等能力；同时，在解决实际问题的过程中，注重从化学键角度认识物质，牢固树立“结构决定性质”这一基本学科观念。

2. 功能价值

（1）促进“宏观辨识与微观探析”化学学科核心素养的发展。

在本主题第1课时中，首先引导学生回顾电负性的概念，引导学生借助电负性分析化学键中的电荷分布，为探寻甲醛的中毒原理提供知识储备；在此基础上，围绕“甲醛与蛋白质反应”这一问题展开项目式教学，通过对比甲醛在蛋白质分子链上反应前后化学键的变化，应用电负性概念解释反应前后旧键断裂、新键形成位置的合理性，发展学生对“结构决定性质”这一学科思想的认知。

（2）促进“科学探究与创新意识”化学学科核心素养的发展。

如何让学生真正参与课堂教学，将“被动听”的状态扭转为“主动学”的状态，是一线教师研究的永恒课题。学生学习的主要任务是参与知识的探索和发现的过程，教师教学的主要任务是为学生探索和发现知识的意义创造情境、提供条件和给予帮助。基于建构主义学习理论，本主题以情境探究为教学模式，设计三个探究问题，即“探寻甲醛的中毒原理”“认识室内空气中甲醛的检测方法”以及“探究甲醛的吸收方法”，并提供相关文字性学习资料、试剂及实验仪器，引导学生通过科学探究将实际问题转化成化学问题，并有意识地应用分析模型，从键的饱和性和键的极性两个角度利用反应事实和实验探究等手段获得结论，以支撑理论推测，从而建立“情境”“问题”“知识”“素养”之间的关联，变“解题”为“解决问题”，让核心素养培养真正在课堂“落地生根”。

（3）促进“证据推理与模型认知”化学学科核心素养的发展。

本主题第1课时的项目活动内容之一是认识室内空气中甲醛的检测方法。通过学生自主查阅资料了解目前国际公认的室内空气中甲醛的检测试剂是3-甲基-2-苯并噻唑啉酮腙盐酸盐水合物（MBTH），进而依据任务1的分析路径推测甲醛与MBTH反应中化学键的变化情况及反应类型，体会借助电负性认识与预测有机化合物某些性质的思路和方法。

3. 学情分析

（1）学生已有知识与能力：

在进行本项目学习之前，学生已初步学习了电负性的基本概念，知道能利用元素的电负性判断共价键的极性且键的极性会影响物质的化学性质；对于简单的有机化合物，如甲烷、乙烯、甲醛、乙醇、乙酸等物质的性质有基本了解；具备一定的证据推理能力和实验探究能力。

（2）学生学习障碍点：

在任务 1“探寻甲醛的中毒原理”中，需要借助电负性判断甲醛与蛋白质分子反应的断键位置与成键位置，进而形成借助电负性认识与预测有机化合物某些性质的思路和方法，并将其应用到任务 2 中。这就需要学生具备较好的迁移应用能力，才能顺利完成任务 1 和任务 2。

（3）学生学习发展点：

通过本项目学习，学生认识到如何借助电负性分析化学键中的电荷分布，学会判断有机化合物分子反应的活性部位，形成利用电负性认识和预测物质性质的基本思路，发展对“结构决定性质”这一学科思想的认知。

二、学科大概念统摄下的微项目知识结构

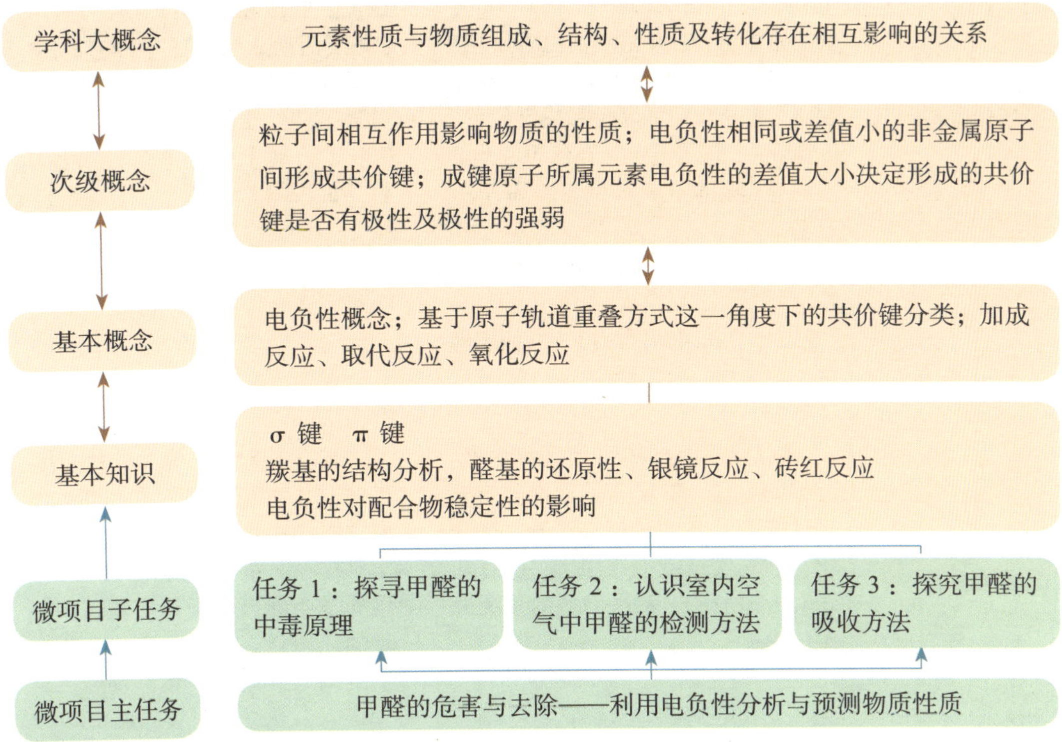

图 10-2　微项目“甲醛的危害与去除”知识结构示意图

三、学科大概念统摄下的微项目学习目标

（1）认识如何借助电负性分析化学键中电荷的分布。

（2）体会借助电负性认识与预测有机化合物某些性质的思路和方法。

（3）了解甲醛的性质，甲醛对人体健康的危害以及去除方法。

四、学科大概念统摄下的微项目活动规划

学科大概念	元素性质与物质组成、结构、性质及转化存在相互影响的关系	
微项目主题	甲醛的危害与去除——利用电负性分析与预测物质性质	
课时划分	课时 1 任务 1：探寻甲醛的中毒原理 任务 2：认识室内空气中甲醛的检测方法	课时 2 任务 3：探究甲醛的吸收方法
活动流程	任务 1： 【活动 1】回顾电负性概念 【活动 2】分析甲醛与蛋白质反应的本质 核心活动：对比甲醛在蛋白质分子链上反应前后的变化（官能团和化学键），分析反应的断键和成键位置 【活动 3】总结电负性在认识和预测有机化合物某些性质的思路和方法 任务 2： 【活动 1】认识酚试剂检测甲醛的反应原理 【活动 2】利用酚试剂检测室内甲醛的含量	任务 3： 【活动】自主探究甲醛的吸收方法 核心活动：根据资料，自主选择药品、制作装置 【拓展活动】结合任务 1 与任务 2，归纳总结借助电负性认识与预测物质某些性质的思路和方法 【拓展活动】探究电负性对物质性质的影响
能力素养	通过探寻甲醛的中毒原理和甲醛的检测原理，发展“证据推理与模型认知”化学学科核心素养，提升学生在真实情境中迁移运用已有知识和方法分析、解决问题的系统思维能力	培养学生能对化学有关的社会热点问题作出正确的价值判断，发展“科学态度与社会责任”化学学科核心素养 培养学生能自主设计实验认识醛基的还原性，体会有机化合物分子结构与性质的关系，发展“科学探究”化学学科核心素养

图 10-3　微项目“甲醛的危害与去除”活动规划示意图

五、学科大概念统摄下的微项目活动导引

1927 年，海特勒和伦敦用量子力学处理氢分子结构进而提出了共价键的理论。此后，人们为了能够定量地说明共价键分子中原子吸引成键电子能力的大小，引入电负性的概念。美国化学家鲍林于 1932 年首先提出了用电负性来衡量元素在化合物中吸引电子能力的量度，电负性越大，吸引电子的能力就越强。目前，人们还无法直接测定电负性数值，只能用计算的方法获得。电负性是相对值，没有单位。鲍林电负性是将最活泼的非金属元素氟的电负性定为 4. 0 做标度计算出来的。根据电负性的这个定义，无机化学中常常应用鲍林电负性标度值判断化合物的键型、键的极性以及计算化学键的离子性。此外，由于电负性是原子结构的一种性质，马利肯认为电负性是原子中特定轨道的一种性质，并且与元素的其他性质一样，随原子结构的周期律呈现周期性变化规律。这就使电负性与元素及其化合物的性质必然存在密切的联系，成为有效地解释、判断和预测物质性质的一个重要而又便于应用的结构参量。

当室内空气中甲醛含量超过 0.1 $mg \cdot m^{-3}$ 时，人会有不适感，甚至会出现免疫功能异常；另外，食用含有甲醛的食品也会损害人体健康。那么，甲醛为何会危害人体健康？室内的甲醛如果含量超标又该如何去除呢？

借助电负性，可以简便而有效地预测化学键中电荷的分布，进而预测物质的某些性质以及可能发生的某些化学反应。在本项目活动中，将运用电负性这一工具，分析和解决与甲醛危害健康有关的问题。

六、学科大概念统摄下的微项目活动实施

任务 1　探寻甲醛的中毒原理

活动❶　回顾电负性概念

自主阅读

资料：电负性

1932 年，鲍林引入电负性概念，用来描述两个不同原子在形成化学键时吸引电子能力的相对强弱。鲍林给元素的电负性下的定义是“电负性是元素的原子在化合物中吸引电子能力的标度”。元素的电负性越大，表示其原子在形成

化学键时吸引电子的能力越强；反之，电负性越小，相应元素的原子在形成化学键时吸引电子的能力越弱。

图 10-4　元素的电负性（鲍林标度）

交流研讨

请结合已有知识和资料，讨论电负性与物质性质之间的关系，并整理成以“电负性的应用”为核心的思维导图。

资料：电负性的应用

（1）一般认为，电负性小于 2 的元素为非金属元素，电负性大于 2 的元素为金属元素。

（2）一般电负性小的元素在化合物中吸引电子的能力弱，元素的化合价为正值；电负性大的元素在化合物中吸引电子的能力强，元素的化合价为负值。

（3）一般认为，如果两个成键元素间的电负性差值大于 1.7，它们之间通常形成离子键；反之，电负性差值小于 1.7，它们之间通常形成共价键。

（4）在元素周期表中，某些主族元素与其右下方的主族元素性质有些相似，被称为“对角线规则”。

（5）元素的性质呈周期性变化。同周期元素的原子半径越小，电负性越大，第一电离能越大，其非金属性越强，金属性越弱；反之，则相反。

知识梳理

电负性增大（同周期从左到右）；电负性增大（同主族从下到上）

IA	IIA	IIIA	IVA	VA	VIA	VIIA
H 2.1						
Li 1.0	Be 1.5	B 2.0	C 2.5	N 3.0	O 3.5	F 4.0
Na 0.9	Mg 1.2	Al 1.5	Si 1.8	P 2.1	S 2.5	Cl 3.0
K 0.8	Ca 1.0	Ga 1.6	Ge 1.8	As 2.0	Se 2.4	Br 2.8
Rb 0.8	Sr 1.0	In 1.7	Sn 1.8	Sb 1.9	Te 2.1	I 2.5
Cs 0.7	Ba 0.9	Tl 1.8	Pb 1.9	Bi 1.9	Po —	At —

电负性

- **定义**
  - 周期表中各元素的原子在化合物中吸引电子能力的一种相对标度
- **在元素周期表中的变化情况**
  - 定性角度
    - 非金属性
    - 得电子能力
  - 规律
    - 随原子序数的递增，元素的电负性呈周期性变化
    - 同周期，从左到右，元素的电负性逐渐变大
    - 同主族，从下到上，元素的电负性逐渐变大
- **应用 1**
  - 判断元素的金属性、非金属性强弱
    - 大于 2　非金属元素，电负性越大，非金属性越强
    - 小于 2　金属元素，电负性越小，金属性越强
    - 2 左右　既有金属性，又有非金属性
  - 判断化学键类型
    - 大于 1.7　通常为离子键　例外：HF 为共价键
    - 小于 1.4　通常为共价键
  - 判断化合物中各元素化合价的正负
    - 电负性小　化合价为正值
    - 电负性大　化合价为负值
- **应用 2**
  - 对角线规则
    - 周期表中某一主族元素与其右下方的另一主族元素
    - 电负性接近，性质相似
  - 常见元素

Li	Be	B	
	Mg	Al	Si

    - 锂与镁的相似性
      - 锂、镁的氟化物、碳酸盐、磷酸盐均难溶于水
      - 锂、镁与水反应均较缓慢
      - 锂、镁都能与氮气直接化合而生成氮化物
    - 铍与铝的相似性
      - 铍、铝都既能与酸反应，又能与碱反应
      - 铍与铝的氧化物、氢氧化物都呈两性
      - 铍和铝都能被冷的浓硝酸钝化
    - 硼与硅的相似性
      - 在单质状态下都有显著的金属性
      - 氢化物多种多样，是共价型化合物
      - 自然界中多以氧化物的形式存在，B−O 和 Si−O 十分稳定
- **应用 3**
  - 微粒间的相互作用
    - 氢键：氢原子与电负性大的原子 X 以共价键结合，若与电负性大、半径小的原子 Y（O、F、N 等）接近，在 X 与 Y 之间以氢为媒介，生成 X−H⋯Y 形式的一种特殊的分子间或分子内相互作用，称为氢键
    - 配位键：通常，当中心离子相同时，电负性较小的配原子提供孤电子对的能力更强，与中心离子形成的配位键更稳定

图 10−5　电负性概览

活动2 分析甲醛与蛋白质反应的本质

阅读思考

如何利用电负性分析与预测有机化合物的性质？请结合资料，探寻甲醛的中毒原理。

资料1：分子中的电荷分布

当A和B两种元素的原子以共价键结合时，如果它们的电负性不同，电负性大的元素的原子带有较多的负电荷（用 δ^- 表示），电负性小的元素的原子带有较多的正电荷（用 δ^+ 表示），如 $\overset{\delta^+}{H}—\overset{\delta^-}{Cl}$。两种元素的电负性相差越大，原子所带电荷的偏移就越明显。

资料2：甲醛与蛋白质反应前后示意图

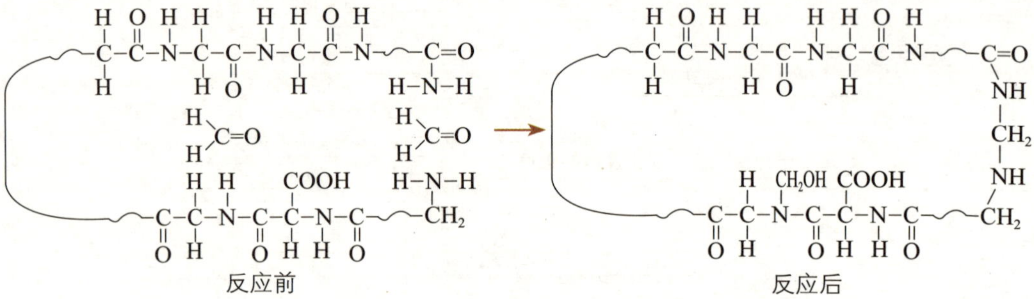

图 10-6 甲醛与蛋白质反应前后示意图

技术支撑

实际教学中可动画模拟甲醛与蛋白质的反应过程。

分析探究

请结合甲醛与蛋白质反应前后示意图（图 10-6）或动画模拟视频，分析二者反应的本质。

【提示】对比甲醛在蛋白质分子链上反应前后的变化（官能团和化学键），标注反应的断键位置和成键位置，并尝试用化学方程式表示甲醛与蛋白质的反应。注：可用“-R”表示蛋白质分子中未参与反应的基团。

交流研讨

（1）依据分子中的电荷分布规律，研讨甲醛分子中重要基团的电荷分布情况，由此预测甲醛的某些性质及反应，如图 10-7 所示。

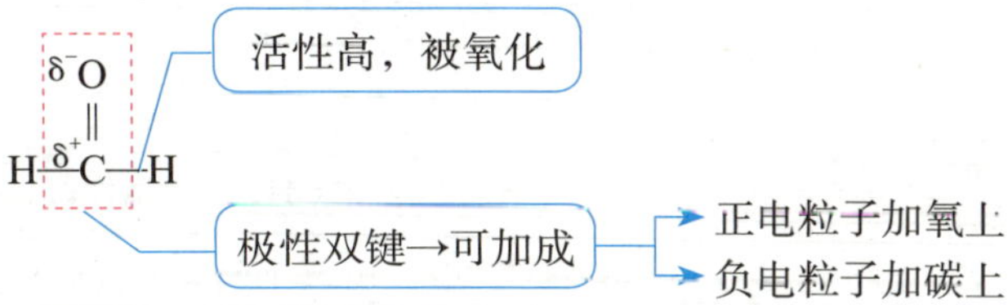

图 10-7 甲醛分子中重要基团的电荷分布

补充说明：电负性可视为元素在分子中的一种特征性质。这种特征性质并非固定不变，它与原子的结构、原子在分子中所处的位置及元素周围的环境等均有关系。为此，在应用电负性分析物质性质时，要考虑基团之间的相互影响，如图 10-8 所示。

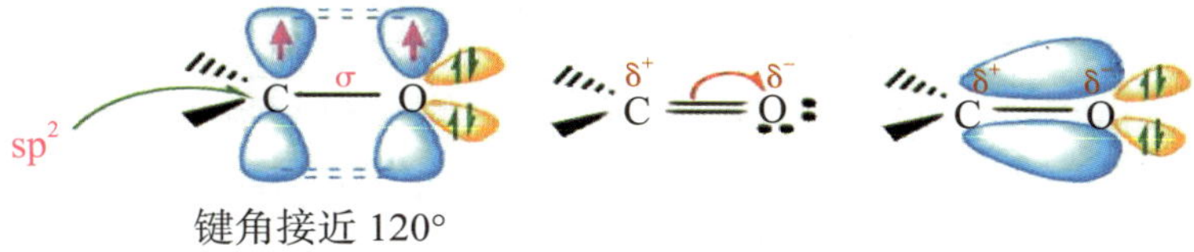

图 10-8 甲醛分子中重要基团——羰基的结构

解释说明：在羰基中，碳原子和氧原子均呈 sp^2 杂化，其中碳原子的一个 sp^2 杂化轨道与氧原子的一个 sp^2 杂化轨道沿核间轴方向重叠形成 C—O σ 键。与此同时，碳原子的一个未参与杂化的 2p 轨道与氧原子的一个未参与杂化的 2p 轨道沿垂直于核间轴的方向重叠形成 C—O π 键。所以在羰基中，碳原子和氧原子之间以双键相连，这点类似于碳碳双键。

不同于碳碳双键的是，由于碳原子和氧原子的电负性差别很大，电子云并不是由碳原子和氧原子均等地共享，易流动的 π 电子被强烈地拉向电负性较大的氧原子。因此，羰基是一种强极性双键。在与极性试剂分子发生加成反应时，带负电荷的羰基氧原子与极性试剂分子中带正电荷的粒子结合成键；与此同时，带正电荷的羰基碳原子与极性试剂分子中带负电荷的粒子结合成键，即可依据“正”“负”结合的规律推测断键后的分子片段如何重组。

不仅如此，醛基是由羰基和氢原子相连而成，受羰基强极性键的影响，醛基中的 C—H 键活性增强，易断裂，可脱氢，能发生氧化反应；受羰基影响，α-C 上的 C—H 键极性增强，易断裂，能发生取代反应。

（2）分析甲醛与蛋白质反应示意图（图 10-9），找出哪些键发生了断裂、生成了哪些键，以及相应的原子、基团如何重组。在此基础上，你能借助电负性判断化学键中电荷的分布，从而发现这些反应有什么规律吗？

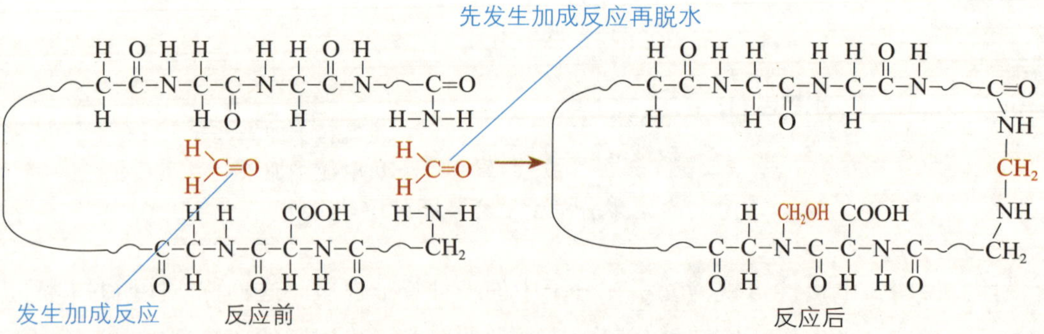

图 10-9　甲醛与蛋白质反应示意图

依据以上分析可知，甲醛碳氧双键中电荷分布不均衡，双键上的不饱和碳原子带部分正电荷，氧原子带部分负电荷；蛋白质中 N—H 键中电荷分布也不均衡，氮原子带有部分负电荷，氢原子带有部分正电荷。发生加成反应时，碳原子与带部分负电荷的氮结合，氧原子与带有部分正电荷的氢结合。

甲醛与蛋白质反应的化学方程式为：

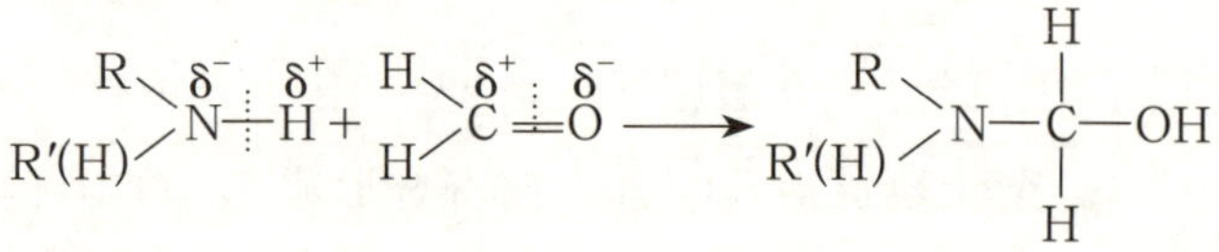

通过反应前后的结构比对发现，在甲醛发生加成反应后，生成的—CH_2OH 与 >N—H 可以继续发生取代反应，脱去水，同样遵循“正找负”“负找正”的规律。

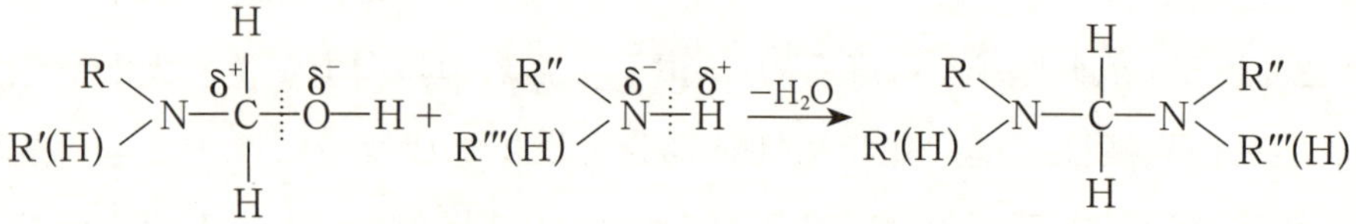

甲醛能使人体中毒的原因就是它与蛋白质、核酸发生了上述反应，使得这些重要的生物大分子结构发生改变而丧失生理活性。因此，可以用元素的电负性来判断要断裂的两种元素原子所形成的共价键中电荷的分布，进而预测在生成产物时原子可能会如何重组。

分享评价

从准确性、全面性、美观性、逻辑性、创新性角度多方面进行倾听与评价。

表 10-1　学习活动评价要点

指标	评价要素
准确性	准确标注，化学用语等无科学性错误
全面性	完整地体现出甲醛与蛋白质的反应本质
美观性	字迹工整，线条流畅，有明确标注
逻辑性	主题突出，逻辑清晰，能体现转化关系
创新性	有原创内容，有学科特色

活动③　总结电负性在认识和预测有机化合物某些性质的思路和方法

方法梳理

利用电负性认识和预测物质某些性质的流程如图 10-10 所示。

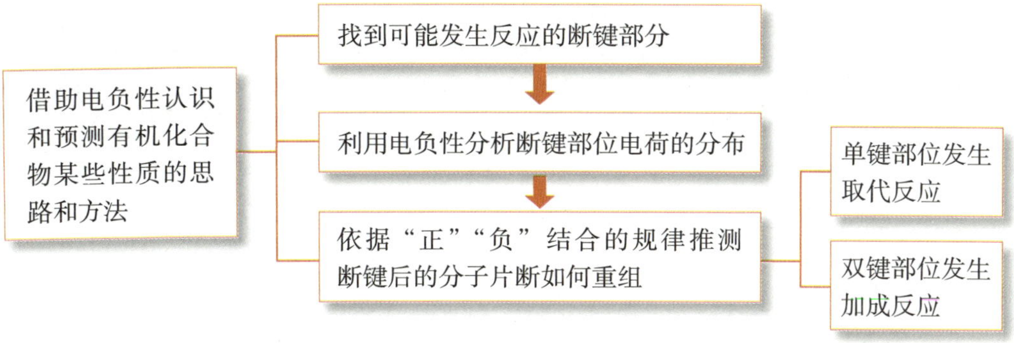

图 10-10　构建借助电负性认识和预测有机化合物某些性质的思维模型

任务 2　认识室内空气中甲醛的检测方法

活动①　认识酚试剂检测甲醛的反应原理

实际上，当室内空气中甲醛含量超过 0.1 $mg \cdot m^{-3}$ 时，才会对人体产生损伤。如何测定室内空气中甲醛的含量呢？目前，国际公认的甲醛测定的常用方法之一就是酚试剂法。什么是酚试剂？酚试剂检测甲醛的原理是什么？现在我们就来了解一下。

阅读探讨

请打开“空气甲醛自测盒”，阅读产品说明及检测方法（图 10-11），并结合资料了解酚试剂检测甲醛的反应过程，重点分析酚试剂与甲醛反应生成嗪的这一反应过程。

产品说明

【产品名称】空气甲醛自测盒

【成分】

吸收剂：酚试剂、抗干扰剂、催化剂

稀释剂：RO 纯水

显色剂：RO 纯水、硫酸高铁铵、稀盐酸（0.075%）

本品主要成分酚试剂（别名 MBTH）

化学名称：3- 甲基 -2- 苯并噻唑啉酮腙盐酸盐水合物

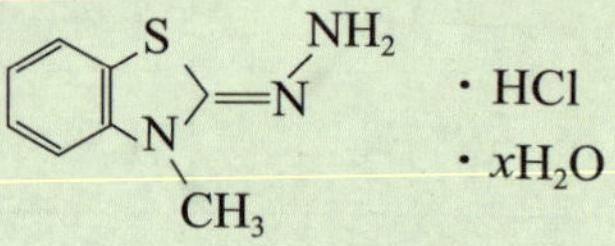

酚试剂结构

检测方法

检测试剂见阳光会失效，请勿在阳光下检测。储存请避光。

检测前先将待测空间封闭 1 小时，然后打开吸收盒，将白色瓶试剂全部倒入吸收盒，盖上盒盖。

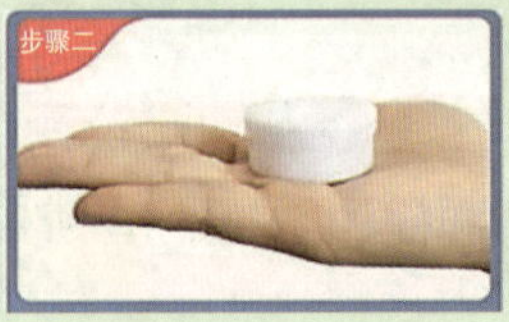

将吸收盒放于手心，轻轻晃动使粉末完全溶解后打开盒盖，放于待测空间 30 分钟。（离地 1 米左右）

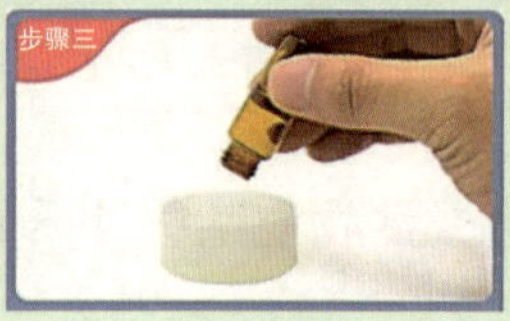

30 分钟后，将棕色瓶试剂完全倒入吸收盒内，轻轻摇匀后，盖上盒盖静置 10 分钟。

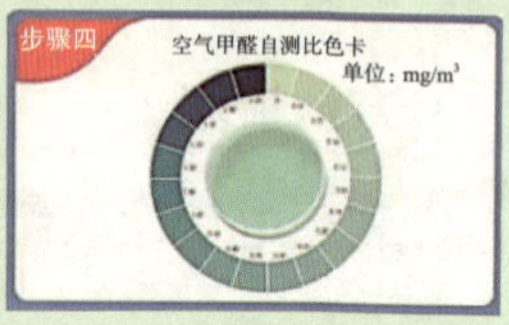

与比色卡比色时，请将吸收盒放置于圆心处，读出被测空间内每立方米空气中的甲醛浓度值。

图 10-11　空气甲醛自测盒产品说明及检测方法

资料：甲醛的检测原理

空气中的甲醛与酚试剂反应生成嗪，嗪在酸性溶液中被高价铁离子氧化成蓝绿色化合物。根据颜色深浅，比色定量，其反应流程如下：

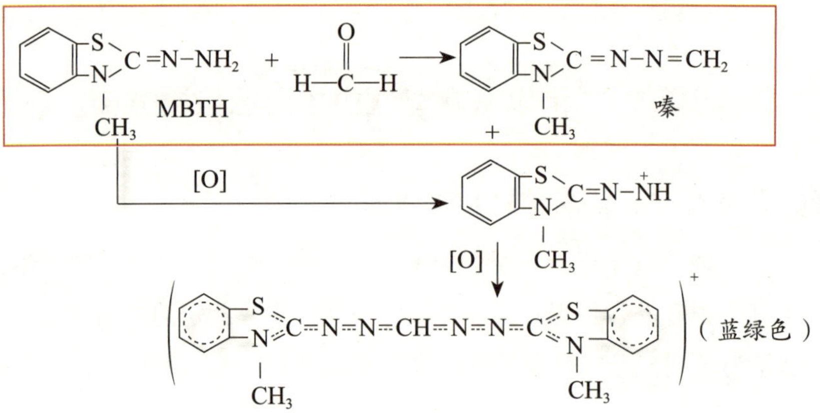

请思考以下问题：

（1）分析 MBTH 生成嗪时发生反应的类型有哪些。

【提示】加成反应、消去反应（消去了一分子水）。

（2）分析由 MBTH 生成嗪的反应中化学键的变化情况。

【提示】

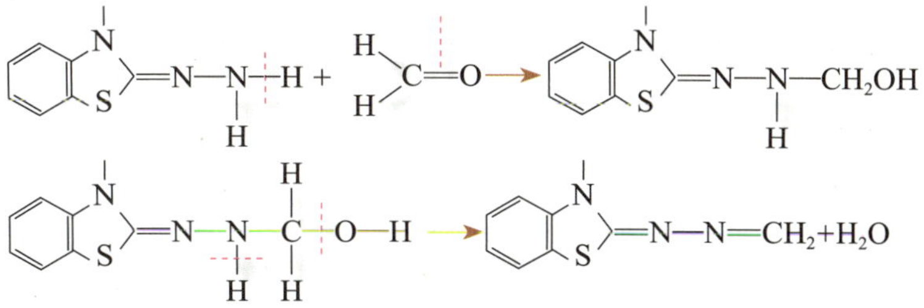

（3）对比甲醛与蛋白质的反应，它们有何相同点、不同点？

【提示】

（1）相同点：第一步反应都是甲醛中的羰基与蛋白质（或 MBTH）上的 N—H 键发生加成反应。

（2）不同点：对比发现，加成产物中如果和 α-C 直接相连的氮原子上没有氢原子，则产物稳定存在或继续与另一个 N—H 键发生分子间的脱水缩合，如甲醛与蛋白质的反应；如果和 α-C 直接相连的氮原子上还有氢原子，则产物不稳定，易自身消去形成碳氮双键，如甲醛与 MBTH 的反应。

活动❷ 利用酚试剂检测室内甲醛的含量

探索实践

引导学生按照步骤来检测各密闭场所中室内甲醛的含量。

检测结果记录如图 10-12 所示。

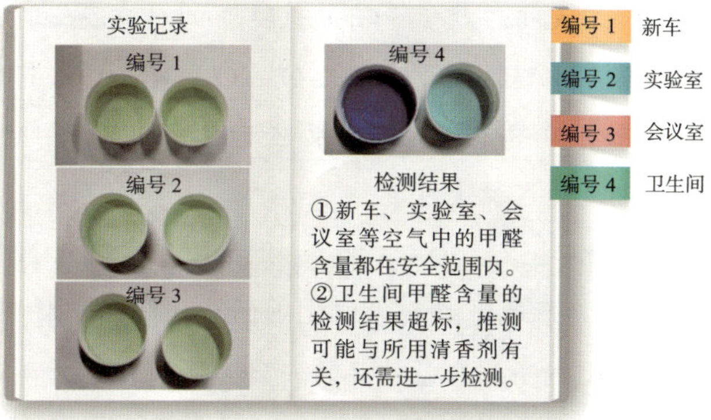

图 10-12 各密闭场所中室内甲醛含量的检测结果

任务 3　探究甲醛的吸收方法

活动　自主探究甲醛的吸收方法

如果室内空气中甲醛的含量超标，我们可以采取哪些方法吸收甲醛？

自主学习

请阅读资料“甲醛的去除方法”，思考下列问题：利用化学吸收法除甲醛，所涉及的化学反应体现出甲醛（或醛基）具有哪些化学性质？

资料：甲醛的去除方法

（1）活性炭吸附法：

活性炭吸附法是指通过多孔固体表面存在的不平衡分子引力或化学键力把甲醛吸附滞留在固体表面上，具有效率高、富集功能强、无二次污染的特点。活性炭是国际公认的吸毒能手。

（2）通风换气法：

通风换气法是去除室内甲醛最简便的方法之一。通过室内空气的流通，可降低室内甲醛的含量，降低其对人体的危害。

（3）植物净化法：

利用植物吸收甲醛是去除室内甲醛最普遍的方法之一，常用于吸收甲醛的植物有绿萝、吊兰等。

（4）化学吸收法：

①通过缩合反应降解甲醛，主要试剂为肽胺类（含有氮氢键）、脂肪醇、有机胺类（含有氨基）、无机铵盐（含有氮氢键）的水溶液及其混合物。

②通过氧化反应降解甲醛，主要试剂为 O_2、O_3、$KMnO_4$、ClO_2 等。

利用化学吸收法除甲醛具有用时短、反应迅速的特点，但反应未尽的试剂或反应产物可能会对环境造成二次污染。

（5）光催化氧化技术：

光催化氧化技术是指通过光照和光催化剂的共同作用，将甲醛氧化成 CO_2 和 H_2O，从而达到降低室内甲醛含量的目的。TiO_2 具有催化效率高、性质稳定、无毒低廉的优点，是目前首选的光催化剂。

知识梳理

- 甲醛的去除方法
  - 物理方法
    - 活性炭吸附法
    - 通风换气法
    - 植物净化法
  - 化学方法
    - 缩合反应
      - 肽胺类（含有氮氢键）
      - 脂肪醇
      - 有机胺类（含有氨基）
      - 无机铵盐（含有氮氢键）水溶液
    - 氧化反应
      - 氧气
      - 臭氧
      - 高锰酸钾
      - 二氧化氮
    - 光催化技术
      - 原理：通过光照和光催化剂的共同作用，将甲醛氧化成 CO_2 和 H_2O

图 10-13　甲醛的去除方法分类示意图

实验探究

如何证明醛基具有还原性？请利用实验盒中的试剂和仪器设计实验证实你的推测。

提供的试剂和仪器：乙醛溶液、铜丝、酸性高锰酸钾溶液、50 mL 烧杯、酒精灯、试管若干。

【提示】加热试管时，请勿将试管朝向他人或自己！

【学生分组实验】实验目的：证实醛基有还原性。

每组派一名代表阐述实验方案、实验现象、实验结论。

实验报告 1

实验目的：证实醛基有还原性。

实验方案：各取等体积的酸性高锰酸钾溶液于 A、B 两支试管中，向试管 A 中滴入 10 滴乙醛，振荡后静置。与此同时，向试管 B 中滴入 10 滴蒸馏水（排除 10 滴乙醛稀释酸性高锰酸钾导致溶液颜色变浅的影响）。振荡后，对比 A、B 两支试管溶液颜色的差异。

实验现象：A 试管溶液颜色明显比 B 试管溶液颜色浅。

实验结论：乙醛能被酸性高锰酸钾氧化，证实醛基有还原性。

实验报告 2

实验目的：证实醛基有还原性。

实验方案：加热铜丝，待其表面变黑后，插入盛有乙醛溶液的试管中。

实验现象：铜丝表面颜色由红色→黑色→红色。

实验结论：在铜做催化剂的条件下，乙醛能被空气中的氧气氧化，证实醛基有还原性。

能将甲醛氧化的物质有 O_2、O_3、$KMnO_4$、ClO_2 等。

思考：除了这些氧化剂之外，还有哪些其他氧化剂能氧化醛基？

【演示实验】向洁净的无色玻璃瓶中滴加 20 mL 2% $AgNO_3$ 溶液，然后边振荡边逐滴滴入 2% 氨水，使最初产生的沉淀溶解，制得银氨溶液；再滴入 10 滴乙醛，振荡后将玻璃瓶放在热水浴中温热，实验现象如图 10-14 所示。

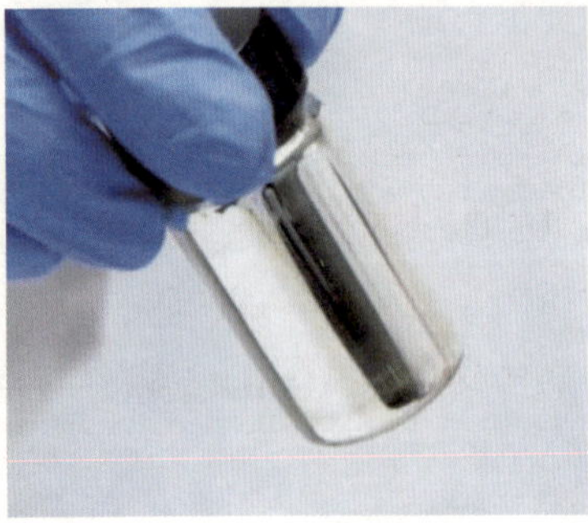

图 10-14　银镜反应现象

“银镜反应”知多少

（1）所用试剂：银氨溶液，其主要成分为 $[Ag(NH_3)_2]OH$。

（2）实验原理：醛基具有还原性，$[Ag(NH_3)_2]OH$ 具有氧化性，能被醛基还原出单质银。

（3）应用：检验醛基，制备银镜。

思考：为何选用氢氧化二氨合银做氧化剂，而不直接使用 $AgNO_3$ 溶液？

这是因为氢氧化二氨合银由二氨合银离子和氢氧根离子构成。在二氨合银离子中，由于银离子被周围的氨分子所包裹，这就使得被醛还原的银原子能够缓慢析出、有序排列，最终形成一层光亮的银镜，所以用氢氧化二氨合银做氧化剂才能产生银镜的效果。

自主实验

表 10-2 乙醛与银氨溶液及新制 $Cu(OH)_2$ 悬浊液反应实验

分组	实验内容	实验装置
实验 1	在洁净的试管（或无色玻璃瓶）中加入 5 mL 2%$AgNO_3$ 溶液，然后边振荡试管边逐滴滴入 2% 氨水，使最初产生的沉淀溶解，制得银氨溶液；再滴入 10 滴乙醛，振荡后将试管放在热水浴中温热，观察实验现象	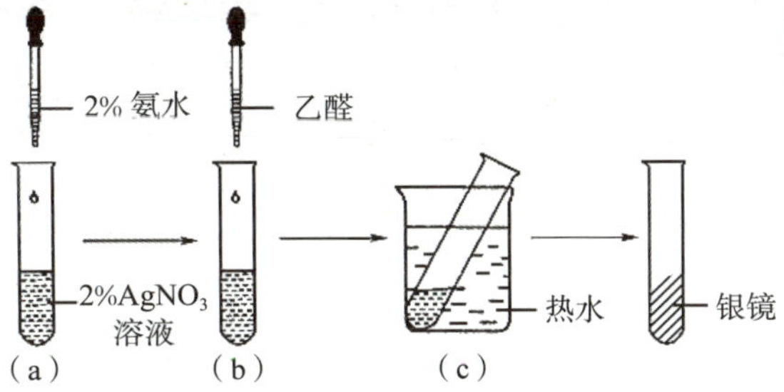
实验 2	在试管中加入 2 mL 10%NaOH 溶液，加入 5 滴 5% $CuSO_4$ 溶液，得到新制 Cu（OH）$_2$ 悬浊液，振荡后加入 10 滴乙醛，加热，观察实验现象	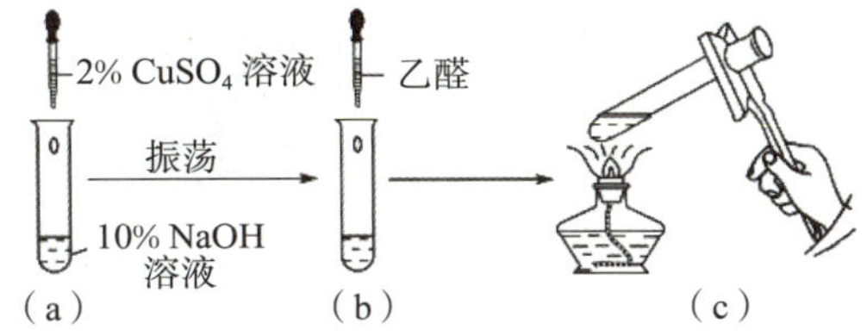

以上实验表明醛基具有还原性，这与之前从键的极性角度预测醛的反应活性部位也是一致的，同时也反映出基团之间的相互影响，即受羰基强极性键的影响，导致醛基中的 C—H 键活性增强，易断裂，可脱氢，能发生氧化反应。

归纳总结

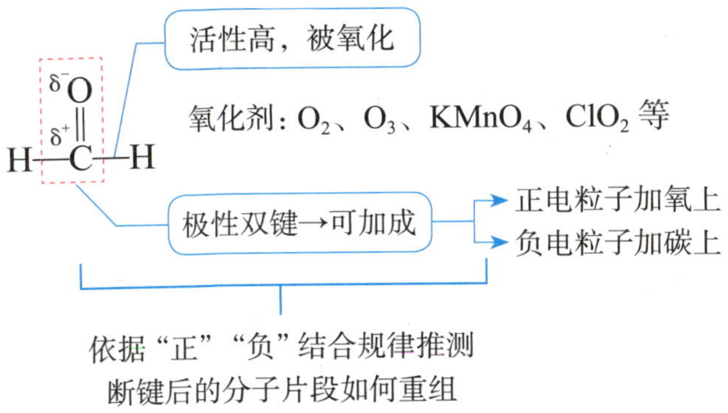

图 10-15 醛的结构与性质关系示意图

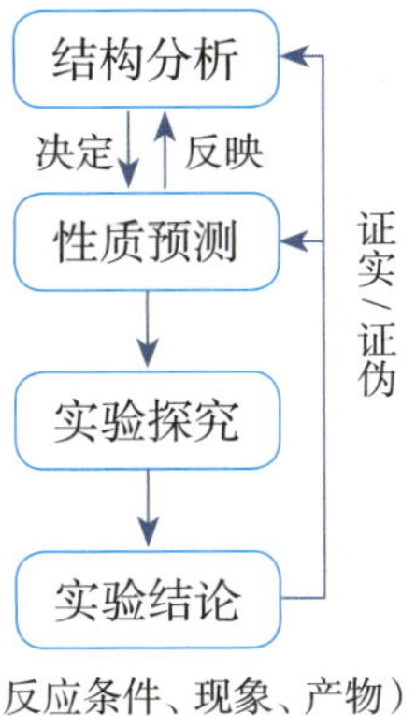

图 10-16 认识物质结构与性质的一般思路

利用电负性的概念不仅可以帮助我们认识和预测有机化合物的性质，还可以帮助我们解释某些无机化合物的性质。请查阅相关资料，完成以下拓展探究。

拓展探究

【探究主题】比较 $[Cu(H_2O)_4]^{2+}$ 与 $[Cu(NH_3)_4]^{2+}$ 的稳定性。

【方案设计】向盛有 4 mL 0.1 mol·L^{-1} $CuSO_4$ 溶液的试管中滴加几滴 1 mol·L^{-1} 氨水，首先形成难溶物，继续滴加氨水并振荡试管，观察实验现象；再向试管中加入极性较小的溶剂（如加入 8 mL 95% 乙醇），并用玻璃棒摩擦试管壁，观察实验现象。

【提示】用玻璃棒摩擦试管壁，即有一些玻璃微屑脱落，可充当晶核，利于晶体析出。

【实验记录】

表 10–3　实验记录表

实验操作	实现现象	实验原理
向盛有 4 mL 0.1 mol·L^{-1} $CuSO_4$ 溶液的试管中滴加几滴 1 mol·L^{-1} 氨水	 产生蓝色絮状沉淀	$Cu^{2+}+2NH_3\cdot H_2O = Cu(OH)_2\downarrow + 2NH_4^+$
继续滴加氨水并振荡试管	 沉淀溶解，得到深蓝色的透明溶液	$Cu(OH)_2+4NH_3 = [Cu(NH_3)_4](OH)_2$
再向试管中加入极性较小的溶剂（如加入 8 mL 95% 乙醇），并用玻璃棒摩擦试管壁	 析出深蓝色晶体	深蓝色晶体为 $[Cu(NH_3)_4]SO_4\cdot H_2O$，该配合物在乙醇中的溶解度小于在水中的溶解度

【问题分析】

问题 1：推测 $[Cu(NH_3)_4]SO_4$ 溶液中存在哪些粒子并设计实验验证。

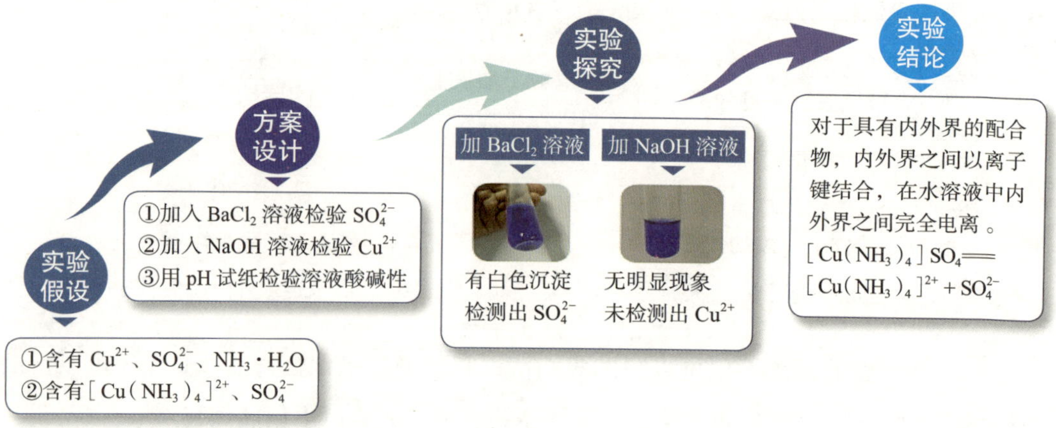

图 10–17　推测 $[Cu(NH_3)_4]SO_4$ 溶液组成实验思路

问题 2：依据上述实验现象推测 $[Cu(H_2O)_4]^{2+}$ 与 $[Cu(NH_3)_4]^{2+}$ 谁更稳定，请从电负性的角度加以解释。

【提示】以上实验现象说明 $[Cu(H_2O)_4]^{2+}$ 可以转化成 $[Cu(NH_3)_4]^{2+}$，因此 $[Cu(NH_3)_4]^{2+}$ 更稳定。

由于电负性 $N<O$，提供孤电子对的能力 $N>O$，故 Cu^{2+} 与 NH_3 形成的配位键比 Cu^{2+} 与 H_2O 形成的配位键更稳定。

【实验结论】配合物的稳定性与配体中的配原子有关。通常情况下，当中心离子相同时，配原子的电负性越小，提供孤电子对的能力越强，与中心离子形成的配位键越稳定。

拓展阅读

资料：金属盐在十八胺体系中的反应

我国化学家利用金属获得电子能力的不同，设计并成功合成了一组纳米晶体材料。他们经研究发现，十八胺在较高温度下具有一定的还原性，由于从十八胺中获得电子的能力不同，不同的金属盐在十八胺体系中反应可以得到不同的产物。

（1）非贵金属盐反应得到金属氧化物（如 ZnO、CoO 和 NiO 等），贵金属盐反应得到金属单质（如 Ag、Pd 和 Au 等）。

	非贵金属			贵金属		
金属盐	Zn^{2+}	Co^{2+}	Ni^{2+}	Ag^{+}	Pd^{2+}	Au^{3+}
	↓	↓	↓	↓	↓	↓
在十八胺体系中的反应产物	ZnO	CoO	NiO	Ag	Pd	Au

图 10-18 金属盐在十八胺体系中的反应产物

（2）当以两种非贵金属盐为原料时，得到混合金属氧化物（如 Ni-Co-O、Zn-Co-O 等）。以 Ag^+ 和一种非贵金属盐为原料时，得到金属与金属氧化物异质结构（如 Ag-CoO、Ag-NiO 等）。以除 Ag^+ 之外的其他贵金属盐和一种非贵金属盐为原料时，得到合金或金属间化合物（如 $CoPd_2$ 等）。

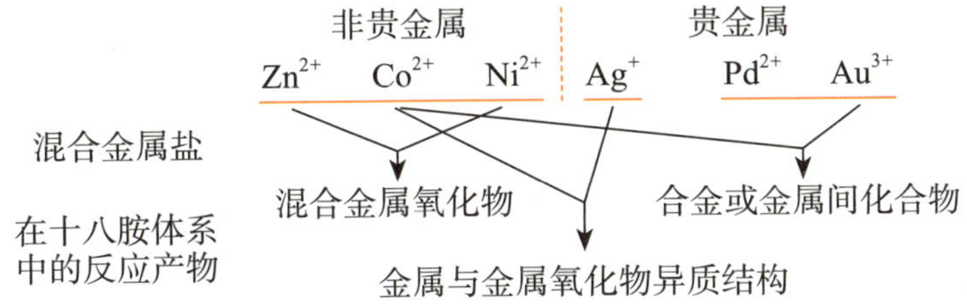

图 10-19 混合金属盐在十八胺体系中的反应产物

思考下列问题：

（1）请查阅相关元素的电负性数据，描述上述单一金属盐或者混合金属盐在十八胺体系中发生反应所得产物与电负性之间的关联，并尝试解释为什么单一非贵金属盐反应得到金属氧化物（如 ZnO 等）、单一贵金属盐反应得到金属单质（如 Ag、Pd 等）。

（2）金属间化合物是介于合金与陶瓷之间的一类材料，是金属元素与金属元素之间形成的化合物，原子间的结合力可以是离子键、共价键。请结合元素电负性数据尝试说明上述非贵金属元素与贵金属元素之间可以形成金属间化合物的原因。

（3）Pt^{4+} 盐在十八胺体系中发生的反应与上述反应类似。请结合元素电负性数据尝试推测单一 Pt^{4+} 盐以及与其他盐混合后在十八胺体系中发生反应所得的产物。

（4）通过对以上问题的讨论，你对“电负性”有了哪些新的认识？

【提示】

（1）Zn、Co、Ni、Ag、Pd、Au 的电负性依次为 1.6、1.8、1.8、1.9、2.2、2.4。当金属元素电负性小于 1.9 时，对应单一金属盐在十八胺体系中反应得到金属氧化物；当金属元素电负性大于等于 1.9 时，对应单一金属盐在十八胺体系中反应得到金属单质。非贵金属元素电负性相对较小，获得电子的能力相对较弱，在十八胺体系中未发生化合价变化，因此单一非贵金属盐反应得到金属氧化物；贵金属元素电负性相对较大，获得电子的能力相对较强，在十八胺体系中获得电子，化合价降低，因此单一贵金属盐反应得到金属单质。

（2）以 Co 与 Au 形成的金属间化合物为例。Co 的电负性为 1.8，Au 的电负性为 2.4。从电负性的数值来看，Au 的电负性与一些非金属元素的电负性相近，具备一定的得电子能力。Co 与 Au 电负性上的差异，说明它们之间可能形成含共价键的化合物。

（3）从教科书的电负性数据来看，Pt 与 Pd 的电负性均为 2.2，故推测单一 Pt^{4+} 盐在十八胺体系中发生反应的产物为金属单质，Pt^{4+} 盐与其他非贵金属盐混合后在十八胺体系中反应得到合金或金属间化合物。

（4）鲍林标度下的电负性是一个相对值。在同一周期中，从左到右电负性增加；在同一族中，自上而下电负性下降。利用电负性可以初步判断金属性和非金属性强弱，电负性小于 2 的通常是金属元素，电负性大于 2 的通常是非金属元素。利用电负性可以判断化合物中化学键的性质，电负性差值大的元素原子之间形成的化学键主要是离子键，电负性相等或差值小的非金属元素原子间形成的化学键主要是共价键。利用电负性可以判断化合物中元素化合价的正负，电负性大的元素易显负价，电负性小的元素易显正价。

七、学科大概念统摄下的微项目内容梳理

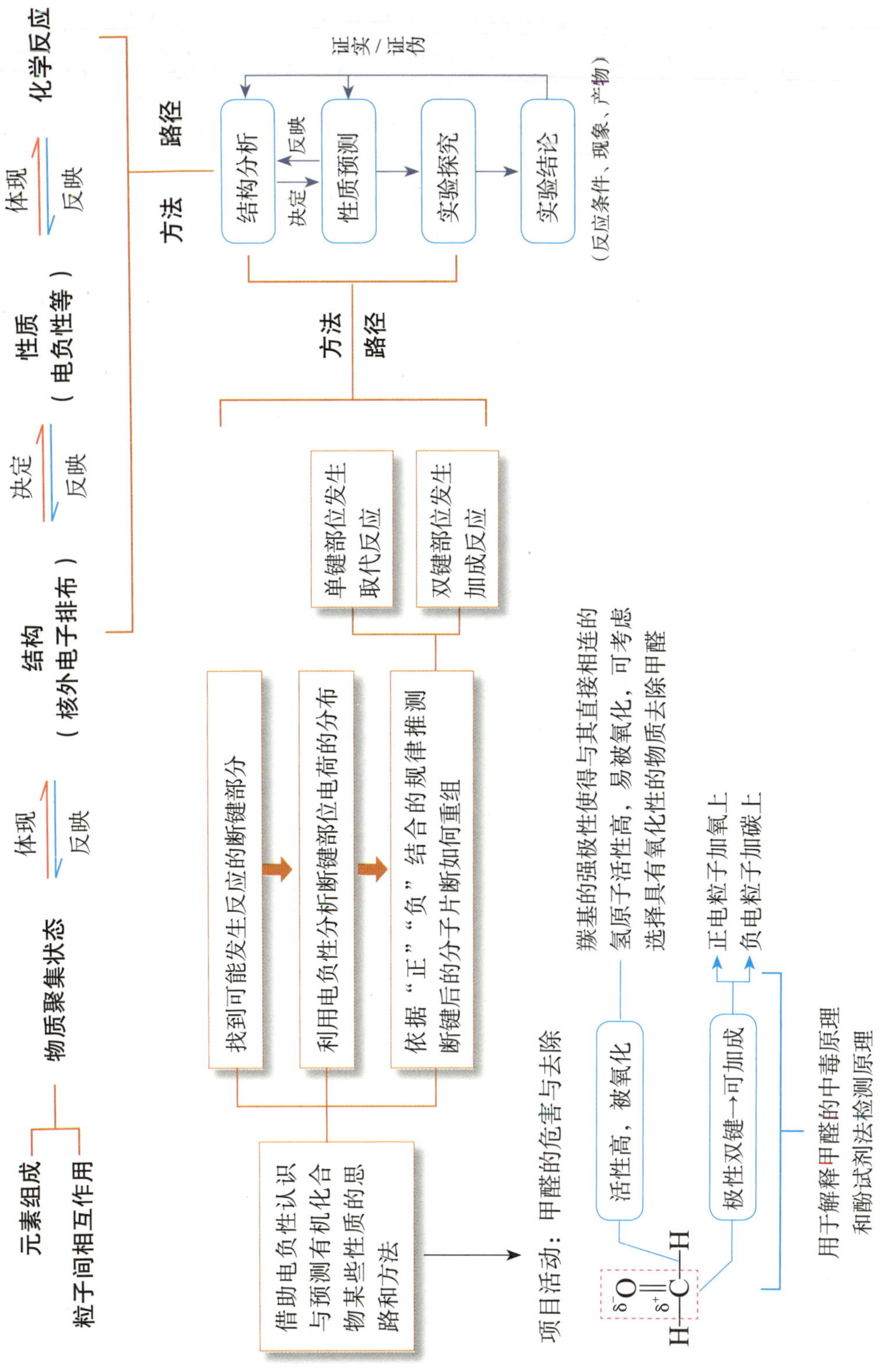

图 10-20 微项目“甲醛的危害与去除”内容梳理示意图

八、学科大概念统摄下的微项目学习评价

表 10-4 微项目“甲醛的危害与去除”整体学习评价量表

评价内容		评价指标	评分		
			自评	互评	师评
表现性评价	课堂综合	上课专注、积极思考、积极参与活动			
		能独立思考，具有创造性思维，能提出不同的方法解决问题			
	研究学习	能有效提取资料中的关键信息			
		能依据资料进行有逻辑的推理、分析			
		能设计科学、合理的探究实验			
		能得出科学、合理的实验结果			
		能对实验现象、结果进行精准表述			
	表达交流	能正确表达自己的观点，条理清晰			
		擅于与他人合作，虚心听取别人意见			
		能对项目成果进行生动展示			
结果性评价	成果完成	能完成甲醛的危害与去除的原理分析			
		能完成室内空气中甲醛含量检测并得出结论			
		能总结借助电负性认识和预测有机化合物性质的思路			
		能借助电负性认识和预测无机化合物的性质			
	知识生成	知道电负性概念及常见应用			
		能借助电负性判断反应的活性部位			
		了解甲醛的性质、对人体的危害以及去除方法			
		能准确完成项目检测			
赋值方法		完全能做到：3 分　部分能做到：2 分 偶尔能做到：1 分　完全做不到：0 分			
		自评 30%　互评 30%　师评 40%			
总成绩					

【北京密云二中　沃秀娟　张芳　于英浩】

扫码查阅教材微项目原文

微项目 11 补铁剂中铁元素的检验

——应用配合物进行物质检验

任务 1：补铁剂中铁元素价态的检验

任务 2：寻找更优的检验试剂

一、学科大概念统摄下的微项目设计概述

1. 设计意图

本项目设计是以“物质检验方法的选择和优化依据的是物质性质；物质性质由组成、结构决定，受外部条件影响”这一大概念为统领，基于真实情境下的“应用配合物进行物质检验”的探索与实践，依托的是情境认知理论和项目式教学理论。

本项目以“补铁剂中铁元素价态的检验”为第一驱动任务，以“寻找更优的检验试剂”为第二驱动任务。在完成任务的过程中，学生从“价 – 类”转化视角探讨补铁剂中铁元素价态的检验，灵活运用氧化还原、类别通性知识进行自主探究，发现用“价 – 类”法检验铁元素价态的不足；通过小组合作研究的方式探索应用配合物知识进行铁元素价态检验的原理与使用方法，聚焦探索物质转化的一般思路；在驱动性问题的引导下，自主完成项目拆解、信息的提取和分析、方案的设计和优化、项目的实施、拓展探究以及综合评价等环节。

在本项目中，通过真实、具体的问题情境，为学生化学学科核心素养的形成与发展提供平台和机会；通过检验药片在保存过程中铁元素是否被氧化为 +3 价，提升学生“变化观念与平衡思想”化学学科核心素养；通过铁元素检验试剂的选取分析，进行实验条件对检验效果影响的实验和分析，帮助学生认识到复杂体系中存在多种反应的竞争关系，并在此基础上梳理出铁元素检验的知识网络，有效提升学生“证据推理与模型认知”化学学科核心素养。

在本项目中，通过提供大量陌生配体素材，从结构角度分析其性质和可能形成的配合物结构，加深学生对结构与性质关系的理解，发展学生“宏观辨识与微观探析”化学学科核心素养。通过采用实验探究的方式，对形成不同配合物的实验现象进行观察，自主分析检验试剂应满足的条件，作出合理选择，并对不同条件下实验结果差异进行分析，设计实验验证，不断改进，最终找到合适的检验方法；在信息获取、设计实验、现象分析、改良实验、得出结论的过程中，培养学生实验操作能力，提升学生“科学探究与创新意识”化学学科核心素养。

2. 功能价值

（1）学科价值：

①提升学生化学学科核心素养水平。本主题第1课时从物质的性质出发，从“价－类”视角分析补铁剂中铁元素价态的可能检验方法，基于实验证据分析条件对物质转化的影响，提升“变化观念与平衡思想”“证据推理与模型认知”“科学探究与创新意识”化学学科核心素养水平；第2课时从铁的原子结构出发，分析与不同物质形成配合物的可能性，利用实验探究及条件调控寻找适宜的试剂及条件，提升“宏观辨识与微观探析”“科学态度与社会责任”化学学科核心素养水平。

②促进化学学科思想方法的发展。本主题在实施过程中，通过“不同试剂溶解硫酸亚铁片后溶液中铁离子的检验”“不同酸碱性溶液中邻二氮菲与亚铁离子的反应”“不同物质与亚铁离子、铁离子是否形成配合物”等实验探究任务，促进学生对“内因与外因”“量变与质变”“变量控制”“对比”等化学学科核心思想方法的理解，发展学生设计实验、动手操作、收集证据、分析论证、反思评价等实验探究能力。

③实现由“解题”到“解决问题”的转变。本主题通过真实问题情境的创设，基于问题解决开展多种探究活动，学生通过查阅资料、交流研讨，可以促进学习方式的转变，展现真实问题的解决过程，建立应用化学理论解决生产生活实际问题的思路和方法，发展问题解决的能力。

（2）社会价值：

通过本主题的实施，学生知道化学与社会生活密切联系，认识化学科学的不断创新与发展是解决人类社会发展中所遇问题的有效途径。

3. 学情分析

（1）学生已有知识与能力：

学生已经了解铁离子和亚铁离子的性质，了解常用的检验方法；学生已经能依据“价－类”视角分析补铁剂中铁元素价态的可能检验方法；学生已经了解物质的变化是有条件的，化学反应是可以调控的。

（2）学生学习障碍点：

学生不清楚利用硫氰化钾检验铁离子的显色机理，对于检验过程中干扰因素的排查缺乏科学的方法；学生不清楚如何利用条件对反应的影响规律对反应进行适当调控，使反应向有利于需要的方向转化。

（3）学生学习发展点：

通过本项目，引导学生掌握利用配合物作为检验金属离子试剂的原理和本质；基于实验证据综合分析反应体系与环境中的微粒种类与数量，确定干扰因素，并在此基础上形成排除干扰的实验方案；通过分析影响化学反应速率与平衡的内因与外因，对反应进行合理调控，并在此基础上提升设计实验、分析论证以及反思评价等实验探究能力。

二、学科大概念统摄下的微项目知识结构

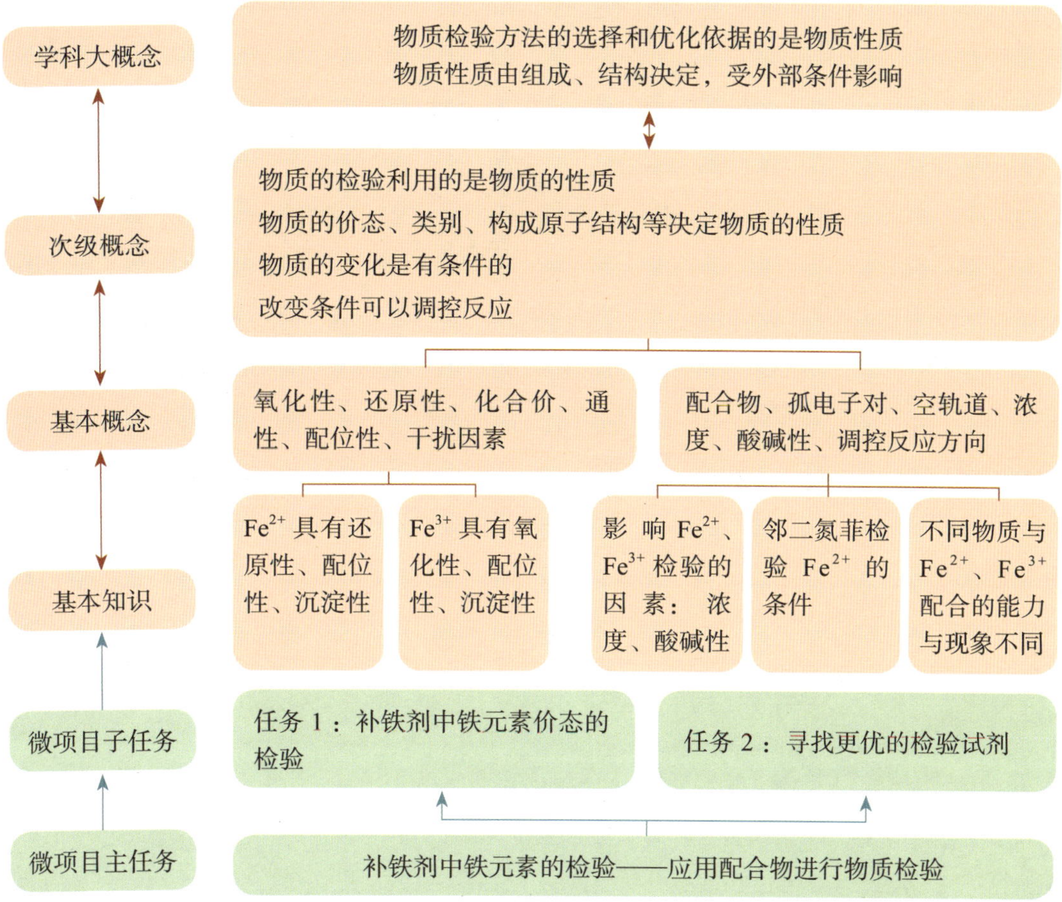

图 11-1　微项目“补铁剂中铁元素的检验”知识结构示意图

三、学科大概念统摄下的微项目学习目标

（1）通过对“设计实验检验硫酸亚铁片中Fe^{2+}是否变质”的讨论，综合认识Fe^{2+}、Fe^{3+}的还原性、氧化性、酸碱性、沉淀性、配位性等重要性质，并能灵活用于解决实际问题，提升“宏观辨识与微观探析”“变化观念与平衡思想”“证据推理与模型认知”化学学科核心素养水平。

（2）通过“不同试剂溶解硫酸亚铁片后溶液中铁离子的检验”“不同酸碱性溶液中邻二氮菲与亚铁离子的反应”“不同物质与亚铁离子、铁离子是否形成配合物”等实验探究活动，促进对“内因与外因”“量变与质变”“变量控制”“对比”等化学学科核心思想方法的理解，发展设计实验、动手操作、收集证据、分析论证、反思评价等实验探究能力。

（3）通过对真实情境问题的讨论，建立应用化学理论解决生产生活实际问题的思路和方法，认识化学科学的不断创新与发展是解决人类社会发展中所遇问题的有效途径，做到科学合理地分析社会热点问题。

四、学科大概念统摄下的微项目活动规划

学科大概念

物质检验方法的选择和优化依据的是物质性质
物质性质由组成、结构决定，受外部条件影响

微项目主题

补铁剂中铁元素的检验——应用配合物进行物质检验

课时划分

课时 1
任务 1：补铁剂中铁元素价态的检验

课时 2
任务 2：寻找更优的检验试剂

活动流程

（课时 1）

【活动 1】检验补铁药片在保存过程中铁元素是否被氧化为 +3 价
核心活动：应用物质类别、氧化还原视角寻找 Fe^{3+} 检验试剂，利用不同酸性条件下与 KSCN 溶液的反应进行实验探究
【活动 2】检验补铁药片中是否存在 +2 价铁元素
核心活动：利用 KSCN 溶液、酸性 $KMnO_4$ 溶液进行实验探究，依据实验现象的不同，分析影响 Fe^{2+} 检验的因素有哪些，并优化检验条件

（课时 2）

【活动 1】筛选检验 Fe^{2+}、Fe^{3+} 的试剂
核心活动：分析配位反应发生的条件，寻找能够提供孤电子对与 Fe^{3+} 形成配位键的物质
【活动 2】寻找邻二氮菲检验 Fe^{2+} 的酸碱性条件
核心活动：探究条件对检验 Fe^{2+} 的配位反应的影响，并优化检验方案
【活动 3】总结检验 Fe^{2+}、Fe^{3+} 的试剂选择需要考虑的因素，完成思维导图
核心活动：给定角度建构思维导图

能力素养

（课时 1）树立“物质的变化是有条件的”学科思想；深化“变量控制”“对比”的实验研究方法；提升“科学探究与创新意识”“证据推理与模型认知”化学学科核心素养水平

（课时 2）树立“化学反应可以调控”的学科思想，提升“变化观念与平衡思想”“宏观辨识与微观探析”化学学科核心素养水平，建立解决复杂化学问题的思维框架

图 11-2　微项目“补铁剂中铁元素的检验”活动规划示意图

五、学科大概念统摄下的微项目活动导引

铁是人体必需的微量元素之一。缺铁性贫血是由于铁的摄入不足或损失过多，导致体内供造血用的铁不足。缺铁性贫血可补充补铁剂，常用的口服补铁剂有硫酸亚铁、枸橼酸铁铵、富马酸亚铁等，注射补铁剂有右旋糖酐铁、山梨醇铁和蔗糖铁等。补铁剂中 Fe^{2+} 居多，而 Fe^{2+} 具有还原性，容易被氧化成 Fe^{3+}。有哪些方法可以检验补铁剂中铁元素的价态？能否设计实验验证呢？用哪种试剂检验效果最佳呢？本项目将带领学生利用化学的相关知识设计 Fe^{2+}、Fe^{3+} 检验的实验方案，认识 Fe^{2+}、Fe^{3+} 的结构和性质，认识作为检验试剂的配合物的结构和性质，领会金属离子检验的一般思路，提升实验设计能力。

六、学科大概念统摄下的微项目活动实施

任务 1　补铁剂中铁元素价态的检验

活动❶　检验补铁药片在保存过程中铁元素是否被氧化为 +3 价

铁是人体必需的微量元素之一，大部分存在于血红蛋白之中，负责通过血液向全身输送氧气。因自然代谢，人体每天都会有铁元素损失，需要从食物中摄取。如果从食物中摄取不足，就需要额外补充，否则容易造成缺铁性贫血，从而导致容易疲劳、畏寒怕冷、面色苍白、嘴唇干裂等不良症状的产生。

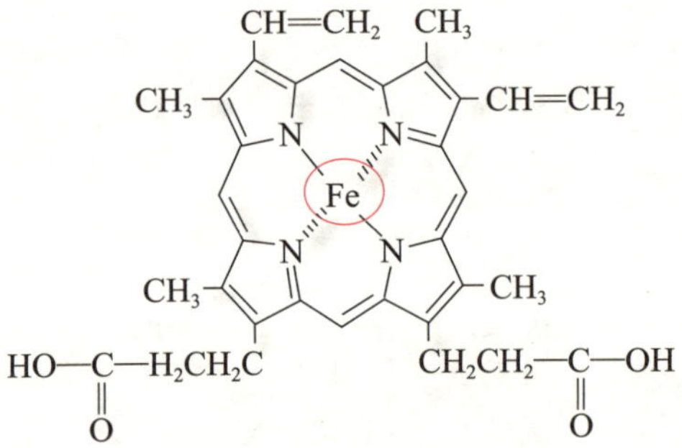

图 11-3　血红蛋白中的铁

图 11-4　几种富含铁的食物

如果缺铁严重，就需要及时补充补铁剂。市面上有多种多样的补铁剂，如琥珀酸亚铁、乳酸亚铁、硫酸亚铁、血红素铁、羧基麦芽糖铁等。补铁剂中的铁元素主要以 +2 价铁离子的形式存在，如硫酸亚铁，但是 +2 价铁离子往往容易被氧化成 +3 价铁离子。

交流研讨

请设计实验方案，检验补铁药片中铁元素的价态，区分Fe^{2+}水溶液与Fe^{3+}水溶液，并说明设计角度。先独立思考，然后小组内交流。

设计角度：

（1）利用物理性质：利用Fe^{2+}水溶液与Fe^{3+}水溶液的颜色差异。

（2）利用化学性质：

①检验Fe^{2+}：

i. Fe^{2+}具有还原性，可以和氧化性物质反应，可通过观察溶液颜色变化判断Fe^{2+}是否存在；

ii. Fe^{2+}是弱碱阳离子，可以与NaOH溶液反应，生成$Fe(OH)_2$沉淀，容易被氧化为$Fe(OH)_3$，可通过观察沉淀颜色变化判断Fe^{2+}是否存在；

iii. Fe^{2+}可以用特征试剂铁氰化钾检验，观察是否有特征蓝色沉淀出现。

②检验Fe^{3+}：

i. Fe^{3+}具有氧化性，可以和还原性物质反应，可通过观察溶液颜色变化判断Fe^{3+}是否存在；

ii. Fe^{3+}是弱碱阳离子，可以与NaOH溶液反应，生成$Fe(OH)_3$沉淀，可通过观察沉淀颜色判断Fe^{3+}是否存在；

iii. Fe^{3+}可以用特征试剂硫氰化钾检验，观察是否有特征红色出现。

分享评价

从准确性、全面性、美观性、逻辑性、创新性角度多方面进行倾听与评价。

表 11-1　学习活动评价要点

指标	评价要素
准确性	
全面性	
美观性	
逻辑性	
创新性	

探究发现

实验：探究分别用水和稀硫酸溶解的硫酸亚铁片再与KSCN溶液反应。

表 11-2　用水和稀硫酸分别溶解硫酸亚铁片再与 KSCN 溶液反应实验报告

实验方案	实验现象	实验结论

实验评价

观察实验，思考下列问题：

（1）能否通过观察溶液颜色判断补铁剂中是否含有 Fe^{2+}，是否部分被氧化为 Fe^{3+}？

（2）用 KSCN 检验 Fe^{3+}，为什么有的组看到了明显现象，有的组看不到明显现象？可能的原因是什么？

（3）不同氧化剂或者还原剂是否都可以用于检验 Fe^{2+} 及 Fe^{3+}？ 选择的依据是什么？

思考回答

当溶液浓度很小时，不能通过溶液的颜色进行区分，可以滴加 KSCN 溶液来检验。Fe^{3+} 形成的 $Fe(SCN)_3$ 是有特殊颜色的配合物，可用于检验。分别用水和稀硫酸溶解药片，然后用 KSCN 溶液检验，发现硫酸溶解后的药片溶液变红，水溶解后的药片溶液不变红。从体系中所含微粒的角度分析酸溶与水溶的区别，酸溶后的体系中有较多 H^+，水溶后的体系中 H^+ 浓度较小。通过分析结构发现，Fe^{3+} 能够与 SCN^- 显色的原因是生成了配合物，但能与 Fe^{3+} 形成配合物的不仅仅是 SCN^-，OH^- 也可以与 Fe^{3+} 形成配合物，即配合物的反应中多种配体可能存在竞争，酸碱性会影响反应发生的方向。因此，利用 KSCN 检验 Fe^{3+} 应选择酸性环境。

活动❷　检验补铁药片中是否存在 +2 价铁元素

探究发现

实验 1：用 KSCN 溶液和氯水检验补铁药片中的 Fe^{2+}。

表 11-3　用 KSCN 溶液和氯水检验补铁药片中的 Fe^{2+} 实验报告

实验方案	实验现象	实验结论

用 KSCN 溶液检验混合溶液，希望看见溶液先变红，加入氯水后溶液变得更红。

但是氯水氧化 Fe^{2+} 时，过量的氯水可能会氧化 SCN^-，出现红色褪去的现象，导致检验实验失败。

实验 2：探究酸性 $KMnO_4$ 溶液检验补铁药片中的 Fe^{2+}。

表 11-4　用酸性 $KMnO_4$ 溶液检验补铁药片中的 Fe^{2+} 实验报告

实验方案	实验现象	实验结论

从体系中所含微粒角度分析紫色褪去的原因，只能说明体系中有还原性的物质。考虑到补铁药片中可能还有其他还原剂，如维生素 C、硬脂酸镁、叶酸等添加剂，所以无法说明溶液中含有 Fe^{2+}。因此，由于体系成分较复杂，无法确定是否仅由 Fe^{2+} 还原高锰酸钾。

无论是利用 KSCN 溶液和氯水还是利用酸性 $KMnO_4$ 溶液检验补铁药片中的 Fe^{2+}，都是间接检测方法，容易受其他因素影响。

可见，需要寻找更优试剂在复杂溶液体系中直接检验少量 Fe^{2+}。

任务 2　寻找更优的检验试剂

活动 1　筛选检验 Fe^{2+}、Fe^{3+} 的试剂

交流研讨

已知可以用 $Fe(SCN)_3$ 的特征红色来检验 Fe^{3+}，请从化学键形成的角度分析 Fe^{3+} 和 SCN^- 是怎样结合的。

思考回答

铁的基态原子的电子排布式是 $[Ar]3d^64s^2$。铁原子失去 4s 轨道上的 2 个电子和 3d 轨道上的 1 个电子，形成的 Fe^{3+} 最外层有 5 个电子，即 $[Ar]3d^5$，它可以提供空轨道。从 S、N 的电子式可知它们有孤电子对，因此可以形成配位键。实验证明，Fe^{3+} 和 SCN^- 结合时为氮原子配位。

交流研讨

Fe^{2+} 与 Fe^{3+} 的结构有什么相同特点？能否用同一类型的反应进行检验？

思考回答

铁的基态原子的电子排布式是［Ar］$3d^6 4s^2$，铁原子失去 4s 轨道上的 2 个电子，形成的 Fe^{2+} 最外层有 6 个电子，即［Ar］$3d^6$，它可以提供空轨道，可以寻找有孤电子对的物质与 Fe^{2+} 形成配位键，通过显示的特征颜色来检验 Fe^{2+}。

阅读探讨

已知苯酚、邻二氮菲、EDTA 的结构分别为：

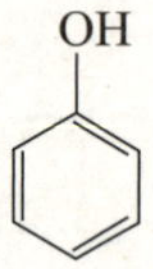
苯酚

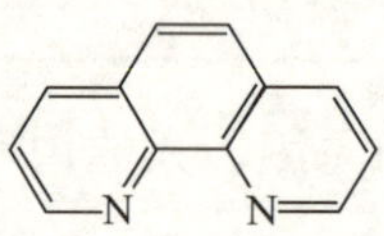
邻二氮菲

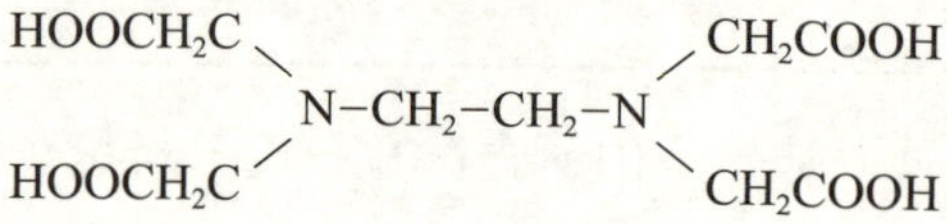
EDTA

思考：以上物质是否可以和 Fe^{2+}、Fe^{3+} 形成配位键？哪个原子会发生配位？所形成配位键的稳定性怎样？

苯酚的氧原子、邻二氮菲的氮原子、SCN^- 的硫原子和氮原子、EDTA 的氧原子和氮原子都有孤电子对，都能形成配合物。像 OH^-、苯酚、SCN^- 这样的配体，称为单齿配体；有些物质形成配合物时有 2 个配位原子，称为二齿配体（如邻二氮菲）；像 EDTA 这种物质形成配合物时最多可以有 6 个原子进行配位，称为多齿配体。配体的种类是多样的，形成的配合物也是多种多样的。

探究发现

Fe^{2+}、Fe^{3+} 与苯酚是否可以形成配合物？能否用苯酚溶液检验？能否通过实验验证？

实验 1：探究苯酚溶液检验补铁药片中的 Fe^{3+}。

表 11–5　用苯酚溶液检验补铁药片中的 Fe^{3+} 实验报告

实验方案	实验现象	实验结论

Fe^{3+} 有空轨道，苯酚的氧原子可以提供孤电子对，因而二者可以形成配合物。向点滴板上滴加少量 $FeCl_3$ 溶液，再滴加苯酚溶液，发现溶液变为紫色。由于颜色发生变化，说明有新物质生成，即 Fe^{3+} 与苯酚形成配合物。事实上，在 $FeCl_3$ 溶液中，Cl^-、

H_2O、OH^- 都有孤电子对，Fe^{3+} 提供空轨道，所以它们都能形成配合物。但是，Fe^{3+} 与苯酚形成的配合物最稳定，最容易生成且颜色变化明显，因此可用苯酚溶液检验 Fe^{3+}。

邻二氮菲、EDTA 是否可以和 Fe^{2+}、Fe^{3+} 形成配合物？设计实验验证。

实验 2：探究邻二氮菲、EDTA 分别检验补铁药片中的 Fe^{2+}、Fe^{3+}。

表 11-6　用邻二氮菲、EDTA 分别检验补铁药片中的 Fe^{2+}、Fe^{3+} 实验报告

实验方案	实验现象	实验结论

$FeSO_4$ 溶液与邻二氮菲反应后溶液显橙色，$Fe_2(SO_4)_3$ 溶液与 EDTA 反应后溶液显淡黄色。可见，Fe^{2+} 与邻二氮菲形成配合物。

由于 EDTA 有 6 个位点可以配位，作用应该很强。但是，Fe^{3+} 与 EDTA 混合显示的颜色与 Fe^{3+} 溶液的颜色接近，它们是否形成配合物？试设计实验证明，与 SCN^- 相比，EDTA 能与 Fe^{3+} 形成更稳定的配合物。

实验 3：同体积的 EDTA 和水分别逐滴加入 $Fe(SCN)_3$ 溶液中。

表 11-7　EDTA 和水分别与 $Fe(SCN)_3$ 溶液反应实验报告

实验方案	实验现象	实验结论

将水加入 $Fe(SCN)_3$ 溶液中，红色变浅；将 EDTA 加入 $Fe(SCN)_3$ 溶液中，红色褪去。可见，与 Fe^{3+} 作用时，EDTA 与 SCN^- 处于相互竞争的关系；红色褪去，说明 EDTA 与 Fe^{3+} 形成了更稳定的配合物。

Fe^{3+} 与 EDTA 形成的配合物没有特殊颜色，不能用于检验 Fe^{3+}。

Fe^{3+} 与邻二氮菲混合无明显现象，Fe^{2+} 与邻二氮菲混合显橙色，推测用邻二氮菲作为 Fe^{2+} 的检验试剂比较合理。

活动❷　寻找邻二氮菲检验 Fe^{2+} 的酸碱性条件

探究发现

邻二氮菲检验 Fe^{2+} 对酸碱性条件有什么要求？利用实验探究猜想。

实验：酸性、碱性、中性条件下邻二氮菲与 Fe^{2+} 的反应。

表 11-8 酸性、碱性、中性条件下邻二氮菲与 Fe^{2+} 反应实验报告

实验方案	实验现象	实验结论

碱性条件下 OH^- 可能与 Fe^{2+} 作用，酸性条件下 H^+ 会与邻二氮菲中的氮原子结合，减弱了邻二氮菲的配位能力，故橙色变浅。所以利用邻二氮菲检验 Fe^{2+} 时，要控制合理的 pH 范围才能正常显色，通常是 2 ~ 9。此外，由于颜色和配合物的量有关，可以利用颜色进行定量检测，这就是目视比色法的原理。

自主学习

资料：目视比色法

这种方法就是在一套大小、形状、材质相同的平底玻璃管（称为比色管）中，分别加入一系列不同量的标准溶液和待测液。在实验条件相同的情况下，再加入等量的显色剂和其他试剂至一定刻度，然后从管口垂直向下观察，比较待测液与标准溶液颜色的深浅。若待测液与某一标准溶液颜色深度一致，则说明两者浓度相等；若待测液颜色介于两标准溶液之间，则取其算术平均值作为待测液浓度。

活动❸ 总结检验 Fe^{2+}、Fe^{3+} 的试剂选择需要考虑的因素，完成思维导图

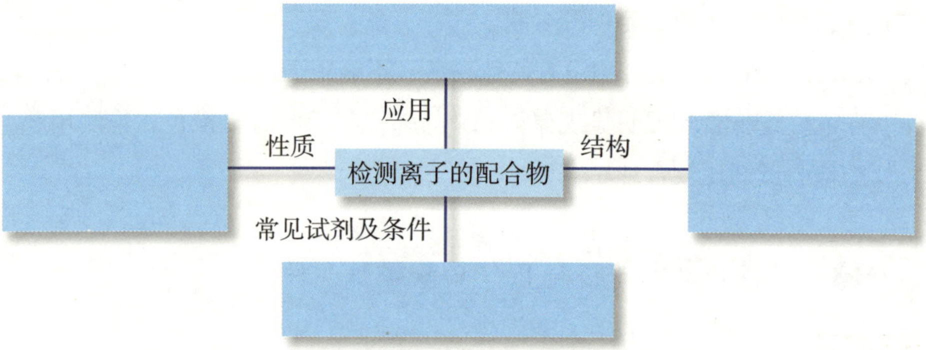

图 11-5 检验 Fe^{2+}、Fe^{3+} 的试剂选择思维导图

七、学科大概念统摄下的微项目内容梳理

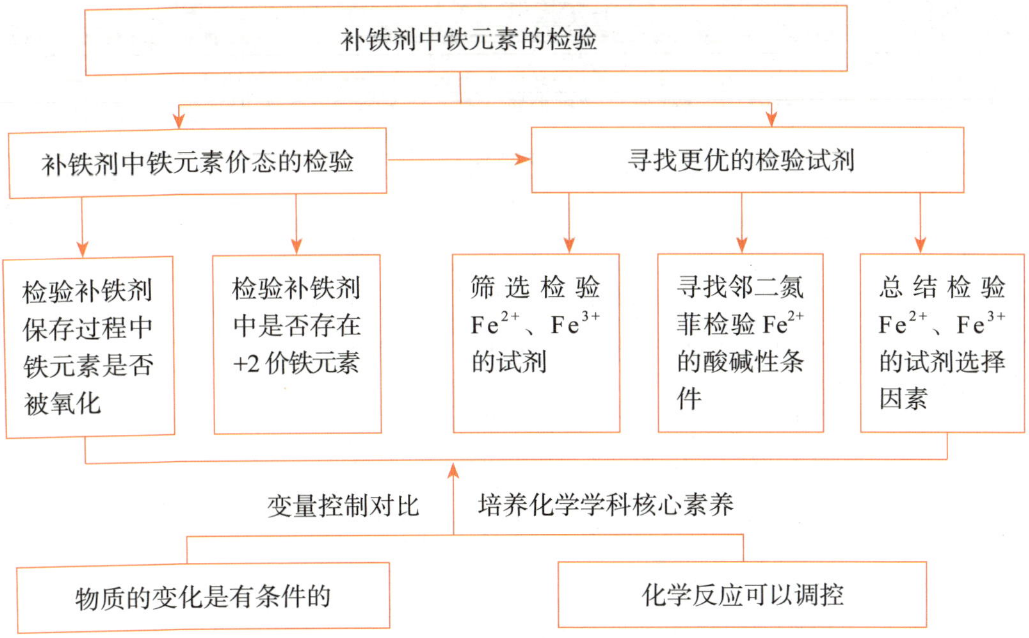

图 11-6　微项目“补铁剂中铁元素的检验”内容梳理示意图

八、学科大概念统摄下的微项目学习评价

表 11-9　微项目“补铁剂中铁元素的检验”整体学习评价量表

评价内容		评价指标	评分		
			自评	互评	师评
表现性评价	课堂综合	上课专注、积极思考、积极参与活动			
		能独立思考，具有创造性思维，能提出不同的方法解决问题			
	研究学习	能有效提取资料中的关键信息			
		能依据资料进行有逻辑的推理、分析			
		能设计科学、合理的对比实验			
		能得出科学、合理的实验结果			
		能对实验现象、结果进行精准表述			

（续表）

评价内容		评价指标	评分		
			自评	互评	师评
表现性评价	表达交流	勇于表达自己的观点，条理清晰			
		擅于与他人合作，虚心听取别人意见			
		能对项目成果进行生动展示			
结果性评价	成果完成	能完成检验金属离子的试剂特点的思维导图的制作			
		能利用控制变量的方法设计条件对反应的影响实验			
		能总结金属离子检验实验的一般设计思路			
		能完成比较不同检验试剂稳定性大小的实验设计			
	知识生成	知道利用配合物检验金属离子的试剂的结构和性质			
		能理解选择检验金属离子试剂的依据和方法			
		会用对比实验控制变量设计实验			
		能准确完成单元项目检测			
赋值方法		完全能做到：3 分　部分能做到：2 分 偶尔能做到：1 分　完全做不到：0 分			
		自评 30%　互评 30%　师评 40%			
总成绩					

【北京市和平街第一中学　高岚；北京市顺义教育研究和教师研修中心　谢立平；北京景山学校　何铁】

扫码查阅教材
微项目原文

微项目12 青蒿素分子的结构测定

——晶体在分子结构测定中的应用

任务1：青蒿素的提取及分子式、碳骨架、官能团的确定

任务2：借助原子位置确定青蒿素分子空间结构及模型搭建

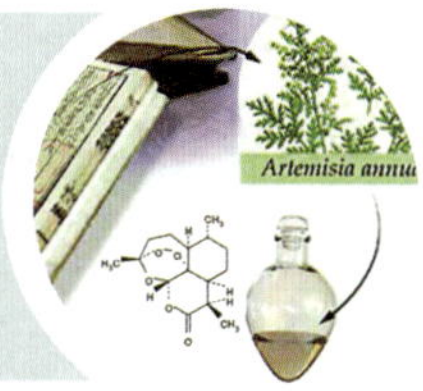

一、学科大概念统摄下的微项目设计概述

1. 设计意图

本项目设计是以“物质的结构决定物质的性质，物质的性质反映物质的结构”这一大概念为统领，基于真实情境下的“青蒿素分子的结构测定”的探索与实践。

依托情境认知理论和项目式教学理论，本项目以“青蒿素分子的结构测定”为主驱动任务，引导学生认识青蒿素的价值，了解青蒿素的发现历史，认识我国科研工作者在青蒿素结构发现过程中的团队合作、艰苦奋斗精神及科学技术发挥的决定性作用；以问题驱动的方式探索青蒿素的碳骨架组成及官能团，以小组合作研究的方式探索青蒿素分子的空间结构，聚焦认识有机化合物组成及晶体空间结构确定的一般思路。在本项目式教学中，学生在教师驱动式问题的引导下，以自主探究和小组合作有机结合的学习方式完成项目拆解、信息的提取和分析、项目的实施及综合评价等环节，培养和发展信息获取、分析论证、逻辑推理、合作交流等能力；同时，在解决实际问题的过程中，认识物质的组成、结构与性质间的内在关联，形成对复杂有机化合物结构分析的完整认识思路，进而体会化学学习的价值和意义，关注科学技术的发展与应用。

2. 功能价值

（1）学科价值：

①促进“宏观辨识与微观探析”化学学科核心素养的发展。

本项目实施过程中，“微观探析”一直贯穿始终：在原子水平上，确定青蒿素分子中原子的种类及数目、原子的空间位置、化学键的键长与键角；在分子水平上，确定晶胞中分子个数、晶胞参数、分子结构。此外，在宏观上，利用官能团特征反应实验确定官能团的种类与数目，利用泡沫小球将青蒿素分子中碳原子与氧原子的相对位置以三维立体的形式展现出来，将“宏观”与“微观”有机结合起来，深化学生对有机化合物结构的认识。

②促进“证据推理与模型认知”化学学科核心素养的发展。

本项目实施过程中，通过“青蒿素的分离提纯”“青蒿素分子中组成原子的确定”“青蒿素中官能团的确定”等实验探究任务，巩固学生的物质分离提纯、有机化合物官能团性质等知识及分类、对比等学科思想方法；通过对“青蒿素的官能团测定”“青蒿素晶体三维电子密度叠合图”“青蒿素中碳、氧原子分数坐标”等证据的认识和模型搭建，巩固和发展学生提取信息、分析论证、动手操作、反思评价等能力，强化他们对有机化学认识模型的认知；通过讨论交流，培养学生合作实践、质疑创新的科学品质。

③促进“科学探究与创新意识”化学学科核心素养的发展。

本项目实施过程中，通过对分子式为 $C_{15}H_{22}O_5$ 的青蒿素分子中碳骨架与官能团的预测，依据原子坐标信息搭建青蒿素分子的立体结构，诊断和发展学生分析、解决复杂问题的逻辑推理能力，提升学生运用已有知识、方法、模型解决实际问题的系统思维能力。

（2）育人价值：

自 1967 年起，我国 500 多名科研人员联合开发抗疟新药，花费近 20 年时间，先后经历提取青蒿素有效成分、获得晶体、测定结构、合成与修饰、广泛应用的过程。通过对这段研究工作的回顾，让学生体会我国科学家不畏艰难、通力合作、勇于创新的科研精神，以及为挽救千万人生命所作出的巨大贡献，增强学生的文化自信。

3. 学情分析

（1）学生已有知识与能力：

知识层面：在必修阶段，学生对元素周期律、元素周期表、典型有机化合物的结构与性质有了一定的认识；进入选择性必修阶段，学生系统学习了有机化学知识，对原子结构与性质、分子结构与性质、晶体结构与性质也有了一定的了解。

能力层面：学生具有一定的探究能力及逻辑推理能力，合作探究的意识比较强。

情感层面：学生有比较强烈的好奇心与荣誉感，对我国的科研成果有探究欲望。

（2）学生学习障碍点：

知识层面：学生对 X 射线衍射、核磁共振谱等技术的了解较少，对有机化合物结构与性质的关联不够全面。

能力层面：学生自主理解信息、系统分析问题的能力较弱，动手搭建陌生模型的能力欠缺。

（3）学生学习发展点：

强化学生对物质结构与性质关系的认识，引导他们认识研究物质结构的方法与价值，构建研究物质结构的基本思路与方法。

二、学科大概念统摄下的微项目知识结构

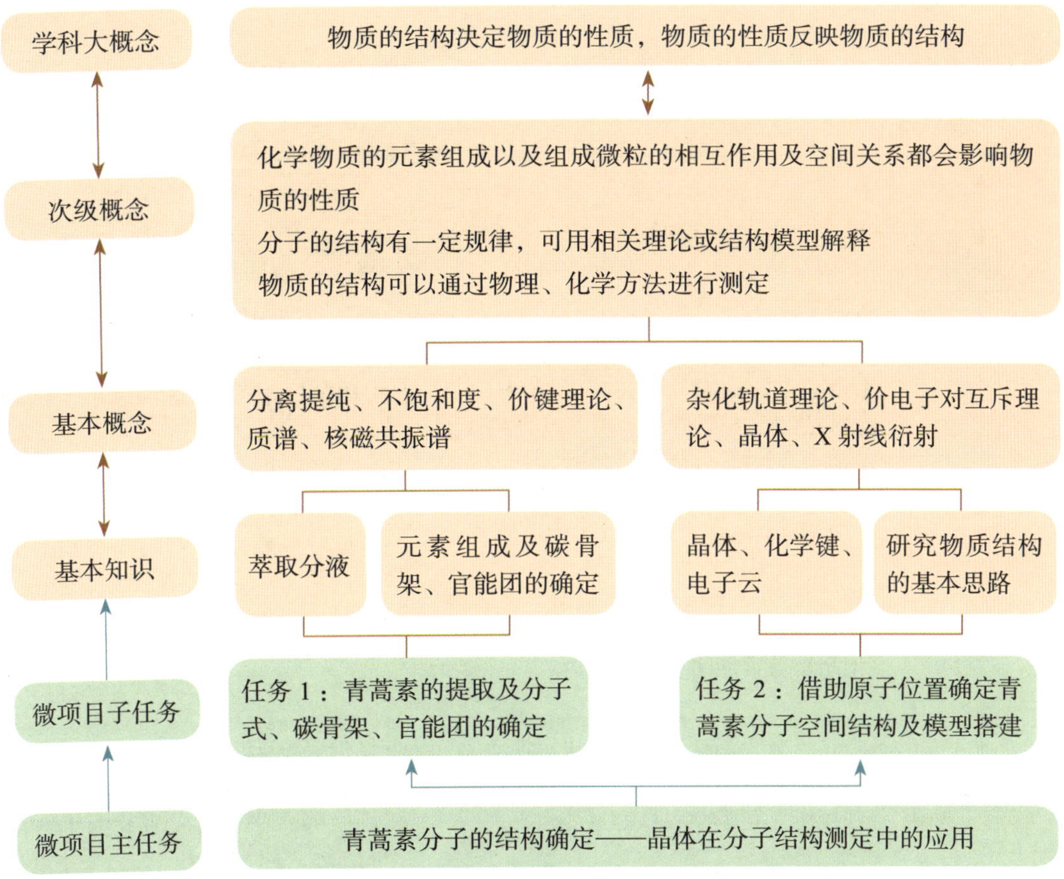

图 12-1 微项目“青蒿素分子的结构测定”知识结构示意图

三、学科大概念统摄下的微项目学习目标

（1）通过对青蒿素的分离提纯及青蒿素分子组成、分子式、碳骨架、官能团的分析，结合对有机化合物结构与性质相关知识的回顾，进一步认识有机化合物结构与性质的基本思路和方法，提升解决陌生、复杂情境问题的系统思维能力，发展“证据推理与模型认知”化学学科核心素养水平。

（2）通过对质谱法、核磁共振谱法、晶体 X 射线衍射法等实验方法的学习，明确先进仪器在科学研究中的价值功能，了解生命科学中许多重大问题的解决均需物质结构理论与分析测试技术的支持，认识研究物质结构的重要意义，激发探寻化学奥秘、促进科学发展的热情与信心。

（3）自主搭建青蒿素立体模型，直观感受物质的结构，深入认识分子结构的规律性，深化对键长、键角、杂化轨道等的认识，提升“宏观辨识与微观探析”“科学探究与创新意识”化学学科核心素养水平。

四、学科大概念统摄下的微项目活动规划

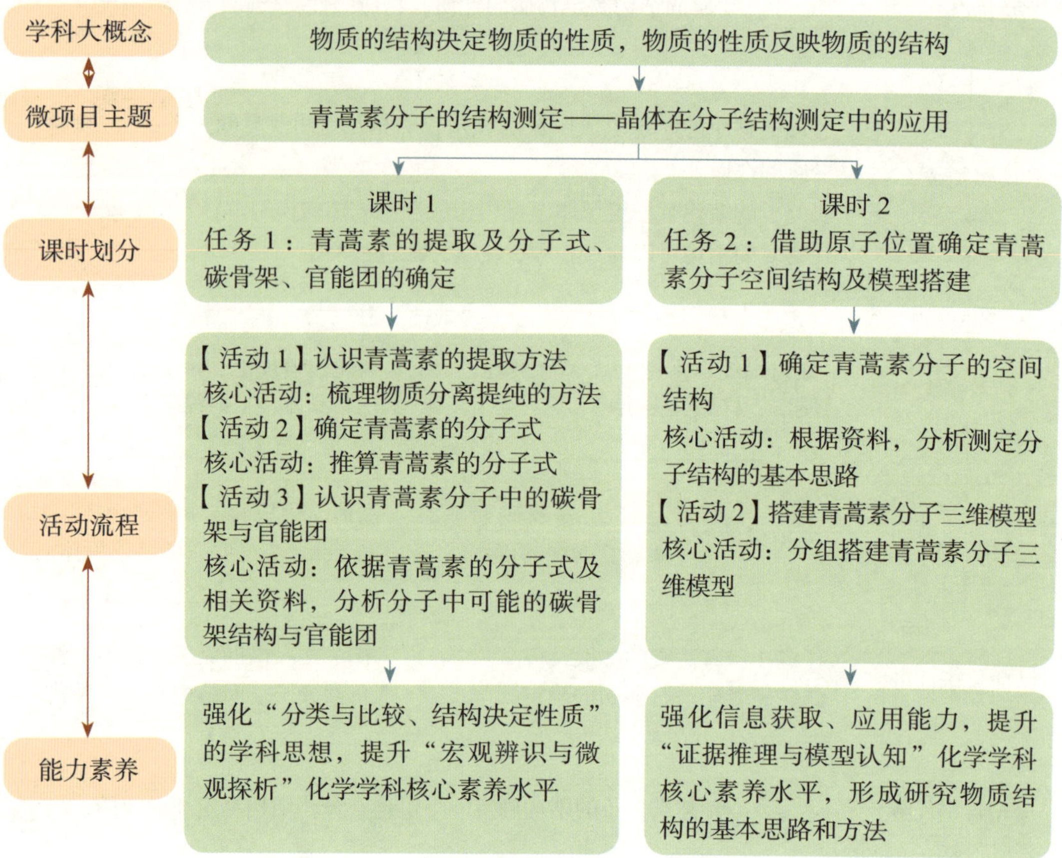

图 12-2　微项目“青蒿素分子的结构测定”活动规划示意图

五、学科大概念统摄下的微项目活动导引

2015 年 10 月 5 日，瑞典卡罗琳医学院宣布，我国科学家屠呦呦与另外两名国外科学家分享当年的诺贝尔生理学或医学奖。至此，屠呦呦成为我国第一位诺贝尔生理学或医学奖得主，在我国乃至世界医药化学发展史上写下了光辉的一页。青蒿素的提取原理看似简单，但其成功并非一帆风顺，这是屠呦呦经过近 200 次失败实验换来的成果。作为 2015 年度的“明星”分子，青蒿素类化合物是世界抗疟药物研究史上继喹啉类药物之后又一重要里程碑。美国著名高校斯坦福大学的真皮罗教授这样评价：以屠呦呦为代表的科研人员从中国传统医学中为世界带来了青蒿素类药物，挽救了全世界数百万疟疾患者的生命，展现了中国科学家的学术精神和创新能力。

本项目学习的目的是引导学生利用有机化学及物质结构相关知识认识青蒿素的分子结构，利用模型拼插的方式认识原子之间的结合，形成研究物质结构的基本思路和方法。

六、学科大概念统摄下的微项目活动实施

任务 1　青蒿素的提取及分子式、碳骨架、官能团的确定

活动❶　认识青蒿素的提取方法

2015 年，我国科学家屠呦呦因成功提取青蒿素而获得诺贝尔生理学或医学奖。我国科学工作者为战胜疟疾挽救全球几百万人的生命，作出了巨大的贡献，也留下了宝贵的精神财富。他们在青蒿素抗疟新药研究过程中所表现的集体智慧与才能、执着与坚韧的意志、开拓进取与不畏艰难的精神，值得我们永远传承。

1967 年 5 月，我国召开研究疟疾防治药物的工作会议，确定了“523 项目”，集中全国科技力量，共同研发抗疟药；先后有 60 多个科研单位、500 多名科研人员分工合作，共同承担了疟疾防治药物的研究任务。寻找抗恶性疟疾药物从两个方面着手，一方面是寻找化学抗疟药；另一方面是发掘我国医药学宝库，整理医著古籍、现代医药及民间家传秘方和验方。1969 年，屠呦呦研究小组发现中药青蒿具有抗疟疾效果，但用水煎熬青蒿所得的提取剂无效，青蒿的乙醇提取物药效也不高。屠呦呦从东晋葛洪《肘后备急方》中的“青蒿一握，以水二升渍，绞取汁，尽服之”受到了启发，改用低温下乙醚萃取，经反复实验，于 1971 年分离获得的青蒿中性提取物样品显示对鼠疟原虫具有 100% 抑制率。

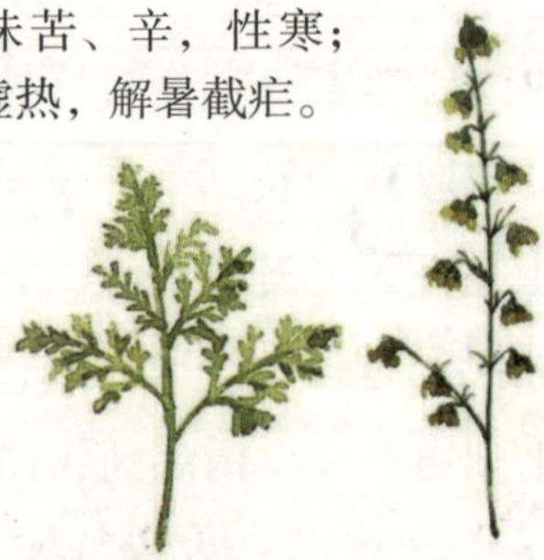

图 12-3　青蒿

东晋医药学家，所著《肘后备急方》大量收集了当时及前人治之有效而又简便易行的灸方。

图 12-4　葛洪

交流研讨

要研究物质的组成，首先要进行分离提纯。常见的分离提纯方法有哪些？屠呦呦在提取青蒿有效成分时，首次使用乙醚进行低温提取，可能的原因是什么？

分享评价

从准确性、全面性、逻辑性、创新性角度多方面进行倾听与评价。

表 12-1　学习活动评价要点

指标	评价要素
准确性	准确描述分离提纯方法
全面性	完整地体现出所有分离提纯方法，并说明适用范围
逻辑性	主题突出，逻辑清晰
创新性	找到不同提取方法的差异

表 12-2　常用物质分离提纯方法

方法	原理	应用范围	实例
过滤	不同物质在同一溶剂中的溶解度不同	分离两种固体，一种能溶于某溶剂，另一种不溶于该溶剂	分离海水中的泥沙
结晶	温度对溶解度的影响	从溶液中分离已溶解的溶质	从海水中提取食盐
萃取	同一物质在不同溶剂中的溶解度不同	加入适当溶剂把混合物中某成分溶解及分离	从溴水中提取溴

（续表）

方法	原理	应用范围	实例
分液	两种液体互不相溶	分离两种不互溶的液体	分离溴的 CCl_4 溶液与水
蒸馏	不同物质的沸点不同	分离若干种沸点不同的液体	从海水中获得纯水

用水、乙醇、乙醚提取青蒿的有效成分，利用的是青蒿有效成分的溶解性。水煎熬青蒿所得的提取物无效，可能是较高温度下，青蒿中的有效成分被破坏；用乙醇提取药效不高，可能是青蒿中的有效成分在乙醇中的溶解度不够大。

活动❷ 确定青蒿素的分子式

分离提纯出青蒿素后，分子结构的测定就成为下一阶段的重要任务。1973 年，中国医学科学院药物研究所测定了青蒿素的成分，并推算出青蒿素的分子式。借助元素分析仪，测得青蒿素中仅含碳、氢、氧三种元素，质量分数分别为 63.72%、7.86%、28.42%，利用质谱仪测得青蒿素的相对分子质量为 282。

交流研讨

请依据以上信息，推算青蒿素的分子式。

分享评价

从准确性、全面性、逻辑性角度多方面进行倾听与评价。

表 12–3　学习活动评价要点

指标	评价要素
准确性	准确推算出青蒿素的分子式
全面性	利用不同方法进行分子式的推算
逻辑性	推算步骤完整，逻辑清晰

[方法 1] 先推算实验式：

$$\frac{63.72}{12}:\frac{7.86}{1}:\frac{28.42}{16}=5.31:7.86:1.776\ 25=3:4.425:1 \qquad C_3H_{4.425}O$$

然后推算分子式：$282 \div 56.425 = 5$　　分子式为 $C_{15}H_{22}O_5$

[方法 2] 分别推算青蒿素中碳、氢、氧原子个数：

$$C:\frac{282\times 63.72\%}{12}=15 \qquad H:282\times 7.86\%=22 \qquad O:\frac{282\times 28.42\%}{16}=5$$

青蒿素的分子式为 $C_{15}H_{22}O_5$。

两种方法相比，方法 2 更简便。

活动❸ 认识青蒿素分子中的碳骨架与官能团

交流研讨

青蒿素的分子式一经确定，确定 42 个原子的空间排布便成了亟待解决的问题，这需要测定碳骨架的结构和官能团的种类与位置。我们应如何进行测定呢？

分享评价

从准确性、全面性、创新性角度多方面进行倾听与评价。

表 12–4　学习活动评价要点

指标	评价要素
准确性	准确描述测定碳骨架结构和官能团种类与位置的方法
全面性	从物理、化学等不同视角进行分析
创新性	能设计多种方案

化学方法：由分子式判断，有含氧的官能团，列出可能的含氧官能团，通过特征反应进行判断。

物理方法：利用红外光谱分析化学键和官能团；利用核磁共振氢谱、碳谱判断有几种不同类型的氢原子、碳原子及相应数目；利用 X 射线获得分子结构中键长、键角等信息。

交流研讨

分析青蒿素分子式，判断相应的碳骨架和可能含有的含氧官能团。

分享评价

表 12–5　学习活动评价要点

指标	评价要素
准确性	准确书写官能团
逻辑性	由分子式寻找官能团逻辑清晰、合理
创新性	能尽可能多地找到含氧官能团

青蒿素的分子式是 $C_{15}H_{22}O_5$，不饱和度为 5。

碳骨架的可能结构：若含 1 个苯基，则可能含有 1 个双键或 1 个环；若不含苯基，则可能含有环和双键、三键等。

含氧官能团：单氧官能团：可能含 −OH、C—O—C、−CHO 、−C═O；

双氧官能团：可能含 −COOH、−COO—R、−O—O−。

观察思考

科研人员测定可能含有的官能团，发现：

（1）青蒿素能被硼氢化钠还原，且还原产物分子式为 $C_{15}H_{24}O_5$（硼氢化钠不与碳碳双键或碳碳三键反应，羰基能被硼氢化钠还原成羟基）；

（2）用碘量法和三苯膦定量法测定青蒿素分子内存在过氧键；

（3）红外光谱发现，青蒿素具有一个六元环内酯和过氧键；

（4）分子中不含碳碳双键及三键。

确定了官能团的种类后，最关键的步骤就是确定碳骨架结构和官能团的位置，核磁共振能够帮助我们完成这一任务。

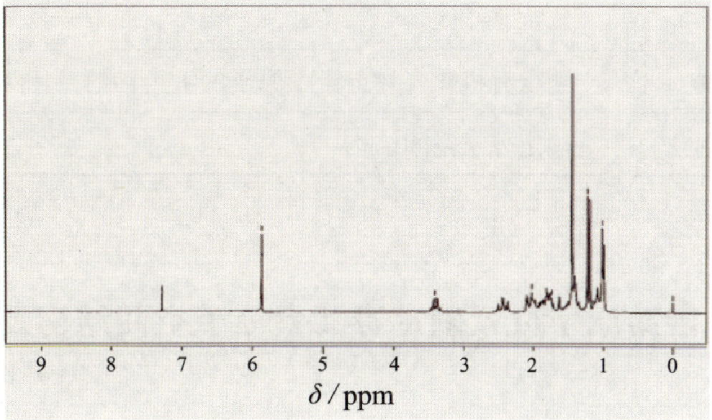

图 12−5　青蒿素核磁共振氢谱图

质子（^1H）共振谱（四氯化碳，100 MHz，六甲基二硅醚，δ− 值）：0.93（双峰，3H，J = *6 Hz，14—CH_3）；1.06（双峰，3H，J = 6 Hz，13—CH_3）；1.36（单峰，3H，15—CH_3）；3.08 ~ 3.44（多峰，11—H），照射此峰，则 1.06 由双峰变为单峰；5.68（单峰，7—H）。

^{13}C 共振谱（氯仿，22.63 MHz，δ− 值）：12，19，23（四重峰，14，13，15—CH_3）；25，25.1，37，35.5（三重峰，4，3，10，9—CH_2）；32.5，33，45，50，93.5（双峰，2，5，1，11，7—CH）；79.5，105，172（单峰，6，8—C，12—CO）。

结合核磁共振谱图提供的关于碳、氢原子的种类和数量的信息，研究人员推定青蒿素中甲基、过氧基团、带有酯基的六元环等部分结构片段。

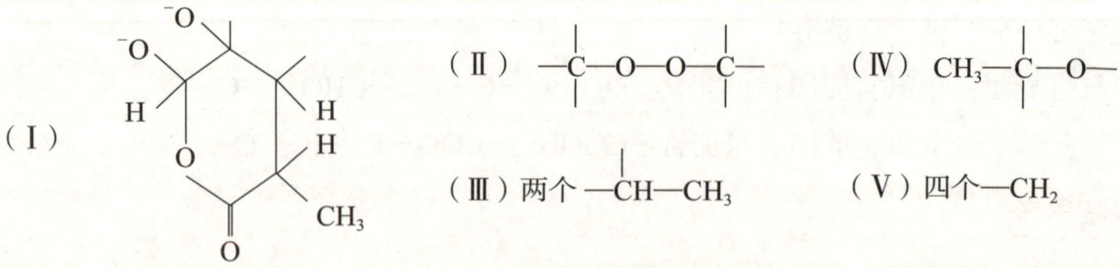

图 12-6 青蒿素中部分结构片段

然而，单纯依靠这些研究方法还不能精确判断青蒿素分子中所有碳原子和氧原子以何种方式连接形成骨架。1975 年，研究人员采用晶体 X 射线衍射的方法，确定了青蒿素的分子结构。

表 12-6 测定物质分子结构的方法

方法	测定内容
质谱法	测定相对分子质量
红外光谱法	测定官能团
核磁共振谱法	测定有机化合物分子中原子的种类和数目比
晶体 X 射线衍射法	确定分子空间结构

任务 2 借助原子位置确定青蒿素分子空间结构及模型搭建

活动❶ 确定青蒿素分子的空间结构

交流研讨

晶体的结构特点是什么？晶体 X 射线衍射是如何确定分子空间结构的？

晶体的结构特点：晶体中粒子在微观空间里呈现周期性有序排列。

观看视频“晶体 X 射线衍射原理”，了解晶体 X 射线衍射是如何确定分子结构的。

由晶体 X 射线衍射测定的青蒿素晶胞参数：$a = 24.077$Å，$b = 9.443$Å，$c = 6.356$Å。每个晶胞中含 4 个分子。

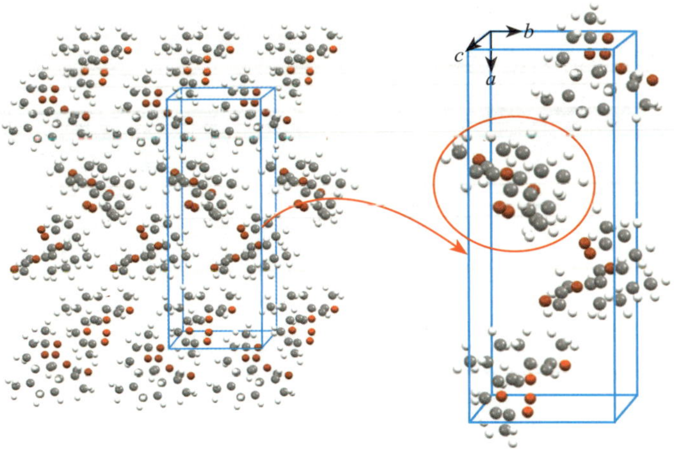

图 12-7　青蒿素的晶体结构及其晶胞

由 X 射线衍射确定了每个原子的位置，但无法确定是哪些原子通过什么样的化学键连接在一起，这需要进一步分析。经过计算，可以得到青蒿素晶体结构中的电子云密度，由电子云密度大小可以推测晶胞中原子的种类。

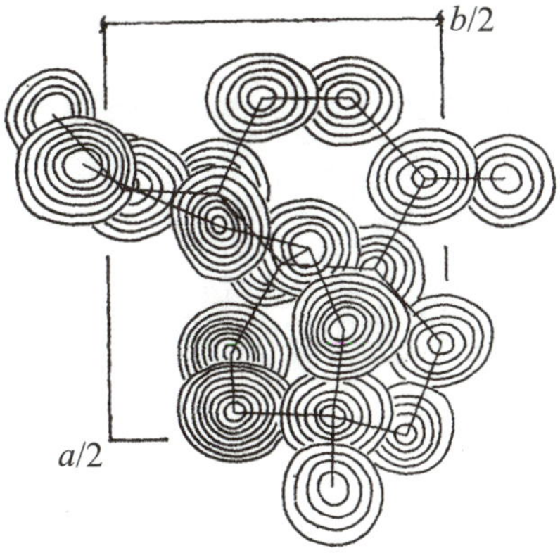

图 12-8　青蒿素晶体结构非氢原子三维电子云密度叠合图

交流研讨

什么是电子云图？由电子云密度图是否可以确定青蒿素的分子结构？

电子云图是形象描述电子在核外空间某处单位体积内出现概率的图形。

仅靠该电子云密度图无法判断原子之间化学键的结合方式，需要提供更多的信息，确定各非氢原子的位置。

交流研讨

依据以下原子坐标信息，是否可以确定青蒿素的分子结构?

表 12-7 青蒿素中碳、氧原子坐标（$\times 10^4$）

原子	x/a	y/b	z/c	原子	x/a	y/b	z/c
C_1	3 988	3 963	12 418	C_{11}	3 514	222	10 607
C_2	3 421	4 693	12 742	C_{12}	3 508	508	8 271
C_3	2973	3 667	13 380	C_{13}	3 062	−849	11 221
C_4	2 931	2 371	11 946	C_{14}	3 471	5 896	14 354
C_5	3 498	1 608	11 904	C_{15}	5 277	3 305	7 079
C_6	3 951	2 618	11 119	O_1	4 823	1 892	9 563
C_7	3 864	2 933	8 782	O_2	4 469	1 857	11 461
C_8	4 840	3 294	8 835	O_3	4 317	3 587	7 835
C_9	4 956	4 355	10 595	O_4	3 732	1 701	7 513
C_{10}	4 417	5 032	11 508	O_5	3 351	−335	6 993

［注］晶胞参数为：$a = 24.077\text{Å}$　$b = 9.443\text{Å}$　$c = 6.356\text{Å}$

表 12-8 放大后供搭建模型参考的原子坐标信息（放大 5×10^8 倍）

原子	x/cm	y/cm	z/cm	原子	x/cm	y/cm	z/cm
C_1	17.0	24.7	26.5	C_{11}	11.3	7.0	20.7
C_2	10.2	28.2	27.5	C_{12}	11.2	8.4	13.3
C_3	4.8	23.3	29.5	C_{13}	5.9	2.0	22.7
C_4	4.3	17.2	25.0	C_{14}	10.8	33.8	32.6
C_5	11.1	13.6	24.8	C_{15}	32.5	21.6	9.5
C_6	16.6	18.4	22.3	O_1	27.1	14.9	17.4
C_7	15.5	19.8	14.9	O_2	22.8	14.8	23.4
C_8	27.3	21.6	15.1	O_3	21.0	22.9	11.9
C_9	28.7	26.6	20.7	O_4	13.9	14.0	10.9
C_{10}	22.2	29.8	23.6	O_5	9.3	4.4	9.2

由原子坐标可以确定碳、氧原子在三维空间的相对位置，但是无法确定原子之间的化学键类型。

交流研讨

科学家测定了青蒿素分子中键长与键角的精确值。请依据常见化学键的键长（见教科书附录 1），推断哪些原子间可以形成化学键以及所形成的化学键的类型。

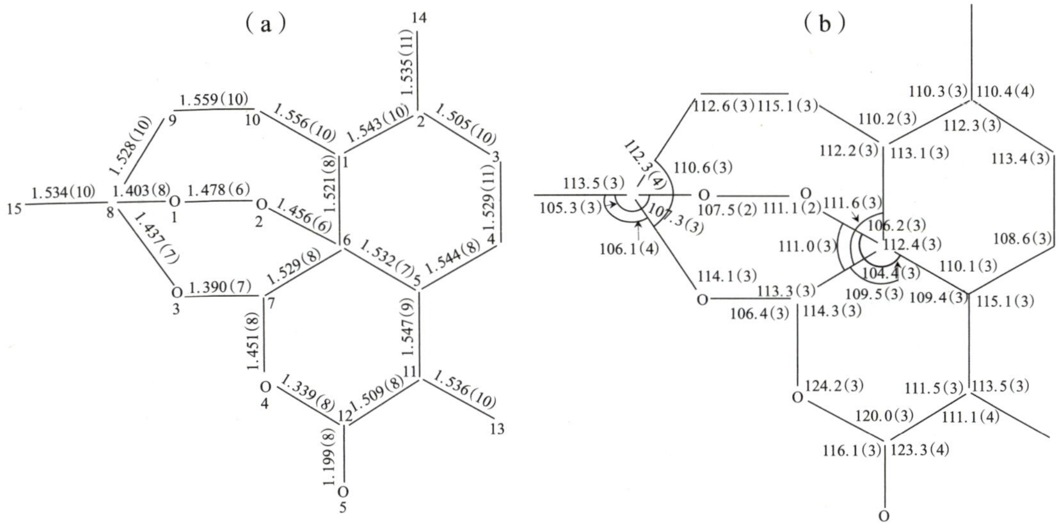

键长单位为 Å，键角单位为度（°）

图 12-9　青蒿素分子的精确键长（a）和精确键角（b）

依据碳原子、氧原子的连接关系和成键类型以及碳 4 价、氧 2 价原则，找到氢原子的位置，完成对青蒿素分子立体结构的确定。

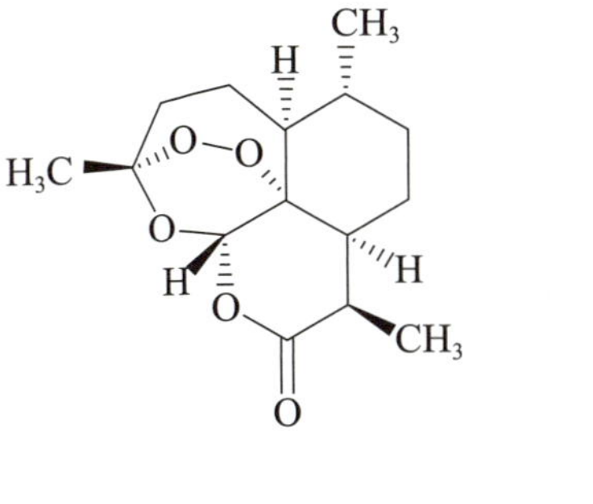

图 12-10　青蒿素分子结构简式

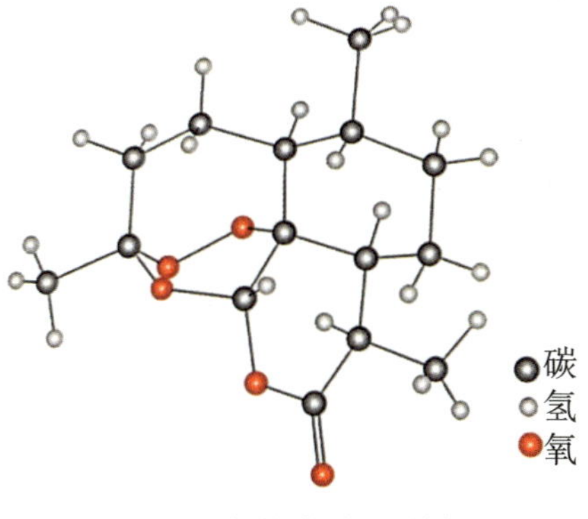

图 12-11　青蒿素分子结构三维图

知识梳理

利用晶体测定分子结构的一般思路如图 12-12 所示。

确定晶胞参数	借助 X 射线衍射实验确定青蒿素晶体的晶胞是长方体，同时确定晶胞参数
↓ 识别原子位置	根据电子云密度推断原子的位置，并根据电子云密度大小判断原子的种类
↓ 建立原子坐标	以一个晶胞的顶点为原点建立三维坐标，表示原子在晶胞中的位置
↓ 确定分子骨架	计算原子间距离，推断共价键类型（单键、双键、三键），获得完整结构
↓ 获得完整结构	根据碳、氧原子连接关系和成键类型确定氢原子数目、位置

图 12-12　构建利用晶体测定分子结构的思维模型

活动❷　搭建青蒿素分子三维模型

探索实践

根据青蒿素中碳、氧原子的分数坐标，以及给定的实验材料和搭建说明，如何搭建青蒿素分子的三维模型?

汇报展示

请为青蒿素分子三维模型制作说明书，并进行展示交流。

分享评价

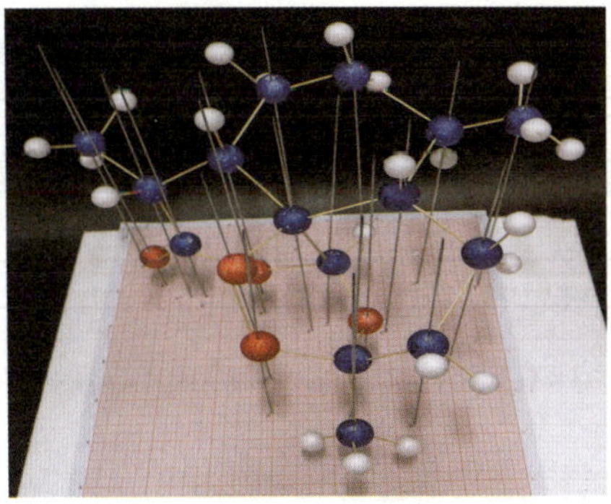

图 12-13 青蒿素分子模型搭建成果

表 12-9 学习活动评价要点

指标	评价要素
准确性	三维模型搭建准确
逻辑性	寻找键的类型及氢的位置逻辑思维合理
美观性	合理、美观

七、学科大概念统摄下的微项目内容梳理

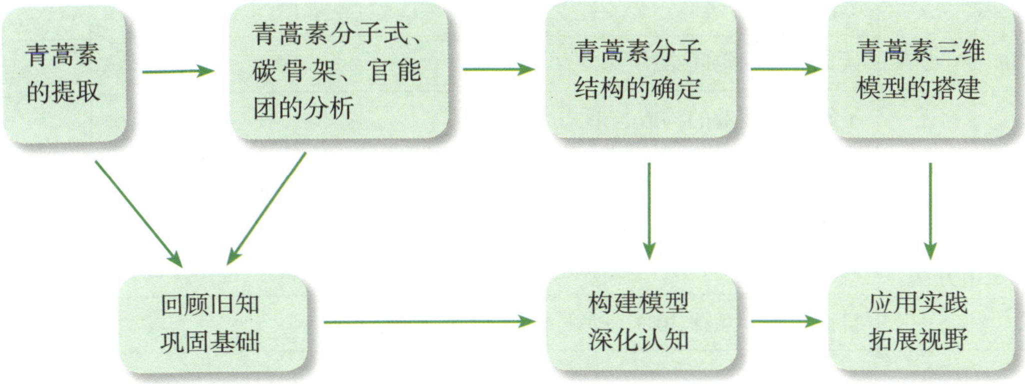

图 12-14 微项目“青蒿素分子的结构测定”内容梳理示意图

八、学科大概念统摄下的微项目学习评价

表 12-10 微项目“青蒿素分子的结构测定”整体学习评价量表

评价内容		评价指标	评分		
			自评	互评	师评
表现性评价	课堂综合	上课专注、积极思考、积极参与活动			
		能独立思考，具有创造性思维，能提出不同的方法解决问题			
	研究学习	能有效提取资料中的关键信息			
		能依据资料进行有逻辑的推理、分析			
		能得出科学、合理的假设			
		能对资料分析结果进行精准表述			
	表达交流	勇于表达自己的观点，条理清晰			
		擅于与他人合作，虚心听取别人意见			
		能对项目成果进行生动展示			
结果性评价	成果完成	能完成青蒿素中碳骨架、官能团的分析			
		能总结确定分子结构的一般思路			
		能完成青蒿素分子结构的模型搭建			
	知识生成	知道有机化合物分子式、碳骨架、官能团的分析方法			
		认识分子的空间结构			
		了解原子间键的构成与形式			
		能准确完成单元项目检测			
赋值方法		完全能做到：3 分　部分能做到：2 分 偶尔能做到：1 分　完全做不到：0 分			
		自评 30%　互评 30%　师评 40%			
总成绩					

【北京市顺义区教育研究和教师研修中心　谢立平　潘立红】

选择性必修 3

有机化学基础

微项目 13　模拟和表征有机化合物分子结构

——基于模型和图谱的探索

微项目 14　探秘神奇的医用胶

——有机化学反应的创造性应用

微项目 15　改进手机电池中的离子导体材料

——有机合成在新型材料研发中的应用

微项目 13 模拟和表征有机化合物分子结构

——基于模型和图谱的探索

扫码查阅教材
微项目原文

任务 1：甲烷及其衍生物分子结构搭建

任务 2：预测 $C_4H_{10}O$ 的分子结构

任务 3：图谱表征并确定 $C_4H_{10}O$ 分子结构

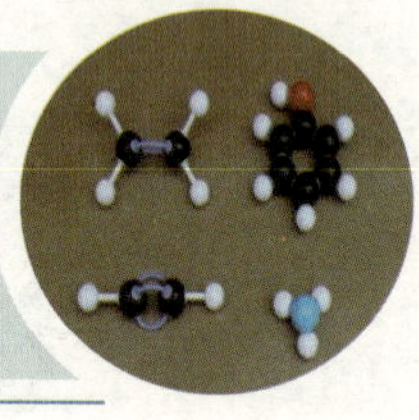

一、学科大概念统摄下的微项目设计概述

1. 设计意图

《普通高中化学课程标准（2017 年版 2020 年修订）》提出的“证据推理与模型认知”化学学科核心素养指的是建立化学模型的一种系统思维过程，包括理解、描述和表示模型，利用模型的功能预测、分析和解决问题，评价模型、构建模型等，通过模型认知深入理解和应用化学模型分析和解决化学问题。有机化合物的性质千差万别，有机反应错综复杂，归根结底是由其结构决定的。因此，在有机化合物的研究系统中，对分子结构的研究是十分重要的，它是有机化合物功能开发和利用的一个关键依据。《普通高中化学课程标准（2017 年版 2020 年修订）》在多个模块、不同栏目中都提到了分子结构模型搭建活动（表 13-1）。本项目设计便是基于“证据推理与模型认知”开展的“多角度认识有机化合物分子结构”的探索与实践。

表 13-1　新课标中与本项目相关内容描述

模块 / 主题	栏目	相关描述
必修课程 主题 4	学生必做实验	搭建球棍模型认识有机化合物分子结构的特点
	教学策略	通过模型拼插等活动引导学生认识有机化合物中碳原子的成键特点、价键类型及简单分子的空间结构
选择性必修课程　模块 3 主题 1	教学策略	通过模型拼插或动画模拟建立对有机化合物分子结构的直观认识……关注结构测定的方法与证据的获取，选择典型有机化合物的图谱信息，帮助学生了解现代仪器分析方法在确定有机化合物分子结构中的作用

（续表）

模块 / 主题	栏目	相关描述
选择性必修课程 模块 3 主题 1	学习活动建议	用球棍模型搭建常见有机化合物的分子结构……观察典型有机化合物的质谱、红外光谱和核磁共振图谱，并讨论推测有机化合物的结构

本项目在“结构决定性质，可以通过多角度深刻认识有机化合物的分子结构”这一化学学科大概念的统摄下，引导学生分别从“模型模拟”和“图谱表征”两个维度认识有机化合物的分子结构，并设置任务活动。任务 1、2 中，学生通过模型模拟简单有机化合物的分子结构，梳理和完善对有机化合物的结构认知思路：观察组成（元素、原子）→分析不饱和度并搭建碳骨架（碳原子的成键方式）→确定官能团（类型和数目）→依据碳四价原则补齐氢原子（碳原子的成键特点）→根据化学键特点（极性、相互影响）推断合理的空间结构（分子形状等）。任务 3 中，学生借助现代仪器分析技术手段，通过（图谱）证据推理（有机化合物分子结构），逐步构建起探究有机化合物分子结构的（图谱证据）模型，并运用该模型预测物质变化的可能结果。该过程不仅展现了图谱在有机化合物分子结构探究中的实用价值，同时也为学生打开了认识物质世界的独特视角，完善了学生的证据推理意识和逻辑思维结构，从而能有效提升学生“证据推理与模型认知”化学学科核心素养。项目教学过程中，学生在任务和活动驱动下，以自主探究与小组合作的方式完成信息提取和分析、方案设计和优化、动手搭建或证据关联、诊断分析及思路归纳等环节。在开展实践活动的过程中，学生不仅能提升信息获取、分析论证、逻辑推理、合作交流和科学探究等能力，还能逐步形成并构建起应用模型模拟和图谱表征认识有机化合物分子结构的思路和方法。

2. 功能价值

（1）促进学生对有机化合物结构概念的理解和相关化学用语的规范表达。

本项目中涉及较多有机化合物结构描述的概念（如同系物、官能团、同分异构等），教学过程中将模型搭建活动与概念建构过程融合，让学生在感性认识的基础上，借助感性经验和直观的结构模型，再加上理性分析、对比、提炼，实现自主构建概念。通过搭建活动，学生从化学键的角度认识有机化合物的结构，利用结构模型实现符号表征和微观表征的统一，进而达成符号表征与微观表征之间的顺利转换；同时，将搭建思路与同分异构体的书写思路融合，将活动经验转化为书写方法，促进对方法的深入理解。

（2）促进学生对有机化合物结构认识方式的发展。

学生搭建有机化合物分子结构模型时，其原型是符号表征（电子式或结构式）。经过论证有机化合物结构模型的合理性获得科学证据后，学生再次搭建和描述分子结构时的外显行为，是以对有机化合物分子结构的认识角度和思路为基础的。每一次搭建或推理活动都以前一次建立的思路和角度为基础，由于研究对象的分子结构逐渐复杂，原有的认识角度和认识思路不足以支撑学生准确搭建新的结构模型。教师提出具有针对性的评价问题，引发学生深入思考，促进学生自主凝练新的认识角度；教师提出反思性问题，引导学生将角度和思路系统化，将外显的搭建步骤与认识有机化合物结构的角度、思路紧密联系起来，促进学生对有机化合物结构认识方式的发展。在从有机化合物的最简式入手到借助图谱确定其结构式的过程中，学生逐步培养起推理过程中的证据意识，从而构建起基于（图谱）证据推理有机化合物分子结构的一般模型，发展“证据推理与模型认知”化学学科核心素养。

3. 学情分析

（1）学生已有知识与能力：

高二下学期的学生在前一阶段的学习中已经了解了甲烷的物理性质和可燃性，同时具备了原子结构和化学键知识的理论基础和对新事物的探究能力，但是对甲烷等简单有机化合物的认识仅仅停留在比较浅的表观层面，缺乏对有机化合物空间结构的清晰认识以及“结构决定性质”的思维方式，不能从电子对之间排斥力大小的视角形成有机化合物空间结构的认知思路。

鉴于此，学生需要通过学习有机化合物的空间结构及其性质，多个角度收集证据，运用证据进行推理，在证据、观点和结论之间建立恰当的联系，注重“结构决定性质”这一有机化学学习思路的建立，为解决有机化学问题搭建必要的脚手架。

（2）学生学习障碍点：

大部分学生认为有机化合物的分子结构不容易理解，它们立体性强、太抽象，学生在学习有机化合物结构时，不理解其空间结构、成键的过程以及如何书写其同分异构体等。

究其原因可知，学生在有机化合物结构方面存在的障碍主要由于对碳原子成键方式和特点的理解不深刻，对有机化合物分子结构的认识角度和思路的欠缺是导致学习困难的根本原因。

另外，本项目涉及较多有机化学概念，以往的教学以举例分析和讲解为主，比较枯燥且易混淆，会让学生感觉有机化合物结构的学习比较困难。

（3）学生学习发展点：

处于高中阶段的学生，通常喜欢从熟悉的事物入手学习新知识，思维比较活跃，具备一定的观察和分析推理能力、空间想象能力，具有基本的提出问题、作出假设、动手操作和小组交流合作的学习习惯。他们探索未知事物的积极性高，喜欢自己动手实践，但在科学探究的过程中缺乏寻找证据并运用证据进行推理的意识，不能在观点（假设）、证据和结论之间建立恰当的联系。对此，教师需要对学生进行合理、适度的引导。

在探究有机化合物分子结构的过程中，引导学生通过模型拼插等活动，描述甲烷及简单有机化合物分子的结构特征，搭建甲烷及其衍生物的立体模型，从而建立基于空间结构理解有机化合物分子结构的认知角度。

在图谱表征有机化合物结构的任务中，引导学生通过收集证据、模型初建、模型修正、模型建立等实践活动，建立从不同角度收集证据的实证意识，在不同证据和结构模型之间进行关联和合理匹配，建立观点、证据和结论之间的关系，提升“证据推理与模型认知”化学学科核心素养；提出建立基于化学键的有机化合物认识方式的思维模型，强化从结构的角度分析有机化合物性质，达到基于结构自主预测性质的水平。

二、学科大概念统摄下的微项目知识结构

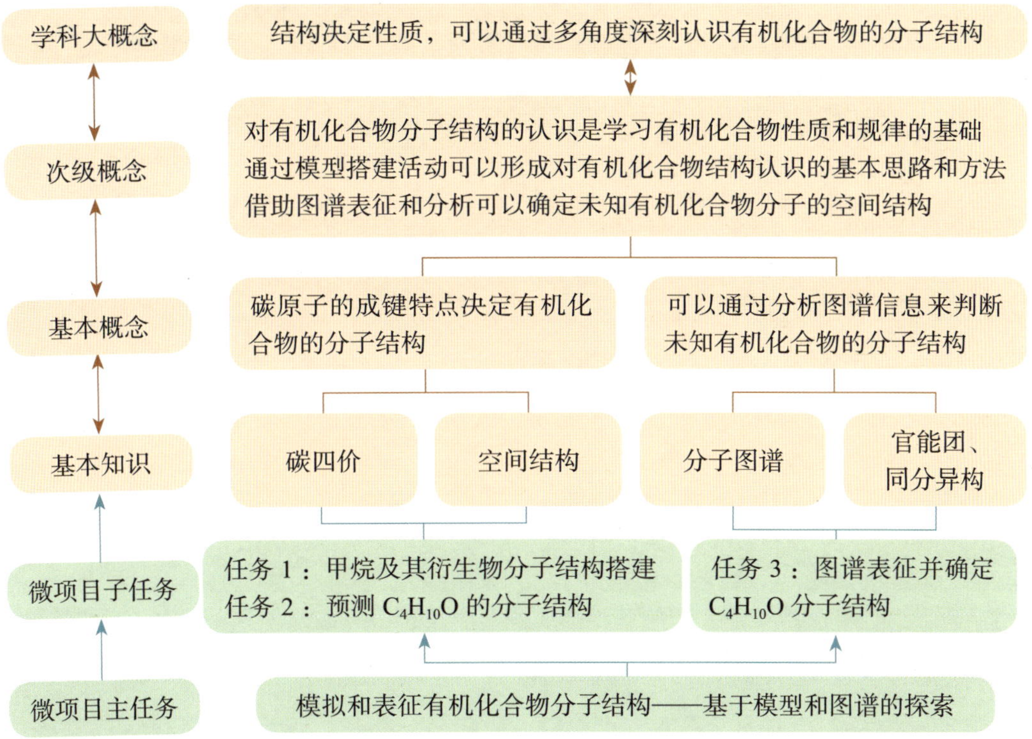

图 13-1　微项目“模拟和表征有机化合物分子结构”知识结构示意图

三、学科大概念统摄下的微项目学习目标

（1）通过模型搭建、图谱表征活动，系统梳理认识有机化合物结构的基本角度：分子组成（元素、原子）、碳骨架（碳原子的成键方式、成键特点）、官能团（官能团种类、官能团之间的相互影响）、化学键（极性、饱和度、化学键之间的相互影响）和空间结构（分子形状、分子构象），并深入体会有机化合物的分子结构特征。

（2）知道红外光谱、核磁共振等现代仪器分析方法在有机化合物分子结构测定中的应用，能结合简单图谱信息分析、判断有机化合物的分子结构；逐步培养推理过程中的证据意识，从而构建起探究未知有机化合物分子结构的一般模型。

（3）通过项目实践，形成多角度认识有机化合物分子结构的思路和方法，进一步体会“结构决定性质，性质反映结构”的学科思想。

四、学科大概念统摄下的微项目活动规划

学科大概念：结构决定性质，可以通过多角度深刻认识有机化合物的分子结构

微项目主题：模拟和表征有机化合物分子结构——基于模型和图谱的探索

	课时 1	课时 2	课时 3
课时划分	任务 1：甲烷及其衍生物分子结构搭建（认识碳原子成键特点）	任务 2：预测 $C_4H_{10}O$ 的分子结构（认识同分异构体和官能团）	任务 3：图谱表征并确定 $C_4H_{10}O$ 分子结构（结构的证据获取和分析确定）
活动流程	【活动 1】作出假设，搭建甲烷分子结构模型 核心活动：结合甲烷结构知识，分组合作，利用橡皮泥和牙签搭建甲烷分子 【活动 2】收集证据，修正模型 核心活动：气球演示实验，讨论范特霍夫对甲烷的研究史实 【活动 3】建构思路，推理应用 核心活动：甲烷与氯气反应（含一、二、三、四氯代）产物的搭建	【活动 1】搭建并分析合理的 C_4 骨架结构 核心活动：利用“减碳法”搭建碳骨架，并分析差异（链状、环状，是否饱和等） 【活动 2】$C_4H_{10}O$ 分子结构预测和搭建 核心活动：认识不同含氧有机化合物种类及其官能团 【活动 3】分析同分异构体的一般思路 核心活动：有机化合物同分异构体的分析思路总结	【活动 1】分析图谱，确定官能团及原子间连接顺序 核心活动：分析图谱，筛选结构 【活动 2】利用 X 射线衍射（XRD）确定有机化合物分子空间结构 核心活动：碳原子的手性、典型有机化合物分子对映异构体知识的介绍 【活动 3】有机化合物性质预测 核心活动：结合分子结构预测绿原酸的性质，讨论青蒿素过氧结构的稳定性
能力素养	通过探究甲烷分子结构，加深对碳原子成键特点的理解，体会有机化合物分子微观表征和符号表征的统一；理解化学键的断裂、形成以及分子结构的变化，加深对有机反应类型的理解	巩固碳原子的成键特点，理解碳骨架和化学键差异对有机化合物分子结构的影响；加深对有机化合物同分异构现象的认识，建构分析有机化合物同分异构体的基本思路和方法	发展“证据推理与模型认知”化学学科核心素养，着重阐述红外光谱、核磁共振氢谱及 X 射线衍射在有机化合物分子结构探究中的应用，从而建构有机化合物分子结构的认知模型

图 13-2　微项目“模拟和表征有机化合物分子结构”活动规划示意图

五、学科大概念统摄下的微项目活动导引

有机化合物分子的主体结构由碳骨架和官能团两个部分组成。准确认识有机化合物的分子结构，对进一步研究有机化合物的化学性质、探索结构改变与性质变化之间的关系都有着十分重要的意义。本项目的目的是引导学生通过多次动手搭建、修正和反思等活动，梳理认识有机化合物分子结构的基本角度和思路；另外，以现代仪器分析技术为手段，从证据推理出发，逐步构建起探究有机化合物分子结构的一般模型，并运用模型预测物质变化的可能结果。

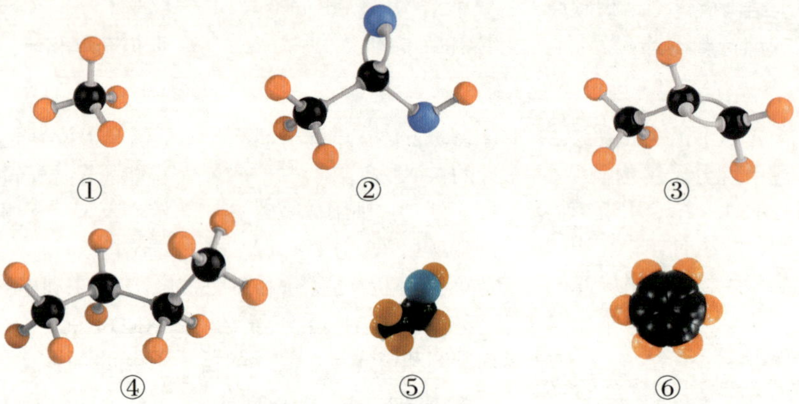

图 13-3　几种常见有机化合物的分子结构模型

在本项目活动中，学生将基于模型和图谱从多个角度探索有机化合物分子结构的奥秘。这不仅能够帮助学生梳理并形成有序的多角度认识有机化合物分子结构的思路和方法，同时也帮助学生完善证据推理意识和逻辑思维结构，提升“证据推理与模型认知”化学学科核心素养。

六、学科大概念统摄下的微项目活动实施

任务 1　甲烷及其衍生物分子结构搭建

活动❶　作出假设，搭建甲烷分子结构模型

自主学习

回顾甲烷的分子式和电子式，可以看出甲烷是由 1 个碳原子和 4 个氢原子各共用 1 对电子形成的。用短线表示电子式中的每对共用电子，就可以得到甲烷的结构式。

图 13-4　甲烷的电子式（左）和结构式（右）

探索实践

那么，甲烷分子的空间结构会是怎样的呢？请思考交流后，利用所提供的橡皮泥和木棍，搭建甲烷分子可能的空间结构模型。

基于对甲烷结构的认识，引导学生大胆提出对其空间结构的假设，并用不同颜色（大小）的橡皮泥和木棍为材料，动手搭建可能的甲烷分子结构模型。

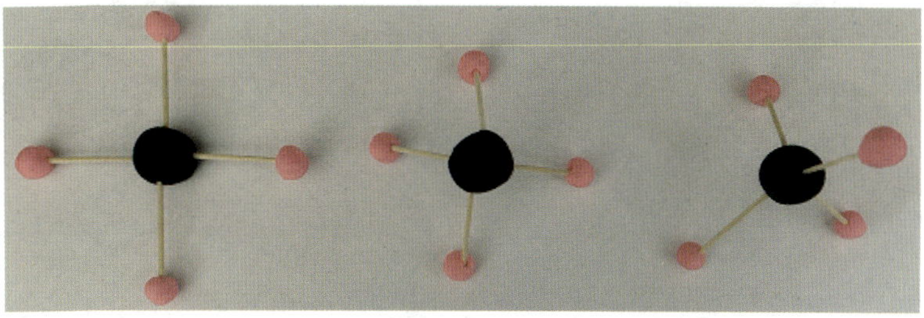

图 13-5　学生搭建的几类甲烷分子结构展示

分享评价

从甲烷分子中碳氢原子之间相互作用的方式和特点的角度切入，结合模型搭建活动，诊断并发展学生对有机化合物空间结构的认识水平。

表 13-2　学习活动评价要点

评价问题	评价要素
甲烷的分子式和电子式书写	书写规范，化学用语等无科学性错误
甲烷分子的结构式书写	完整地体现出碳氢原子之间的成键和连接
甲烷分子空间结构搭建	诊断分子结构模型与结构式的吻合程度

活动❷ 收集证据，修正模型

交流研讨

到底哪个模型才能真正表达甲烷分子的空间结构？思考如下问题：

（1）四边形、四面体、四棱锥这几种不同模型的本质区别是什么？

（2）形状不同的本质原因是什么？碳氢键之间为什么会有夹角？

探究发现

共价键本质上是共用电子对，而共用电子对之间相互排斥。用4个气球模拟4个碳氢键，将4个气球拧在一起，让其自然伸展。观察到了什么现象？为什么？

图 13-6　4个气球拧在一起后的空间布局

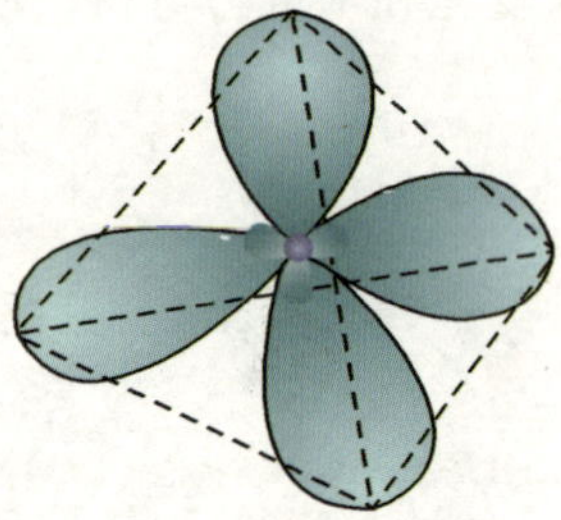

图 13-7　4个碳氢键可形成正四面体结构

用4个气球模拟4个碳氢共价键，中间的结合点相当于碳原子。1个碳原子在中心，4个氢原子均匀分布在周围。每3个气球可以形成1个面，一共形成4个面，每1个面都是正三角形，所以4个气球自然伸展的形状是正四面体。

将4个气球的空间布局在“外力”作用下变成正方形或四棱锥，然后去掉“外力”，让气球自然伸展，气球的空间布局又变回正四面体。思考：为什么4个碳氢键在空间呈正四面体结构排布最稳定？

正四面体结构中，键角完全相同，都是109°28′，大于90°，排斥力相同且最小，结构稳定。而正方形结构中，键角既有90°也有180°，排斥力并不相同，结构不稳定。

自主学习

资料：雅克布斯·范特霍夫的立体人生

碳的正四面体结构学说，是首届诺贝尔化学奖得主雅克布斯·范特霍夫最卓越的成就之一。过去的有机结构理论认为，有机化合物分子中的原子都处在一个平面内，然而这个理论却无法解释很多实验现象。

图 13-8 雅克布斯·范特霍夫

一天，范特霍夫坐在图书馆里，认真地阅读着德国有机化学家约翰尼斯·威利森努斯关于 α-羟基丙酸的一篇论文，并随手在纸上画出了其化学式。看着这个化学式，范特霍夫不禁陷入沉思：如果将最中间碳原子上的不同取代基都换成氢原子，那么这个分子将变成一个甲烷分子。那么，如果甲烷分子中的氢原子和碳原子均排列在同一个平面上，情况会怎样？

具有广博的数学、物理学等知识的范特霍夫立即意识到，在自然界中，一个系统总是要调整自己，使系统的总能量达到最低，从而处于稳定的平衡状态。该体系中，只有当氢原子均匀地分布在一个碳原子周围的空间时，才能达到这种状态。因此，正四面体结构才是甲烷分子最恰当的空间排列方式。

分子的空间结构假说的诞生，立刻在整个化学界引起了巨大的反响。有人支持，有人反对。无论怎样，这一新理论迅速在科学界传播开来。后来的实践证明，这一假说是正确的，它成为立体化学诞生的标志。

交流研讨

结合上述讨论，修正模型，描述甲烷分子的空间结构特点，并展示甲烷分子的球棍模型和空间填充模型。

图 13-9 甲烷分子的球棍模型（左）和空间填充模型（右）

活动③ 建构思路，推理应用

交流研讨

回顾实验“甲烷与氯气在光照条件下反应”，思考下列问题：

（1）可观察到哪些实验现象？为什么？

（2）利用橡皮泥和木棍，小组合作，搭建出各步反应的主要产物。

（3）描述各产物（一、二、三、四氯代甲烷）的分子结构特点。

表 13-3　甲烷与氯气的取代反应

反应	化学方程式
一氯代反应	$CH_4 + Cl_2 \xrightarrow{光照} CH_3Cl + HCl$
二氯代反应	$CH_3Cl + Cl_2 \xrightarrow{光照} CH_2Cl_2 + HCl$
三氯代反应	$CH_2Cl_2 + Cl_2 \xrightarrow{光照} CHCl_3 + HCl$
四氯代反应	$CHCl_3 + Cl_2 \xrightarrow{光照} CCl_4 + HCl$

图 13-10　一氯甲烷模型

图 13-11　二氯甲烷模型

图 13-12　三氯甲烷模型

图 13-13　四氯化碳模型

探索实践

请思考乙烷的电子式、结构式，利用所提供的橡皮泥和木棍搭建乙烷分子可能的空间结构模型，并交流搭建思路。

任务 2　预测 $C_4H_{10}O$ 的分子结构

活动❶　搭建并分析合理的 C_4 骨架结构

自主学习

尽可能多地搭建 C_4H_{10} 分子的球棍模型，并写出相应的结构式或结构简式。

方法梳理

以 C_4H_{10} 分子的搭建为例，说说搭建思路。

［第一步］根据分子式计算不饱和度，并确定成键方式。

$\Omega=\frac{1}{2}\times[(2\times$ 碳原子数目 $+2)-$ 氢原子数目 $]=\frac{1}{2}\times[(2\times4+2)-10]=0$。由此可知，分子中没有双键、三键、碳环等不饱和成键情况，只存在 C—C、C—H 键。

［第二步］利用“减碳法”构建碳骨架。

4 个碳一条链：C—C—C—C。

3 个碳一条链，另 1 个碳为支链：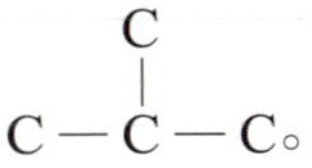。

［第三步］结合“碳四价”原则，添加碳氢键：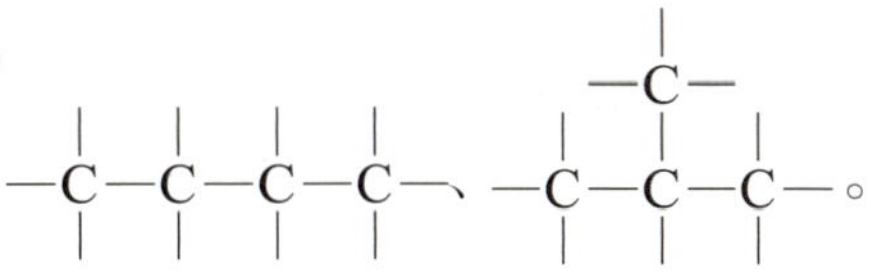。

［第四步］在碳氢键端点补齐氢原子，并根据碳原子周围四个化学键的“四面体成键”特征，优化分子空间结构，得出合理的 C_4H_{10} 分子结构模型。

图 13-14 C_4H_{10} 分子结构模型

活动❷ $C_4H_{10}O$ 分子结构预测和搭建

自主学习

请阅读资料，预测 $C_4H_{10}O$ 分子的可能结构。

资料：有机化合物分子中的氧原子

（1）O 原子在有机化合物中通常可以形成 2 个共价键。

（2）含 1 个 O 原子的有机化合物通常包含—OH（羟基）或 C—O—C（醚键）。

（1）官能团类型异构：

①醇：—OH

②醚：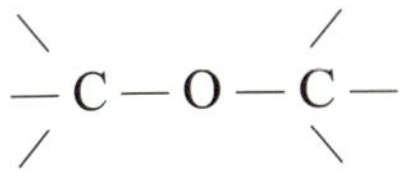

（2）碳骨架异构：

C—C—C—C 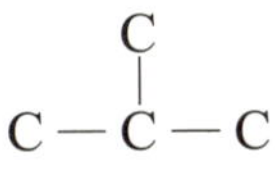

（3）官能团位置异构：

①醇：

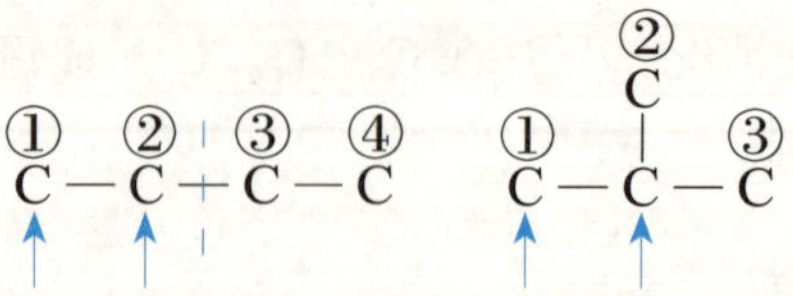

结构简式：

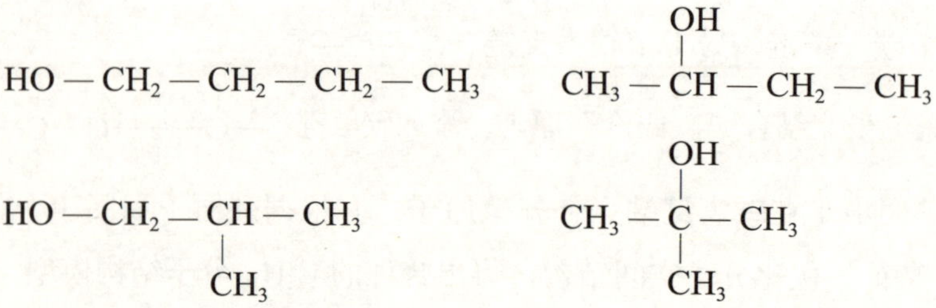

②醚：

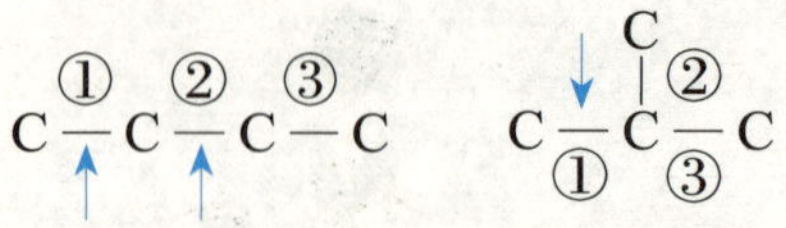

结构简式：

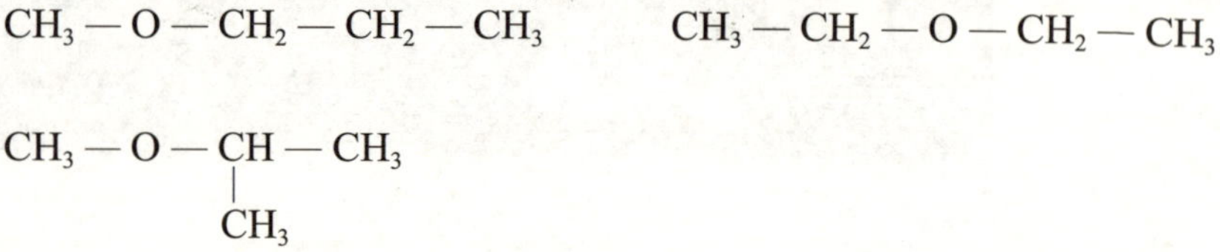

分享评价

通过预测 $C_4H_{10}O$ 分子的可能结构，诊断并发展对有机化合物结构认识思路的迁移应用和问题解决能力。

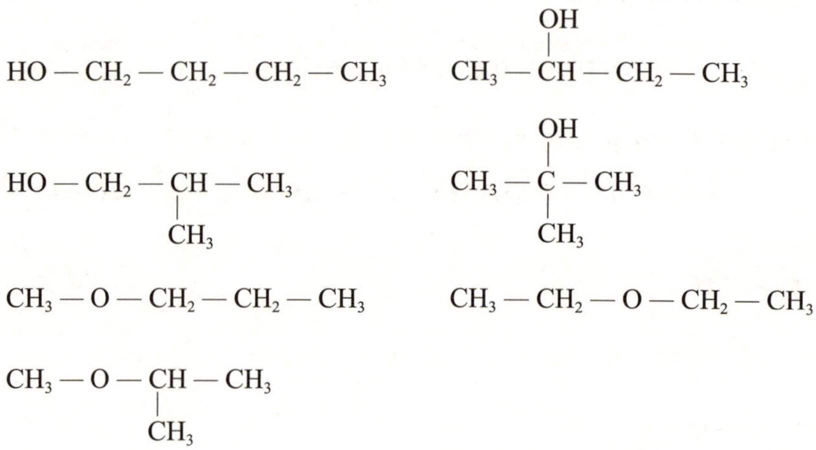

图 13-15　$C_4H_{10}O$ 分子可能的同分异构体结构

表 13-4　学习活动评价要点

指标	评价要素
碳骨架	满足碳碳键成键规则和分子饱和程度的要求
官能团	两类含氧官能团的有序分析
空间结构	满足碳四面体成键特征

活动③　分析同分异构体的一般思路

方法梳理

结合 $C_4H_{10}O$ 分子可能结构的预测，思考分析同分异构体的一般思路。

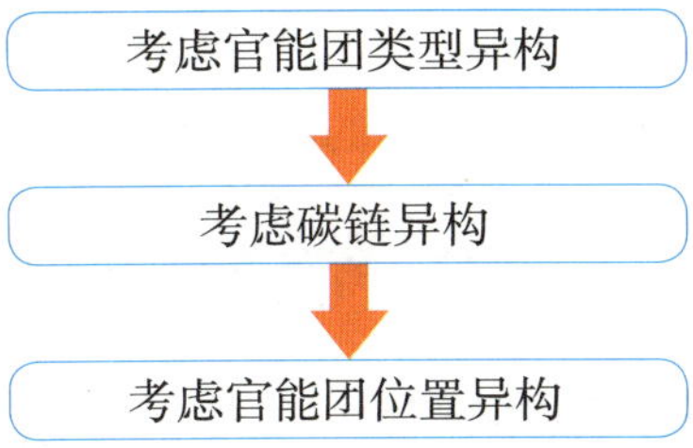

图 13-16　分析同分异构体的一般思路

知识梳理

完善认识有机化合物分子结构的视角，如图 13-17 所示。

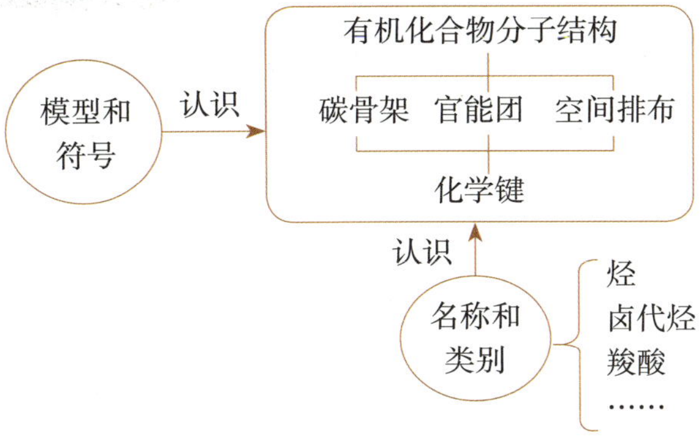

图 13-17　认识有机化合物分子结构的视角

任务 3　图谱表征并确定 $C_4H_{10}O$ 分子结构

分子式为 $C_4H_{10}O$ 的有机化合物的结构有多种，那么如何确定分子式为 $C_4H_{10}O$ 的有机化合物 X 的分子结构呢？

采用现代仪器分析的方法，可以快速、准确地测定有机化合物的分子结构。常用的测定分子结构的方法有红外光谱（IR）、核磁共振（NMR）、紫外和可见光谱（UV）、质谱（MS），其原理是通过样品对特殊电磁波等的作用产生相应的信号（图谱），提供分子结构的信息，用于表征有机化合物的分子结构。

活动❶　分析图谱，确定官能团及原子间连接顺序

探索实践

请阅读下列资料，分析有机化合物 X 的红外光谱图。

资料：红外光谱

（1）当用红外线照射有机化合物分子时，不同的化学键、官能团对红外光的吸收频率不同，在红外光谱图中将处于不同位置。

（2）在红外光谱图中，一般羟基吸收峰峰形较宽，出现在比碳氢吸收峰所在频率高的位置，即大于 3 000 cm^{-1}。

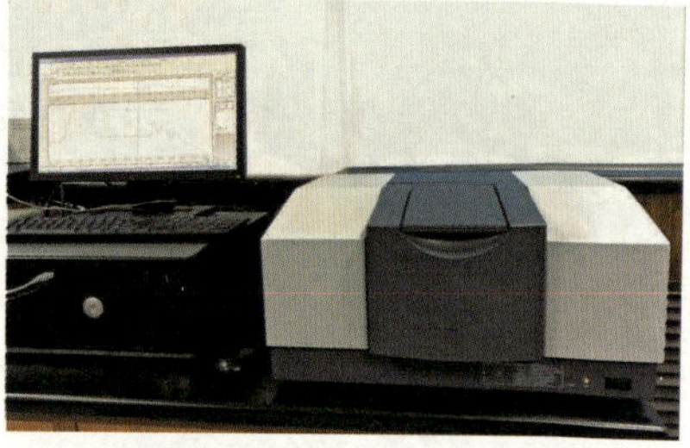

图 13-18　红外分光光度计

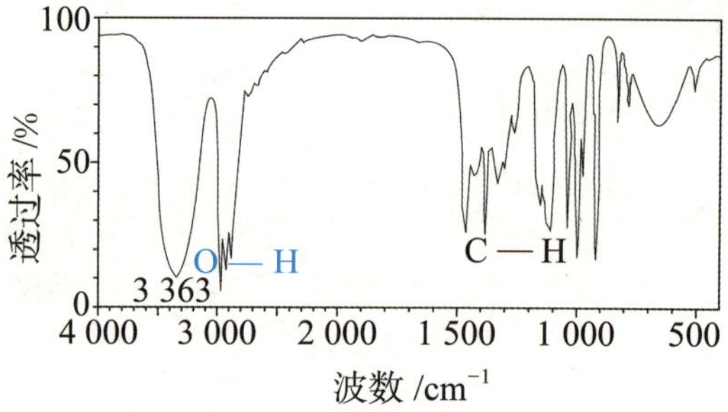

图 13-19　有机化合物 X 的红外光谱图

该红外光谱图中，在 3 363 cm^{-1} 处有强而宽的吸收峰。由此可确定，该分子结构含有官能团—OH，有机化合物 X 应为某种醇类物质。

探索实践

请阅读下列资料，分析有机化合物 X 的核磁共振氢谱图。

资料：核磁共振氢谱

（1）核磁共振氢谱可获得分子中有几种不同类型的氢原子及它们的相对数目。

（2）处于不同化学环境的氢原子在图谱上对应信号峰的位置不同，而且峰的面积与氢原子数成正比。

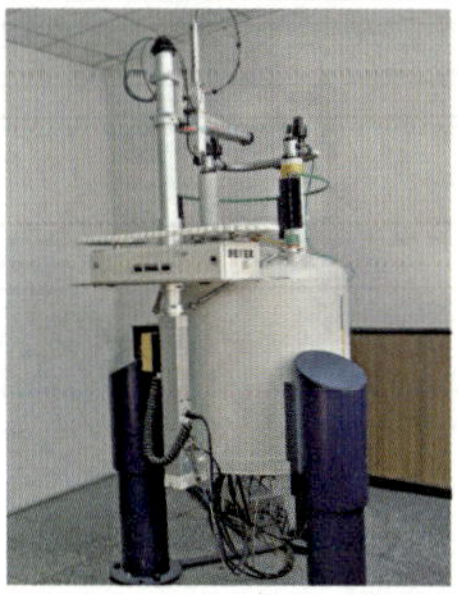

图 13-20　核磁共振仪

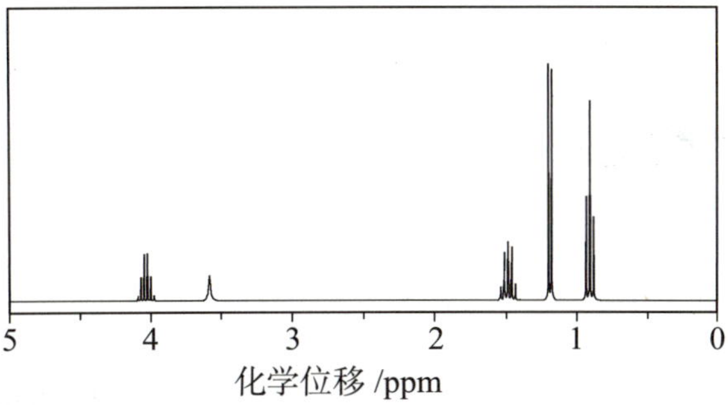

图 13-21　有机化合物 X 的核磁共振氢谱图

该核磁共振氢谱图中有五种信号峰，说明该分子结构中有五种不同化学环境的氢原子。该分子可能的结构简式为：

$$CH_3-CH_2-CH_2-CH_2-OH \text{ 或 } CH_3-\underset{}{\overset{OH}{\overset{|}{C}}}H-CH_2CH_3$$

1- 丁醇　　　　2- 丁醇

根据不同位置的信号峰的面积比为 1∶1∶2∶3∶3，说明不同化学环境的氢原子的数目之比为 1∶1∶2∶3∶3。该分子的结构简式为：

$$CH_3-\overset{OH}{\overset{|}{C}}H-CH_2CH_3$$

2- 丁醇

活动❷ 利用X射线衍射（XRD）确定有机化合物分子空间结构

交流研讨

2- 丁醇存在对映异构体，如何确定该物质的空间结构呢？

资料：对映异构体及X射线衍射

两种分子呈镜像关系，不能完全重叠，就像人的左、右手一样，互为实物与镜像而不可重叠的立体异构体，称为对映异构体。对映异构体中一般含有手性碳原子（与四个各不相同的原子或基团相连的碳原子），在结构式中用 * 加以标记。

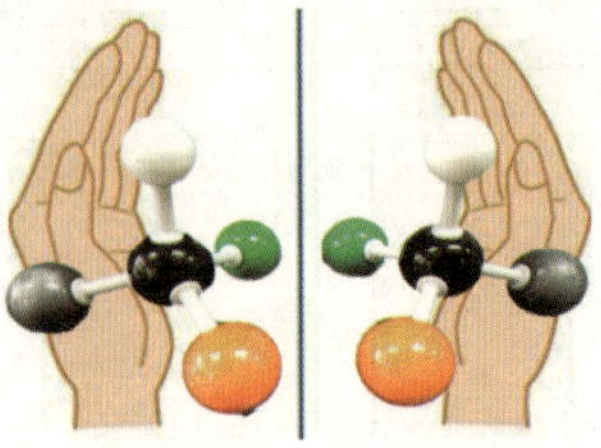

图 13-22　手性碳原子示意图

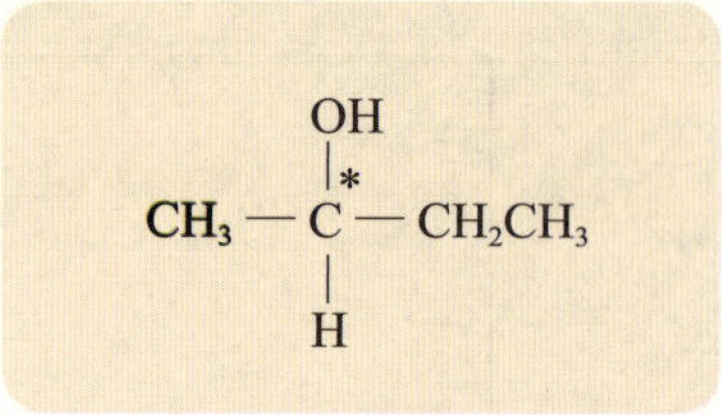

图 13-23　2- 丁醇含有手性碳原子，存在对映异构体

利用X射线衍射可以确定原子间的距离和分子的三维结构，从而确定有机化合物分子的空间结构，区分有机化合物的对映异构体。

图 13-24　X射线衍射仪

图 13-25　2- 丁醇的两种对映异构体球棍模型

方法梳理

根据以上分析，梳理探究有机化合物分子结构的一般模型，并进行分享交流。

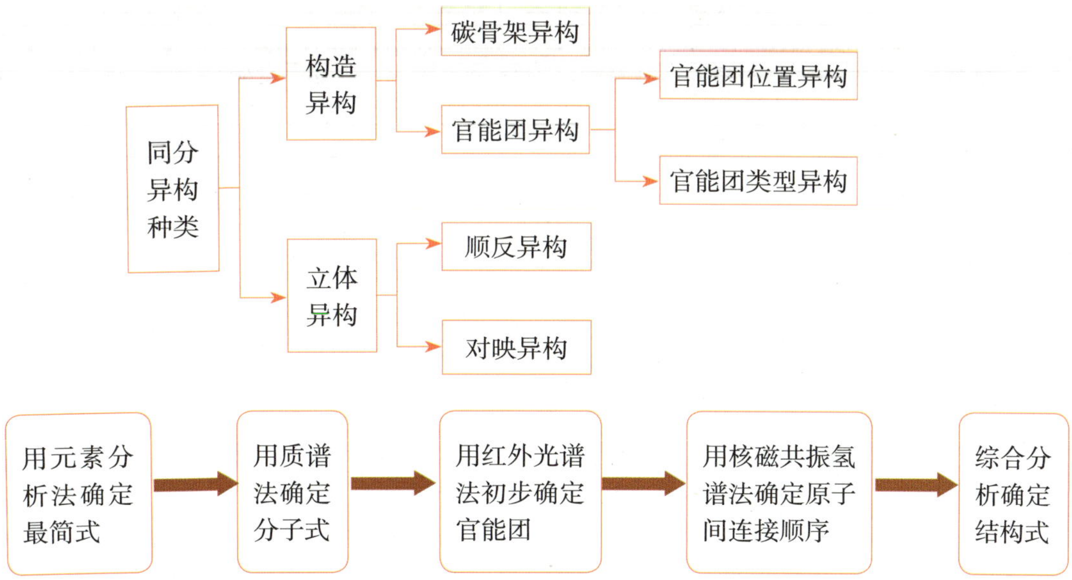

图 13-26 探究有机化合物分子结构的一般模型

活动③ 有机化合物性质预测

交流研讨

请从化学键的角度，分析和预测 2- 丁醇分子可能的断键部位。

分析角度

判断分子中是否有不饱和键：否

寻找分子中有极性的化学键：C—O 键、O—H 键、C—H 键

预测在反应中可能的断键部位

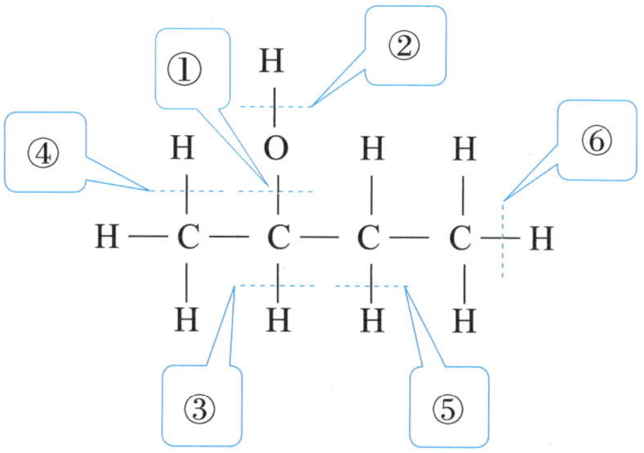

图 13-27 从化学键的角度分析和预测 2- 丁醇分子可能的断键部位

汇报展示

根据预测完成表 13-5，并进行分享交流。

表 13-5 预测 2- 丁醇断键部位

断键	反应类型	举例
①		
②		
②＋③		
①＋④ （或①＋⑤）		
……		

七、学科大概念统摄下的微项目内容梳理

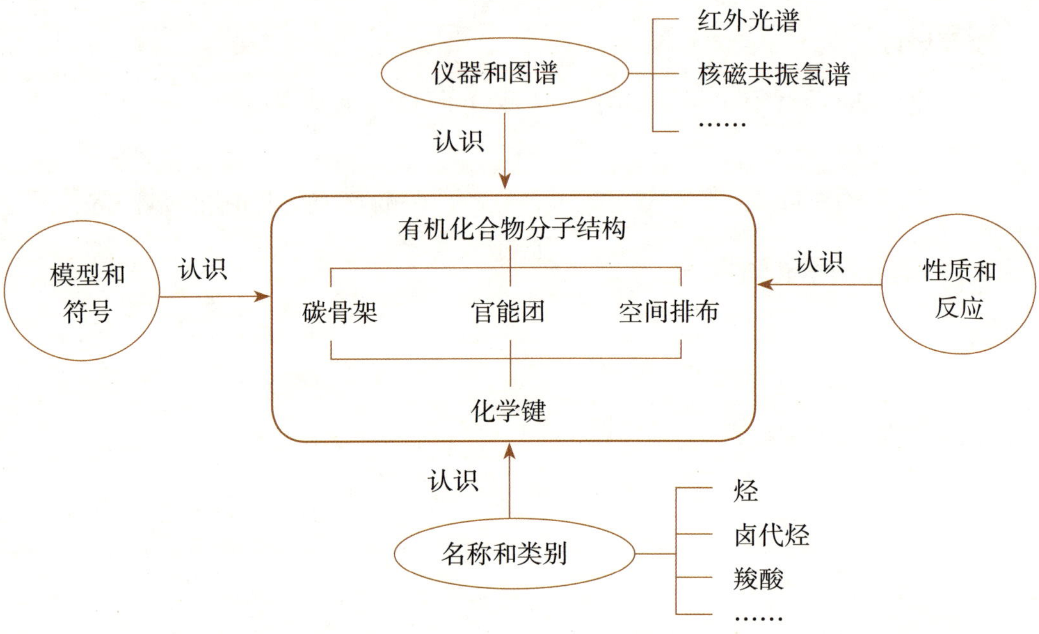

图 13-28 微项目“模拟和表征有机化合物分子结构”内容梳理示意图

八、学科大概念统摄下的微项目学习评价

表 13-6　微项目“模拟和表征有机化合物分子结构”整体学习评价量表

评价内容		评价指标	评分		
			自评	互评	师评
表现性评价	课堂综合	上课专注、积极思考、积极参与活动			
		能独立思考，具有创造性思维，能提出不同的方法解决问题			
	研究学习	能有效提取资料中的关键信息			
		能依据资料进行有逻辑的推理、分析			
		能设计科学、合理的对比实验			
		能得出科学、合理的实验结果			
		能对实验现象、结果进行精准表述			
	表达交流	勇于表达自己的观点，条理清晰			
		擅于与他人合作，虚心听取别人意见			
		能对项目成果进行生动展示			
结果性评价	成果完成	能完成甲烷分子结构模型的制作			
		能完成甲烷氯代产物分子结构模型的制作			
		能总结分析分子结构模型的一般思路			
		能完成 $C_4H_{10}O$ 分子同分异构体的分析			
	知识生成	了解碳四价对有机化合物分子结构的影响			
		理解 MS、IR、NMR、XRD 等谱学方法鉴定有机化合物结构的基本原理和方法			
		会从模型和图谱两个角度认识有机化合物分子结构			
赋值方法		完全能做到：3 分　部分能做到：2 分 偶尔能做到：1 分　完全做不到：0 分			
		自评 30%　互评 30%　师评 40%			
总成绩					

【北京师范大学燕化附属中学　张爱平】

扫码查阅教材
微项目原文

微项目 14 探秘神奇的医用胶

——有机化学反应的创造性应用

任务 1：探秘医用胶的性能、性质和结构之间的关系

任务 2：设计合成路线合成和改进医用胶

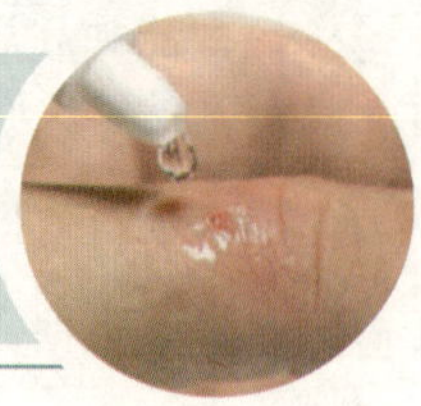

一、学科大概念统摄下的微项目设计概述

1. 设计意图

《普通高中化学课程标准（2017 年版 2020 年修订）》着重提出“重视以学科大概念为核心，使课程内容结构化，以主题为引领，使课程内容情境化，促进学科核心素养的落实”。依据“宏观辨识与微观探析”化学学科核心素养培养的具体要求，提出如下课程目标：“能从物质的微观层面理解其组成、结构和性质的联系，形成‘结构决定性质，性质决定应用’的观念；能根据物质的微观结构预测物质在特定条件下可能具有的性质和发生的变化，并能解释其原因。”

图 14-1　微项目“探秘神奇的医用胶”设计依据

本项目设计是以“结构决定性质，性质决定应用”这一大概念为统领，基于“医用胶”这一真实情境下的关于“高分子结构和性能”的探索与实践。本项目以“探秘医用胶的结构，改进医用胶的性能”为主驱动任务，引导学生根据医用胶的功能需求选择合适的黏合剂，认识创造一定性能产品的程序以及“性能反映性质，性质反映结

构”这一物质结构、性质与性能之间的关系，分析“α－氰基丙烯酸丁酯”医用胶的结构和黏合原理，认识官能团及其相互作用、分子间作用力对物质性质和用途的决定作用，进一步优化医用胶的结构，从而优化医用胶的性能；从物质结构的角度认识医用胶后，再从化学变化的角度认识医用胶的合成和改进，引导学生“设计合成路线合成和改进医用胶”，通过设计合成医用胶路线的活动，建立单体通过聚合形成高分子、高分子通过裂解转化为小分子的转化思路；通过利用化学反应改变医用胶的结构和性能，引导学生认识共聚和交联在高分子改性中的作用，并将认识思路迁移到其他医用高分子材料的分析与研究上。

本项目以医用胶这种新型有机材料为研究对象，引导学生通过项目式学习活动，对烃及其衍生物的性质、有机化学反应的知识进行复习和综合应用，结合真实情境探秘医用胶的性能、性质和结构的关系，设计合成路线合成和改进医用胶；根据“结构决定性质，性质决定应用”学科概念，进一步认识可以根据用途和功能设计具有特定结构的有机化合物且可以通过化学反应来改变物质的结构和性质，对高分子结构的改变可通过对高分子官能团的转化、共聚、交联来实现。

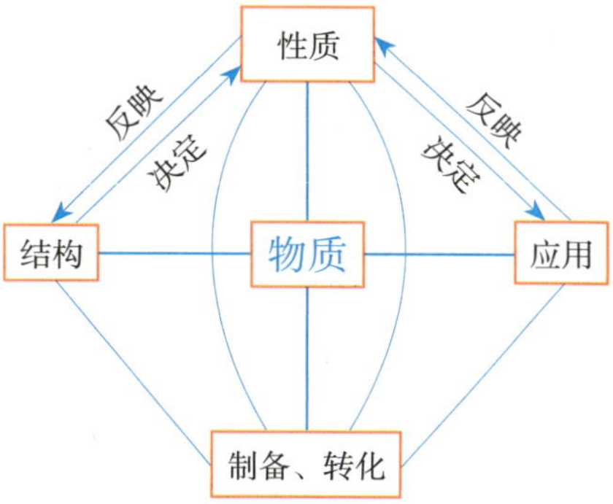

图 14-2　多角度认识物质示意图

2. 功能价值

（1）促进“宏观辨识与微观探析”素养的发展。

本项目从物质结构角度出发，解释医用胶的性能，并运用结构与性质、性能三者之间的关系，改进医用胶的结构。从有机官能团到有机单体结构，再到高分子的交联和共聚结构，从简单到复杂、从微观分子结构到宏观物质性质、从理解到应用，深化学生对“结构决定性质，性质决定应用”化学学科大概念的理解。

（2）促进“科学探究与创新意识”素养的发展。

本项目在实施过程中，关注材料科学中有机化学的重要贡献，体现了材料科学在医疗健康领域的实际应用，以及化学学科的社会价值。同时，在项目活动中，模仿科学家设计具有特定功能的医用胶结构，设计路线来合成医用胶、改进医用胶，这对培养学生的实践应用能力及迁移创新能力有着独特的功能和价值。

（3）促进“证据推理与模型认知”素养的发展。

本项目中有关有机化合物结构和性质的相关知识与活动难度明显高于教科书中

“烃及其衍生物的性质”的学习要求。学生通过阅读资料、分析推理，多角度、综合地认识有机化合物分子结构特点、性质，尤其是各种官能团、官能团之间的相互影响带来的物质性能的变化，形成一定的认识模型和问题解决思路，进一步提高分析、解决新问题的能力。

3. 学情分析

（1）学生已有知识与能力：

通过元素化合物的学习，学生已知道“结构决定性质，性质决定应用”；知道有机化合物的性质主要取决于官能团的种类，了解常见官能团的性质，能通过对比具体案例知道官能团之间存在相互影响导致官能团的活性发生改变，但不能运用“物质结构与性质”课程模块的相关知识和原理解释多官能团之间存在的相互影响。

学生已知道单体可以通过加聚、缩聚反应来合成高分子，知道有些高分子可以通过水解反应降解为小分子，但不知道由加聚形成的高分子是否可变为小分子；知道合成纤维、合成树脂、合成橡胶是三大合成材料，知道高分子结构存在线型、体型结构，但不清楚造成它们结构区别的根本原因及相互转化途径。

（2）学生学习障碍点：

学生需要在有机化合物的结构与高分子材料的性能之间建立联系。医用胶需要满足快速固化、黏合强度大、无毒等多种性能，因此需要从多个角度来分析和设计有机化合物的结构，并需要结合“物质结构与性质”课程模块的知识进行综合分析和解释。在设计合成高分子的制备路线时，除了应用学生较为熟悉的聚合反应外，还涉及学生较为陌生的裂解（解聚）、交联、共聚等多种变化，需要学生建立对高分子结构和性质之间关系的更深入的认识。

（3）学生学习发展点：

学生在正向、逆向建立“结构—性质—应用”关系基础上，能对已知结构物质的性质和应用进行分析预测，能根据性能需要设计具有一定结构特征的物质；能从电负性、化学键的极性变化、官能团相互之间的影响、分子间作用力、高分子分子链的形状对有机化合物性质（化学性质和物理性质）的影响等方面分析、解决问题。

学生能建立单体和高分子相互转化的思路；能通过化学反应实现官能团的转化、交联、共聚，进而改变高分子的结构和高分子材料的性能；能更为立体地建立对结构、性质、应用三者关系的认识，并将其应用到物质设计和创新性解决问题的活动中。

二、学科大概念统摄下的微项目知识结构

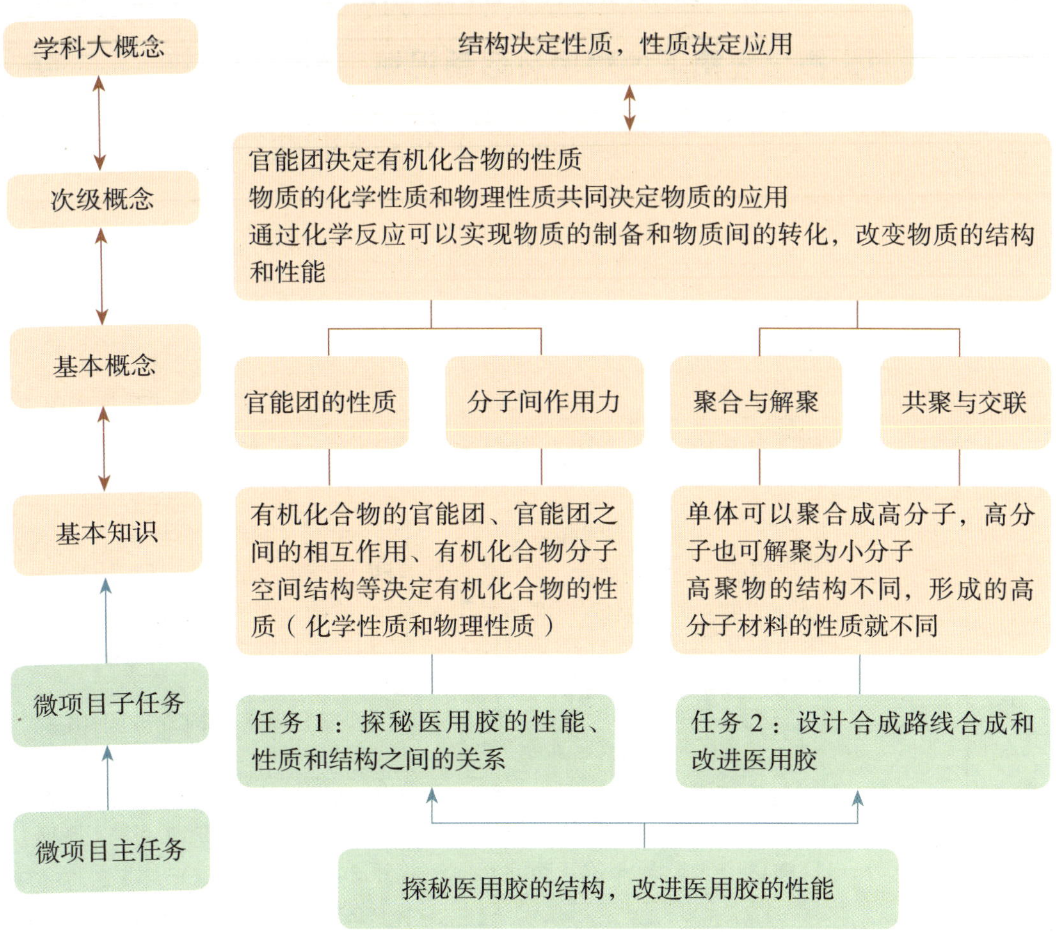

图 14-3　微项目“探秘神奇的医用胶”知识结构示意图

三、学科大概念统摄下的微项目学习目标

（1）通过探秘医用胶的性能、性质和结构三者的关系，学会从官能团及相互影响、分子空间结构、分子间作用力的角度研究物质的性质、性能，建立有机化合物宏观性能与微观分子结构之间的联系；认识“结构决定性质，性质决定应用”的普遍适用性，辩证地认识改进性能需要从改变结构入手，理解根据性能需求设计产品的一般思路，发展运用“结构—性质—性能”三者的关系分析、解决实际问题的能力。

（2）通过设计合成路线合成和改进医用胶，理解高分子和单体在一定条件下可以相互转换，可以通过化学反应完成官能团的转化、形成共聚和交联结构来改变高分子，

进而改变高分子的性能，加深对高分子材料结构、性能、合成、改性的综合理解和应用，并将认识和理解迁移到其他材料与其他真实问题情境，提升创造性地运用“结构—性质—性能”三者的关系分析、解决实际问题的能力。

四、学科大概念统摄下的微项目活动规划

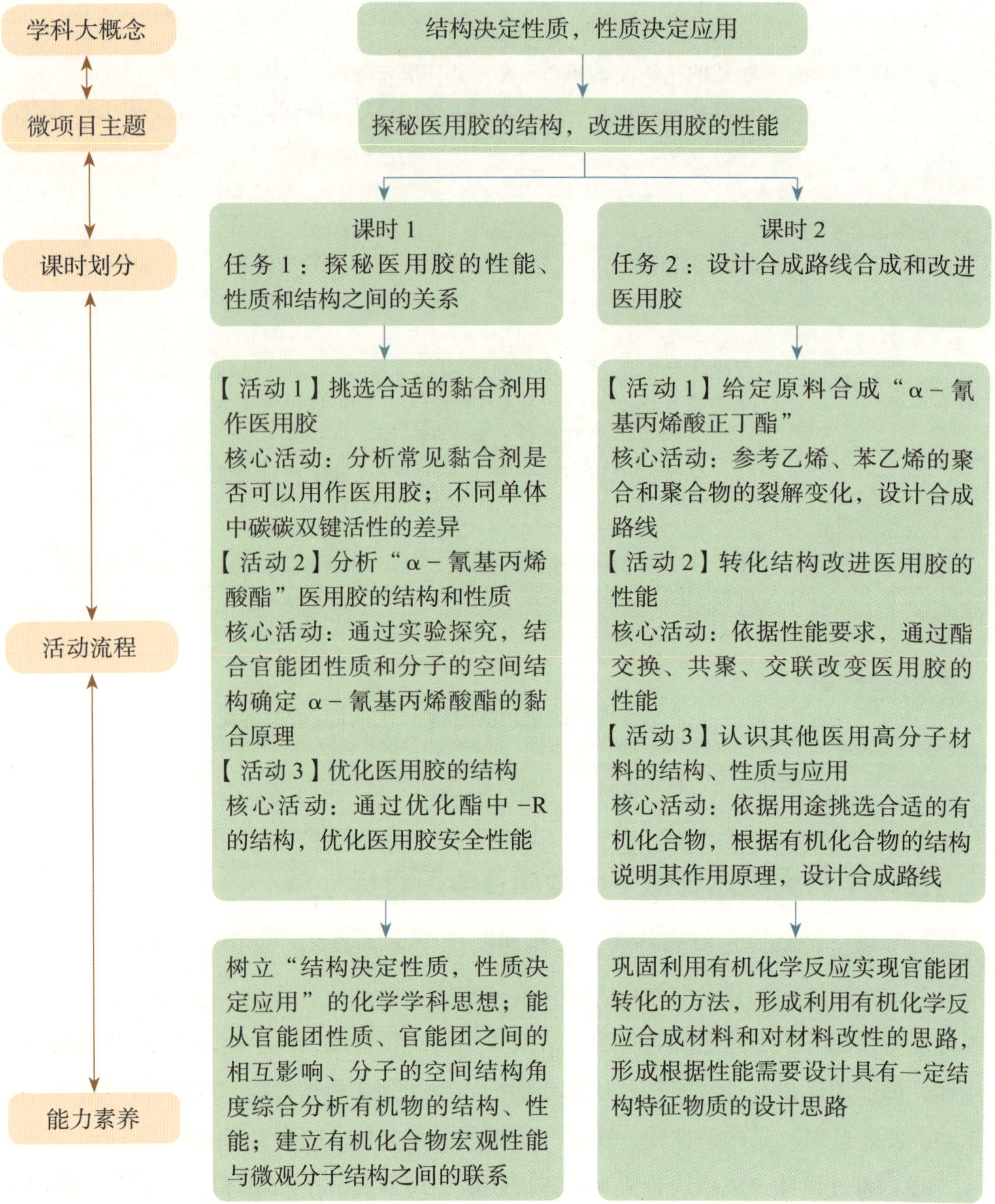

图 14-4　微项目“探秘神奇的医用胶”活动规划示意图

五、学科大概念统摄下的微项目活动导引

医用胶也称医用黏合剂，它和我们在日常生活中使用的胶水等黏合剂一样具有黏合的功能。已经使用和正在研究的医用胶按用途可分为软组织用医用胶、牙科用医用胶、骨科用医用胶、皮肤压敏胶等。软组织用医用胶可作用于人体皮肤组织，使伤口快速黏结。在外科手术中使用医用胶代替手术缝合线，既能减轻患者的痛苦，又能使伤口愈合后保持美观。本项目中的医用胶指的是软组织用医用胶。

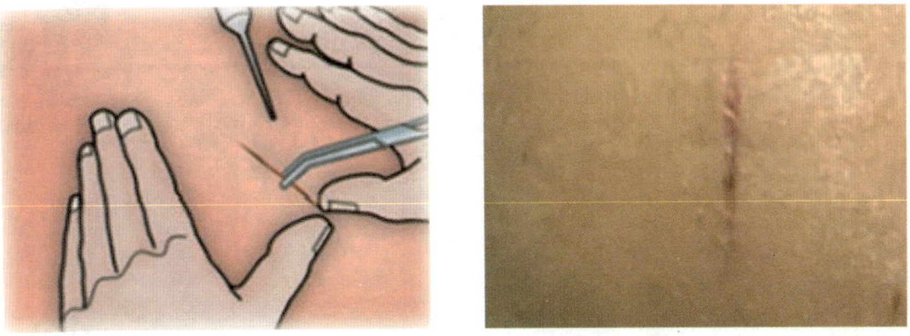

图 14-5　用医用胶处理伤口及处理后的伤口

在本项目活动中，将对医用胶的分子结构与黏合性能的关系、医用胶的合成和性能优化等问题进行探究，形成应用有机化学反应的思路和方法。

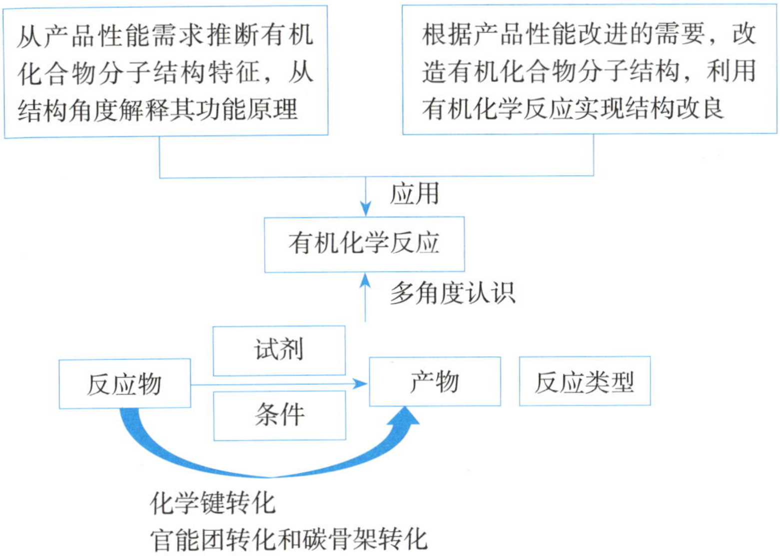

图 14-6　应用有机化学反应的思路和方法

六、学科大概念统摄下的微项目活动实施

任务1　探秘医用胶的性能、性质和结构之间的关系

活动1　挑选合适的黏合剂用作医用胶

当两个固体表面被一薄层液体（胶层）很好地润湿时，就会发生黏合（一种分子水平的黏合）。这是由于液体进入固体表面的小缝隙将其锁住，生物组织充分地具有这种黏合条件。使用时，黏合剂依靠溶剂或分散相的挥发使胶层固化，或通过化学反应使胶层固化，最终实现黏合。

图 14-7　使用黏合剂黏合固体

交流研讨

理想的皮肤组织医用胶应具备哪些性能？

理想的医用胶应该满足：

（1）安全，无毒，无致畸、致癌、致突变风险；

（2）黏合强度好，在一段时间内可保持一定水平，黏合部位具有一定的弹性和韧性；

（3）常温、常压条件下可迅速固化；

（4）具有较好的生物相容性；

（5）具有较好的抑菌性，并可无菌保存；

（6）在有血液和组织液存在的条件下可以使用；

（7）降解产物溶出物不影响愈合且无细胞毒性；

（8）固化产生的热量少，以免烫伤组织；

（9）根据使用目的，或在完成胶接之后能迅速代谢；

……

作为医用材料，必须保证功能性和安全性，因此最为重要的性能是：

（1）常温、常压下快速固化；

（2）黏合强度与持久性良好，黏合部位具有一定的弹性和韧性；

（3）安全，无毒。

交流研讨

表 14-1 中列出了几种常见黏合剂的成分，观察它们的名称和单体的结构简式，

分析它们为何可以用作黏合剂，并判断它们是否可作为医用胶材料。

表 14–1 几种常见黏合剂的成分

成分	聚醋酸乙烯酯（PVAc）（单体 $CH_3COOCH=CH_2$）	醋酸乙烯–乙烯共聚物（EVA）（单体 $CH_3COOCH=CH_2$、$CH_2=CH_2$）		聚丙烯酸酯（PAE）（单体 $CH_2=CHCOOR$）
黏合剂	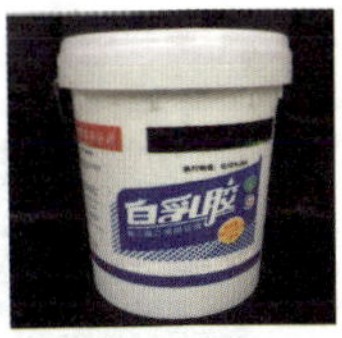 白乳胶（PVAc）	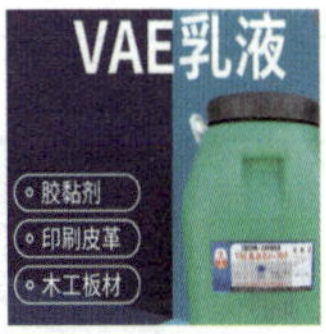 VAE 乳液	 热熔胶（EVA）	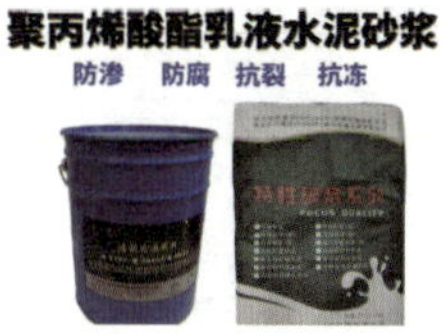 PAE 乳液

合成黏合剂的有机化合物能发生加聚反应或缩聚反应，即结构含有碳碳双键，或者具有生成聚酯、聚氨酯的官能团。这类黏合剂大多是聚合物的乳液，这是因为它们的单体在通常条件下不易聚合，以及聚合后通过乳液中的溶剂挥发、乳液变干后凝固实现黏结（热熔胶受热后熔化，冷却后实现黏结）。

作为医用胶这种特殊的黏合剂，需要在常温下快速固化。以上的黏合剂需要通过溶剂挥发、乳液变干后凝固实现黏结，固化时间过长；有些黏合条件不适合（如热熔胶棒需先加热后凝固）。另外，作为黏结伤口的医用胶，需要能与人体组织形成较强的作用，需要形成较大的分子间作用力，结构中最好具有能和人体组织形成氢键作用的官能团。

交流研讨

理想的医用胶材料应该具有什么样的结构？

表 14–2 理想的医用胶材料要求

医用胶性能需求	相应有机化合物的性质特征	相应有机化合物的结构特征
常温、常压下可以快速固化实现黏合		
具有良好的黏合强度及持久性		

理想的医用胶材料应该既有较快的聚合速度，又对人体细胞几乎无毒性，还能与比较潮湿的人体组织强烈结合。而为了实现医用胶能在常温下快速固化，则需要使官能团活化，即要发生聚合反应的官能团本身容易发生反应或引入其他基团来活化官能团；另外，可以使用催化剂进行常温催化，但催化剂不宜直接与医用胶混合装存（容

易失效），最好是在使用的时候方便地引入催化作用，如可以被空气中的 O_2、H_2O、CO_2 等产生催化作用，或者反应被光催化。

活动❷ 分析“α－氰基丙烯酸酯”医用胶的结构和性质

α－氰基丙烯酸酯是常见的瞬干胶，其结构简式及典型代表物的结构如图 14-8 所示。

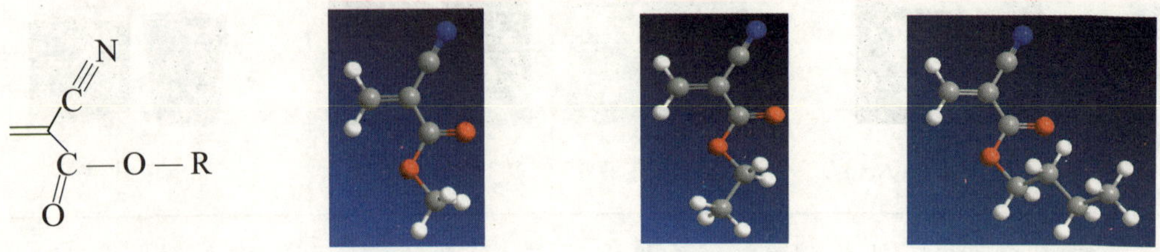

α－氰基丙烯酸酯　α－氰基丙烯酸甲酯（俗称 501）　α－氰基丙烯酸乙酯（俗称 502）　α－氰基丙烯酸正丁酯（俗称 504）

图 14-8　几种 α－氰基丙烯酸酯

观察思考

观察 α－氰基丙烯酸正丁酯的结构，思考下列问题：

（1）为什么 α－氰基丙烯酸正丁酯在潮湿的环境中能较快凝固？

（2）为什么 α－氰基丙烯酸正丁酯能与人体组织强烈结合？

提出猜想，并设计实验验证。

阅读探讨

资料 1：工业制聚乙烯

乙烯发生加聚反应时根据条件不同得到不同的产品。高压低密度聚乙烯一般是在压强为 100 ~ 300 MPa、温度为 150 ~ 300℃、使用催化剂的条件下反应聚合得到的；合成低压高密度聚乙烯即使在溶剂中进行，温度也要高于或等于 140℃、压强为 4 ~ 5 MPa。

$$n\,CH_2{=}CH_2 \xrightarrow[\text{催化剂}]{\text{加热、加压}} \text{⁅} CH_2-CH_2 \text{⁆}_n$$

资料 2：工业制聚苯乙烯

苯乙烯在有机溶剂环境中，在温度为 100 ~ 140℃、使用催化剂的条件下发生聚合反应生成聚苯乙烯。

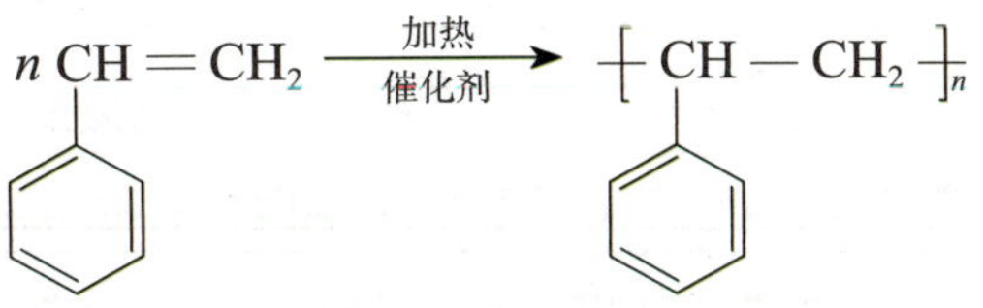

资料 3：醋酸乙烯酯的聚合

纯的醋酸乙烯酯（$CH_3COOCH=CH_2$）聚合能力很强，在常温下能缓慢聚合，在光和引发剂的作用下聚合速度显著提高；聚合过程为放热反应，聚合开始后，聚合速度自行加快。

资料 4：α－氰基丙烯酸乙酯（俗称 502）的聚合

502 胶是以 α－氰基丙烯酸乙酯（结构简式如下）为主，加入增黏剂、稳定剂、增韧剂、阻聚剂等，在空气中微量水催化下发生加聚反应，迅速固化而将被黏物黏牢，故有瞬间胶黏剂之称。

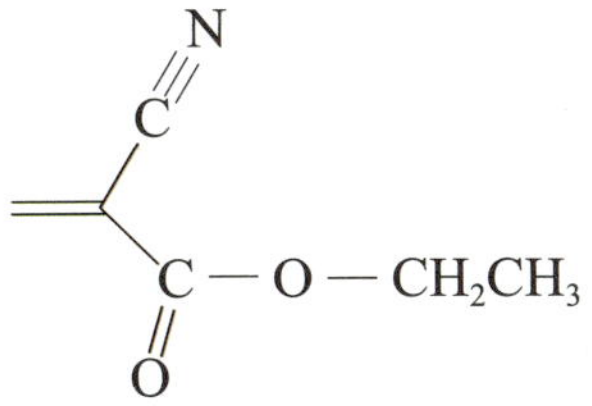

思考：阅读资料后，比较不同单体加聚的条件，请从结构的角度解释 502 胶为什么能快速凝固。

对资料中的信息进行对比分析可以发现，乙烯加聚最困难，这与乙烯结构对称、碳碳双键没有被其他基团极化有关。在苯乙烯分子中，由于苯环与碳碳双键相连时，碳碳双键的成键电子对有一定的偏移，使其碳碳双键比乙烯的碳碳双键活泼。醋酸乙烯酯中，酯基有吸电子作用，使碳碳双键的电子偏向酯基而产生极化，碳碳双键容易断裂而发生聚合反应。在 α－氰基丙烯酸乙酯结构中，与碳碳双键相连的氰基、酯基都有吸电子作用，极化作用更强，更易发生聚合反应，且聚合速度更快，放热更明显。

探究发现

实验：取两支洁净试管，各加入 1 mL 502 胶，再向其中一支试管中滴加几滴水，观察现象。

从以上实验中，你能得到什么结论？请解释说明。

实验发现，502 胶滴加水后开始快速凝聚，说明水可促进 502 胶的聚合。

自主学习

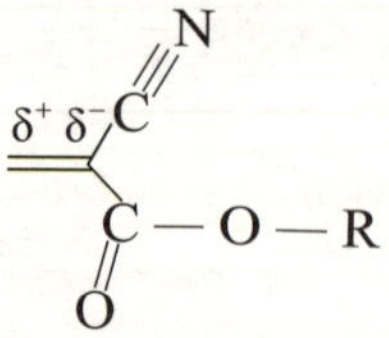

（1）已知 N、O 的电负性比较大，氰基和酯基具有较强的吸电子作用，使碳碳双键中碳原子之间的共用电子对偏向连接氰基和酯基的碳原子，从而使该碳原子带部分负电荷（δ^-），而另一个碳原子带部分正电荷（δ^+）。

（2）人体内所含的水分可加快固化反应，机理如下：

链引发：

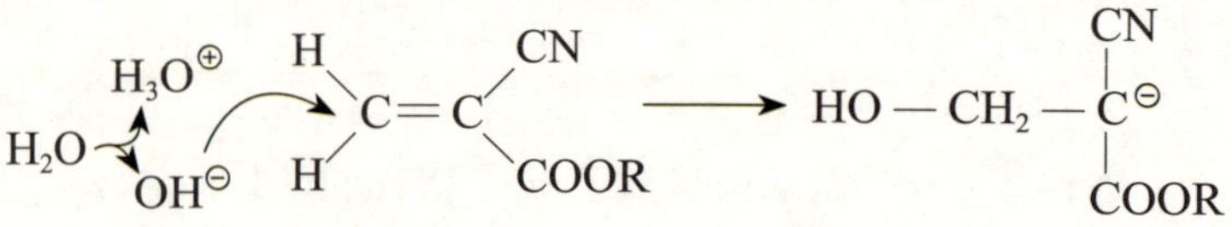

链增长：

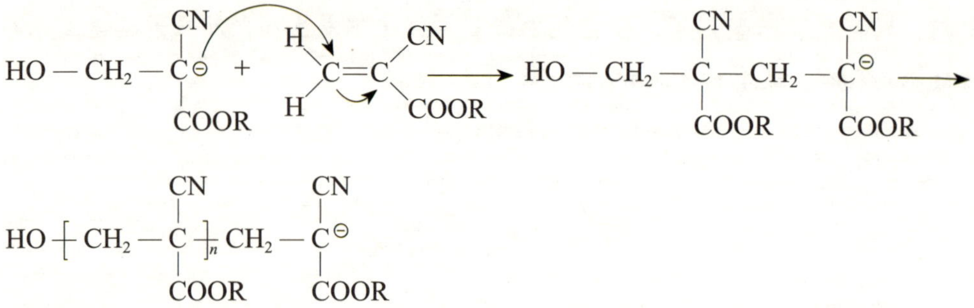

链终止：

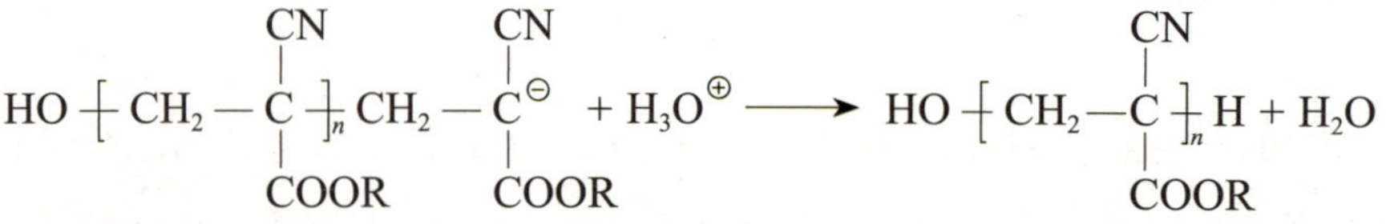

α－氰基丙烯酸酯含有碳碳双键，能够发生加聚反应而固化；与碳碳双键直接相连的氰基、酯基，可以起到活化碳碳双键的作用。

为什么 α－氰基丙烯酸正丁酯能与人体组织强烈作用呢？

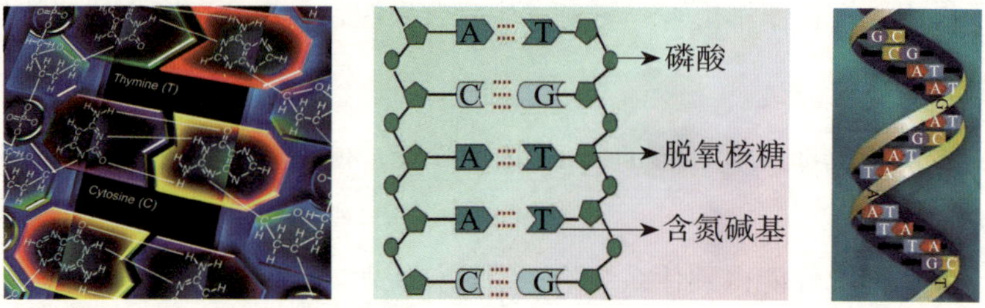

图 14-9　DNA 双螺旋两条链之间的氢键

氰基含电负性大的 N 原子，能够与蛋白质大分子形成氢键，增大分子间作用力，增强含氰基物质与人体组织的结合。

知识梳理

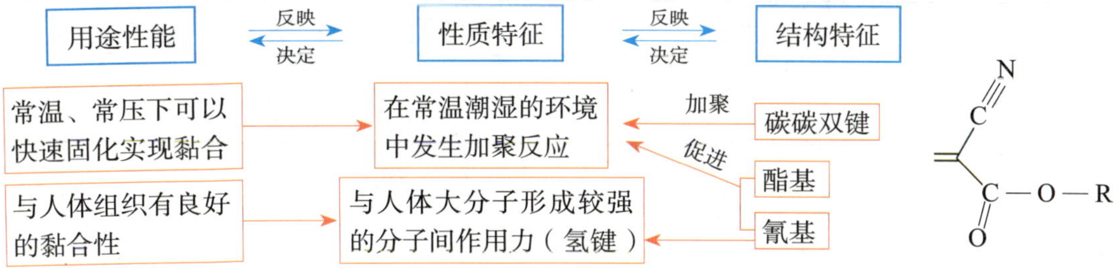

图 14-10　理想医用胶相关知识梳理

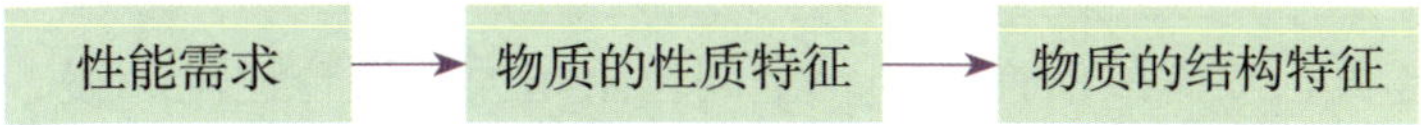

图 14-11　创造具有一定性能产品的一般程序

活动❸　优化医用胶的结构

自主学习

1959 年，CA（α－氰基丙烯酸酯）医用黏合剂第一次应用于临床，经过长期的探索与实践，人们逐渐发现烷基的种类、链的长短及侧基决定 CA 的聚合速度、可降解性、刺激性及毒性等性能。

CA 中碳链越长，聚合速度越慢，毒性、刺激性越小，生物相容性越好，降解速度越慢。因此，这类黏合剂中，α－氰基丙烯酸甲酯（MCA）的聚合速度最快，聚合热大，黏合强度大，在界面及伤口处固化胶膜脆而硬，延展性极差，固化初期易发生开裂，严重影响其使用效果，并且对人体的刺激性、毒性大，生物相容性差；α－氰基丙烯酸乙酯（ECA）的分子链较短，与 MCA 类似，在高温条件下易解聚产生甲醛，刺激人眼及身体，长期处于这种环境，人体健康得不到保障。MCA 与 ECA 用于人体时，对人体的伤害很大，毒性及刺激性大，所以这两种黏合剂不能在临床上医用。而随着烷基的分子链变长及侧基碳原子数的增加，CA 的聚合速度减小，刺激性逐渐减小，毒性越来越小，化学稳定性与生物相容性均得到明显改善，可满足医用要求。然而，随着分子链不断变长，其聚合速度、生物可降解速度变慢，黏合强度有所下降，止血效果下降。

无论是哪种氰基丙烯酸酯聚合物都会产生甲醛，但由于黏合剂在人体局部使用时用量少，并不会影响黏合剂的使用安全性。

交流研讨

α－氰基丙烯酸酯（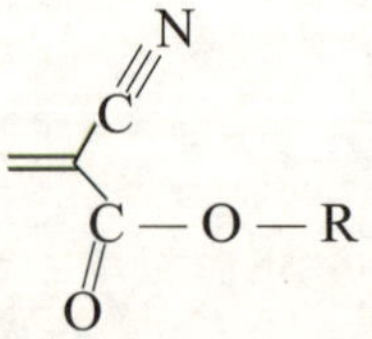）中，碳链增长（$-R$ 增大），柔韧性增强，固化时间延长，聚合热降低，毒性、刺激性减小，但降解速度变慢。

根据以上叙述，分析不同的 $-R$ 对 CA（α－氰基丙烯酸酯）医用黏合剂各项性能的影响，并从下列 $-R$ 中选择合适的基团。

①甲基　②乙基　③丁基　④辛基　⑤ $-CH_2CH_2-OCH_3$

医用胶固化速度除了与官能团活泼性有关外，还与空间位阻有关。碳碳双键连接的酯基中 $-R$ 越大，双键的活性减弱，空间位阻增大，聚合速度越慢，水解速度也越慢；$-R$ 大时还影响氰基与皮肤形成氢键，强度减弱的同时柔韧性增加。

医用胶的气味除了与甲醛有关外，还与水解生成的醇有关，甲醇和乙醇更易挥发导致气味产生。

综合分析可知，当 $-R$ 为甲基、乙基时，聚合速度过快、放热明显、强度大而柔韧性不佳，容易降解，产物为小分子（甲醇、乙醇），容易引起炎症反应；$-R$ 过大，空间位阻大，碳碳双键活性减弱，聚合变慢，放出的热量会减少，柔韧性会增加，耐水性增强，但生物降解速率变慢。

交流研讨

除了要考虑使用过程中医用胶的黏合性能外，还需要关注使用之后医用胶的降解产物的影响。碳碳双键聚合后形成的分子长链不会被水解，会随着伤口的愈合而自然脱落；酯基水解后的一些产物可能导致皮肤炎症。这些在设计医用胶时需要关注。

根据前面的分析，请设计一款性能更优的 CA 医用胶，写出它们的结构简式。

在保证固化速率的前提下，需要关注医用胶的强度、柔韧性、人体亲和性、易水解性、低毒性（刺激性）。若提高强度，则需要增加分子间作用力（适当增加 $-R$ 中的碳原子数，但不可过多）或能形成氢键的基团；增加 $-R$ 中的碳原子数及含支链的 $-R$ 可提高柔韧性，也能降低毒性；$-R$ 采用含亲水基的基团可增加人体亲和性，$-R$ 含酯基可增强降解；还可以改变羧酸部分的结构，以及通过交联和共聚的方式对固化后高分子的性能进行改进。改进的角度多样，改进后也各有利弊，此时需要根据实际需要进行改进，以及通过实验进行最优化选择。

图 14–12 中的有机化合物都可以用作瞬干胶材料，目前可用作医用胶的为医用胶 504 和 508，MOCA 和 BLCA 是部分性能得到改进的医用胶。

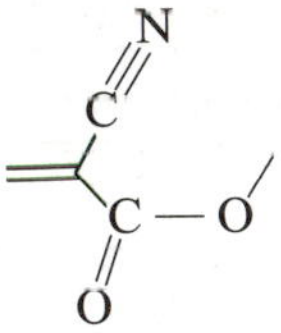

α – 氰基丙烯酸甲酯
（瞬干胶 501）

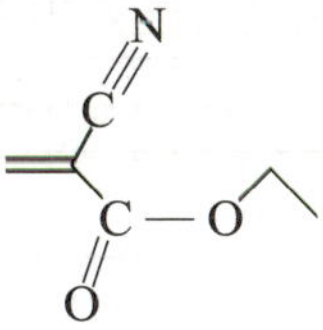

α – 氰基丙烯酸乙酯
（瞬干胶 502）

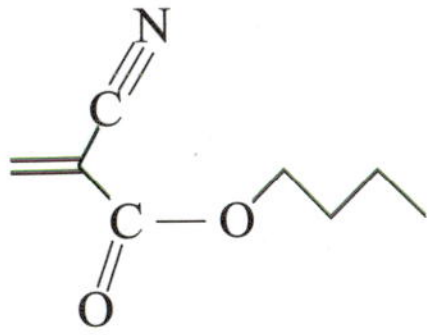

α – 氰基丙烯酸正丁酯
（医用胶 504）

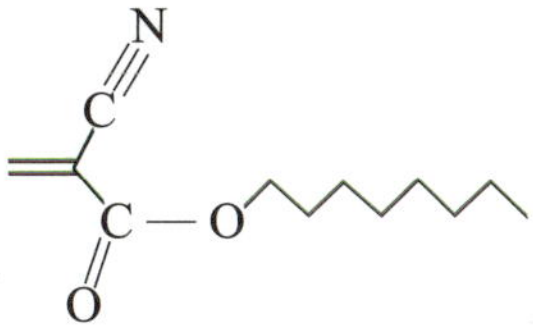

α – 氰基丙烯酸正辛酯
（医用胶 508）

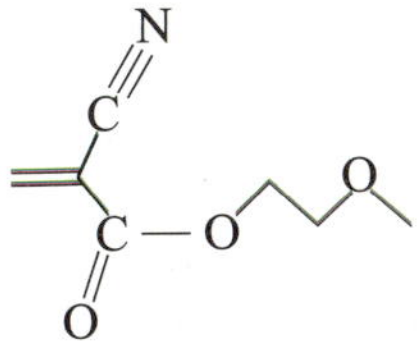

α – 氰基丙烯酸 –2– 甲氧基乙酯
（强力医用胶 MOCA）

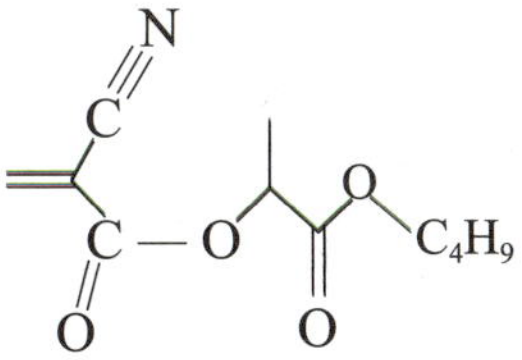

α – 氰基丙烯酸 –1– 丁氧羰基乙酯
（柔韧性医用胶 BLCA）

图 14–12　几种可用作瞬干胶或医用胶的有机化合物

方法梳理

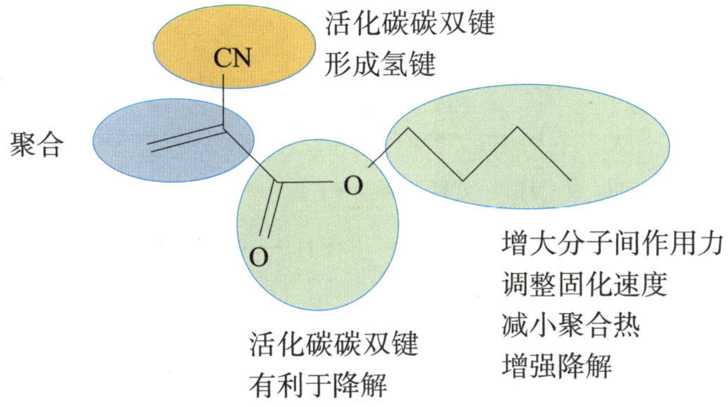

图 14–13　α – 氰基丙烯酸正丁酯（504）结构功能分析

任务 2 设计合成路线合成和改进医用胶

活动❶ 给定原料合成“α－氰基丙烯酸正丁酯”

阅读探讨

资料 1：裂化、裂解反应

石油分馏可以获得汽油、煤油、柴油等含碳原子少的轻质油，但其产量难以满足社会需求，而含碳原子多的重质油却供大于求。石油化工中，通过催化裂化过程将重油（含碳原子较多、沸点较高的烃）裂化为含碳原子较少、沸点较低的汽油等（以提供更多的燃料），再通过裂解，可以得到乙烯、丙烯等重要的化工原料。例如：

$\underset{\text{十六烷}}{C_{16}H_{34}} \xrightarrow[\text{催化剂}]{\text{加热、加压}} \underset{\text{辛烷}}{C_8H_{18}} + \underset{\text{辛烯}}{C_8H_{16}}$

$\underset{\text{辛烷}}{C_8H_{18}} \xrightarrow[\text{催化剂}]{\text{加热、加压}} \underset{\text{丁烷}}{C_4H_{10}} + \underset{\text{丁烯}}{C_4H_8}$

$\underset{\text{辛烷}}{C_8H_{18}} \xrightarrow[\text{催化剂}]{\text{加热、加压}} \underset{\text{丙烷}}{C_3H_8} + \underset{\text{戊烯}}{C_5H_{10}}$

$\underset{\text{辛烷}}{C_8H_{18}} \xrightarrow[\text{催化剂}]{\text{加热、加压}} \underset{\text{丙烯}}{C_3H_6} + \underset{\text{戊烷}}{C_5H_{12}}$

$\underset{\text{丁烷}}{C_4H_{10}} \xrightarrow[\text{催化剂}]{\text{加热、加压}} \underset{\text{甲烷}}{CH_4} + \underset{\text{丙烯}}{C_3H_6}$

$\underset{\text{丁烷}}{C_4H_{10}} \xrightarrow[\text{催化剂}]{\text{加热、加压}} \underset{\text{乙烷}}{C_2H_6} + \underset{\text{乙烯}}{C_2H_4}$

资料 2：聚乙烯的分解

高密度聚乙烯在反应温度 425℃的条件下热分解后，可得到各种烷烃和不饱和烃。其反应机理可表示如下：

$R-R \longrightarrow 2R\cdot$

$R\cdot + -CH_2-CH_2-CH_2-CH_2- \longrightarrow RH + -CH_2-\dot{C}H-CH_2-CH_2-$

$-CH_2-\dot{C}H-CH_2-CH_2- \longrightarrow -CH_2-\dot{C}H_2 + CH_2=CH-$

$-CH_2-CH_2-CH_2-CH_2-\dot{C}H_2 \longrightarrow -CH_2-CH_2-\dot{C}H-CH_2-CH_3$

$-CH_2-CH_2-\dot{C}H-CH_2-CH_3 \longrightarrow -CH_2-\dot{C}H_2 + CH_2=CH-CH_3$

资料 3：聚苯乙烯的裂解

聚苯乙烯在常压、390℃、复合催化剂的条件下，得到的裂解产物中苯乙烯的质量分数可在 95% 以上。

阅读资料后，思考以下问题：

（1）已知 α－氰基丙烯酸正丁酯在水的催化作用下容易发生聚合反应，请分析是否适合用酯化反应来制取 α－氰基丙烯酸正丁酯。

（2）制备医用胶 α－氰基丙烯酸正丁酯，目前最常见的生产方法是以甲醛和氰乙酸正丁酯（$NC-CH_2COOCH_2CH_2CH_2CH_3$）为主要原料，先通过脱水缩合反应制备 α－氰基丙烯酸正丁酯缩聚物，再解聚得到 α－氰基丙烯酸正丁酯。请写出相关反应的化学方程式。

由于 α－氰基丙烯酸正丁酯在水的催化作用下容易发生聚合反应，如果通过 α－氰基丙烯酸与正丁醇发生酯化反应进行生产，生产过程中会有水产生，这会导致生成酯的同时还会发生聚合反应，故实际生产不采用这种方案。

目前，α－氰基丙烯酸正丁酯最常见的制备方法是甲醛和氰乙酸正丁酯脱水缩合，类似于酚醛树脂的脱水缩合反应。其反应可表示如下：

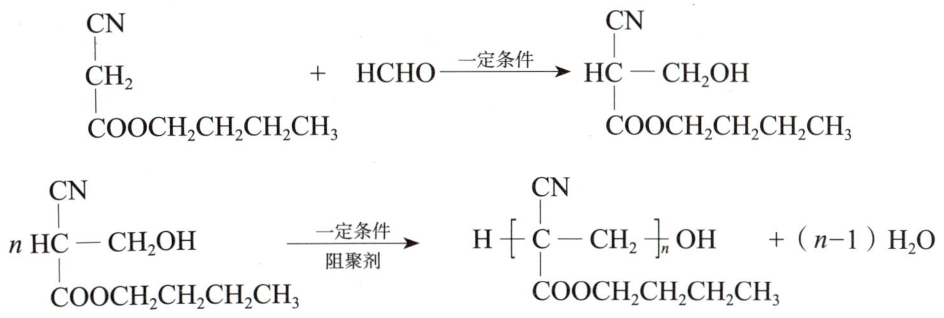

得到的高分子可以在加热、脱水的条件下，通过阻聚剂分解（类似于裂化、裂解）得到含碳碳双键的 α－氰基丙烯酸正丁酯。

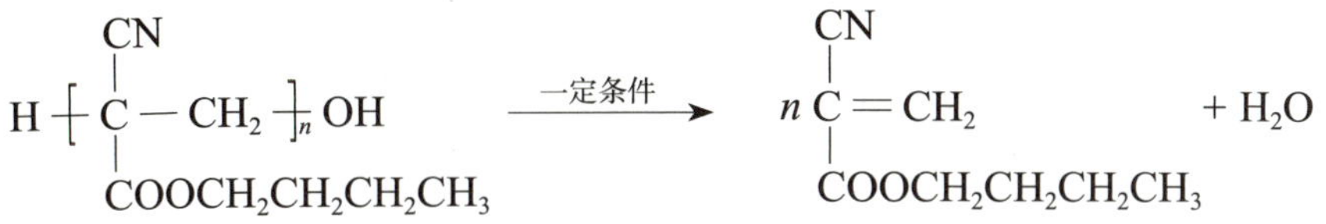

通过以上过程我们发现，不仅单体可以通过聚合反应变成高分子聚合物，高分子聚合物也可以通过水解、热分解（裂化、裂解）反应变成小分子；即单体通过脱水缩合得到缩聚产物，再通过热分解的方式得到能够发生加聚反应的单体。

方法梳理

单体可以通过聚合形成聚合物，聚合物也可以在一定条件下解聚（水解、分解）形成单体。形成的单体可以是原来的单体，也可以不是原来的单体。比如，本案例通过单体缩聚得到的高聚物，解聚后得到含碳碳双键、能发生加聚反应的单体。

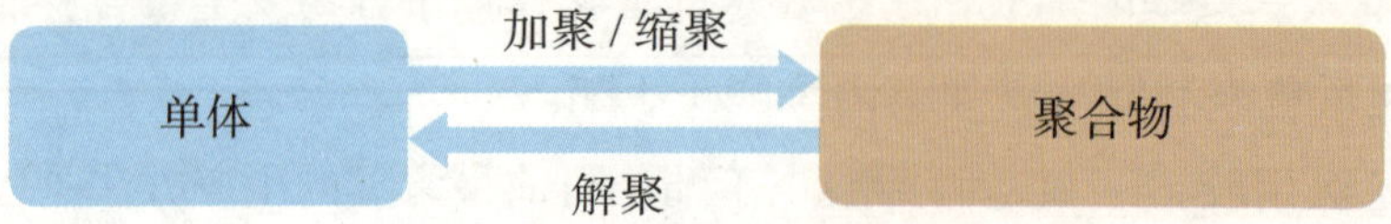

图 14–14　单体与聚合物间的转化

活动❷　转化结构改进医用胶的性能

市售的医用胶多为 α－氰基丙烯酸烷基酯结构，不同程度地存在着耐水性、柔韧性、耐热性、降解性、贮存稳定性以及黏度和聚合速度难以控制等方面的缺点。因此，对此类化合物进行一定的结构修饰及改性十分必要。

CA 医用胶改性的主要目的：①调节胶液黏度，便于操作；②调节固化胶膜的柔韧性和抗拉强度，提高其黏结伤口的能力；③调节固化胶膜的降解速率，从而降低毒性，避免炎症反应和组织坏死。

改性有物理改性和化学改性。物理改性主要是使用添加剂如增塑剂、增稠剂，化学改性主要是对 CA 胶单体酯基部分的结构进行改变。化学改性较物理改性成本高，但改性效果较好，产品的物理性能和生物相容性均有所提高。

大量研究表明，CA 胶单体酯基的分子链越长，其细胞毒性越小，生物相容性越好。用甲酯、异丁酯、正辛酯进行细胞毒性试验，甲酯毒性最大，异丁酯毒性极小，正辛酯几乎无毒。常见的化学改性是引入长链烷基酯或烷氧基酯。随着酯基侧链增长，固化胶的柔韧性提升，聚合热有所降低，生物相容性总体向好。

为增加固化胶的柔韧性，同时加速 CA 胶的降解，可将烷氧基酯、多烷氧基酯、烷氧羟基酯等易水解结构引入 CA 胶单体酯基部位。

例如，我们可以通过酯交换反应将 α－氰基丙烯酸乙酯与 2- 甲氧基乙醇（  ）转化为 α－氰基丙烯酸 -2- 甲氧基乙酯（强力医用胶 MOCA）。

已知：$RCOOR' + R''OH \xrightarrow{\text{催化剂}} RCOOR'' + R'OH$（酯交换反应）。写出 α－氰基丙烯酸乙酯制取强力医用胶 MOCA 发生反应的化学方程式。

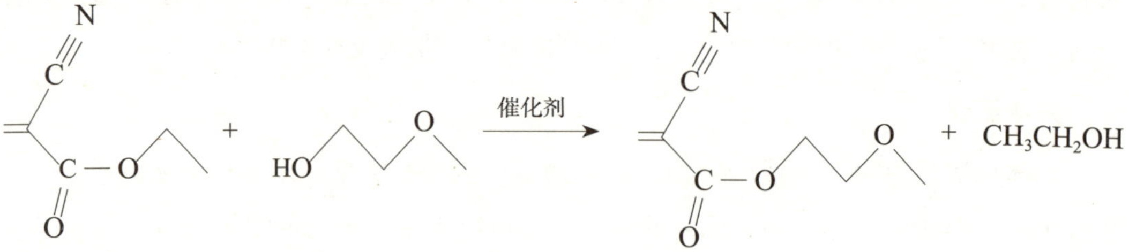

为改善固化膜的黏度和固化时间，研究人员合成了 α－氰基丙烯酸 -2- 甲氧基乙酯（MOCA）和 α－氰基丙烯酸 -1- 丁氧羰基乙酯（BLCA）两种医用胶，以及 2-氰基戊烯酸正丁酯（BCPA）医用胶添加剂。

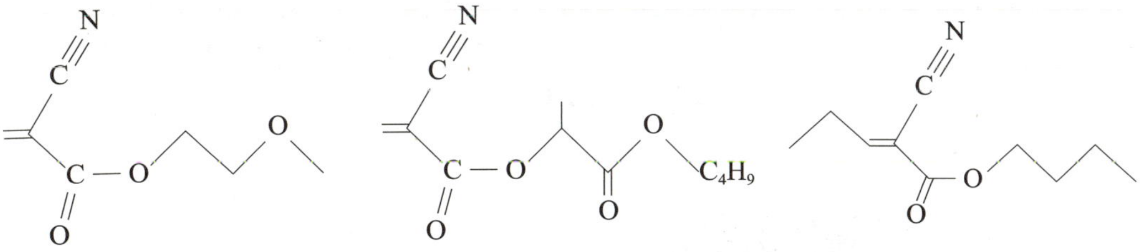

α－氰基丙烯酸 -2- 甲氧基乙酯（强力医用胶 MOCA）

α－氰基丙烯酸 -1- 丁氧羰基乙酯（柔韧性医用胶 BLCA）

2- 氰基戊烯酸正丁酯（医用胶添加剂 BCPA）

图 14-15　两种医用胶和一种医用胶添加剂

由于 MOCA 的酯基部分较小，更容易发生聚合反应，体现了较好的抗拉伸剪切强度，但黏性较弱；BLCA 的酯基部分较大，且增加了一个酯基结构，能形成更大的分子间作用力，体现了更好的黏性，但抗拉伸剪切强度有所减弱。因此，可将 MOCA 和 BLCA 按不同配比混合，使医用胶同时体现较好的强度和黏性。

观察思考

（1）MOCA 强度大、黏性稍弱，BLCA 黏性强、强度稍弱。如何集中它们的优点？结合反应的化学方程式进行解释，并思考如何调节反应来调节该医用胶的黏性和强度。

（2）添加剂 BCPA 本身无黏合力（在自然条件下不易发生加聚反应），但添加到医用胶 MOCA 中，可延长固化时间，便于临床操作。请结合结构进行解释，并写出相关反应的化学方程式。

自主学习

较为常见的有机高分子材料的化学改性方法有改变官能团、形成共聚或交联结构。

当官能团改变后，材料的性质也发生变化。例如，聚丙烯酸（$\left[CH_2-\underset{\displaystyle COOH}{CH}\right]_n$）有较好的吸水性，但如果将 -COOH 转化为 -COONa 后，形成的聚丙烯酸钠

（$\mathrm{+CH_2-\underset{\displaystyle COONa}{\underset{|}{CH}}+_n}$）是非常好的吸水材料，可用来生产尿不湿。再如，隐形眼镜的材料（也是有机玻璃的材料）聚甲基丙烯酸甲酯硬度大、不溶于水。如果把它改性为聚甲基丙烯酸羟乙酯（$\mathrm{+CH_2-\overset{\displaystyle CH_3}{\overset{|}{\underset{\displaystyle COOCH_2CH_2OH}{\underset{|}{C}}}}+_n}$），则这样的隐形眼镜有更好的柔韧性、亲水性、生物亲和性。

图 14-16　有机玻璃的材料聚甲基丙烯酸甲酯

图 14-17　隐形眼镜材料聚甲基丙烯酸羟乙酯

共聚可以改变聚合物的结构单元，进而改变聚合物的性能和用途（如性质互补），也可以扩大原料（单体）的来源或降低原料的成本，或通过添加活泼的单体使较为惰性的单体也参与反应。例如，$CH_2{=}CH{-}COOH$ 与 $CH_2{=}CH{-}COONa$ 共聚后，形成的共聚物 $\mathrm{+CH_2-\underset{\displaystyle COOH}{\underset{|}{CH}}+_m+CH_2-\underset{\displaystyle COONa}{\underset{|}{CH}}+_n}$ 除了有较好的吸水性外，还能通过控制 $m:n$ 的值来控制 -COOH 与 -COONa 的基团比例，使材料吸水后保持一定的 pH 范围，能够减少对皮肤的刺激。再如，聚氯乙烯塑性差，与醋酸乙烯酯共聚后可以增强塑性。另如，顺丁烯二酸酐（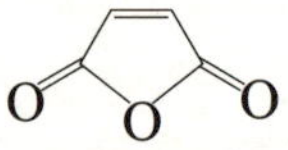），由于结构对称，碳碳双键没有被极化，自身难以发生加聚反应，但加入苯乙烯后容易发生共聚。

另外一种改性的方法是形成交联结构。若单体聚合时只能产生两个“接头”，则形成的高聚物为线型结构。当单体中有两个以上的碳碳双键时，在加聚反应中双键打开形成四个及以上的“连接点”，或者在缩聚反应中某个单体中有 3 个及以上的官团参加缩合反应，则可以产生交联聚合，形成网状结构或立体结构。

例如，甲基丙烯酸甲酯中如果加入二甲基丙烯酸乙二酯，得到的材料有更好的空间稳定度和硬度。其中，蓝色的为交联剂，通过打开两个碳碳双键分别插入两条碳链中（变成红色部分），从而形成交联结构（图 14-18）。

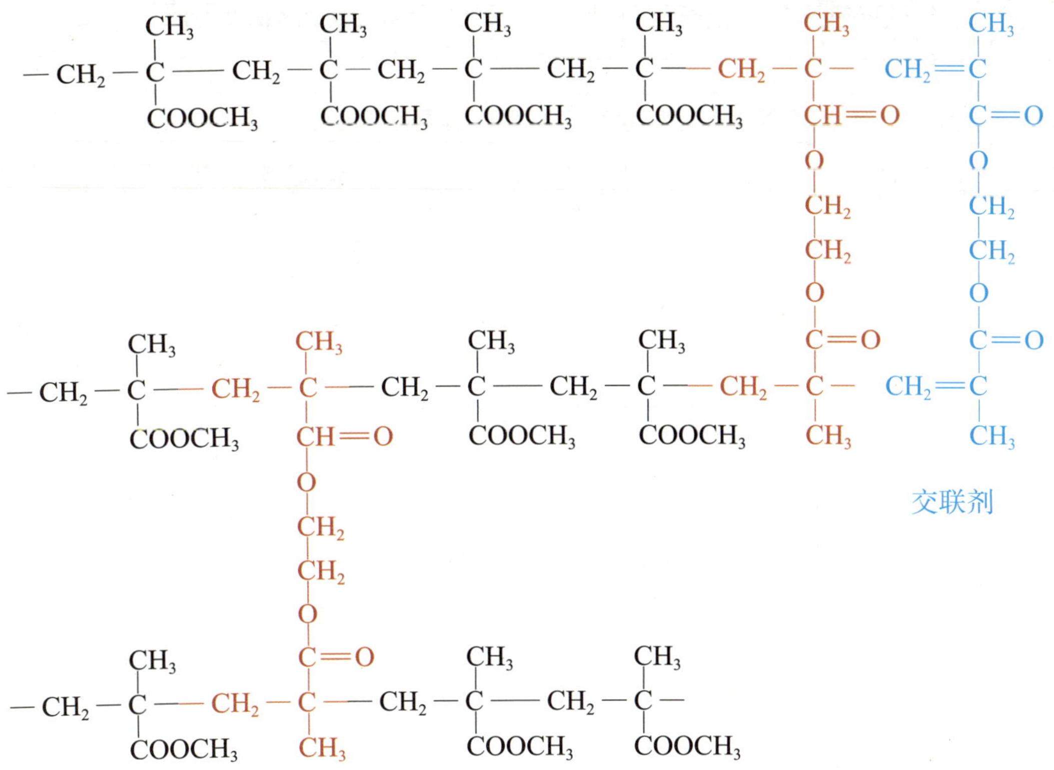

图 14-18　甲基丙烯酸甲酯和二甲基丙烯酸乙二酯形成的交联结构

同样，聚甲基丙烯酸甲酯通过与乙二醇作用，可形成图 14-19 所示交联结构（红色体现交联作用，交联的程度可以通过试剂用量进行调控）。

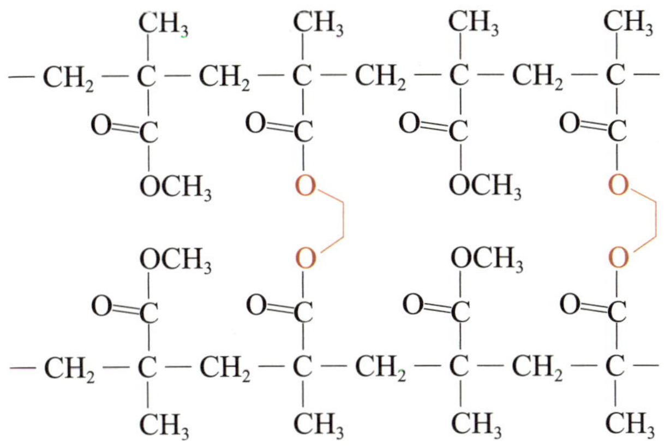

图 14-19　聚甲基丙烯酸甲酯与乙二醇作用形成的交联结构

邻苯二甲酸和丙三醇在聚合过程中也可形成聚合物的交联结构（图 14−20）。

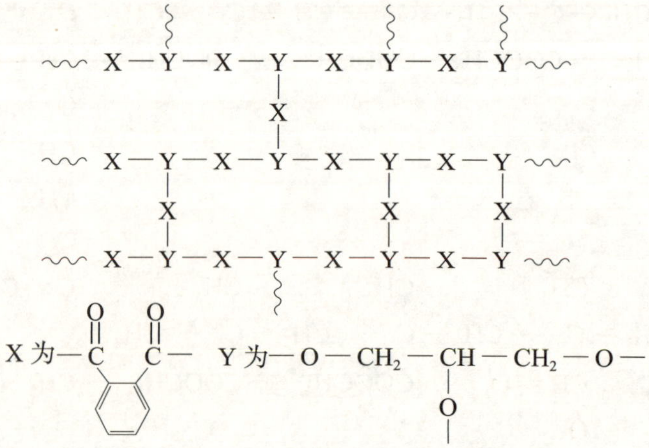

图 14−20　邻苯二甲酸和丙三醇形成的交联结构

交流研讨

图 14−21 中的物质可在医用胶中作为交联剂使用，请结合结构进行分析说明。

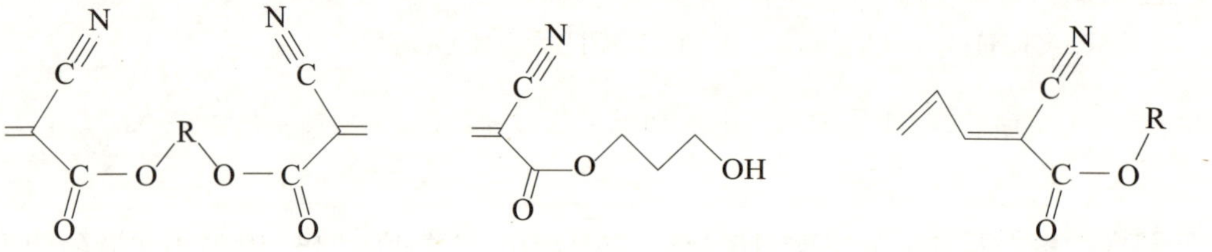

图 14−21　几种可用作交联剂的物质

α－氰基丙烯酸酯单体分子烯键聚合得到的高聚物为线型结构，若单体含有两个碳碳双键，则有可能发生交联聚合，形成的体型高聚物有助于增加耐溶、耐热性能。经研究发现，由双 α－氰基丙烯酸丁二醇酯与 α－氰基丙烯酸乙酯形成的交联聚合物的溶剂耐受能力更强。2－氰基 −2，4－戊二烯酸酯自身没有黏合力，但将一定比例的此类化合物与 α－氰基丙烯酸异丙酯混合，随着温度的升高（不超过 150℃时），其黏合强度加强，而单一的 α－氰基丙烯酸异丙酯的黏合强度则随着温度的升高而降低。

方法梳理

单体发生聚合反应时，可产生两个“连接点”，则得到的高分子为线型结构，如烯烃的加聚、羟基酸的缩聚、氨基酸的缩聚、含两个羧基的酸和含两个羟基的醇（或两个氨基的胺）的缩聚。如果单体含有两个双键（或含有两个双键的共聚剂），在加聚时可产生四个以上的“连接点”，或缩聚时含有三个以上的“连接点”，则最终会产生交联结构，形成网状结构或立体结构。线型结构的高分子加入交联剂，也可转化为网状结构或立体结构。

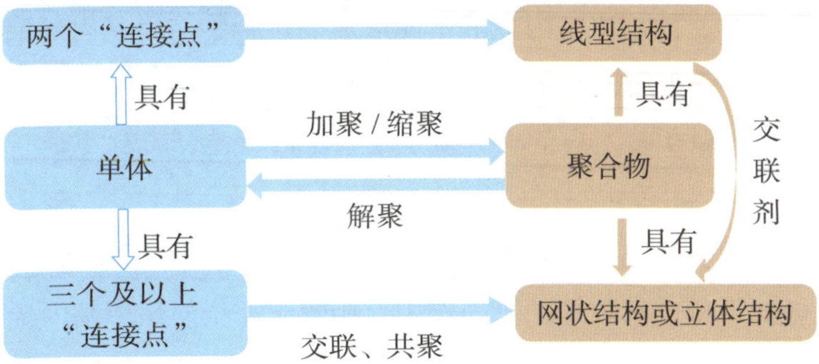

图 14-22 单体发生聚合反应方法梳理

活动❸ 认识其他医用高分子材料的结构、性能与应用

骨科用医用胶中最常见的是骨水泥。PMMA 骨水泥属于丙烯酸类骨水泥，主要由粉体和液体组成。粉体主要是由甲基丙烯酸甲酯形成的聚合物与甲基丙烯酸甲酯单体组成的室温自凝塑料，多用于骨组织与高分子聚合物或金属制造的人工器官、关节的黏结。

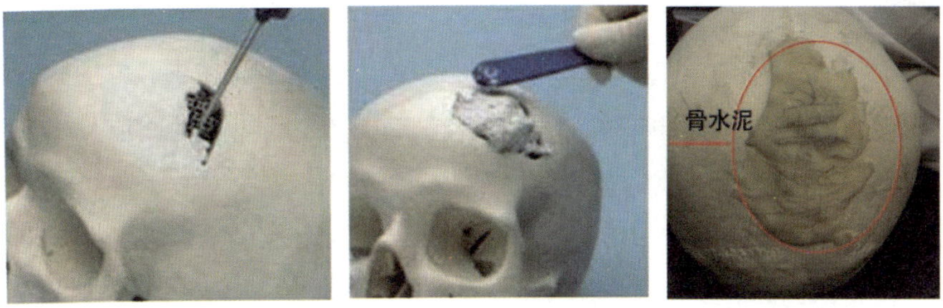

图 14-23 骨水泥使用示例

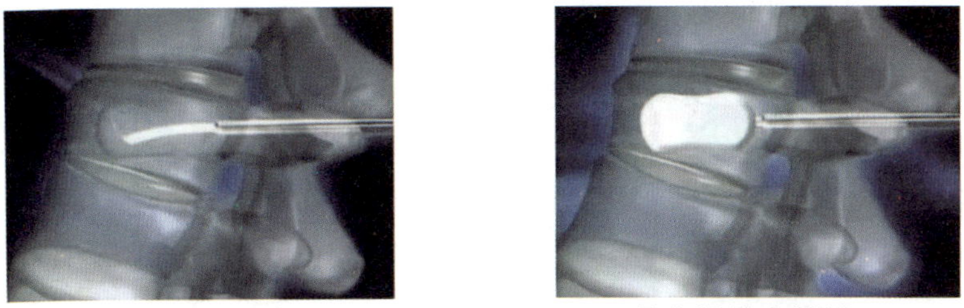

注入骨水泥示意图　　骨水泥填充效果

图 14-24 骨水泥填充操作示意图

观察思考

请结合学习 α－氰基丙烯酸酯的过程，分析甲基丙烯酸甲酯的结构，预测其性质以及在具体使用过程中的性能特点和注意事项，并解释为何不用 α－氰基丙烯酸正丁酯作为骨水泥的原料，而用甲基丙烯酸甲酯形成的聚合物与甲基丙烯酸甲酯单体组成的室温自凝塑料作为骨水泥的原料。

【提示】骨组织黏合时，尽量减少黏合过程中的放热，减少小分子的释放，以免引起炎症反应。

骨水泥作用于人体骨骼而不是人体皮肤组织，不需要形成氢键，故不需要氰基的作用；甲基丙烯酸甲酯也有较好的凝固作用。相较于完全使用甲基丙烯酸甲酯，用甲基丙烯酸甲酯形成的聚合物与甲基丙烯酸甲酯单体组成的室温自凝塑料，可减少聚合的放热。

在外科手术中，当患者的伤口较深、较长时，可用人工合成可吸收缝合线缝合，它们在体内可降解吸收，避免了拆线手术给患者带来的痛苦。

思考：请设计一款可降解的人工合成的免拆缝合线，写出其结构简式。

容易降解的聚合物大多是主链含有酰胺键或酯基的结构，由单体通过缩聚而形成的高分子水解后生成的小分子，与人体本身具有的小分子一致。

目前，常见的免拆缝合线材料有聚谷氨酸（PGA）和聚乳酸（PAL）。

自主学习

聚谷氨酸又称纳豆菌胶、多聚谷氨酸。它是一种具有水溶性、可生物降解、不含毒性、使用微生物发酵法制得的生物高分子。它可由谷氨酸缩聚而成，水解后得到的氨基酸，可以作为人体营养成分被吸收。

聚乳酸由乳酸缩聚得到，其水解后得到的是人体内常见的分子——乳酸，乳酸还可以进一步在人体内转化为 H_2O 和 CO_2。

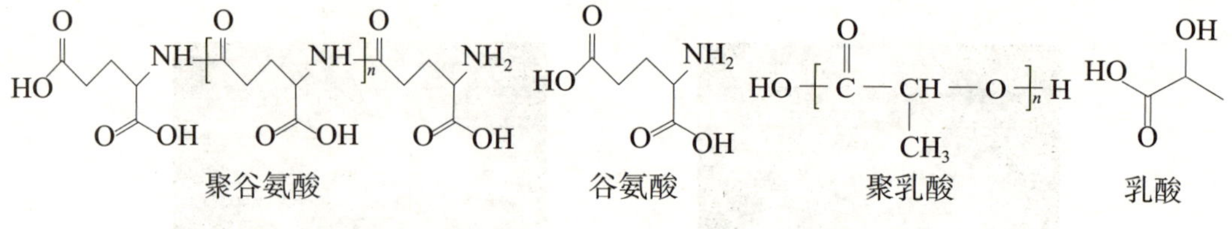

图 14-25　聚谷氨酸和聚乳酸及其单体

通过与其他单体形成共聚物，可以改变缝合线的亲（疏）水性、结晶性、柔顺性和强度。

七、学科大概念统摄下的微项目内容梳理

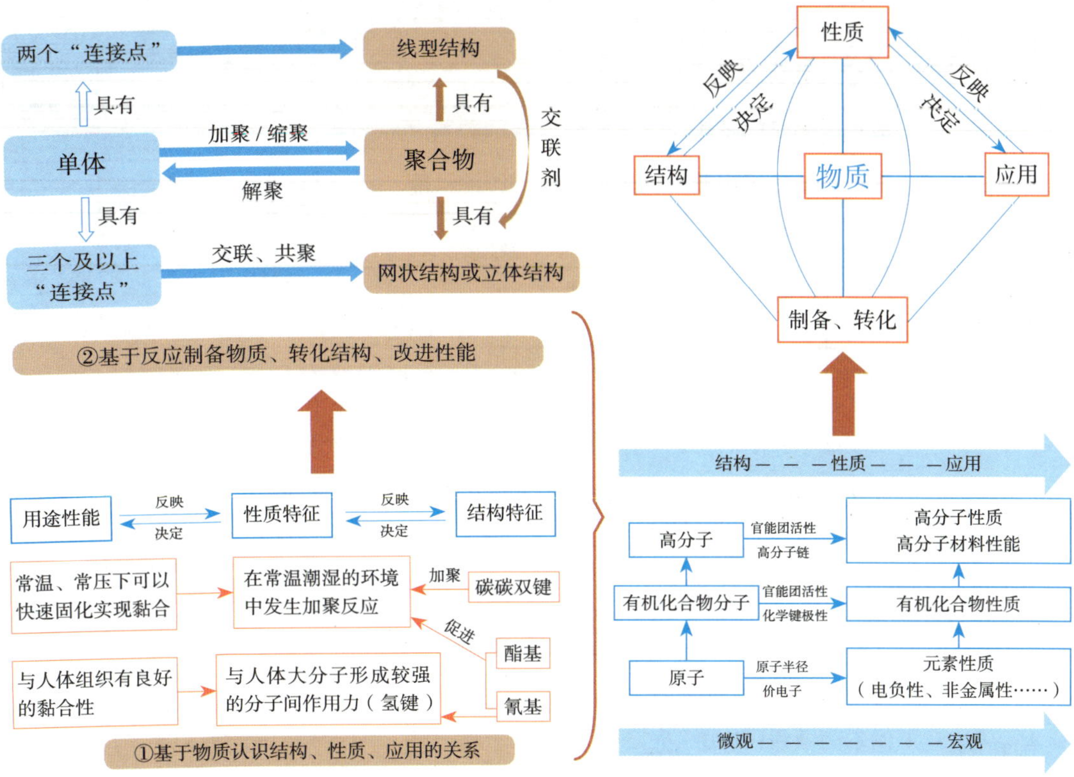

图 14-26 学科大概念统摄下的微项目“探秘神奇的医用胶”内容梳理示意图

八、学科大概念统摄下的微项目学习评价

表 14-3 微项目“探秘神奇的医用胶”整体学习评价量表

评价内容		评价指标	评分		
			自评	互评	师评
表现性评价	课堂综合	上课专注、积极思考、积极参与活动			
		能独立思考，具有创造性思维，能提出不同的方法解决问题			
	学习研究	能有效提取资料中的关键信息			
		能依据资料进行有逻辑的推理、分析			
	表达交流	勇于表达自己的观点，条理清晰			
		擅于与他人合作，虚心听取别人意见			
		能对项目成果进行生动展示			

（续表）

<table>
<tr><th rowspan="2" colspan="2">评价内容</th><th rowspan="2">评价指标</th><th colspan="3">评分</th></tr>
<tr><th>自评</th><th>互评</th><th>师评</th></tr>
<tr><td rowspan="9">结果性评价</td><td rowspan="5">成果完成</td><td>能在医用胶的结构与性能间建立合理关系</td><td></td><td></td><td></td></tr>
<tr><td>能设计新的医用胶结构来改进医用胶的性能</td><td></td><td></td><td></td></tr>
<tr><td>能通过聚合、解聚反应来合成医用胶</td><td></td><td></td><td></td></tr>
<tr><td>能依托共聚、交联对医用胶进行改性</td><td></td><td></td><td></td></tr>
<tr><td>能设计骨水泥、免拆缝合线医用材料</td><td></td><td></td><td></td></tr>
<tr><td rowspan="4">知识生成</td><td>能从键的极性变化的角度认识官能团的性质和官能团之间的相互影响</td><td></td><td></td><td></td></tr>
<tr><td>能从分子空间结构、分子间作用力的角度认识化学变化和物质性质</td><td></td><td></td><td></td></tr>
<tr><td>认识能通过聚合和解聚实现单体和高分子之间的转化</td><td></td><td></td><td></td></tr>
<tr><td>理解合成高分子过程中共聚和交联变化的条件和作用</td><td></td><td></td><td></td></tr>
<tr><td rowspan="2" colspan="2">赋值方法</td><td colspan="4">完全能做到：3 分　部分能做到：2 分
偶尔能做到：1 分　完全做不到：0 分</td></tr>
<tr><td colspan="4">自评 30%　互评 30%　师评 40%</td></tr>
<tr><td colspan="2">总成绩</td><td colspan="4"></td></tr>
</table>

【北京四中房山分校　姜宏文】

扫码查阅教材微项目原文

微项目 15 改进手机电池中的离子导体材料

——有机合成在新型材料研发中的应用

任务 1：依据产品需求，寻找结构特点

任务 2：设计合成路线，优选合成方案

一、学科大概念统摄下的微项目设计概述

1. 设计意图

《普通高中化学课程标准（2017 年版 2020 年修订）》着重提出，重视以学科大概念为核心，使课程内容结构化，以主题为引领，使课程内容情境化，促进学科核心素养的落实。课程模块“有机化学基础”各主题，对有机合成及其应用、合成高分子化合物提出了如下要求。

主题 1：有机化合物的组成与结构

认识官能团与有机化合物特征性质的关系，认识在一定条件下官能团可以相互转化。

主题 2：烃及其衍生物的性质与应用

认识有机合成的关键是碳骨架的构建和官能团的转化，了解设计有机合成路线的一般方法。体会有机合成在创造新物质、提高人类生活质量及促进社会发展方面的重要贡献。体会“绿色化学”思想在有机合成中的重要意义。

主题 3：生物大分子及合成高分子

了解聚合物的组成与结构特点。了解加聚反应和缩聚反应的特点。了解新型高分子材料的优异性能及其在高新技术领域中的应用。

图 15-1　微项目“改进手机电池中的离子导体材料”设计依据

本项目设计是以“物质组成、结构决定物质性质，性质决定性能”这一大概念为统领，基于“研发手机电池中的离子导体材料”这一真实情境下的，关于“有机化合物的结构与合成路线设计”的探索与实践。本项目以“设计离子导体的结构，合成离子导体的单体”为主驱动任务，引导学生通过设计手机新型电池中的离子导体材料，将研究材料性能问题转化为研究有机化合物的性质问题，聚焦有机化合物的功能基团，设计高分子化合物的分子结构，建立从化学视角分析、解决材料问题的思路和方法；合理应用逆推法和正推法设计有机材料的合成路线，并通过合成路线的选择和评价活动，体会官能团保护、“绿色化学”等思想；面对陌生情境下的有机合成需求，根据材料性能寻找材料分子结构特点，进而思考如何设计合成路线、优选合成路线，实践绿色合成。

2. 功能价值

（1）促进“宏观辨识与微观探析”化学学科核心素养的发展。

本项目从产品需求出发，借助设计手机新型电池中离子导体材料的结构、合成离子导体材料中有机溶剂的单体两个活动，从需求到研发，从官能团等微观分子结构到宏观物质性质再到材料性能，深化“物质组成、结构决定性质，性质决定性能”，促进学生“宏观辨识与微观探析”化学学科核心素养的发展。

（2）促进“变化观念与平衡思想”化学学科核心素养的发展。

本项目在实施过程中，依据产品需求寻找材料性能、确定物质性质、设计材料结构、设计合成路线，并对合成路线进行评价优化，这样一个基于有机合成分析、解决实际材料问题的思路和方法，对培养学生的“变化观念”素养有着独特的功能和价值。

（3）促进“科学态度与社会责任”化学学科核心素养的发展。

通过探秘手机电池中的离子导体材料，让学生有机会学习有机合成路线设计的方法，体会科学家解决问题的过程，感受有机化学知识如何应用于解决真实复杂的材料问题；同时，通过运用“绿色化学”思想分析某些化学产品在生产和应用中存在的化学问题并进行改进，使学生了解有机化学被赋予了更多的使命，深刻体会化学科学对于科技进步和人类发展的重要价值。

3. 学情分析

（1）学生已有知识与能力：

在之前的学习过程中，学生对“结构决定性质，性质决定用途”已经有了比较充分的认识；知道有机化合物的性质主要取决于官能团的种类，了解了常见官能团的性质，能通过对比具体案例认识官能团之间存在相互影响并导致官能团的活性发生改变，但不能分析多官能团、结构较复杂的有机化合物分子结构，不能从结构本身的角度解释多官能团之间存在的相互影响；知道单体可以通过加聚反应、缩聚反应来合成高分子，知道合成纤维、合成树脂、合成橡胶等合成材料，知道高分子结构存在线型、体型结构。

（2）学生学习障碍点：

在有机化学的学习中，学生容易忽略试剂条件的重要作用。在有机合成中，学生往往能够设计出合成路线且是多条的，但是缺乏比较系统的评价角度，并且不知道如何去选择。学生掌握的化学知识和真实问题的解决之间往往是比较割裂的，缺乏解决实际问题的思路和方法。

（3）学生学习发展点：

学生灵活运用有机合成的思路和方法设计合成路线，从而解决一些复杂的实际问题。在此过程中，学生能够深入地体会到有机合成的一些原则，如官能团保护、“绿色化学”设计等；同时，建立起合成路线评价的视角，能够形成比较系统的合成路线优化和选择方法，建立起对有机合成思路和方法功能价值的认识。另外，学生能够建立起基于有机合成创造新物质、合成新材料来解决实际问题的思路和方法，体会到有机化学对功能材料的发展以及人类生活水平提高的重要价值。

二、学科大概念统摄下的微项目知识结构

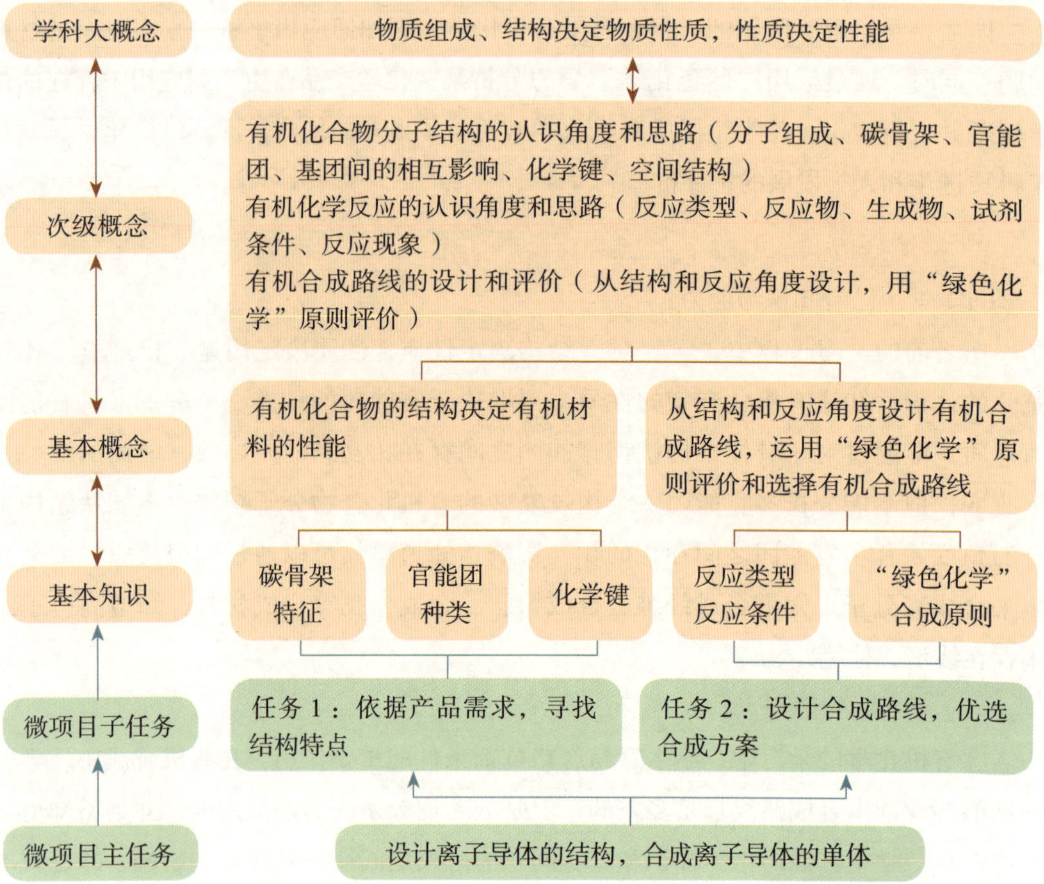

图 15-2　微项目“改进手机电池中的离子导体材料”知识结构示意图

三、学科大概念统摄下的微项目学习目标

（1）通过设计手机新型电池中的离子导体材料，体会“有机化合物的结构决定有机材料的性能”这一基本概念，将研究材料性能问题转化为研究有机化合物的性质问题，聚焦有机化合物的功能基团，设计高分子化合物的分子结构，建立从化学视角分析解决材料问题的思路和方法。

（2）合理应用逆推法和正推法设计有机材料的合成路线，并通过合成路线的选择和评价活动，体会官能团保护“绿色化学”等思想，体会“从结构和反应角度设计有机合成路线，运用‘绿色化学’原则评价和选择有机合成路线”的基本概念。

（3）体会有机合成和高分子材料对于提高人类生活质量、促进社会发展的巨大贡献，树立“实际问题的解决是社会、科学、环境等综合影响、共同作用”的意识。

四、学科大概念统摄下的微项目活动规划

学科大概念	物质组成、结构决定物质性质，性质决定性能	
微项目主题	改进手机电池中的离子导体材料——有机合成在新型材料研发中的应用	
课时划分	课时 1 任务 1：依据产品需求，寻找结构特点	课时 2 任务 2：设计合成路线，优选合成方案
活动流程	【活动 1】分析手机电池中新型离子导体的性能 核心活动：根据对资料的解读，提取、获得材料所应具备的性能要求及物质性质 【活动 2】设计新型离子导体分子中的关键结构 核心活动：根据对资料的解读，提取获得分子中的关键结构特点，设计有机化合物的结构 【活动 3】交流研讨设计材料结构的思路和方法 核心活动：小组阐述分子结构设计思路，与科学家的设计相对照，对思路进行反思整理	【活动 1】设计聚合物单体的合成路线 核心活动：借助资料以乙烯或丙烯为基础原料，利用正推法及逆推法设计二缩三乙二醇二丙烯酸酯和丙烯酸丁酯的合成路线 【活动 2】对合成路线进行评价和选择 核心活动：对各组设计的不同合成路线方案进行分析评价，梳理评价角度，与工业生产相对照，体会“绿色化学”合成原则 【活动 3】汇报展示，交流总结思路和方法 核心活动：从知识线、问题线、方法线等方面对项目活动成果进行梳理
能力素养	能够基于功能需求寻找材料性能，确定物质性质，聚焦关键官能团设计高分子化合物，建立起宏观需求、材料性能、物质性质与微观分子间的关联，从需求到研发，培养变化观念	感受有机化学知识如何应用于解决真实复杂的材料问题，同时能依据“绿色化学”思想分析问题，体会化学科学对于科学技术和人类发展的重要价值

图 15-3　微项目“改进手机电池中的离子导体材料”活动规划示意图

五、学科大概念统摄下的微项目活动导引

随着手机等数码产品以及新能源汽车的普及，锂离子电池在人们生活中扮演着越来越重要的角色。科学家一直为发明轻便、应用场景广泛、可携带的锂电池而努力。

装有镍镉电池的手机　装有镍氢电池的手机　装有锂离子电池的手机

图 15-4　手机电池的发展历程

2019 年，瑞典皇家科学院宣布将诺贝尔化学奖授予三位化学家，以表彰他们在锂离子电池领域的研发工作。

锂离子电池优点众多，如工作电压高、体积小、质量轻、无污染等；但锂离子电池也存在着一些使用问题，如能量密度低、续航能力有限等。与这些问题相比，电池安全问题一直是人们所关注的焦点。因此，研究人员不断尝试研发新型材料来优化和改进电池中的离子导体材料。

本项目的目的是引导学生利用有机合成的相关知识改进手机电池中的离子导体材料，在此过程中体会基于有机合成分析、解决实际材料问题的思路和方法。

那么，手机新型电池中的离子导体在结构上应该具有哪些特点，又该如何合成呢？让我们一起来探索有机合成在新型材料研发中的应用，制订项目规划，为改进手机电池中的离子导体材料做好准备吧！

六、学科大概念统摄下的微项目活动实施

任务 1　依据产品需求，寻找结构特点

活动❶　分析手机电池中新型离子导体的性能

锂离子电池是一种二次电池，它主要依靠锂离子在正极和负极之间移动来工作。在充放电过程中，锂离子在两个电极之间往返嵌入和脱嵌。充电时，锂离子从正极脱嵌，经过电解质嵌入负极，负极处于富锂状态；放电时则相反。某种锂离子电池的工作原理如图 15-5 所示。

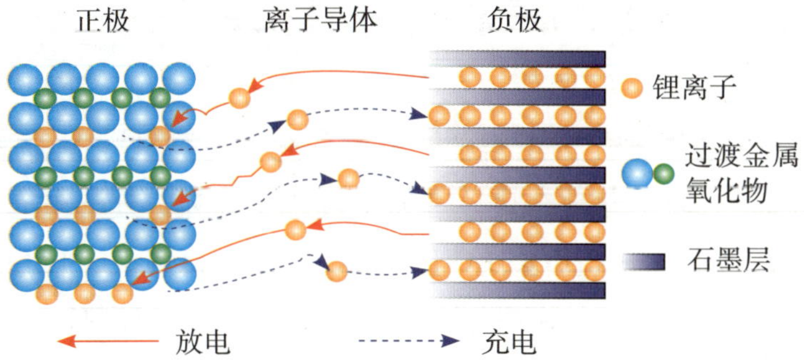

图 15-5　某种锂离子电池的工作原理示意图

该电池的负极材料为石墨，正极材料为过渡金属氧化物，离子导体由锂盐掺杂在液态的有机溶剂中形成。电池在放电时，外电路中电子从负极移动到正极，内电路中锂离子通过有机溶剂的传导从负极移动到正极形成闭合回路；充电时，内电路中锂离子同样通过有机溶剂的传导从正极移动到负极。

传统锂离子电池中所用的离子导体多为液态材料，存在易燃、易泄漏、易爆炸等危险，是导致其安全性低的重要因素之一，伴随而来的手机电池安全问题也越来越受到关注。

图 15-6　手机电池燃烧爆炸

交流研讨

在解决设计分子改进材料性能实际问题的过程中，首先要依据产品需求充分分析材料性能，进而依据材料性能寻找关键结构单元，最终完成分子的结构设计。为使锂离子电池正常工作，同时避免液态有机溶剂所带来的安全隐患，理想的离子导体材料中的有机溶剂应具备哪些基本性能呢？

分享评价

表 15-1　学习活动评价要点

指标	评价要素
正确性	能够从材料中正确提取产品需求、材料性能的相关信息
全面性	能够完整地表述出新型离子导体应具备溶解锂盐、传导锂离子、性能稳定、沸点高（固态）的性能
逻辑性	能正确建立产品需求与材料性能的关联

活动❷ 设计新型离子导体分子中的关键结构

传统锂离子电池中，一般使用高氯酸（$LiClO_4$）、六氟磷酸锂（$LiPF_6$）、四氟硼酸锂（$LiBF_4$）等锂盐作为电解质。醚键的化学和电化学性质稳定，能通过其中氧原子与离子之间不断地结合分离而实现离子传导。分子中有 $-CH_2CH_2O-$、$-CH_2CH_2OCH_2CH_2O-$、$-CH_2CH_2OCH_2CH_2OCH_2CH_2O-$ 等醚键结构单元的有机化合物，对锂盐均起到良好的离子导体的作用。例如，聚环氧乙烷 $\text{+}CH_2CH_2O\text{+}_n$（PEO）是研究最早且广泛使用的聚合物电解质材料，其碳骨架结构简单，醚官能团的化学和电化学性质稳定，能够与锂盐形成稳定的络合物。一般 PEO 为线型链状结构，由于链段上的含氧基团含有孤电子对，而锂离子存在空轨道，因此锂离子可以与 PEO 链上的氧形成配位结构。在电场作用下迁移离子与氧基团不断发生配位解离，从而实现锂离子的迁移，如图 15-7 所示。

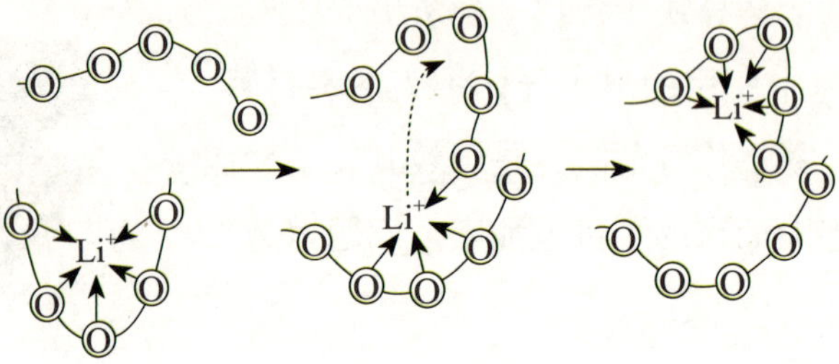

图 15-7 PEO 与锂盐复合的离子传导机理

由于 PEO 易结晶，导致室温下导电性能降低，难以应用于实际生产。因其在酯类溶剂中有较好的溶解性，通常使用碳酸丙烯酯（PC）、碳酸丁烯酯（BC）、碳酸乙烯酯（EC）、碳酸二甲酯（DMC）、碳酸甲乙酯（EMC）、碳酸二乙酯（DEC）中的一种或几种含酯基的混合物作为有机溶剂添加到聚合物中。

交流研讨

依据这样的思路，结合以上信息，小组讨论满足上述性能要求的有机溶剂的结构特点，填写表 15-2，写出相应的有机化合物的结构简式。

表 15-2 满足性能要求的有机溶剂结构设计

产品需求	材料性能	关键结构	结构设计

科学家研发新型有机材料的一般思路如图 15-8 所示。

产品需求 → 材料性能 → 关键结构 → 结构设计

图 15-8 新型有机材料研发的一般思路

在设计离子导体中有机溶剂的结构时，应考虑作为溶剂须同时具备溶解与传导锂离子两种性能，且常温下为固态，性能稳定。结合以上信息可知，酯基的存在能够很好地提高有机溶剂对锂盐的溶解性，醚键的存在对锂离子传导具有很好的效果。此外，应考虑安全性问题，有机溶剂应该性能稳定且为固态，即要求相对分子质量尽量大，最好为具有交联结构的高分子化合物。依据这样的思路和方法，对新型离子导体中有机溶剂的结构设计思路见表 15-3。

表 15-3 新型离子导体中有机溶剂结构设计思路

产品需求	材料性能	关键结构	结构设计
具有离子导体的优点	溶解且传导锂离子	含有酯基（—COO—） 含有醚键（$-\overset{|}{\underset{|}{C}}-O-\overset{|}{\underset{|}{C}}-$）	
更安全	性能稳定且为固态	高分子体型结构	

活动❸ 交流研讨设计材料结构的思路和方法

小组交流展示设计的分子结构，并阐述结构设计思路。

分享评价

组 1：首先关注功能基团，一种是酯基，一种是醚键，同时应该是可以发生交联反应的高分子化合物。我们首先想到的是，利用酯基通过酯化反应形成高分子，所以单体一端应该是羧基，另一端还有羟基。这样就达到了高分子且含有酯基的要求，醚键考虑在单体中间引入。另外，考虑到要发生交联反应，在单体中也加入了碳碳双键。

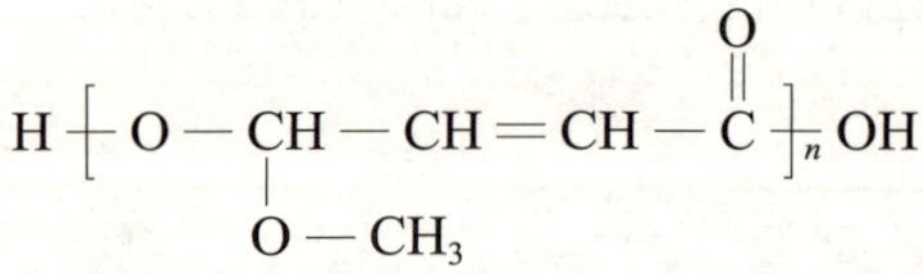

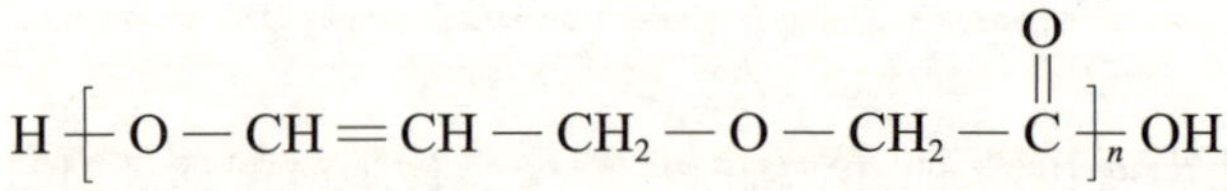

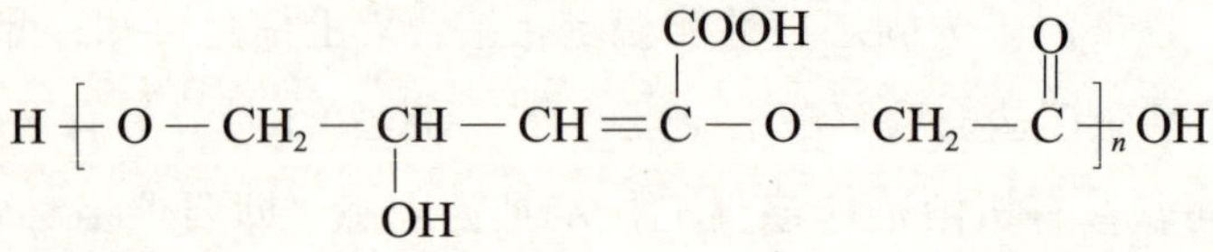

组 2：考虑用加聚反应的方法形成高分子，所以在单体结构中首先设计了碳碳双键，再在单体中插入酯基和醚键。另外，考虑到需要发生交联反应，又在结构中增加了多个碳碳双键。

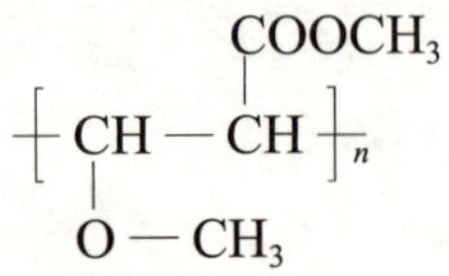

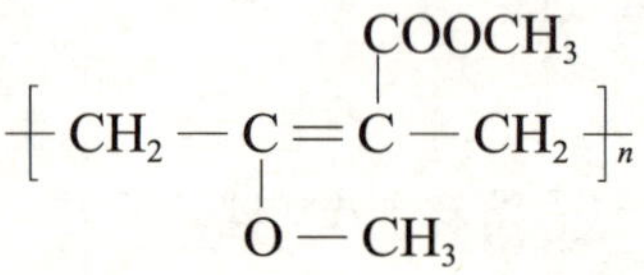

在设计分子结构活动中，学生往往对高分子结构理解得不充分、不到位。例如，学生设计了以下两种高分子结构，结构 1 中将高分子链节展开时可以发现其实并不含有醚键；结构 2 中，高分子结构同时含有酯基和醚键确实满足了对功能基团的要求，但是考虑到高分子进行合成时，并不符合高分子化合物合成的方法，加聚或缩聚反应没有合成的单体。

结构 1：

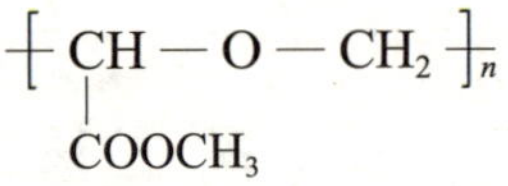

结构 2：

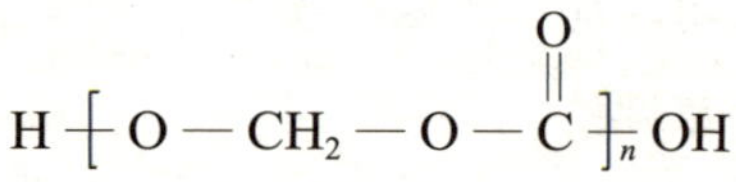

观察思考

我国科学家提出以二缩三乙二醇二丙烯酸酯与丙烯酸丁酯的共聚物作为有机溶剂基体；通过与锂盐复合，可以形成良好的聚合物离子导体材料，将固态新型聚合物锂离子电池的发展向前推进了一步。

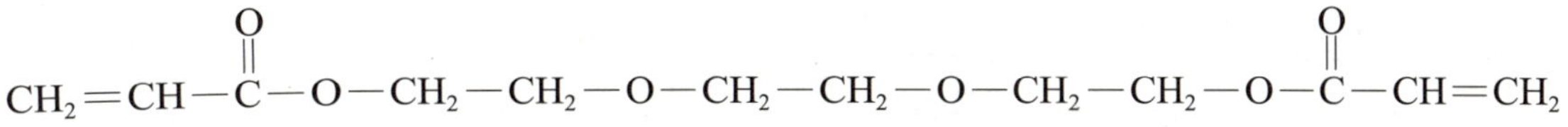

二缩三乙二醇二丙烯酸酯

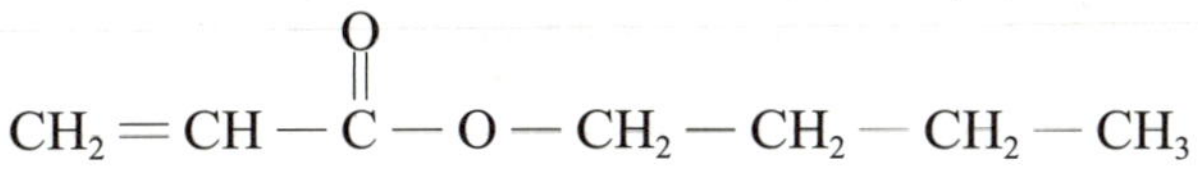

丙烯酸丁酯

观察以上两种有机化合物的结构，与设计的结构对比，说说它们的相同点和不同点。

相同点是都具有酯基、醚键等关键结构，都考虑到了能够发生聚合反应，并且分子中有多个连接点（碳碳双键），可以发生交联反应；不同点是科学家采用了两种有机化合物共聚的方式，此种方式更有利于依据电池需求调整单体比例，以获得性能更加理想的聚合物电解质。

二缩三乙二醇二丙烯酸酯（TEGDA）和丙烯酸丁酯（BA）单体借助适当助剂（引发剂、增塑剂），在搅拌均匀的条件下发生共聚，所形成的高分子作为有机溶剂与锂盐复合在一起，是一种新型的手机电池离子导体材料。某聚合物电解质膜的制备工艺流程如图 15-9 所示。

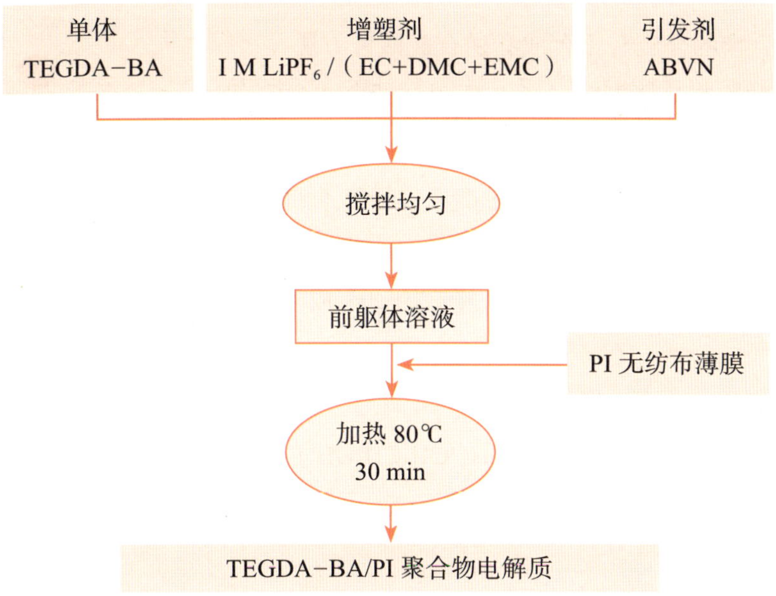

图 15-9　TEGDA-BA/PI 聚合物电解质膜的制备工艺流程

那么，二缩三乙二醇二丙烯酸酯和丙烯酸丁酯单体是如何获得的呢？进入任务 2“设计合成路线，优选合成方案”。

任务 2　设计合成路线，优选合成方案

活动❶　设计聚合物单体的合成路线

观察思考

观察以下两种有机化合物的结构特征，利用已有的有机合成知识，谈谈合成这两种物质的思路。

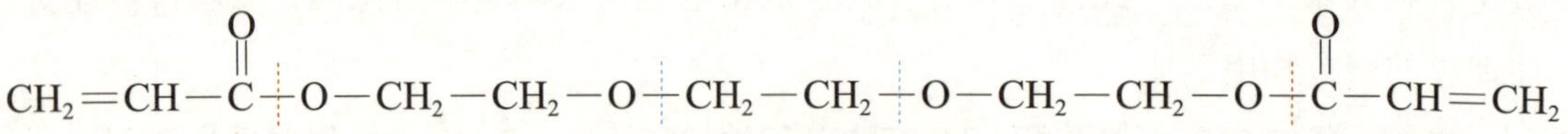

二缩三乙二醇二丙烯酸酯

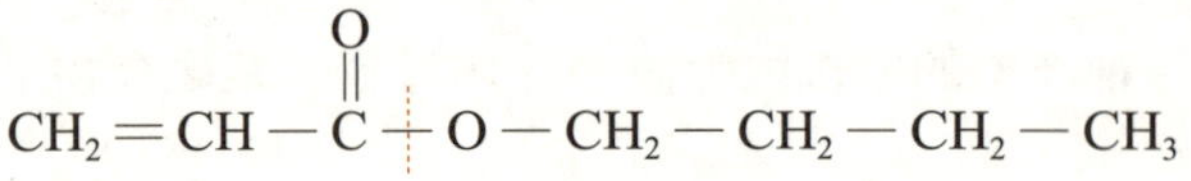

丙烯酸丁酯

有机化合物的合成有正合成和逆合成两种方法。从确定的某种原料分子开始，逐步经过碳骨架的构建和官能团的引入或者转化来完成，称为正合成法；从目标化合物分子开始，从产物逆推原料设计合理的合成路线，直至选出合适的起始原料，称为逆合成法。本任务已知目标分子结构，应运用逆合成法分析合成思路。

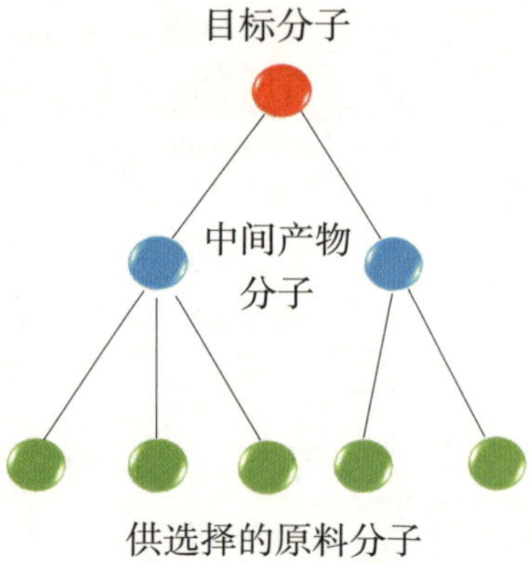

图 15-10　用逆合成法确定原料分子示意图

观察有机化合物的官能团和碳骨架，对其进行拆分，确定中间产物：乙二醇（$HOCH_2CH_2OH$）、正丁醇（$CH_3CH_2CH_2CH_2OH$）、丙烯酸（$CH_2=CHCOOH$）。

交流研讨

小组合作讨论完成。利用已有的有机合成知识及表 15-4 提供的反应信息，以乙烯或丙烯为基础原料（其他无机试剂任选），设计二缩三乙二醇二丙烯酸酯或者丙烯酸丁酯的合成路线，画出流程图，并进行小组间的展示和交流，阐述设计思路。

表 15-4 本活动中可能用到的一些有机化学反应

序号	有机化学反应
①	$R-C\equiv N+H_2O\xrightarrow[\triangle]{\text{酸或碱}}RCOOH$（R 为 H 或烃基）
②	$CH_2=CH-CH_3\xrightarrow[\text{钼-铋系复合催化剂}]{O_2}CH_2=CH-CHO$
③	$CH_3-CH=CH_2+CO+H_2\xrightarrow{\text{钴或铑}}CH_3-CH_2-CH_2-\overset{\overset{O}{\Vert}}{C}-H$（或 $CH_3-\overset{\overset{CH_3}{\vert}}{CH}-\underset{\underset{O}{\Vert}}{C}-H$）
④	$\underset{\diagdown\ O\ \diagup}{CH_2-CH_2}+R-OH\longrightarrow RO-CH_2-CH_2-OH$（R 为 H 或烃基）
⑤	$R-CHO+CH_3-CHO\xrightarrow{\text{稀碱}}R-\overset{\overset{OH}{\vert}}{CH}-CH_2-CHO\xrightarrow{-H_2O}R-CH=CH-CHO$（R 为 H 或烃基）

小组展示设计路线，阐述合成路线的设计思路。

经过对原料和产品碳骨架及官能团的比对，选择相应试剂，通过逆推和正推思路相结合的方式实现碳链的增长和缩短、碳骨架的重组、环的闭合和打开或官能团的转化，设计出多条二缩三乙二醇二丙烯酸酯或丙烯酸丁酯的合成路线。

例如，根据已有的有机化学合成知识及资料提供的反应信息，正丁醇可以利用以下方法进行合成。

路线 1：以乙烯为原料，先转化为乙醛增长碳链再转化官能团。

$$CH_2=CH_2\xrightarrow[\text{催化剂}/\triangle]{H_2O}CH_3CH_2OH\xrightarrow[Cu/\triangle]{O_2}CH_3CHO\xrightarrow[\text{稀碱}]{CH_3CHO}CH_3\underset{\underset{OH}{\vert}}{CH}CH_2CHO\xrightarrow{-H_2O}$$

$$CH_3CH=CHCHO\xrightarrow[Ni/\triangle]{H_2}CH_3CH_2CH_2CH_2OH$$

路线 2：以丙烯为原料，先转化为丁醛增长碳链再转化官能团。

$$CH_2=CH-CH_3\xrightarrow[\text{钴或铑}]{CO/H_2}CH_3CH_2CH_2CHO\xrightarrow[Ni/\triangle]{H_2}CH_3CH_2CH_2CH_2OH$$

丙烯酸可以利用以下方法进行合成。

路线 1：以乙烯为原料，先转化为乙醛增长碳链再转化官能团。

路线 2：以乙烯为原料，先转化为乙炔增长碳链再转化官能团。

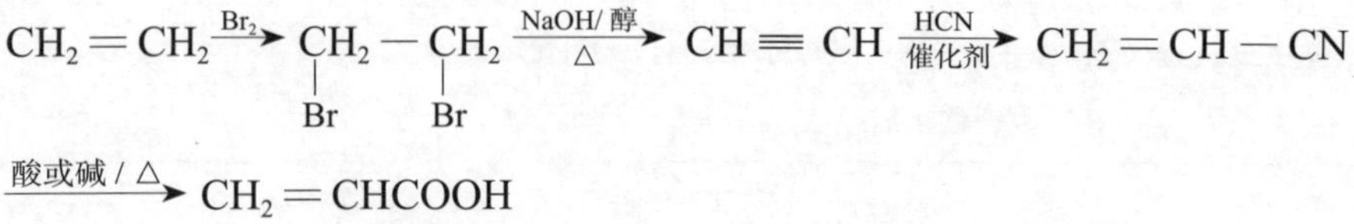

路线 3：以丙烯为原料，直接转化官能团。

$$CH_2=CH-CH_3 \xrightarrow[\text{钼－铋系复合催化剂}]{O_2} CH_2=CHCHO \xrightarrow{KMnO_4/H^+} CH_2=CHCOOH$$

在以上合成路线中，$KMnO_4$ 酸性溶液会在氧化醛基的同时破坏碳碳双键。因此，在考虑官能团的转化时，对于含有多个官能团的有机化合物，若想选择性地实现某一个官能团的转化，则需对其他官能团加以保护，使其在反应过程中不致遭到破坏，待反应完毕后再予以脱除，恢复原来的官能团。因此，制备丙烯酸的路线 3 应考虑对碳碳双键进行保护。

路线 4：在路线 3 基础上对碳碳双键进行保护。

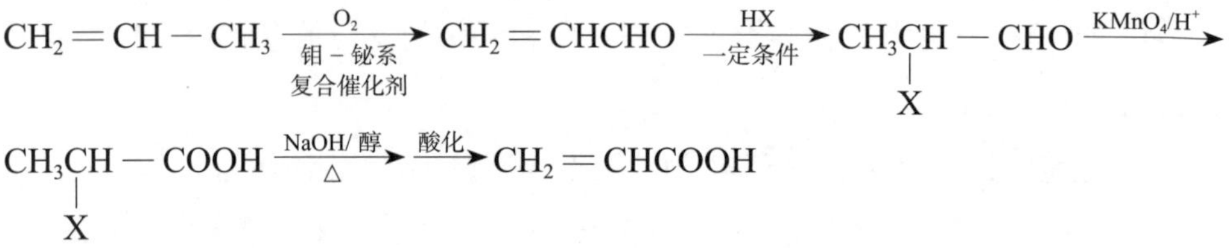

此外，也可以根据表 15–4 提供的反应信息，以环乙烷为原料合成二缩三乙二醇。

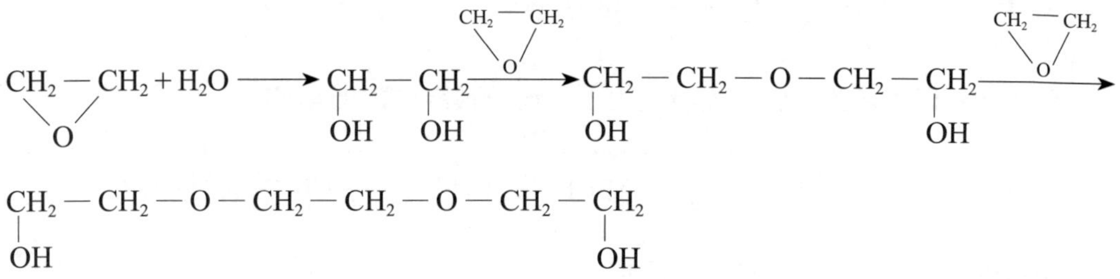

活动❷ 对合成路线进行评价和选择

我们设计的合成路线是否合理？请对各组设计的不同合成路线方案进行分析评价并梳理分析评价的角度。

表 15–5 对合成路线方案的评价

合成方案	评价角度

【提示】可以从化学原理、操作的安全性、原子经济性、试剂与催化剂的无公害性，以及社会、科技、环境、经济的综合作用等角度进行评价。

观察思考

以下为正丁醇和丙烯酸的工业合成路线，请结合工业合成路线谈谈对有机合成路线选择的启示。

资料 1：正丁醇的工业合成法

正丁醇的工业合成法主要为丙烯羰基合成法。焦炭造气得一氧化碳和氢气，与丙烯在高压及有钴系或铑系催化剂存在下进行羰基合成，得正丁醛及异丁醛，加氢后分流获得正丁醇。在 0.7 ~ 3 MPa 和 80 ~ 120℃条件下，正丁醇与异丁醇产量之比达到 8 ~ 16。

$$CH_3CH=CH_2 \xrightarrow[\text{钴或铑}]{CO\text{和}H_2} \begin{matrix} CH_3CH_2CH_2CHO \\ \text{或}(CH_3)_2CHCHO \end{matrix} \xrightarrow[CO/\triangle]{H_2} \begin{matrix} CH_3CH_2CH_2CH_2OH \\ \text{或}(CH_3)_2CHCH_2OH \end{matrix}$$

资料 2：丙烯酸的工业合成法

（1）氯乙醇法：该法以氯乙醇和氰化钠为原料，反应生成氰乙醇，氰乙醇在 175℃及硫酸存在下水解生成丙烯酸。

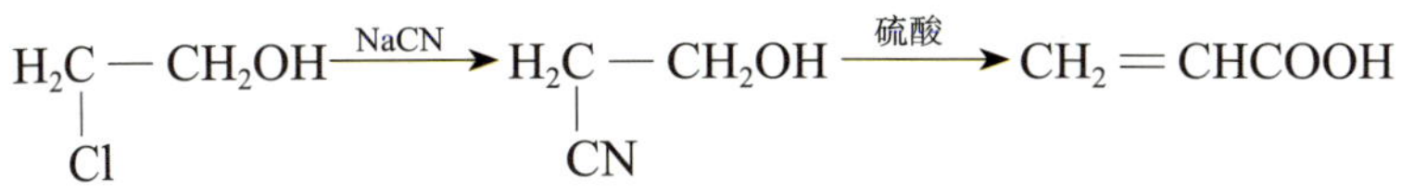

（2）丙烯两步氧化法：该法以丙烯为原料，先被氧化成丙烯醛，再被氧化成丙烯酸。该工艺使用广泛，占丙烯酸产量的 85% 以上。

$$CH_2{=}CHCH_3 \xrightarrow[\text{钼－铋系复合催化剂}]{\text{空气和水蒸气}} CH_2{=}CHCHO \xrightarrow[\text{钼－钒－钨系复合催化剂}]{\text{空气和水蒸气}} CH_2{=}CHCOOH$$

通过与工业生产相对照，我们可以发现，采用新的合成原料、开发新型催化剂、控制反应条件均可以优化合成路线。

方法梳理

设计出不同的合成路线后，还要通过选择和优化来确定最佳合成路线。在选择和优化合成路线时，必须综合考虑合成路线是否符合化学原理，增强绿色合成意识，关注合成操作的安全性、原子经济性、试剂与催化剂的无公害性等问题。

科学视野：有机合成的新发展——绿色合成

绿色化学又称环境无害化学，它利用化学技术和方法减少或消除对人体健康、社区安全、生态环境有害的原料、催化剂、溶剂、产物等的使用和生产。

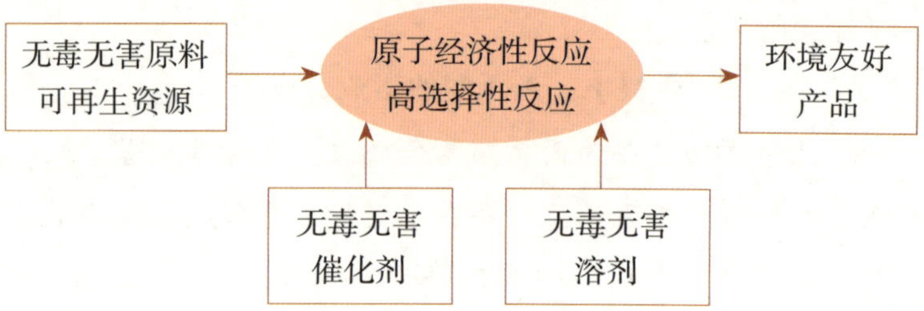

图 15-11　绿色化学研究示意图

绿色化学研究包括化学反应过程的 4 个基本要素：一是设计对人类健康和环境危害小的原料，淘汰有毒的原料；二是选择最佳的反应条件，包括温度、压强、时间、介质、物料平衡等，以实现最大限度的节能和零排放；三是研究最佳的转换反应和良性循环；四是设计对人类健康和环境安全的目标化合物。

绿色合成的基本原则或主要特点是化学反应的原子经济性、清洁性、循环性和闭路性，以及技术和生产的可持续性。

请依据绿色化学合成原则梳理评价有机合成路线的角度。

表 15-6 评价有机合成路线的角度

级角度	二级角度
原料	
反应	
路线	

工业上对于合成路线的选择，还会更多地考虑社会、经济、环境、科技的共同作用和综合影响，科研工作者至今仍在对一些重要的有机化合物原料的工业合成方法进行不断优化和改进。

活动❸ 汇报展示，交流总结思路和方法

汇报展示

请以乙烯为基础原料（其他无机试剂任选），独立设计手机电池中离子导体材料的合成路线，并进行组内评价。

$$CH_2{=}CH-\overset{\overset{\large O}{\|}}{C}-O-CH_2-CH_2-CH_2-CH_3$$

丙烯酸丁酯

$$CH_2{=}CH-\overset{\overset{\large O}{\|}}{C}-O-CH_2-CH_2-O-CH_2-CH_2-O-CH_2-CH_2-O-\overset{\overset{\large O}{\|}}{C}-CH{=}CH_2$$

二缩三乙二醇二丙烯酸酯

方法梳理

通过探秘手机电池中的离子导体材料，感受到有机化学知识如何应用于解决真实复杂的材料问题，人们对新产品、新功能的需求给有机化学带来无限的前景，同时也赋予有机化学更多的使命。

请对在项目完成的整个过程中，基于有机合成分析、解决实际材料问题的思路和方法进行总结。

示例如下：

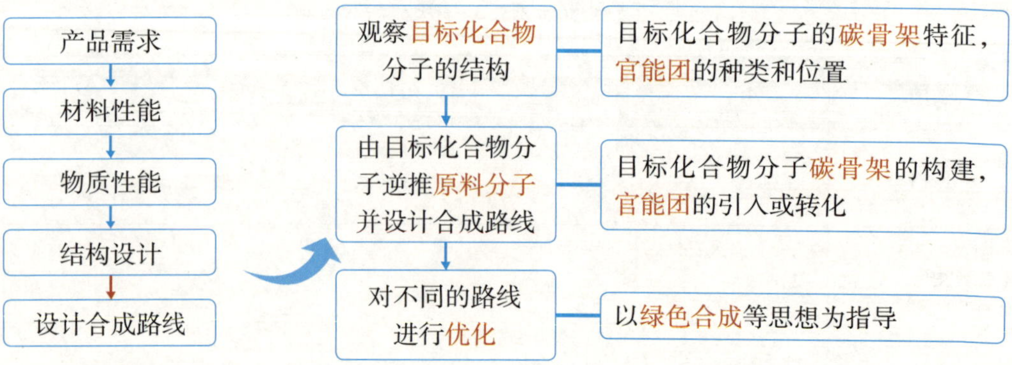

图 15-12　基于有机合成分析、解决实际材料问题的思路和方法

本项目所建立的从化学视角分析、解决材料问题的思路和方法适用于任何一款新型材料的研发过程。在项目开展的过程中，项目载体可以扩展到任意材料的改进。例如，尿不湿材料的设计与合成，同样遵循着分析产品需求、确定材料性能、依据物质性质、寻找关键结构、设计材料结构、最终进行合成的思路和方法。

拓展延伸

资料：尿不湿

尿不湿具有良好的吸水性、防漏性和透气性。除此之外，好的尿不湿还应该具有干爽、柔软、舒适的性能。尿不湿应至少包括 3 个组成部分：具有透气防漏性且干爽的底布，能够快速吸收并储存尿液的吸收芯层，具有良好透气透水性和一定亲水性的表面包覆层。

根据尿不湿 3 个组成部分的不同功能，类比生活中具有相似功能的熟悉物品，推测各部分材料的结构特点，确定实际材料。以尿不湿底布为例，尿不湿底布有透气防漏性。生活中常见的透气性材料是毛巾，常见的防漏材料是塑料。毛巾与底布都具有透气的功能，塑料与底布都具有防漏的功能，底布与毛巾、塑料具有某些相似功能，也具有某些相似结构。通过类比毛巾和塑料的结构，可以推测尿不湿底布具有孔状结构且孔径大小适中，基本不含有亲水性官能团。事实上，尿不湿底布的实际材料为聚乙烯膜，聚乙烯膜不含有亲水性官能团，具有透气孔，孔的尺寸小于水滴的尺寸，大于水蒸气分子的尺寸。确定尿不湿各组成部分的实际材料后，从实际需求出发，分析材料存在的弊端，对材料及产品进行改进及优化。一款安全无害的尿不湿产品就设计完成了。

梳理尿不湿产品设计的基本思路。

参考设计：

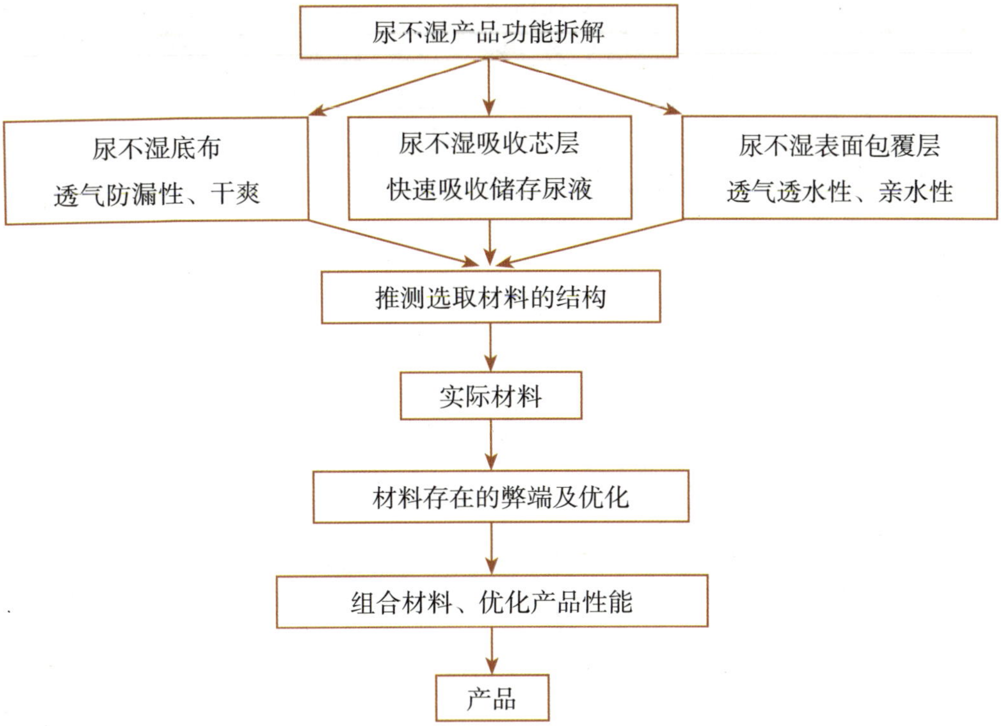

图 15-13 尿不湿产品设计的基本思路

尿不湿中的吸收芯层（高分子强吸锁水层）是重要的材料，采用高吸水性树脂聚丙烯酸钠吸收尿液，吸水性和保水性都很好，吸水后呈凝胶状，质地柔软。但是，聚丙烯酸钠含有大量的羧酸盐，可以水解，水解后溶液显一定碱性，对皮肤有刺激作用，因此需要对聚丙烯酸钠的结构进行改进，使其水溶液基本呈中性。

在工业生产中，一般通过调节加入丙烯酸与氢氧化钠的比例，使最终生成的聚丙烯酸钠中能够保留一部分羧基，以保证其基本显中性。

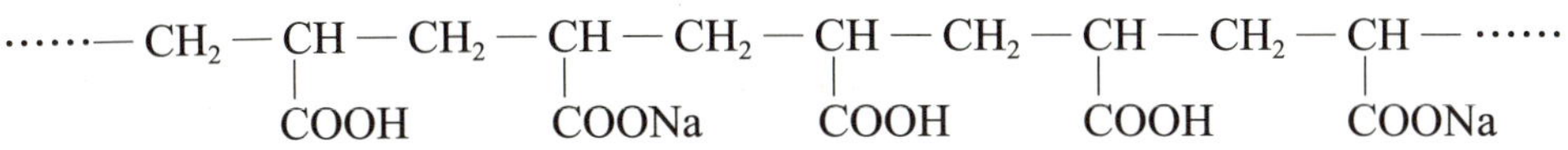

图 15-14 尿不湿中的高吸水性树脂结构

七、学科大概念统摄下的微项目内容梳理

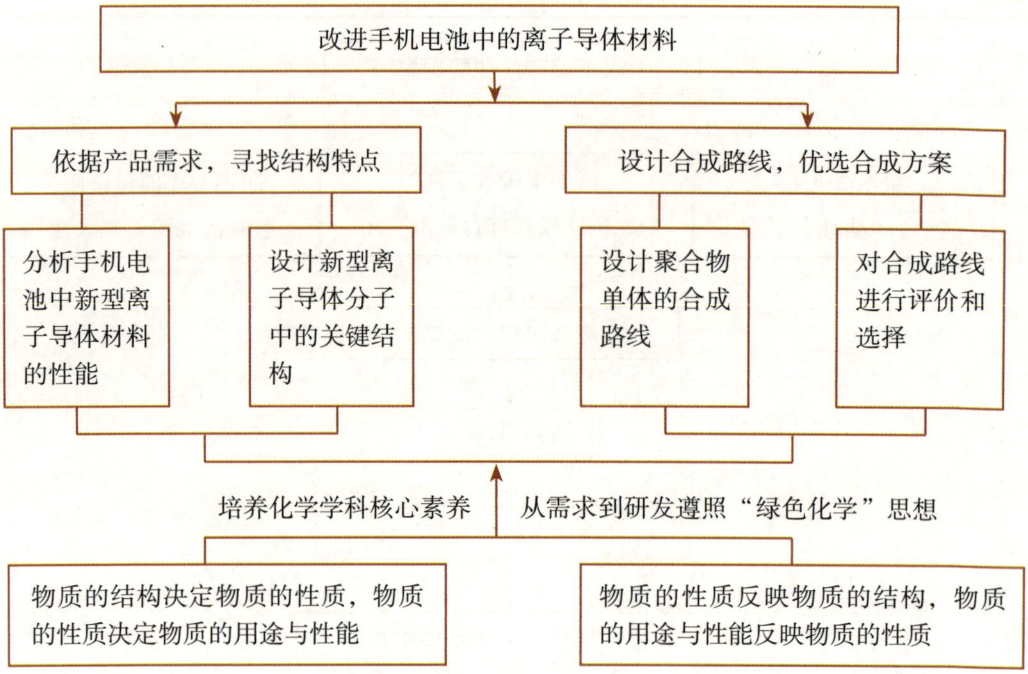

图 15-15　微项目“改进手机电池中的离子导体材料”内容梳理示意图

八、学科大概念统摄下的微项目学习评价

表 15-7　微项目“改进手机电池中的离子导体材料”整体学习评价量表

评价内容		评价指标	评分		
			自评	互评	师评
表现性评价	课堂综合	上课专注、积极思考、积极参与活动			
		能独立思考，具有创造性思维，能提出不同的方法解决问题			
	研究学习	能有效提取资料中的关键信息			
		能依据资料进行有逻辑的推理、分析			
		能设计科学、合理的对比实验			
		能得出科学、合理的实验结果			
		能对实验现象、结果进行精准表述			

（续表）

<table>
<tr><th colspan="2" rowspan="2">评价内容</th><th rowspan="2">评价指标</th><th colspan="3">评分</th></tr>
<tr><th>自评</th><th>互评</th><th>师评</th></tr>
<tr><td rowspan="3">表现性评价</td><td rowspan="3">表达交流</td><td>勇于表达自己的观点，条理清晰</td><td></td><td></td><td></td></tr>
<tr><td>擅于与他人合作，虚心听取别人意见</td><td></td><td></td><td></td></tr>
<tr><td>能对项目成果进行生动展示</td><td></td><td></td><td></td></tr>
<tr><td rowspan="8">结果性评价</td><td rowspan="4">成果完成</td><td>能完成离子导体材料的结构设计</td><td></td><td></td><td></td></tr>
<tr><td>能完成离子导体单体的合成路线设计</td><td></td><td></td><td></td></tr>
<tr><td>能总结研发有机材料产品的一般思路</td><td></td><td></td><td></td></tr>
<tr><td>能初步体会合成路线的评价及选择</td><td></td><td></td><td></td></tr>
<tr><td rowspan="4">知识生成</td><td>知道并会应用正合成法、逆合成法</td><td></td><td></td><td></td></tr>
<tr><td>掌握有机合成的一般思路和方法</td><td></td><td></td><td></td></tr>
<tr><td>会用绿色化学理念评价合成路线</td><td></td><td></td><td></td></tr>
<tr><td>能完成单元项目检测</td><td></td><td></td><td></td></tr>
<tr><td colspan="2" rowspan="2">赋值方法</td><td colspan="4">完全能做到：3 分　部分能做到：2 分
偶尔能做到：1 分　完全做不到：0 分</td></tr>
<tr><td colspan="4">自评 30%　互评 30%　师评 40%</td></tr>
<tr><td colspan="2">总成绩</td><td colspan="4"></td></tr>
</table>

【北京市房山区教师进修学校　范大维】